Das Herz der Blechtrommel

*und andere Aufsätze
zum Werk von Günter Grass*

von

Rainer Scherf

Tectum Verlag
Marburg 2000

Die Deutsche Bibliothek - CIP-Einheitsaufnahme

Scherf, Rainer:
Das Herz der Blechtrommel und andere Aufsätze zum Werk von Günter Grass
/ von Rainer Scherf
- Marburg : Tectum Verlag, 2000
ISBN 3-8288-8154-8
Herstellung: Libri Books on Demand
© Tectum Verlag

Tectum Verlag
Marburg 2000

MEINER FAMILIE

Inhaltsverzeichnis

Einleitung: Vom Sekundären, das sich vor das Primäre geschoben hat:
Zum Interpretationsstandort. 7
1. Als Zeitgenosse gegen die verstreichende Zeit schreiben - Gilt das auch für Interpreten? 23
2. Das Selbstverständliche – und die Spezialisten des Verstehens 31
3. „Die Rättin" – und die nicht wegzuredende Zerstörung des Menschen durch den Menschen. 33

I. DAS AUTOBIOGRAPHISCHE HERZ DER ‚BLECHTROMMEL' 39

A. Der „Rückblick auf *Die Blechtrommel*" – Ein Experiment mit den Grass-Sekundärliteraten? 39

B. Der Tod von Grass' Mutter als ‚schlimmstmögliches Märchen' im Roman? 43

C. Der Tod von Oskars Vater: Ein bewußter und antifaschistischer Vatermord? 47

D. Grass' oder Oskars Humor: Wann sollte man nicht mehr ‚trotzdem lachen'? 48

E. Kinderliebe - zwischen Rasputin und Goethe 49
   1. Ameisen-Menschen, Nazi-Läuse: Wo und warum werden Bilder falsch? 54
      a) Ein Familientrauma als verborgene Basisgeschichte der „Blechtrommel" 57
   2. Jungkünstler-Träume gegen Kleinbürger-Ziele: Grass' Konflikt mit dem Vater 66
   3. Der historische Maßstab: „Treblinka" im Roman; Paul Celan in Paris 68
      a) Die Einbettung dieser Schlüsselgeschichten: Licht vor rinnenden Wänden? 73

II. REICH-RANICKI IN (!) DER BLECHTROMMEL – DIE FRÜHE HOMMAGE AN EINEN ‚UNVERBESSERLICHEN'? 77

III. GÜNTER GRASS UND DAS METAPHERNPROBLEM 87

A. Werkexterne Äußerungen und die Exposition der „Blechtrommel" 87
   1. Werktheoretische Äußerungen zur Metaphorik: vom ‚Schüler Grass' zurück zum ‚Lehrer Döblin' 87
   2. ‚Bilderverkneifen' innerhalb einer Opposition von Erzähler und Autor in der Roman-Exposition 92
   3. „Detailrealismus" - aber wie? Zu Positionen der Sekundärliteratur 94

B. Das Kartoffelbild in der Geschichte des Gemüsehändlers Greff. 97
   1. Oskars Lesart des Greff-Selbstmordbildes 98
   2. Ein Streit zwischen Autor und Figur: Verkündung und Zerstörung des Gegenständlichkeits-'Manifestes' 107
   3. Die historische Situation als Relativierungsmittel der Metaphernsysteme: Schuldfragen. 110

4. ‚Dichtung und Wahrheit' - Lese-Strategien für die ‚Autobiographie nach Auschwitz'... 115
5. Statt eines Schlusses: Wie könnte es weitergehen? 118

IV. GÜNTER GRASS „DIE RÄTTIN" UND DER TOD DER LITERATUR 121

A. Spekulative Vorüberlegungen. 121
B. Der Teufelskreis der Vernunft und die Erzählstruktur der „Rättin" 122
C. Das Watsoncrick-Experiment und sein Resultat 126
   1. Die Watsoncrick-Geschichte als eine scheiternde gelungene Revolution ... 129
   2. Das Liebe-Thema in der Watsoncrick-Geschichte 132

V. ZUR SINTFLUTGESCHICHTE IN GÜNTER GRASS: „DIE RÄTTIN" 139

Einleitung: Das falsche Detail als Autorenstilmittel - wann schuf Gott den Regenbogen? 139

A. Werkexterne Kritik der Sintflutgeschichte der Genesis 140
   1. Versuch einer Kritik aus theistischer Sichtweise 140
   2. Versuch einer Kritik aus atheistischer Sicht 143

B. Religiös-atheistische Bezugsfelder zur ‚Bibelfälschung': Lessing, Jean Paul und Malskat 147
   1. ‚Ewigkeiten' - Das Thema der Zeitgewinne und Zeitverluste 152
   2. Die Christus- oder ‚Anstelle von Christus'-Bilder: das Feld menschlicher Untätigkeit 152

C. Der „Anfang" zum „Ende": Noahs ‚Abfall'-Geschichte 158
   1. Die unverstandene Sintflut-Geschichte: Fehler in der Suche nach Anfängen 161
   2. Prähumane Vor- und posthumane Nachwirkungen der nichtverstandenen Sintflutgeschichte 164
   3. Das Motiv der nachträglich verfälschbaren Lücke in den Aufzählungen der Bibel: der „Regenbogen", die „Ratten" und die „Taube" 167
   4. Noahs Wort und das „wahre Wort" 176

VI. FONTYS ANTWORT 183

   1. Für alle und einen? Ein Leser als direkter Ko-Produzent? 183
   2. Ein sekundäres Denkmal ersteigen? Vom Denkmal herab sprechen! 190
   3. Mißlungene England-Reisen, türkische Mädchen und der Haubentaucher 198
   4. Das Wunder des Stechlin-Sees 211
   5. Verbummelte Studenten 216
   6. Der erste Satz: „Wahlverwandtschaften" – und ihr Ende! 222
   7. Der onanierende Mann am dunklen Seitenarm des Kunstsees 225
   8. „Novemberland" - oder „Der Schlaf der Vernunft erzeugt Ungeheuer": Mich etwa? 229
   9. „Zart war ich, bitter war's" 235
      a) Exkurs: Brecht und das Grass'sche Plebejerstück im ‚weiten Feld' 237

b) Welcher Wind weht heute? Was könnte ein französischer Schriftsteller zum ‚weiten Feld' sagen?...240
10. Regierende Massen und Schabowski als der Aktenbote der deutschen Einheit 245
11. Ich als der Grass'sche Aktenbote: Meine Maueröffnung..249
12. Die Maueröffnung: ein geschlagener Keil 249
13. Die etwas andere Rückmeldung zum Geheimnis des Autors Grass 252

LITERATURVERZEICHNIS 255

A. Primärliteratur 255
   1. Bibliographien zu Grass 255
   2. Werke 255
   3. Literarische Grass-Werke außerhalb der Werkausgahe: 255
   4. Politische Schriften und Schriften zur Literatur 255
   5. Graphisches und zeichnerisches Werk 256
   6. Interviews außerhalb von Band 10 der Werkausgabe 256

B. Sekundärliteratur 256
   1. Sammelbände 256
   2. Einzeluntersuchungen 257

C. Andere Primärliteratur 258

D. Andere Sekundärliteratur 258

Einleitung: Vom Sekundären, das sich vor das Primäre geschoben hat: Zum Interpretationsstandort.

Von Grass als nicht verstandenem Schriftsteller zu sprechen, klingt kühn, ist es aber nicht. Sicher: Die Sekundärliteratur zu diesem Autor füllte bereits Mitte der siebziger Jahre Autorenbibliographien[1], die indes vor allem die zahlreichen, literaturwissenschaftlich nicht recht zählenden Adhoc-Reaktionen des Feuilleton auflisteten. Doch auch der literaturwissenschaftliche Sekundärbereich ist beständig gewachsen und kann mit der Sekundärliteratur zu manch kanonisiertem Schriftsteller verglichen werden. Vermutlich ist Grass der zeitgenössische Autor, der in seiner Zeit weltweit das größte literaturwissenschaftliche Echo gefunden hat.

Doch die Literaturwissenschaft zählt hier kaum. Das Grass-Bild in der Öffentlichkeit bleibt geprägt vom Feuilleton, von Reich-Ranicki und den Folgen. Und diese Medien-Prädominanz des Vor-Wissenschaftlichen, diese Dominanz des jeweils ersten Blicks aufs Grass-Werk, ist ein Defizit zur Vermittlung dieses Autors, das auch die Literaturwissenschaft trifft und betrifft. Was eine Grass-Vermittlung zu leisten hätte oder gehabt hätte, wurde und wird in Kernbereichen verfehlt: Was taugt alle Verstehenshilfe, wenn ausgerechnet die Verstehenshelfer nicht verstehen wollen? Der Appell-Gehalt dieser Literatur, kurz: das Politische, kommt nicht an, wird verfehlt, verwässert, bisweilen systematisch gestrichen.

Vormals, in einer älteren Version dieser Texte, folgten hier Überlegungen darüber, daß man Grass den Nobelpreis für Literatur regelrecht vorenthielte; sie sind nun, nachdem Grass den ihm so lange schon zustehenden Preis erhalten hat, zu revidieren. Überflüssig geworden sind sie nicht, denn nun offenbaren die das öffentliche Grass-Bild prägenden literaturkritischen Urteile zu diesem Autor lediglich ihren heimlichen Passe-Partout-Charakter. Das Urteil, das vormals den Verriß begründete, dient nun bei beinahe gleichgebliebenem Wortlaut der Rechtfertigung dieses Preises: Wen anders hätte man nominieren können, als die Reihe den deutschen Preisträger vorsah? Dort, im Diaspora-Land der deutschen Gegenwartsliteratur, ‚stiftete' der Dichter als bleibend immerhin die beiden ersten Bücher der *Blechtrommel*, vielleicht noch *Katz und Maus* und ein bißchen Lyrik ... wobei nicht ausgemacht ist, welche Gedichte gemeint sind, denn zumal die frühen Gedichte scheinen mir der am schwersten verständliche Bereich dieses Schreibens. Gedichte bieten wohl den Vorteil, daß bei oberflächlicher Betrachtung ein jeder sich denken mag, was er will. Doch dieses seltsame Lob impliziert ja, daß danach nur sehr wenig bis nichts Nennenswertes mehr von Grass erschienen sei: Das Bild vom ewigen Talent, das nie einlöste, was es in seinen Anfängen versprach, hat seine Tradition; seit den Folgewerken der *Blechtrommel* beschreibt es im Kern das öffentliche Bild des Schriftstellers Grass im Kontext einer deutschen Gegenwartsliteratur, die ihrerseits den Vorgaben ihrer Traditionen auch nicht in Ansätzen nachkäme. Insgeheim stellt sich so das Bild von einem Berufszweig ein, der einen von den Schriftstellern zu verantwortenden Mangel an Arbeit beklagt: Zwar gibt's viel zu tun im Bereich einer deutschen Ge-

---

[1] Vgl. G.A. Everett: a selected bibliography of Günter Grass (From 1956 – 1973), New York 1974 und P.O. Neill: Günter Grass. A Bibliography 1955 – 75. Toronto and Buffalo 1976.

genwarts-Literaturvermittlung; doch vermittelnswert ist all dies – eigentlich – nicht. Die Gegenwartsliteratur hat das Vertrauen der regierenden Literaturkritik in sie also ernsthaft erschüttert. Sie wird es wohl nur durch ‚verdoppelte Anstrengung' wieder gewinnen können. In Anlehnung an jenen Bertolt Brecht, der den dialektischen Umschlag von einer gesteigerten Quantität in die andere Qualität auch dann bemerkte, wenn sie sein eigenes Programm umzustürzen droht, könnte man nun unken: Wäre es da nicht besser, diese Literaturkritik setzte die Gegenwartsliteratur ab und schriebe eine andere?

Der Vergleich mit Brechts verspäteter, erst 1964 posthum veröffentlichter „Lösung" zu den Problemen des 17. Juni 1953 will noch weiter tragen. Bekanntlich war in der Zwischenzeit zwischen der Veröffentlichung der „Lösung" und dem Ereignis, das sie auslöste, eine Mauer gebaut worden; bekanntlich hatte es die Kritik an jener angemaßten Unfehlbarkeit der Herrschenden nicht gegeben – auch von Brecht nicht, aber Brecht starb eben zu früh! Nicht nur in diesem Felde galt, daß die Unfehlbaren einfach nur nicht mehr hinterherkamen, daß sie ihre Aufgabe verfehlten und das Neue und Notwendige behinderten! Sind Literaturkritiker nunmehr ebenfalls Architekten eines neuen Mauerbaus? Eines Mauerbaus in unseren Köpfen? Wieviel Verspätung darf eine Grass-Vermittlung sich (oder darf ich mir?) hier leisten, bis sie ‚Lösungen' einklagt? (Ich bin – wieder einmal oder immer noch – mit diesen Texten viel zu spät an!)

Das krude Bild vom siebzigjährigen Erzähltalent verdankt sich weitgehend einer offenen oder heimlichen Nachfolge von Reich-Ranicki. Schon immer bestand die Tendenz, vergangenheitsorientierte Maßstäbe, in der Bewertung von Gegenwartsliteratur allein schon deswegen überzubewerten, weil sie weniger Irritationen bergen, weil man mit ihnen umzugehen gelernt hat; meist wurde erst gar nicht untersucht, in welchen Formen das Gegenwärtige Rekurs auf das Vergangene nimmt. Es liegt in der Natur der Sache, daß diese heimliche und oft unbewußte ‚Literaturtheorie' in Widerspruch zu jenen Konzeptionen eines „Schreibens gegen die verstreichende Zeit" steht, die Grass für sich und für ‚den' Schriftsteller ins Zentrum seines und eines jeden schriftstellerischen Selbstverständnisses rückt. Doch die Literaturkritik zu Grass ist vierzig Jahre alt; bei ihren Hauptvertretern ist sie dabei nicht nur ihren ‚Kinderschuhen' nicht entwachsen; sie ist – und es läßt sich datieren, ab wann, nämlich ab der „Rättin" von 1985, - in zunehmendem Maße regelrecht kindisch geworden: Aus Verrissen wurden pauschale Verrisse! Das Buch interessierte kaum noch; seine vermeintliche politische Botschaft wurde zum Anlaß genommen, den literarischen Themen Literaturfähigkeit generell abzusprechen – und gleichzeitig den politisch engagierten Bürger als Weltmissionar und Ähnliches zu denunzieren. Der Autor jedoch änderte sein Ansetzen von Buch zu Buch; die vorher gefundene Problemformulierung ist stets die Basis eines Weiterdenkens.

Schon immer war es das Realismus-Argument, das ein solches Weiter- oder Umdenken beförderte: Wirklichkeitsbereiche, die in der vorherigen Literatur nicht oder genügend beachtet worden waren, waren in die Literatur aufzunehmen. Ist der Literaturbetrieb nunmehr seinerseits ein solcher, zu wenig beachteter Wirklichkeitsbereich? Sind Probleme eines Schreibens nun unter der Sichtweise, der Perspektive, zu betrachten, daß sich das Schreiben unter diesen Bedingungen einer sozusagen institutionalisierten Harthörigkeit seinerseits verändern muß? Ist der Befund, daß Grass'sche Literatur seit der

Rättin als solche nur noch öffentlich zelebrierte Ablehnung gefunden hat, nun in hohem Maße seinerseits ein Interpretandum, ein Inhalt der neuen Bücher, ein neues Tua res agitur! für den mit Büchern befaßten Leserkreis auch und vor allem der Leser von Berufs wegen geworden? Denn warum um alles in der Welt schrieb Grass seinen letzten großen Roman „Ein weites Feld" aus der Perspektive eines literaturwissenschaftlichen Archivs, aus der Sichtweise eines fiktionalen Personenkreises, den er am Fontane-Archiv in Potsdam ansiedelte? Das gegenwartsbezogene Thema dieses Romans war ja die deutsche Vereinigung: Wie verträgt sich dies mit dieser Sicht, mit dieser Perspektive?

Grass versteht die sehr interpretationsbedürftige Formulierung vom „Schreiben gegen die verstreichende Zeit" schlechthin als ‚Definition' dieses Berufes. Doch wenn im deutschen Feuilleton unter Federführung von Reich-Ranicki nun die vormals verrissenen Anfänge übers Maß gelobt werden, offenbart diese Form der Kritik nichts weiter als die eigene Maßlosigkeit – im doppelten Sinne des Wortes und in beiden Bereichen ihres Anspruches, also sowohl Grass als auch der deutschen Gegenwartsliteratur gegenüber. Einem „Schreiben gegen die verstreichende Zeit" wird man dort in beiden Feldern nicht mehr gerecht – und das heißt nicht mehr und nicht weniger, als daß man sein eigentliches Thema verfehlt. Einem Deutsch-Oberlehrer fiele hier wohl nur „Mangelhaft, Setzen" ein.

Es wird wohl noch eine Weile dauern, bis solch harsche Urteile in einer Literaturkritik, die allzu öffentlichkeitswirksam die Szenen beherrscht, auch nur die Chance haben, wahrgenommen zu werden: Diese Literaturkritik kreist in sich selbst, ist immun gegen Dreinspracheversuche eines wie auch immer gearteten Draußen – und sei es der Dreinsprache jener uns alle betreffenden Probleme, denen die Kritiker eben die Literaturfähigkeit abgesprochen hatten. Doch so, wie es die Probleme jenseits dieser Mauern gibt, gibt es auch eine Literatur jenseits dieser Mauern: Gerade die Grass-Literatur der Gegenwart reibt sich an solchen Barrieren. Sie sollte vermittelt werden – denn solche Barrieren sind in hohem Maße ihr Gegenstand, sind als Zeitgeist Gegenstand eines beständig fortgesetzten Schreibens ‚gegen die verstreichende Zeit'.

Das Jahr 1999 könnte hierfür, für ein notwendiges Umdenken im Sekundärbereich, ein Symboldatum sein. Denn der Literaturnobelpreis dieses letzten Jahres des vergangenen Jahrhunderts paßt besser zu diesem Schriftsteller und seinem Kontext, als es ein nach Verdienst verliehener Preis je könnte. In der Liste der Preisträger steht am Ende ‚seines' Jahrhunderts in der Tat der größte lebende Nachkriegsschriftsteller. Diese Bewertung, die arg an ein feuilletonistisches Überbietungsvokabular erinnert, halte ich für literaturwissenschaftlich nachweisbar – und eine Literaturwissenschaft zu Grass sollte den Nachweis auch führen, sollte einer Literaturkritik, die Grass nun auf der Basis eines gleichgebliebenen Mißverstehen lobt, wo sie ihn vorher verriß, das Wasser abgraben.

Mit literaturkritischen Einsicht, einer öffentlichen Revision gängiger Fehlurteile, ist dabei nicht zu rechnen. Der auf Reich-Ranicki als Gegenstand der Grass-Literatur zielende Themenbereich dieser Interpretationen kreist auch um dieses Thema. Ebensowenig ist damit zu rechnen, daß diese Aufsätze, obwohl sie in hohem Maße jenen Stoff enthalten, aus dem literarische Sensationen sein könnten oder sollten, jene breite Öffentlichkeit finden, die eine solche, in höchstem Maße notwendige, durch den Nobelpreis noch dringender gewordene Revision voraussetzt. Es steht also – um es mit Grass auszudrücken - eine kleine Sisyphosarbeit an: Das Sinnvolle ist zu tun, auch wenn es wenig Aussicht auf Erfolg hat.

Wer bin ich, daß ich mir anmaßen könnte, solche Noten, hüben die „Eins", drüben die „Fünf" verteilen zu können? Ich bin - nur - ein verkrachter Literaturwissenschaftler mit diesem Spezialgebiet Günter Grass; in diesem ‚weiten Felde' arbeite ich nicht mehr hauptberuflich. An dieser Stelle habe ich mir und Ihnen meinen Hauptfehler einzugestehen: Diesen Versuch, das öffentliche Grass-Bild zu korrigieren, hätte ich sehr viel früher unternehmen müssen – auch wenn dem wohl kaum ein größerer Erfolg beschieden gewesen wäre. Diese Perspektive, die Sichtweise, daß ein Schreiben gegen die verstreichende Zeit auch ein Interpretieren gegen die verstreichende Zeit verlangt oder verlangt hätte, durchzieht diese Aufsätze als ein roter Faden, bis hin zu jenen Interpretationsthesen zum ‚weiten Feld', die mich als Interpreten selbst betreffen, die insofern sowohl literaturwissenschaftlich als auch bezogen auf mich als Grass-Interpreten recht riskant sind: Gerade der letzte Aufsatz in dieser Sammlung ist wohl noch nicht das, was man ‚Literaturwissenschaft' nennen könnte. Wie er dies werden könnte, ist von einer Vielzahl von Reaktionen abhängig – unter anderem vielleicht auch von einer Reaktion des Autors, des ‚fragwürdigen Zeugen' zu seinen Büchern.

Es wäre ein Interpretenlebenswerk, den Nachweis der poetischen Qualitäten des Grass'schen Gesamtwerkes auch nur annähernd anzutreten. Wo immer man hingreift, welches seiner Werk man auch immer genauer betrachtet: Das genauere Hinsehen zeitigt eine unerhörte Breite und Tiefe des literarischen Handwerks, ein stetiges Neuansetzen, ein Einholen von literarischen Traditionen und eine Innovationspotenz, die ich einstweilen bei keinem anderen Schriftsteller, keiner anderen Schriftstellerin in eben dieser Breite und Tiefe ausmachen kann. Daher bleibt der so lange vorenthaltene Nobelpreis, eben weil dieses genauere Hinsehen so lange fehlte, trotz des Symboldatums 1999 peinlich.

Daß das öffentliche Grass-Bild in der Nachfolge eines Rezensenten steht, der sich implicite nur die eigene Unfähigkeit in diesem Felde bescheinigte, betrifft eben auch die Literaturwissenschaft: Man hat Reich-Ranicki und einem Feuilleton, das in hohem Maße in seiner Nachfolge steht, dieses Feld allzu freiwillig überlassen. Denn vormals drohte ein Witz zur Geschichte des Literaturnobelpreises, eine Art GAU im Berufsfeld der Literaturvermittler. Es war gerade so, als wäre es bei rückdatierter Nobelpreisgeschichte gelungen, einem Goethe, einem Shakespeare in seiner Zeit leider diesen höchsten aller Literaturpreise nicht zukommen lassen zu können. Daß dergleichen etwa im Falle Tolstoj schon in der Anfangsgeschichte dieses Preises gelungen war, hätte sensibilisieren müssen. Große Schriftsteller sind in ihrer Zeit umstritten; diese Tatsache steht oft in direkter Korrelationsbeziehung zur Qualität ihrer Literatur. Die Preisverleihung zum Symboldatum, das Happy Ending dieser sich so lange hinziehenden Geschichte, sollte das nicht vergessen machen.

All dies ist jedoch Vordergrund, ist zeitgenössischer Literaturbetrieb, nicht Literatur und deren Interpretation. Hier interessiert zuvörderst das inhaltliche Verfehlen dessen, was eine Grass-Vermittlung hätte leisten müssen; und da empfiehlt es sich, um naheliegenden Vorwürfen einer Interpreten-Überheblichkeit und –Originalitätssucht zu entgegnen, den Vorwurf allgemeiner zu fassen – und ihn eben zu historisieren. Grass mißt sein Schreiben am Maßstab Auschwitz; in der Literaturwissenschaft jedoch ist diese Schwelle bisher nur unzureichend mitbedacht.

Das Maß betrifft beide Seiten, es gilt für die Literatur nach Auschwitz, wie für die ihr zugehörige Wissenschaft. Doch was unterscheidet eine erzählerische Moderne, die sich dem Maßstab Auschwitz explizit stellt, von einer modernen Literatur vor dieser Schwelle? Es sei eine Schwelle, die das gesamte Denken des zwanzigsten Jahrhunderts, ja das gesamte Projekt ‚Aufklärung', dem sich auch unsere Wissenschaft verdankt, in Frage gestellt hat: Wie weit hat sich Literaturwissenschaft, wie weit haben Literaturwissenschaftler sich dadurch in Frage stellen lassen? Das politische Engagement des Bürgers Grass erklärt sich und erklärt Grass in hohem Maße aus dieser Literatur: Nach Auschwitz ändere sich die Rolle ‚des' Schriftstellers, erweitere sich um diese Komponente – und dies ist, obwohl es in der Grass-Literatur nirgends direkt ausgesprochen wird, auch der Appell dieser damals neuen Literatur an den Leser. Es ist literaturtheoretisch nicht möglich, dieses Junktim zu trennen, ausgerechnet den Leser von Berufs wegen, den Intensivstleser also, als Adressaten dieses Appells auszunehmen – und doch wird gerade diese implizite, ironisch mitgemeinte politische Komponente in den Grass-Texten meist nicht wahrgenommen. In der Wissenschaft vom Verstehen ist dies schlicht ein Fehler: Man versteht die Texte in diesem Bereich falsch oder versteht sie nicht! Und es ist schlechthin der Kernbereich dieser Texte!

In unserer Wissenschaft vom Verstehen ist deshalb nach Gründen für ein sehr grundsätzliches Verstehensdefizit zu suchen: Schon in der *Blechtrommel* hatte Grass seine Ironiesignale sehr dick aufgetragen. Wenn sein Oskar Matzerath die Menschheit ins Gitterbett ruft, ist dieser unsinnige Appell das Gegenteil dessen, was Grass mit einer solchen Karikatur apolitischer Intellektuellen- und Künstlerpositionen erreichen wollte und will: Doch dieser Ausgangspunkt einer jeden *Blechtrommel*-Interpretation ist nach wie vor auch in der Literaturwissenschaft zu diesem Roman nicht eingelöst.

Ein Zitat unter vielen möglichen soll belegen, wie revisionsbedürftig selbst die Grass-Forschung in diesem Felde ist. Ausgerechnet Volker Neuhaus, der wohl bekannteste Grass-Literaturwissenschaftler, vollbringt das Kunststück, Friedrich Gaede und *Das Treffen in Telgte* zitierend von der angeblichen „Sisyphustapferkeit" des Blechtrommlers zu sprechen:

> In solcher »Sisyphustapferkeit« verwirklicht der Trommler und Schriftsteller Oskar das, was im Treffen von Telgte 1979, zwanzig Jahre nach der *Blechtrommel*, Simon Dach als spiritus rector und der Musiker Johann Heinrich Schütz als geheimer Mittelpunkt des Treffens den dort versammelten Dichtern als Aufgaben der Literatur benennen: Sie benennt »allen Jammer dieser Welt« und tut dies zugleich »der geschriebenen Worte wegen, welche nach Maßen der Kunst zu setzen einzig die Dichter begnadet seien. Auch um der Ohnmacht – er kenne sie wohl – ein leises ‚dennoch' abzunötigen.«[2]

---

[2] Neuhaus, Volker: Günter Grass, Die Blechtrommel, München : Oldenburg, 1992, S.107 f.

Die Tapferkeit, die Menschheit in ein Gitterbett zu rufen, mag ja groß sein: Da setzt sich jemand heldenhaft dem Verdacht aus, verrückt zu sein. Doch dieser jemand ist schlicht verrückt; er sitzt in seiner Heil- und Pflegeanstalt völlig zurecht ein, und daß er sich dabei als das letzte dieser heldenhaften ‚Genies im holden Wahn' vorkommt, ist bereits Teil seines in keiner Form ‚holden' Wahns: Dieser Insasse einer Heil- und Pflegeanstalt versteht die Welt nicht mehr! Mit Grass oder mit Sisyphos, dem ‚heiteren Steinewälzer', hat diese Konstruktion vom Verrückten, der den „Jammer dieser Welt" nur in ‚verrückten' – und verständnislsoen - Formen behandelt, nur in einer völligen Gegensatzbeziehung zu tun. Von einem ‚Benennen' kann bei dieser ‚Blechtrommelei' zunächst, also auf der Erzähler-Ebene, keine Rede sein; erst über eine strikte Oppositionsbeziehung zwischen Erzähler und Autor, über die vom Autor vorstrukturierte Leser-Aufgabe, aus Unsinn Sinn ‚herzustellen', sich sein Bild dieser Geschichte zu machen, partizipiert *„Die Blechtrommel"* wieder an dem, was Neuhaus hier „die Aufgaben der Literatur" nennt. Das ‚Benennen' des Jammers ist nur eine Seite davon; das „leise ‚dennoch'", der Bereich der politischen Aktion, eben das ‚Wälzen des Steins', fehlt bei Oskar jedoch vollständig! Um das Rätsel, wieso der renommierteste der Grass-Forscher hier so falsch liegen kann, wird es im ersten Aufsatz dieser Sammlung gehen.

Denn natürlich hat Neuhaus' Fehlurteil zum Blechtrommler seine theoretische Seite. Oskars Mut eines Benennens, sein Sapere aude, geht eben über den Anspruch eines Verrückten, daß er alles anders sehe, als die, die außerhalb seiner Heil- und Pflegeanstalt „ein verworrenes Leben" (vgl. II, S.9) führen müssen, nicht hinaus: Daß Oskar ‚allen Jammer dieser Welt' benenne, wird so im Verlauf dieser Interpretationen wenigstens an einigen Geschichten – denn eine Gesamtinterpretation der *Blechtrommel* ist in diesem Kontext nicht leistbar - unübersehbar widerlegt und geradewegs ins Gegenteil verkehrt werden. Vor allem der erste Aufsatz dieser Sammlung handelt von einem Hohn Oskars auf einen für Grass sehr wichtigen, weil von der Biographie her sehr nach einem Benanntwerden verlangenden ‚Jammer dieser Welt'. Oskar sieht nur sich und seinen kleinen, kindischen Jammer. Daß dieses Benennen dann ‚nach Maßen der Kunst' erfolge, wird ebenfalls eindeutig dem Bereich interpretatorischer Wunschvorstellungen zugewiesen: Oskar ‚trommelt Blech', erzählt mißtönend absurden Unsinn.

Neuhaus versteht die Ironie der *Blechtrommel* nicht, obwohl er den Autorenhinweis dazu kennt und sein Interpretieren auf der Gegenseite dieses Vorwurfs ansiedelt. Wenn dieser Interpret den Oskar'schen Aufrufen ins Gitterbett das >leise ‚dennoch'< eines Schütz abhören will, wird das beinahe unübersehbare Ironiesignal, das überhaupt nicht zu Grass und dessen Vita als engagierter Bürger passen will, zu einer vom Autor ernst gemeinten Botschaft. Und spätestens dann stimmt alle Wissenschaft vom Verstehen in der Tat – der Doppelsinn ist hier gewollt! - nicht mehr: Zwar ist das alles textnah, folgt Regeln, die im nicht ironischen Text Wissenschaftlichkeit verbürgen. Doch es ist schlicht falsch: Wer nur das Alltagsbeispiel ironischen Sprechens untersucht, den Fall, daß jemand „Tolles Wetter heute!" sagt, wenn es aus Strömen regnet, stellt fest, daß ‚Textnähe' ihm hier nicht hilft. Die Annahme eines Hörers, der Sprecher meine tatsächlich, daß das Wetter toll sei, orientiert sich zwar am Gesagten, doch sie verfehlt das Gemeinte!

So, über die Texte springend, die politischen Intentionen aus expositorischen Texten mit Intentionen aus den literarischen vermischend, kann man das Grass-Werk eindeutig nicht zusammenfassen: Diese Textnähe garantiert nur das Verfehlen des Gemeinten. Wenn Neuhaus hier die exemplarisch als Unsinnsappell an die Grass'schen Schreibanfänge gesetzte Erzähler-Botschaft mit dem – bisweilen arg lauten und stetig fortgesetzten - ‚Dennoch' des engagierten Bürgers Grass in einen Topf wirft, wird auch eine Grass-Sekundärliteratur in ihrem Kernbereich, dem Vermitteln Grass'scher „Ergebnisse", kontraproduktiv. Das ‚Benennen des Jammers' liegt eben in der *Blechtrommel* jenseits eines Nichtbenennens, jenseits der simplen Konstruktion, daß ein Verrückter Verrücktes erzählt. Bei Grass jedoch gehörte zu diesem Benennen ganz exemplarisch und ein Leben lang auch das Tun, das Engagement gegen den ‚benannten Jammer'.

Neuhaus' Mißverständnis ist kein Einzelfall; er repräsentiert gerade im Felde der *Blechtrommel* den Stand der Forschung! Der dargestellte Unsinn, das Gitterbett-Unsinnsprogramm des Erzählers oder das programmatische Nichtstun, gerät nicht nur ihm unter der Hand zum Programm des Autors. Ein solches Mißverständnis ist im Sinne der Berufskrankheit „Kontemplarismus" – meine Variante dazu werde ich im letzten Aufsatz dieser Sammlung vorstellen - von einer soziologischen Relevanz; es ist Indiz dafür, wie weit dieses ‚Grundübel' der Fortsetzungsformen eines ‚deutschen Idealismus' auch die erfaßt hat, die – von Berufs wegen – das Grass'sche Dauerthema eines Kampfes gegen dieses ‚Übel' zu vermitteln hätten. Die simple Konsequenz, daß dem Erkennen und Benennen auch das Tun zu folgen hat, daß Wissen verpflichtet, wird – nicht nur hier - nach dem Muster, daß nicht sein kann, was in apolitischen Intellektuellenseelen nicht sein darf, ausgespart! Wohlgemerkt: Es geht hier nicht um einzelne Interpreten, sondern um das literaturtheoretische Problem, daß ‚das Sekundäre sich vor das Primäre' geschoben hat und daß apolitische Literaturtheorien die Wahrnehmung des Politischen nicht nur in den Grass'schen Werken geradezu verstellen. Denn nur so kann der Gitterbett-Bewohner als Sisyphos-Pendant gelten.

Wie hoch ist dieses Verstehensdefizit also zu bewerten? Es ist ja nur ein Detail, ein Nichtverstehen zur Erzählperspektive eines Romans. Doch es ist es geradezu symptomatisch, ist ein Signum dafür, daß auch die Grass-Forscher nicht wahrhaben wollen, daß eine Kritik an apolitischen Intellektuellen-Positionen auch das eigene Selbstverständnis betrifft, daß also Kritisierte die Kritik an ihnen selbst nicht wahrnehmen wollen. Gerade in den Interpretationen der *Blechtrommel* lassen sich solche ja durchaus unfairen Ausflüge in die Mutmaßungsbereiche zum Seelenleben der Leser von Berufs wegen allzu leicht am Leitfaden jener frühen Kritik des Autors an seinen Interpreten auffädeln, derzufolge man seine Erzähler – hier also Oskar Matzerath – mit dem Autor selbst verwechsle und die Ironie in seinen Büchern nicht verstanden habe: Wer Oskar als Figur ‚retten' will, unterschreibt – gerade weil er dem Autor, dem Erfinder dieser Figur, als einem Schriftsteller wohlwollend begegnet - allzu oft implicite jenen Unsinn, jenes Blech, das gerade diese Figur als allzu billige Welterlösungsbotschaft verkauft. Es paßt dann auch ins Bild, daß die gleichen Interpreten sich recht selten zu den politischen Äußerungen des Autors äußern; jene ‚Selbstverständlichkeit' eines Engagements, die Grass eben aus seinen Formen des ‚benannten Jammers' ableitet, will man nicht unbedingt mit unterschreiben. Es bleibt erstaunlich, daß dies in der Tat für beinahe alle vorliegenden Interpretationen der *Blechtrommel* gilt.

Darüber hinaus ist dieser Forschungsstand, die Tatsache, daß eine Germanistik auch dreißig Jahre nach der ihr damals von Enzensberger großzügig eingeräumten Zehn-Jahres-Frist mit dem „Brocken"[3] *Blechtrommel* noch immer nicht zurande kommt, nur Teil vom Teil eines neuen Problems. Als Problem der *Blechtrommel*-Forschung ist dieses Scheinergebnis Teil eines Problems der Grass-Forschung und als Problem der Grass-Forschung Teil des Problems des literaturwissenschaftlichen Umgangs mit zeitgenössischer Literatur: Wie hält man es mit dem Politischen in der Grass-Literatur?

In beiden Qualitäten ist dieses Nichtverstehen sozusagen nur der historische Anteil an einem sehr viel akuteren Problem. Es empfiehlt es sich hier, den Vorwurf, Grass sei – trotz dieser Fülle an Sekundärliteratur – ein ‚unverstandener Autor', zu aktualisieren – und aus der Sicht der gegenwärtig verstreichenden Zeit zu verschärfen: Wird Grass nunmehr etwa wegen dieser Fülle an Sekundärliteratur nicht verstanden? Hat der sekundäre Umgang mit seinen Büchern nun gar Qualitäten eines Verstehenshindernisses? Angesichts naheliegender Vorbehalte gegen eine solche Pauschalkritik aus der Feder eines verkrachten Literaturwissenschaftlers lasse ich hier lieber den Autor selbst, der eben pauschaler kritisieren darf und muß, zu Worte kommen: Mit Grass geht es hier nicht nur um Grass, sondern um „eine seit Jahren immer deutlicher werdende Tendenz, derzufolge sich das Sekundäre vor das Primäre geschoben hat"[4] – und mit dieser Ausweitung in der Person des Vorwerfenden hat sich auch der Kreis der Betroffenen und die Qualität des Vorwurfs nicht unwesentlich verändert. Grass versucht, mit diesem Vorwurf nichts Geringeres als einen ‚Zeitgeist'[5] der neunziger Jahre zu beschreiben, einen ‚Zeitgeist', dem etwa die Postmoderne die Philosophie beisteure.[6] Ansatzweise, denn der Vortrag „Über das Sekundäre aus primärer Sicht", aus dem dieser Vorwurf stammt, war nicht für ein literaturwissenschaftlich spezialisiertes Publikum konzipiert, erkennt man hinter seiner Kritik an einer „Verwurstung des Shakespeare-Textes", die „Inszenierung" genannt werde, auch eine Kritik an der postmodernen Gedankenfigur vom Tod des Autors – Grass: „Wie hieß nur der Autor? – Den hat es sowieso nie gegeben"[7] –; ansatzweise bezieht sich die Kritik an der von Buchmesse zu Buchmesse wachsenden „Zahl sekundärer Bücher, die sich als Original ausgeben", die Grass als einen „Etikettenschwindel unter Brüdern und Schwestern" bezeichnet, auch auf postmoderne Intertextualitätskonzepte. Gerade die postmoderne Philosophie kommt einem ‚Zeitgeist' der Verdrängung des politisch-gesellschaftlich Erörterten sehr entgegen; mit dem ‚Tod des Autors' ist jeder politische Appell gleich mitbeerdigt worden: Solche, anfangs aus einem Ungenügen an intentionalen Lesemodellen gewonnenen Theorien vom Verstehen befördern nun ihrer-

---

[3] Vgl. „Wilhelm Meister auf Blech getrommelt. Über Günter Grass". In: Hans Magnus Enzensberger: Einzelheiten. Frankfurt am Main, 1962, S.221ff.

[4] Günter Grass: Über das Sekundäre aus primärer Sicht. In: Der Schriftsteller als Zeitgenosse, Göttingen 1996, S.280.

[5] Vgl. ebda.

[6] Vgl., ebda, S.281.

[7] Vgl. ebda, S.280.

seits Harthörigkeit, tendieren dazu, daß nicht sein kann, was nicht sein darf, nämlich daß Literatur appelliere, daß ihre Autoren mit ihren Büchern wirken wollen, daß sie in jedem Falle Intentionen verfolgen: Hier, im Gefolge von Foucaults Gedankenfigur vom Tod des Autors und dessen Ablösung durch den ‚Intertext' wurde das Kind mit dem Bade ausgeschüttet. Solche Theorien hindern Literaturwissenschaftler dieser qua Dekret mit allen Formen einer traditionellen Interpretation abgeschlossen habenden ‚neuesten Richtung' nicht daran, ausgerechnet „Die Rättin", dieses hochpolitische Buch, über den Leisten dieses literaturtheoretischen Passepartout zu schlagen, dieses eminent politische Werk als Folie zu solch literaturtheoretisch fundiertem ‚neuesten Unsinn' herhalten zu lassen.[8] Ist der ‚Tod des Autors' dann, weil sich die Apriori und Fehlerquellen einer je-

---

[8] Vgl. Thomas W. Kniesche: Die Genealogie der Post-Apokalypse - Günter Grass' »Die Rättin«. Wien 1991. Das Buch ist – wohl wider den Willen seines Grass durchaus wohlwollenden Autors – vielleicht der überzeugendste Beweis dafür, daß man es mit einer Leseideologie zu tun hat, daß des Autors Bemühen, etwa Foucaults Theorien auf dieses Grass-Werk anzuwenden, das Werk „Die Rättin" regelrecht verstellt. Es darf geradezu nicht entdeckt werden, daß dieses Buch einen Appell des Autors enthält, den Appell, tätig zu werden, dem Menschenwerk einer Zerstörung des Menschen durch den Menschen mit einem entgegengesetzten Menschenwerk zu begegnen.

Grass hat diesem Problem alles ‚Apokalyptische', das den Menschenwerks-Charakter verstellen könnte, abgesprochen. Kniesche weiß das; er sammelt nach dem Aufgreifen von Apokalypse-Definitionen geradezu akribisch Belegstellen für die Grass'sche Ablehnung dieses Begriffes, doch nur, um dann - in einer Art dialektischem Dreischritt - den 'Post'-Begriff hinter dem Begriff samt seiner Ablehnung restituieren zu können. Es ist gerade so, als hätten wir, die Nicht-Subjekte, die nicht anders als apokalyptisch zu denkende Zerstörung schon hinter uns. Da Kniesche ja die ‚Genealogie' dieses ‚Post-Apokalyptischen' - nicht nur im Grass-Werk, das wäre ‚intertextuell' viel zu eng gefaßt, aber immerhin auch im Grass-Werk untersucht, findet die Arbeit dann zur Schwarzen Köchin, dem Kinderschreck der "Blechtrommel" zurück und - natürlich auch darüber hinaus, ins ‚Außen' der Foucault'schen Konstrukte: Neuhaus' oben besprochener Fehler, den Autor mit gerade diesem Erzähler zu verwechseln, findet hier seine neueste Steigerung. In den Metaphern der "Blechtrommel" ausgedrückt, hätte hier ein Interpret in 'sein Gitterbett' gefunden, weil ein Kinderschreck, eine böse Große-Mutter-Welt, so fatalistisch und unabwendbar das Schicksal ihrer unmündig das Wachstum verweigernden Kinder regiert. Benennungsprobleme derer, die die Welt nicht mehr verstehen, färben hier - sozusagen - ab: Die Ironie der *Blechtrommel* fällt natürlich dann nicht auf, wenn dieser ‚Kinderschreck' als Phantasma - was er durchaus, wenn auch in anderem Sinne ist - benannt wird, und – intertextuell – seit jeher das Ziel des Grass'schen Schreibens – sozusagen knapp vor dem Unsäglichen – gewesen sein soll!

Es sind in der Tat Verkennungsstrategien, die hier - beeinflußt durch eine Postmoderne-Wirkung in der Literaturwissenschaft - an den Text herangetragen werden. Natürlich weiß Thomas Kniesche, daß Nietzsche nicht unbedingt für ein Grass'sches Herkommen steht: Er sammelt Belege und zitiert es. Allein: Michel Foucault sprach vom postmodernen Tod des Autors und des Subjekts - dann aber spielt es keine Rolle mehr, was das Subjekt Grass je dazu sagen könnte. Eine Gebetsmühle der 'Intertextualitäten' setzt ein: Mit ein wenig - vergleichsweise noch dem Zustand 'Moderne' angehörender - Dialektik-Artistik kann das Nicht-Subjekt Kniesche hinter dem Ablehnen einer These (Apokalypse-Begriff 1) durch ein sich lebend glaubendes Subjekt (Grass) dann, durch Ausweiten des Begriffs in Uferlose alle möglichen Texte (denn das genau meint ja dieser seltsame Begriff der Intertextualität) im Rücken des Autors die Antithese entdecken, die am Übergang zum 'Post'-Bereich steht: Er entdeckt einerseits das prinzipiell Unablehnbare am Begriff (Apokalypse 'ist wenn', a) die Menschheit stirbt, b) ein Krieg stattfindet, c)ein Volk, d) eine Familie und - last not least - e) ein Individuum stirbt - denn hat 'jeder hat das Recht auf seine persönliche Apokalypse'. Über diese Brücke läßt sich dann die 'Schwarze Köchin', der Kinderschreck der *Blechtrommel*, und das, wofür sie 'intertextuell' steht, in einer neuen Qualität entdecken – man muß halt nur übersehen, wofür sie in der *Blechtrommel* steht: Denn daß der Mensch allzumal sterblich ist, ist nicht unbedingt neu; es ist gerade dort, wo Oskar, der Jesus des Gitterbettes, die Krippe 'anstiftet', dieses Recht auf seine persönliche Apokalypse allzu genial umsetzt, die Basis für das andere Maß: Für den Individual-Apokalyptiker Oskar - siehe vorletztes Kapitel des Romans - ist ein jeder Tod gleich, das erfüllte Leben zum Tode darf es unter der Weltherrschaft dieses Kinderschrecks nicht geben: Was sich hier wie die vergleichsweise zweckfreie individuelle philosophische Verirrung liest, ist in der *Blechtrommel* sehr viel bedrohlicher gemeint: Diese Sicht spricht als die, denen das friedliche Leben zum Tode verwehrt wurde, den Opfern des Krieges und der Konzentrationslager Hohn; solche ‚Philosophien' werden dort eben von denen verwendet, die die Philosophie, die ‚Liebe zum Wissen', etwa im Felde der deutschen Vergangenheit nicht eben übertreiben, die – als Täter

den Kommunikation so nicht außer Kraft setzen lassen, nur noch die heimliche Geburtstunde des ‚sich selbst feiernden Interpreten'? Ist das Buch, die Autorenäußerung, nur noch Vorwand zu solcher Selbstfeier? Grass bezieht den Vorwurf, daß das Sekundäre, das sich vor das Primäre geschoben hat, nur noch ‚sich selbst feiere', in hohem Maße auf die postmoderne Philosophie, die diesem Betrieb die Theorie unterfüttere: Ist dann auch sein Werk, zumal im Falle der *Rättin*, nur noch Anlaß zu solcher Selbstfeier?

Eine solche permanente Selbstfeier des Sekundären bestimme nicht nur den ‚Zeitgeist', sie verkörpere ihn – behauptet Grass. Und spätestens hier müßte es nun bei jedem Grass-Interpreten klingeln! Ein ‚Zeitgeist' der Vergangenheitsverdrängung bestimmte das Grass'sche Schreiben etwa in den sechziger Jahren; ein sich revolutionär nennender ‚Zeitgeist' vor und nach 1968 bestimmte etwa „örtlich betäubt" oder „Aus dem Tagebuch einer Schnecke". Die ‚Zeitgeister' sind jeweils Formen einer Wirklichkeitsverkennung, sind Formen, ‚Wirklichkeiten wegzureden, damit sie nicht so schmerzen'; in diesem Sinne sind sie ihm stets ein literarisches, ein der Literatur bedürftiges Thema gewesen! Hier, in diesem Zeitgeist, in dem ‚das Sekundäre sich vor das Primäre geschoben hat', wird der Interpret zum Gegenstand primärer Betrachtung!

---

oder als Menschen, die diesen Verbrechen zugesehen hatten – in diesem Felde eher ‚nicht mehr wissen' wollen! In Knieschos Text setzt sich ‚postapokalyptisch' und subjektlos der Apokalypse-Begriff trotz der Grass'schen Ablehnung wie von selbst wieder durch (Synthese) - und auf der Gegenseite ist der vorher durchaus erwähnte „Menschenwerk"-Begriff qua ‚tote Subjekte' völlig unter die Räder gekommen. Es regiert das Zauberwort der postmodernen „Intertextualitäten" ohne Autoren - ähnlich wie in der Welt nicht etwa Subjekte, sondern die uneigentliche, nicht mehr 'liebe' sondern apokalyptische Gott oder seine Surrogate dieselbe nun zerstören. Texte ‚unterhalten sich' qua Tod des Autors und des Subjekts mit anderen Texten, die wiederum auf andere Texte verweisen usw. Man darf das nicht etwa mit der Grass'schen Formulierungsform der altbekannten Kritik an intentionalen Interpretationsmodellen verwechseln, der Formulierung also, daß ein Buch immer mehr zu sein habe als sein Autor. Ob Grass diese Texte gemeint hat oder nicht, spielt überhaupt keine Rolle —und es ist Programm, daß dies keine Rolle spielt! Intertextualität wird beispielsweise eingeführt an einer nur noch über den globalen Intertext einzusetzenden Kastrations-Geschichte der Söhne Noahs. Die Bibel verschweige sie; Grass, der die entsprechende Geschichte überhaupt nicht in der "Rättin" verwendet, verschweigt sie also quasi doppelt: Doch als letztes, auch dem Autor vielleicht völlig unbewußtes Geheimnis muß sie geradezu allem Weiteren zugrundeliegen, da in der midrastischen Überlieferung an eben dieser Stelle eine Kastrationsgeschichte steht: Für Kniesche - oder den Text, den er präpostmodernen Konventionen folgend, noch mit seinem Namen überschreibt, ist diese – darf man sagen: an den Haaren herbeigezogene – Assoziation oder ‚Text-Beigabe' dann aber nichts Geringeres als die Einbruchsstelle für jenes mystische ‚Außen' der kulturellen Denkbarkeit außerhalb von Bewußtem und Unbewußten. Angesichts solcher - wohlgemerkt jenseits eines Unbewußten liegenden - Geheimnisse muß man, in noch viel höherem Maße noch als unbeschreibbar beschriebenen Außen ergriffen, so tun, als wüßte man nicht um das Ziel der Angelegenheit und habe nie eine Zeile Foucault, Derrida oder Lacan gelesen. Vormals, als es in psychoanalytischen Deutungen um das zwar dort schon heikle, aber immerhin noch simple, weil kulturell kodifizierte Unbewußte etwa von Autoren ging, mußte man halt immer vergessen, daß man Freud, Jung oder was auch immer gelesen hatte, und den Ödipus-Komplex - oder was auch immer – immer wieder aufs Neue als ‚Geheimnis' entdecken. Diese neueste Geheimnis-Geschichte steckt intertextuell also schon in der Bibel, wie ja auch die Bibel intertextuell in den Grass-Texten steckt: Wer zitiert, sagt immer mehr, als er meint. Doch die Frage bei diesem Aussageintentionen kritisierenden Zauberwort ist doch, wieviel mehr er jeweils sagt. Wer vom Literaturwissenschaftler immer noch verlangt, einen Assoziationenwildwuchs an dem einen Text zu überprüfen und mit dem ‚Willen zur Wahrheit' wenigstens seine an den Haaren herbeigezogenen Aussagen ‚auszuschließen', hat dieses von Foucault eingeleitete wuchernde Spiel zwischen Texten, Intertexten und Botschaften aus dem ‚Außen' des bewußt und unbewußt Wahrnehmbaren (das Dritte, hinter dem Bewußtsein und dem Unbewußten) wohl überhaupt nicht verstanden, nicht gemerkt, daß das Subjekt', das da - auch - appellieren könnte, tot ist und mit ihm die leidige Frage nach dem Mehr oder Weniger an Text-Wissenschaft begraben wurde. Bei soviel zweckfreier Belesenheit erstaunt dann eben doch, daß das ganze theoretisch überarmierte Unterfangen schon im Bezug auf die tatsächlichen Grass-‚Intertextualitäten' schon beim einfachen Kinderschreck versagt.

Und weil die Äußerungen des politisch engagierten Bürgers Grass mit seinen literarischen Werken schon immer ‚den gleichen Ansatz' hatten, weil Grass als Bürger wie als Schriftsteller die Scheinrationalitäten solcher Wirklichkeitsverkennungsformen angriff, sollten Interpreten auch wahrnehmen, daß in den Grass-Werken der neunziger Jahre der im expositorischen Text erhobene Vorwurf in hohem Maße bereits wiederum Literatur geworden ist. Um es ein wenig mystisch zu formulieren: Das Problemformulierungs-Instrument Literatur hat hier – sozusagen fern vom Autor Grass – dieses Problem aufgegriffen; dieser ‚Zeitgeist' brachte eine Literatur hervor, die ihn untersucht, die die Dominanz des Sekundären aufzubrechen sucht, eine Literatur, die ihre Wirkungs- oder Nichtwirkungs-Bedingungen im Rahmen dieser ‚permanenten Selbstfeiern des Sekundären' reflektiert, sie ins Buch aufnimmt. Autorenaufgabe in einem Kampf gegen einen solchen Zeitgeist wäre es, den Interpreten und den Rezensenten, der nicht sieht, was er nicht sehen will, in seiner Wirklichkeit und seinen Verkennungsformen von Wirklichkeit sozusagen unübersehbar mit sich selbst zu konfrontieren. Ist diese Konfrontation nunmehr heimliches Thema dieser Bücher, Verstehensaufgabe für die, die nicht verstehen wollen?

Was wäre der gesellschaftliche Hintergrund - oder marxistisch gesprochen: die Basis - dieses Zeitgeist-Problems? Das Schlagwort vom Verlust der Lesekultur kennzeichnet dieses Problem nur sehr unzureichend, denn dieses Verlieren oder Verloren-Geben ist Menschenwerk, ist Umgang von Menschen mit jener Ausweitung der Informationsmöglichkeiten, die – laut Grass, doch nicht nur laut Grass – dazu führten, daß man, daß „die Gesellschaft" nunmehr „überinformiert" wie „uninformiert" handle[9]. Jener Grass, der in den neunziger Jahren auch in poetischer Form untersuchte, warum seine Literatur die Wirkung, die er sich wohl erhoffte, nicht hatte, war beileibe nicht beim privaten Thema – etwa beim immer noch vorenthaltenen Nobelpreis – angelangt: Er war - und ist - immer noch bei seinem Kernthema. Er untersucht also weiterhin, warum Auschwitz die Wirkung einer Denkschwelle nicht hatte, die – nicht nur - er sich als eine Lehre aus der Geschichte erhofft hatte. Grass versteht sich dabei als Repräsentant auch anderer Schriftsteller, deren Schreiben diese vor dem Primären stehende Phalanx des Sekundären nicht durchbrochen hat, ja, nicht durchbrechen konnte. Und so sind die Grass-Sekundärliteraten, einschließlich meiner Person, gut beraten, diesen Vorwurf auch auf sich zu beziehen. Gerade dieser Nobelpreis für Literatur sollte Anlaß sein, das Primäre wieder ins Zentrum einer Literaturvermittlung zu rücken.

Es gibt nunmehr eben auch die Bücher, die dies verlangen. Denn wie erklärt man einen Titel wie „Fundsachen für Nichtleser", wenn das Buch, das diesen Titel trägt, den Gedanken, es könne auch nur einen einzigen real existierenden Nichtleser erreichen, schon von der Aufmachung her völlig abweist: Dieser vordergründige Leseappell an den Nichtleser ist nicht gemeint – und kann nicht gemeint sein. So dumm, so blauäugig und blind für elementarste Mechanismen eines Buchmarktes, kann ein Schriftsteller – und sei sein Blick noch so sehr vom eigenen Ruhm getrübt – nicht sein: Die Idee, ‚Nichtleser' ausgerechnet mit Gedichten bekehren zu können, die er zudem in Aquarelle hinein-

---

[9] „Jetzt soll die Überfülle der Informationen schuld sein, daß die Gesellschaft - weil überinformiert - wie uninformiert vor sich hinlebt." Günter Grass: Rede vom Verlust, Göttingen 1992, S.10

geschrieben hat, ist nur der Kurzschluß im Appell-Gehalt dieses Buches; sie soll die Aufmerksamkeit derer, an die appelliert wird, eben verlagern. Selbstverständlich spricht der Autor hier ‚Leser' als ‚Nichtleser' an: Denn nur die kann er überhaupt erreichen.

Dieses Buch mit seinen sogenannten „Aquadichten", das Grass zum stolzen Preis von 78,- DM vertreiben ließ, wird dann geradezu zu einem Köder in anderer Richtung: Mit solchen ‚Aquadichten' fischt der Autor in den ‚wasserdicht' eingetrübten Teichen eines Sekundären, das sich vor das Primäre geschoben hat. Das in vielen Gedichten so rätselhaft nur privat scheinende Buch wird zu einem Test: Gesucht war wohl der nun wirklich kreuzdumme Rezensent, der auch hier noch anbeißt, der ihm auch dies noch um die Ohren haut. Gott sei Dank gab es ihn – meines Wissens - nicht; nach dem Wirbel um „Ein weites Feld" wurde das Buch im Feuilleton beschwiegen, also sozusagen von den angesprochenen ‚Nichtlesern' demonstrativ ‚nicht gelesen': Gelesen wurde es wohl schon, nur nicht besprochen. Aufgegriffen wurde so aber auch nicht, wie denn dieser Titel zu verstehen sei: Dieses ‚Gesagte', das so nicht ‚gemeint' sein kann, meint eben in ironischer Form all die, die das Buch tatsächlich erreicht! Doch wer ist das, wenn man die hier ausgesetzt scheinenden Mechanismen des Buchmarktes genauer nimmt?

Der Titel kann beinahe nur noch direkt auf eine ‚Berufsleserschaft' im Feuilleton wie in der Literaturwissenschaft bezogen werden. Diese ‚Fundsachen' erreichten schon von ihrer Aufmachung her eben nur die, die ‚viel lesend' letztlich doch ‚nicht lesen'; das Buch erreichte beinahe nur den Kreis der ausgesprochenen Grass-Liebhaber oder eben den Kreis derer, die von Berufs wegen, jeden ‚neuen Grass' kaufen und lesen[10]. Wird die Ausgangsthese vom nicht verstandenen Grass hier, in dieser Form, in der er sein Nichtverstandenwerden unübersehbar thematisiert, plausibler? In dem Titel „Ein weites Feld" versteckte Grass diese Form einer Ironie noch ein wenig; hier, wo er seine Leser als Nichtleser anspricht, geht er es – sozusagen - mit dem ‚ironischen Holzhammer' an.

---

[10] Ruth Meyering sprach Grass in einem Interview direkt auf die Bedeutung des Titels an. Grass antwortete, das sei „natürlich eine ironische Bemerkung zu einer entweder tatsächlichen oder nur herbeigeredeten Abwendung vom Buch, weil niemand mehr Zeit hat und weil die anderen Medien vom Lesen ablenken. Niemand kann gleichzeitig Fernsehen gucken und lesen, das sind Dinge, die sich ausschließen." („Eine Verführung für Nichtleser". In: Günter Grass, Der Autor als fragwürdiger Zeuge, Göttingen, 1997, S.332) Grass löst diese Ironie also nicht oder bestenfalls vage in dem Sinne auf, daß hier der vielesende Nichtleser, der sich eben tatsächlich oder in ‚herbeigeredeter' Form vom Buch abwende, gemeint sei: Diesen direkten Angriff auf das Feuilleton spart er hier aus – oder umspielt ihn. Denn die Erweiterung dieser Antwort des ‚fragwürdigen Zeugen' bleibt ironisch: Das Buch sei „eine Verführung der Nichtleser, über das Hinsehen – was sie gerne tun – doch auch noch einen Blick auf die gegenüberliegende Textseite zu werfen, also wieder zum Lesen zu finden" (ebda., S.333): Daß Nichtleser gerne bei Bildern ‚hinsehen', trifft ja auch nur in übertragenen Sinne, bezogen aufs Fernsehen, zu; bezogen auf die Grass'schen Bilder, etwa die hier zu findenden Aquarelle und ihre Verführungsqualitäten, wird die Krux, daß hier nur bereits Bekehrte verführt werden können, nicht durchbrochen. Der wohlwollende Titel des Interviews ist hierin recht blauäugig. Ironisch ist dann auch die darauf folgende ‚Drohung' des Autors zu verstehen: „Es gibt ja auch ein Gedicht, das von den bedrohten Kindern spricht: Wenn sie nicht aufhören mit dem Glotzen, werden sie von keinem Dichter mehr erwähnt, werden wegkümmern wie die Kinder, die ihre Suppe nicht löffeln wollen" (ebda., S.333): Auch dies will als Drohung eher auf die vielesenden Nichtleser passen, da es den real existierenden Nichtleser wohl kaum kümmert, daß er ‚von keinem Dichter mehr erwähnt wird'. Eben daß die ‚vielesenden Nichtleser' vom „Dichter" erwähnt werden und deshalb ‚ihre Suppe' nicht löffeln wollen, macht die Pointe dieses Gedichts aus: Das ‚Wegkümmern' seiner Leser, das hier als ironischaltväterliche Drohung ausgesprochen wird, beträfe ja vor allem den ‚Dichter', der sein Publikum verlöre – und eben dieses Publikum, das - auf längere Sicht – seinen Job verlöre. Da bleibt es der durchaus einfachere Weg, diese Suppe, die nicht so recht schmecken will, weil sich der Rezensent oder Interpret hier als vom ‚Dichter' angesprochener ‚Nichtleser' wiederzuerkennen hätte, auszulöffeln.

Vormals, in den zahllosen Reaktionen auf „Ein weites Feld", war es allemal erstaunlich, daß nicht ein Rezenzent die Ironie dieses Titels auflöste: Der alte Briest ist eben der exemplarische Problemverdränger, der Plauderer, der sich – immer dann, wenn's heikel wird, wenn ein Problem auf den Punkt gebracht zu werden droht - im ‚Intertextuellen' verliert, der sich mit dem Spruch „Das ist ein weites Feld!" von diesem Problem verabschiedet, um sich ‚im weiten Felde' dessen, worüber zu plauschen ist, anders zu verlustieren! War der Leib- und Magenspruch dieser Figur und die Form einer Problemverleugnung, für die er steht, so in einen Titel der neunziger Jahre gesetzt, ein heimliches Muster für ein Zeitgeist-Verhalten, demzufolge Überinformation der Grund dafür sein soll, daß man wie uninformiert handelt? Ein Muster, das auch das Sekundärliteraten-Geplaudere und seinen Umgang mit dem Primären betrifft? Und keiner hat's so recht gemerkt?

Das real existierende, das sich unter den Bedingungen der Medienkonkurrenz verschärft habende Problem des Nichtlesens wird so zum Gegenphänomen; dieses Nichtlesen steht auf der Gegenseite eines professionell betriebenen Nichtlesens, auf der Gegenseite jenes ‚Sekundären, das sich vor das Primäre geschoben hat'. Der tatsächlich ‚nicht lesende' ‚Nichtleser' stiftet den ‚vielesenden Nichtlesern', die ihrer Aufgabe, den ‚Zugang zum Original' herzustellen, diese Literatur zu vermitteln, nicht gerecht werden, wie völlig abseits ihrer eigenen, jeweils lesephilosophisch begründeten „Abschottungen aller Zugänge zum Original" immerhin ein Lieblingsthema.

> Diesen und weiteren Abschottungen aller Zugänge zum Original entspricht das zur Zeit auf ungezählten Kongressen abgehandelte Lieblingsthema subventionierter Kulturbetreiber, es heißt: »Vom Ende der Lesekultur«. Mit bedauerndem Tremolo wird der Sieg der neuen Medien verkündet. Schon ist der lesende Mensch durch den visuell konsumierenden abgelöst. Die diesen Wandel beklagen oder verkünden, geben sich zwar immer noch - wenn auch ein wenig verschämt - als Lesende aus, doch besteht ihre Lektüre zumeist aus sekundären Gewinnabschöpfungen, deren Marktlage vorerst gesichert ist. [11]

Klagen also allenthalben: Der ‚anklagende' Autor trifft hier auf ‚seinen Markt', auf seine ‚Nichtvermittler', die ihrer ‚Arbeitsverweigerung' weiterhin arbeitsam und – bei vorerst gesicherter Marktlage – nachzugehen bemüht sind. Der Widerspruch zwischen einer wachsenden Sekundärproduktion nach Lese-Philosophie-Formen oder Lese-Ideologien, die theoretisch begründet den Autor, das Primäre, verstellen, und dieser umgebenden Wirklichkeit vom „Ende der Lesekultur" mit recht platten Zuwachsraten ist also Teil solchen Zeitgeistes.

Und es will auch hier nicht gelingen, den wissenschaftlichen Grass-Sekundärbereich bereits wieder aus solcher Kritik auszunehmen, diese Kritik auf ‚das Feuilleton' beschränkt sein zu lassen: In Oskar Negts Buch „Der Fall Fonty", in dem auf fast 500 Seiten die Feuilleton-Reaktionen auf „Ein weites Feld" zusammengestellt wurden, ist nicht eine einzige Rezension oder Reaktion zu finden, die von einem ausgewiesenen Grass-Fachmann oder einem Grass-Sekundärliteraten stammt. Gerade dieses Fehlen will – wie immer es zustande kam – etwas bedeuten: Daß da irgendein dahergelaufener Grass-Experte irgendeinem Literaturkritiker das lange erwartete ‚Medien-Ereignis' „Ein

---

[11] Grass: Der Schriftsteller als Zeitgenosse, l. c., S..283.

weites Feld" als Selbstdarstellungs-Spielwiese streitig machen dürfte – wo doch schon im ‚Vorfeld' geklärt wurde, wer denn nun dürfe – ist wohl eine der Blauäugigkeiten der Grass-Experten, die die Welt der Literaturkritik eh nicht verstehen; daß dergleichen in einem ‚Nachfeld' möglich sei, wenn das Event selbst bereits dem Vergessen anheimgefallen und auf der anderen Seite der Halbwertszeiten des Wissens verschwunden ist, war wohl noch blauäugiger. Auch in diesem Bereich läßt sich die Klage erweitern:

> Es wurde mit Recht darüber Klage geführt, daß die deutsche Literatur (und Literaturwissenschaft) in der amerikanischen und englischen Öffentlichkeit nicht präsent ist. Aber auch in Deutschland hat die Philologie, die Germanistik insbesondere, ihre Öffentlichkeit verloren. Wir dringen über den Kreis der fachinternen Öffentlichkeit nicht mehr hinaus. Es ist ein (von manchen natürlich sehr gepflegtes) Krisensymptom der Germanistik, wenn ein Großteil der literaturwissenschaftlichen Arbeiten immer esoterischer werden und ihre Autoren sich damit abfinden, nur noch von einigen wenigen Fachkollegen verstanden zu werden. Dieser Verlust der Öffentlichkeit ist für die philologischen Disziplinen und insbesondere für die Germanistik ein schwerwiegendes Problem, und diese Fächer werden daran zugrunde gehen, wenn sie diese Öffentlichkeit nicht zurückgewinnen.[12]

Dieser die Germanistik allgemein meinende Befund aus berufenem Munde, von Wolfgang Frühwald, dem Präsidenten der Deutschen Forschungsgemeinschaft, ist im Falle Grass nicht unwesentlich anders gelagert: Grass ist ein Bestseller-Autor, fast all seine Werke erreichten sehr hohe Auflagen. Ein Verlust von Öffentlichkeit in diesem Felde besteht vor allem darin, daß man Öffentlichkeit denen überläßt, die ihre Selbstfeiern zum Buch zelebrieren, ohne das Buch wahrzunehmen. Ein öffentlich wahrnehmbarer Widerspruch zu den Verkennungstopoi der Großkritik wäre angesagt gewesen, eine Parteinahme für „Ein weites Feld", das in einer eher politischen als literarischen Debatte von der westdeutschen Großkritik entsetzlich verkürzt wurde. Solcher Widerspruch zu solchem ‚Zeitgeist' wäre in dieser eher politischen als literarischen Debatte auch eher von politischer als von literaturwissenschaftlicher Qualität gewesen: Kein Literaturwissenschaftler konnte bis heutzutage auch nur einigermaßen befriedigende Interpretationsansätze zu diesem unendlich komplexen Roman entwickeln; wohl aber wäre es möglich gewesen, die reizvolle, Geduld verlangende, dem Text folgende Arbeitsaufgabe gegen solch lauttönend sich selbst feiernde Arbeitsverweigerung im Feuilleton zu verteidigen. Allerdings wäre gerade an diesem Roman hierzu auch der Sprung über den eigenen Schatten erforderlich: Auch die Weiterarbeit im stillen Kämmerlein, die Publikation für den Spezialistenkreis innerhalb des fachinternen Kreises anderer, über andere Spezialisten-Themen gebeugter ‚Vor-Sich-Hinarbeiter', ist genau genommen nur noch ‚Selbstfeier'.

Denn ‚wir von den Archiven', die Germanisten, die nur noch ihre fachinterne Öffentlichkeit suchen, die das Öffentlichkeitsfeld des Sekundären, das in hohem Maße politische Wirkung hat, den Schnell-Lese-Spezialisten einer ‚Daumen-Rauf-oder-Runter'-Kritik überlassen, sind in diesem Buch an exponierter Stelle mitgemeint: Die Ironie-Verhältnisse rund um ‚das Sekundäre aus primärer Sicht' sind in „Ein weites Feld" wesentlich komplexer und komplizierter – und doch sind sie, als Rätsel, unübersehbar: Für wen archivieren wir, was wir selbst nicht nutzen? Neben und in Wechselwirkung mit

---

[12] Wolfgang Frühwald in einer Marbacher Diskussion über Exilgermanistik im September 1991. Zit. nach: Henry H.H. Remak in: Fontane-Blätter, 58/1994, S.299.

den zeitbezogenen Kernthemen des Romans ist „das Sekundäre" ein Kernthema der rätselhaften ‚Wir vom Archiv'-Perspektive, der Sichtweise von Sekundärliteraten zu dieser Handlung rund um das Fontane-Sekundär-Phänomen Fonty, den ‚Nachlebenden': Die Betrachter von Berufs wegen betrachten das ‚Sekundäre', das aus der Literatur ins Leben hineinreicht. Diese Kernstruktur des Buches will, daß ‚wir vom Archiv' den Nachlebenden betrachten, der – wie sollte es anders sein – völlig falsch ‚nachlebt' und in dieser Negativqualität ‚unsere' – will sagen, die diesem Archiv zuzuordnenden - ‚Betrachter-Qualitäten' zutiefst in Frage stellt. Fonty, die ‚verkrachte Existenz', lebt fremdbestimmt Fontanes fremdbestimmtes und daher verkracht vorgelebtes Leben nach; er lebt nicht nach, was Fontanes Bücher ihm als Möglichkeiten zu einer Selbstbestimmung eröffnen: Deshalb wird bereits auf der ersten Seite des Romans auch seines ‚Unsterblichen' Leben eindeutig als ‚verkracht' bezeichnet. Doch dieser Teil der Geschichte ist nur Einstieg in den Gegenwartsbezug dieses so intensiv über die Vergangenheit gebeugten Buches, ist Teil jenes ‚Schreibens gegen die verstreichende Zeit', das sich eben zuvörderst der Gegenwart der deutschen Einheit stellt: Bis man hier, hinter einer solch wechselseitig zelebrierten ‚Selbstfeier des Sekundären', zur ‚primären Sicht' vorstoßen könnte, ist es ein weiter Weg: Der Autor schweigt, es sprechen nur seine Figuren, sein ‚Wir vom Archiv', sein Sekundär-Phänomen Fonty, seine in anderem Sinne als Sekundärphänomen betrachtenswerte Figur Hoftaller. Wie gewohnt hält Grass ein auktoriales Schweigen auch in diesem Roman strikt ein, ordnet sich geradezu sklavisch seinen Figuren unter. Erst auf dieser Basis, daß die Figuren in Opposition zum Autor stehen, daß sie Eigenes wollen und ihre, ihrem Zeitgeist verpflichteten eigenen Fehler machen, will der zentrale Perspektive-Bruch in diesem Buch interpretiert sein, der unmittelbar auf ‚das Sekundäre aus primärer Sicht' zielt: Der literaturwissenschaftlichen „Wir-Perspektive" in diesem Buch fehlt jene Vielstimmigkeit, die eine ‚Wir'-Perspektive ausmacht. Man, ‚die Wissenschaft' – einstweilen zu Fontane, auf Abwegen die zum zu beobachtenden Sekundärphänomen Fonty, dem ‚Nachlebenden' - spricht wie aus einem Munde. Das so Gesagte kann so nicht gemeint sein: Und es grenzte an literaturwissenschaftlichen Schwachsinn, wollte man Grass unterstellen, er habe solche ‚Perspektive'-Fehler, die schon in einem Schüleraufsatz mit der Aufgabe, eine Geschichte aus einer ‚Wir'-Perspektive zu beschreiben, undenkbar sind, nicht bewußt als Ironiesignal gesetzt. Die vielstimmige, die sich widersprechende, sich ergänzende, zu Konsens oder zu geklärtem Dissens führende Sicht fehlt, weil gerade ein anderes Fehlen zeitbezogenes Kernthema des Buches ist: Dem Einigungsprozeß, der in diesem ‚Roman zur deutschen Vereinigung' darzustellen war, fehlte, was seit 1848 fehlte: die Dreinrede und Mitgestaltung mündiger, politisch engagierter Bürger. Der Gedanke, daß diese Bürger eben zuvörderst auch ‚lesende Bürger' hätten sein müssen, liegt bei einem Lebenswerk, das eben diesen Bürger suchte, als Maßstab für die jeweilige Darstellung des jeweils Defizitären nicht eben fern: Grass suchte eben den Bürger, dem beides, dem Engagement und Lesen ‚selbstverständlich' sind. Ist es dabei wirklich so verfehlt, die ‚Geist- und Macht'-Wirklichkeiten einer Demokratie an den Möglichkeiten zu messen, die ihrem demokratischen Anspruch entsprächen? Als Grass als Bürger dreinzureden versuchte, hörte man nicht einmal zu, geschweige denn, daß man – ich, du, er, sie – ihn zu unterstützen suchte: Waren all seine Leser Nicht-Leser? Literatur soll ja auch jenem Mündigwerden zutragen, soll ‚aufklären', dem Ausgang des Menschen aus selbstverschuldeter Unmündigkeit verpflichtet sein: Waren es also gerade Leser, die hier fehlten?

Der politisch motivierten Kritik an diesem Buch, die immer wieder darauf abhob, Grass wiederhole in diesem Roman, was er in seinen Essays und Reden zur Vereinigung gesagt habe, liegt nichts ferner als solche ‚Selbstkritik', die – als Fremdkritik – Thema des ‚weiten Feldes' geworden ist: In diesem ‚Sekundären', das sich hier unübersehbar vor das Primäre geschoben hatte, das das Buch kaum mehr zur Kenntnis nahm, wurde – bis in Unterstellungen hinein, Grass wolle die DDR erhalten, weine ihr Tränen nach – entsetzlich verkürzt; solche Kritik operierte mit einem geradezu diktatorischen Autorenbild und reichte bis in die Unterstellung hinein, Grass ‚räche' sich in literarischer Form dafür, daß man seinen Vorschlägen zur Gestaltung der deutschen Einheit nicht gefolgt sei. Doch der politische Vorwurf des Autors auf diesem Feld lautet – kurz gefaßt – anders: Ich habe es versucht, könnte Grass sagen; doch wo wart ihr! Nein, ‚wir vom Archiv' waren nicht präsent, unser Scherflein – tolles Wortspiel! - zu einer solchen Umgestaltung, die auf Jahrzehnte die Rahmenbedingungen demokratischer Arbeit festsetzte, fehlte. Ist das zu einfach?

Eine solche Sicht betrifft auch recht simple Interpretationsaufgaben, die gar nicht als solche wahrgenommen wurden, betrifft also wiederum das Verstehen dieses Buchs. So wurde die ‚regierende Masse' als Bezeichnung für ‚den Kanzler' zum Beispiel nicht einmal ansatzweise auf Anderes als die Grass unterstellte üble Beleidigungsabsicht gegenüber ihrem ein wenig korpulenten Modell Kohl hin abgeklopft: Daß Kohl ein wenig dick war und ist, spielt hier beinahe überhaupt keine Rolle, ist sozusagen nur ‚gegenständliche Entsprechung' zu einem Bild, das seine Übertragungsgehalte, seine Tertia comparationis, sucht. Zur regierenden gibt es eben auch eine regierte Masse, die Masse der Straße, die der ‚regierenden Masse' – Kohl und dem, was man nun das ‚System Kohl' nennt - fern aller Weitsicht den Weg zu dieser Einheit des ‚abgefahrenen Zuges' diktierte, aber auch die ‚Masse' der Weitsichtigen, der Intellektuellen, die – fernab von der Idee, Demokratie sei ‚Herrschaft des Volkes' – nur zusah, sich nicht beteiligte. ‚Wir vom Archiv' waren ‚regierte Masse', wir verfehlten einen Einsatz, der auch mit unserem Beruf zu tun hat: Eine Literatur zu diesen Komplexen, sei es die von Fontane, sei es die Grass'sche, blieb unbeachtet, auch deshalb, weil sie so nicht vermittelt wurde und wird, weil ‚das Sekundäre' solche Literaturen entschärft. Nach der vormals so beliebten Frage, wo denn das Positive bleibe, stellt sich nun – in unseren gesellschaftsfernen ‚Spielräumen' mit ‚Archiv'-Charakter - die Frage, wo denn das Irritierende bleibt; da irritiert dann diese von Grass heimlich gestellte Frage, für wen wir denn archivieren, was wir selbst nicht nutzen? ‚Wir vom Archiv', die, die vielstimmig mit einer Stimme sprechen, sollten uns diese Fragen stellen: Gibt es, bei all unseren bewußten oder unbewußten Tendenzen, Literatur ihren politischen Stachel zu nehmen, sie ‚vielstimmig mit einer Stimme' sprechen zu lassen, überhaupt noch eine Literatur, die irritieren kann? Eine Literatur, der – außerhalb von solchen Nischen der Archive - ‚nachzuleben' sich lohnt? Wie wäre die zu vermitteln? Wie wäre ihr ‚nachzuleben'?

Diese Seite des Autors Grass, den Grass der neunziger Jahre, lasse ich in dieser Aufsatzsammlung noch weitgehend außen vor: Das ist mir – wie sagte es der alte Briest, wenn er sich, mehr oder weniger schuldbewußt, um Problemerörterungen drücken wollte – ‚ein weites' oder, wie es am Schluß heißt, ‚ein zu weites Feld', das ich hier – mich nicht ganz drücken wollend und könnend – bestenfalls in ‚Nachworten' – die allerdings auch bereits recht umfangreich ausfallen – anreißen, ‚skizzieren' kann. Ich benutze die oben nur angerissenen Überlegungen geradezu als Ausrede dafür, daß ich dort, wo ich lieber vollständigere Ergebnisse präsentieren möchte, nur eine Aufsatzsammlung vorlege. Denn eine andere Geschichte ist hier einzuholen, eine Geschichte, die auch meinen Hauptfehler in diesem Fehlen einer Grass-Vermittlung betrifft: Ich war - außer in einem kleinen Aufsatz zur „Rättin" aus dem Jahre 1987 – bis ins Jahr 1995, bis kurz vor dem Erscheinen des ‚weiten Feldes' überhaupt nicht vertreten. In diesem Jahr erschien endlich meine Dissertation zu „Katz und Maus", die bisher auch völlig unbeachtet blieb. Klagen gibt es auch hier: Ich arbeite seit 1991 nicht mehr als Literaturwissenschaftler, sondern – sozusagen von meiner Literatur eingeholt - in einem sozialen Lehrberuf – gerade so, wie weiland jener Pilenz in *Katz und Maus*, der als Sekretär im Kolpinghaus arbeitete und mir ein Dissertationsthema stiftete. Auch über dessen Zögern zwischen diesem Beruf und einer literarischen Berufung, der er nur in einem literarisch unzureichenden Werk nachkam, habe ich geschrieben. Seine Klagen könnten insgeheim die meinen werden: Kann ‚man' von mir verlangen, daß ich mich nebenberuflich mit Problemen herumschlage, um die die Hauptberufler sich jeweils anders theoretisch ‚fundiert' in jeweils verschiedenen Formen herumdrücken? Wer – außer ‚meiner' Literatur - könnte das von mir verlangen?

1. Als Zeitgenosse gegen die verstreichende Zeit schreiben -
Gilt das auch für Interpreten?

‚Zeitgeiste' oder – dämonischer gesehen – ‚Zeitgeister' kommen und gehen; und auch Texte, die sich an ihnen reiben, haben ihre Zeiten: Sie beziehen sich auf bestimmte Zeiten und sind in bestimmten Zeiten geschrieben worden. Die Texte eines Grass-Interpreten hätten dann in einem besonderen Maße zu vermitteln, wie dieser Autor „als Zeitgenosse gegen die verstreichende Zeit"[13] schreibt und schrieb. Denn so ‚definierte' er seinen Beruf[14].

Literaturwissenschaftliche Differenzierungsversuche sind hier angesagt: Eine solche Definition ist – zumal losgelöst aus ihrem Kontext - als Interpretationskategorie nicht eben klar und eindeutig. Sie basiert ja auf einem Widerspruch: Kein Mensch kann die Zeit aufhalten, kann verhindern, daß sie verstreicht. Insofern sagt diese Sprachfigur zwar jedem etwas, doch auch jedem etwas Anderes. Die Definition hat auch den Charakter einer Leerformel.

Die ‚Definition' verbindet das dem Menschen Unmögliche mit dem, was einem Schriftsteller möglich ist; der von Menschen nicht beeinflußbare Vorgang wird kurzge-

---

[13] Vgl. Günter Grass: „Die Vernichtung der Menschheit hat begonnen". (IX, 832) Ich zitiere im Folgenden durch Angabe von Band- und Seitenziffer aus „Günter Grass: Werkausgabe in zehn Bänden", hrsg. von Volker Neuhaus, Darmstadt und Neuwied 1987.

[14] Vgl. Günter Grass: Gegen die verstreichende Zeit. Reden, Aufsätze und Gespräche 1989-1991. Hamburg und Zürich, 1991, S.67.

schlossen mit der zeitgebundenen Tätigkeit des Schriftstellers. Und so ist auch der Mißerfolg im Bilde einfacher zu beschreiben als ein Erfolg: Die Zeit verstreicht, als hätte es dieses Schreiben nie gegeben. Wie könnte ein Erfolg in dieser Schreibtätigkeit gegen die verstreichende Zeit aussehen?

Der Schriftsteller Grass ist bekanntlich auch ein engagierter Bürger. Wie sieht er in diesem Felde das Verstreichen der Zeit?

> Morgen schon macht was anderes Schlagzeilen. Lügen leben von verstreichender Zeit. Das ist nun mal so: Wenn schon Wasser und Luft verschmutzt sind, warum soll dann nicht, mit Hilfe unschuldiger Druckerschwärze, das politische Klima vergiftet werden. Zynisch gesprochen: Wer für ausgleichende Gerechtigkeit ist, tritt sorgsam abwägend für eine gleichmäßige Umweltverschmutzung ein. Man muß nur die Wirklichkeit wegreden, dann schmerzt sie nicht so.
> Doch die Lüge hat Ort und Datum. Der Deutsche Gewerkschaftsbund Hamburg hat mich eingeladen, zum 1. Mai zu sprechen. In Hamburg hat mit dem Haus Springer die Methode der Verleumdung politischer Gegner und die Umgehung der Informationspflicht ihr mächtiges Zentrum gefunden. Wenn vom Arbeiter und seiner Umwelt zu sprechen ist, dann gehört das Thema Pressekonzentration, dann gehören die Tatsachen manipulierter Meinung und mit ihr eine Unzahl falscher Informationen zum Thema Umwelt und Umweltschutz. (IX, S.519)

Viele Tätigkeiten ergeben einen Vorgang, etwa die oben angesprochene ‚gleichmäßige Umweltverschmutzung', die reale und die durch Druckerschwärze verursachte, aus jener längst verstrichenen Zeit: Die Rede datiert vom Mai 1971. Ihr Thema ist – sozusagen – zeitlos: Jeweils andere Lügen haben jeweils andere Orte, Zeiten und Sprecher-Schreiber-Subjekte. Im Bezug auf die Grass'sche Literatur stellt sich hier heimlich das Realismus-Argument ein: Wo die einen ‚die Wirklichkeit wegreden', damit sie ‚nicht so schmerzt', ist es Schriftsteller-Aufgabe, ‚die Wirklichkeiten' genau zu beschreiben, damit sie schmerzen, damit sie irritieren. Diese Darstellungsformen sollten dann auch politische Konsequenzen haben: Nicht nur dem hier bei solcher ‚Gelegenheit' angesprochenen „Deutschen Gewerkschaftsbund stellt sich als Dauerauftrag die Aufgabe, Roß und Reiter zu nennen" (vgl. IX, S.519): Solcher ‚Dauerauftrag' stellt sich allenthalben. Wer verteilt solche Daueraufträge? Grass selbst? Der hier im Kontext genannte liebe Gott oder das ‚unabwendbare Schicksal'? ‚Die' Geschichte als ‚verstreichende Zeit', von der jeweils andere Lügen leben können?

Eine solche Verbindung von Vorgang und Tätigkeit findet ein Grass-Interpret eben auch auf dieser Ebene wieder. Geschichte, jenen Vorgang, in dem die Zeit verstreicht, ‚definiert' nicht nur Grass zuvörderst als ‚Menschenwerk', als Geschichte von Tätern und Nicht-Tätern. Dieses Geschichtsbild betont die Verantwortung der Menschen für das, was mit ihnen und durch sie geschieht; es verweigert Abstraktionsformen, in denen aus der Tätigkeit oder Untätigkeit von Menschen heimlich ein Vorgang gemacht wird. Auschwitz war ein Verbrechen, keine Katastrophe; der 8. Mai 1945 war eine bedingungslose Kapitulation, kein Zusammenbruch. ‚Schonwörter', die aus Taten heimlich Vorgänge machen und es so gestatten, von den Tätern und Nichttätern zu abstrahieren, lehnt Grass ab.

Auch philosophische Differenzierungsversuche durchbrechen diesen Kerngedanken nicht; in einer grundsätzlichen Unterscheidung der expositorischen von den literarischen Textgattungen unterstützen sie ihn sogar. Natürlich gibt es im Bereich der sogenannten letzten Fragen sehr grundsätzliche Schwierigkeiten mit einer solchen Betrachtungsbasis von Geschichte. Auch das, was im Kopfe eines Menschen ‚vorgeht', ist ein Vorgang; und zunächst einmal scheint, wer den Menschen als Produkt einer ihn prägenden Umwelt sieht, eine Prämissensituation auch grundsätzlich anders festzulegen. Eine Literatur muß dem Raum geben; eine Auflösung des Ichs, ein ‚Verkrümeln' in den Partikeln des jeweils Zeitgenössisch-Gesellschaftlichen ist in diesem Felde die angesagte Strategie: Literatur ist nicht die Magd des Politischen; das oben angesprochene auktoriale Schweigen hinter dem Figurengespräch, die Auflösung einer Ich-Position auf der Autoren- wie der Leser-Seite, ist in diesem Schreiben gegen die verstreichende Zeit deshalb jeweils anders gefaßt ein eigenständiges Ziel:

> Diese mir liebe und zugleich zwangsverordnete Freiheit erlaubt dem Autor, unabhängig vom Ort, an dem das Manuskript aufgeschlagen liegt, seinen Obsessionen zu folgen, entschwundene Gegenstände, Landschaften, zumeist verlorene, zu beschwören und sich mit Menschen, die alle vom »krummen Holz« sind, zu umgeben. Menschen, in denen der Autor partikelklein anwesend ist, in deren Geschichten er aufgeht und in denen sich sein Ich, dieser vorlaute Bursche, verkrümelt, bis er kaum noch oder allenfalls dank stilistischer Marotten erkannt werden kann. Hilfreich sind diese gewitzten und keinen Hakenschlag versäumenden Versteckspiele. Wo verbirgt sich der Autor? Natürlich im Detail. Aber in welchem? Wer erzählt hier? Und mit wessen Erlaubnis?[15]

Wozu sind diese Versteckspiele, dieses ‚Verkrümeln' des Ich, „hilfreich"? Gestatten sie es dem Autoren-Ich, dem ‚vorlauten Burschen', der sich soeben noch in „Menschen, die alle vom »krummen Holz« sind, ‚verkrümelte', nach dem Durchgang durch einen solchen Prozeß vielleicht auf einem anderen Felde, dem der politischen Dreinrede etwa, noch ein wenig ‚vorlauter' zu sein? Literatur ist eine Problemformulierungsaktivität, die Auflösung des Ich in und hinter einer zeitgenössischen Wirklichkeit, in und hinter seinen Figuren, gestattet es, Probleme sehr viel deutlicher zu erkennen. Denn im politisch-gesellschaftlichen Bereich, in der Zeitgenossenschaft zur ‚Lüge, die von verstreichender Zeit lebt', hat der Bürger es auch mit Menschen zu tun, die vom „krummen Holz" sind; hier jedoch will das ‚krumme Holz' anders, aus einer sehr festen, geradezu ‚vorlauten' Ich-Position, benannt werden. Die Aufgabe, hier im Menschenwerk Geschichte „Roß und Reiter" genau zu benennen, stellt sich dort anders dar. Bei genauerem Hinsehen etwa stellt man fest, daß – fern von solch grundsätzlichen philosophischen Überlegungen – bereits die Gruppe oder das Eingebundensein der Individuen in eine Institution dazu führt, daß auch Grass ‚Roß und Reiter' nicht mehr genau benennen kann: Mit dem Satz „In Hamburg hat mit dem Haus Springer die Methode der Verleumdung politischer Gegner und die Umgehung der Informationspflicht ihr mächtiges Zentrum gefunden" beschreibt er sozusagen einen Vorgang, eine Entwicklung, die einzelne, nicht mehr benennbare Akteure des genannten Hauses in einzelnen Aktionen zu verantworten hätten. Genau genommen bestehen die Schwierigkeiten von Abstraktionsformen auf dieser Betrachtungsbasis zur Geschichte also auf anderen Feldern. Es ist schon sehr schwierig, nur die wichtigsten Aktanten in einem Ausschnitt dieser Handlungsketten exakt zu beobachten. Vor allem aber ist diese Betrachtung auch eine Form der Anklage, der Verweis etwa auf Umweltprägungen, Berufspflichten und Austauschbarkeiten ist auch eine Form der Flucht – aus der Verantwortung.

---

[15] Günter Grass: Der Schriftsteller als Zeitgenosse, l. c., S.305 f.

Diese grundsätzlichen Unterschiede zwischen dem expositorisch anklagenden und dem literarisch ‚Roß und Reiter' benennenden Text lassen sich auch an einem anderen Beispiel verdeutlichen. Auch Daniel Jonah Goldhagen hat versucht, Roß und Reiter zu benennen. In seinem Buch „Hitlers willige Vollstrecker" wird der Holocaust als Menschenwerk, als Werk ganz bestimmter Menschen und Menschengruppen betrachtet. Das Buch steht dabei unter einem hohen geschichtswissenschaftlichen Rechtfertigungszwang. Goldhagens Methoden, seine Abstraktionsformen zum Menschenwerk Holocaust, sind in einer Geschichtswissenschaft schlechthin umstritten. Doch Goldhagen erhebt umgekehrt auch den Vorwurf, daß sich diese Wissenschaft - sozusagen - einem Universum von Täter- und Nichttäter-Ausreden eher nicht stellte, daß sie, die Wissenschaft, vertreten durch die, die sich als Wissenschaftler verstehen, es heimlich vorzog, Faktenlagen und Entwicklungen zu den - sozusagen - ‚unpersönlichen' Institutionen, zu untersuchen und dabei mit falschen, sehr summarischen Täterbildern zu operieren. Der Grundsatz „In dubio pro reo" schützte ‚Angeklagte' hier auch in Bereichen, in denen es eigentlich keinen Zweifel gab. Es ist immer auch ein Angriff, lebende Menschen mit ihrer Schuld in der Geschichte zu konfrontieren; und insofern ist es auch kein Zufall, daß Goldhagens Buch gegenüber jener fiktionalen Anklageschrift, die „Die Blechtrommel" heißt, beinahe um vierzig Jahre versetzt erschien.

Ja, auch „Die Blechtrommel" ist eine Anklageschrift; das polnische oskarzenie heißt Anklage, und Oskar Matzerath ist in diesem Roman – wie ich im ersten Aufsatz dieser Sammlung zeigen werde - überall Angeklagter. Doch schon die Tatsache, daß dies bisher nicht bemerkt wurde, ist Zeichen für eine Doppelnatur solcher Anklagen. Zwar gestatten es die Darstellungsformen der Literatur, sehr viel unmittelbarer auf strittige Probleme, die erst sehr viel später expressis verbis und in expositorischer Form ‚umstritten' sind, zu reagieren; doch andererseits benötigen diese literarischen Formen in ihrem Zugriff auf den Einzelmenschen ihre poetischen Schutzräume. Roß und Reiter werden hier nur uneigentlich, stellvertretend ‚benannt'. Daniel Jonah Goldhagens Buch, sein expositorischer Versuch, Roß und Reiter zu benennen, wäre in den sechziger Jahren kaum denkbar gewesen, sowohl von der Seite der Täter oder denen, die sich dem ‚Lager der Täter' zuzurechnen hatten, als auch von der Seite der Opfer: Eine ‚schmerzende Wirklichkeit' führte zu sehr unterschiedlichen Strategien, sie ‚wegzureden' oder sie einfach zu verdrängen. Daniel Jonah Goldhagens spätes, dokumentengesättigtes und gegen Abstraktionsformen der Geschichtswissenschaften operierendes ‚Schreiben gegen die verstreichende Zeit' wäre in den fünfziger und sechziger Jahren kaum bis überhaupt nicht vorstellbar: Recherchen wären blockiert, sein Schreiben wäre ungeschützt allen Lügen und Halbwahrheiten dieser Zeit ausgesetzt gewesen. Ein solches Schreiben brauchte seine Vorarbeiten, brauchte auch jene heimlich oder bewußt auf Exkulpation hin ausgerichteten Aneignungsversuche der Betroffenen.

Wo die Geschichtswissenschaft ‚im Zweifel' scheinbar geradezu ohne den ‚Angeklagten' auskommen muß und einen beinahe ‚schuldfreien Raum' untersucht, könnte Literatur, geschützt durch die heimliche Übereinkunft eines beinahe ‚rechtsfreien' Raumes, den Focus des Beobachtungsinteresses auf ein bestimmtes, genau bekanntes Leben richten: Solche ‚Schlüssel-Literatur' ist jedoch eher ein Sonderfall. In einem viel allgemeineren Sinne gilt für realistische Literatur in diesem Bereich die Alles-oder-Nichts-Formel einer grundsätzlichen Austauschbarkeit des fiktionalen Personals: Wer glaubt denn schon, daß Ähnlichkeiten mit lebenden oder toten Personen immer nur „zufällig und vom Autor nicht beabsichtigt" sind, wenn die Darstellung zeitgenössischer Realität ein Hauptanliegen des Autors ist, wenn es nicht nur nicht zu verhindern ist, daß solche Ähnlichkeiten auftauchen, sondern wenn es das Ziel des Schreibens ist, die Aktanten im Menschenwerk Geschichte darzustellen, sie im milden - oder doch scharfen - Lichte des Poetischen zu zeichnen. Zudem sind diese Aktanten zugleich die Adressaten des Autors, zudem ist der Autor weder Staatsanwalt noch Richter - und nicht nur deshalb geht es meist doch nicht um den Angriff auf eine konkrete historische Person.

Und doch ist es in diesem Zusammenhang nicht zu bezweifeln, daß Literatur ‚angreift', daß sie ‚beschuldigt', anklagt. Doch es ist nicht nur ‚der Andere' und die Schuld ‚eines Anderen', die es zu untersuchen gilt: Wer den ‚rechtsfreien Raum' der Literatur in dieser Form benutzt, mißbraucht ihn geradezu. Literatur muß – im Interesse von solch schwierigen Abstraktionsformen zum ‚Menschenwerk Geschichte' - solche Angriffe in das Feld der fiktional abgefederten Wahrscheinlichkeiten verlagern; sie muß sie nicht direkt führen. Dann jedoch verlagert sich das Angriffsziel vom Du zum Ich: Die literarischen Anklagen sind in hohem Maße Selbstanklagen; das Verkrümeln des Ich ist auf ein Wiedererkennen im anderen Menschen angelegt, ein Wiedererkennen, das etwa auch den SS-Mann als Möglichkeit dessen, was ‚man' auch hätte sein oder werden können, einzuschließen hat. Daß der Autor die „Summe seiner Figuren" zu sein habe, bezog Grass auf sein gesamtes Werk; der Satz galt für die *Blechtrommel* [16] wie er für „Ein weites Feld" gilt [17]; und eine ‚Summe von Figuren' ergibt eben das Bild einer Gesellschaft. Umgekehrt ist - bei aller Distanz zum Autoren-Ich - das andere, das Erzähler-Ich, dessen Sicht Zugang zu dieser Gesellschaft im Doppelsinne ist, auch das Alter Ego – und für seine heimlichen Bekenntnisse gelten heimliche Ehrlichkeitsmaximen, wie sie allenfalls noch in Beichtstühlen anzutreffen sind. Ein direktes ‚Pater peccavi' ist nicht möglich, schon weil es, etwa im Kontext der sogenannten Vergangenheitsbewältigung oder im Kontext des Umgangs mit der DDR-Geschichte, jeweils eher ein großes Bedürfnis nach Sündenböcken als eine Öffentlichkeit gegeben hat, die die Stelle jenes Pater hätte einnehmen können, der verzeihend über uns wohnen mag. Der ‚rechtsfreie Raum' der Literatur stiftet auch und vor allem hier besondere Rechte.

Es verursacht also auf jeden Fall große Schwierigkeiten, Geschichte – so oder so, wissenschaftlich oder literarisch – als Menschenwerk zu beschreiben, die ‚Tätigkeiten' nicht zu ‚Vorgängen' verkommen zu lassen. Daß ein ‚Zeitgenosse, der gegen die verstreichende Zeit anschreibt', sich einem ‚Vorgang' entgegenstellt, den er nicht beeinflussen kann, ist also nur scheinbar eine Aporie. Diese Aporie korreliert damit, daß der Schriftsteller, der Geschichte exakt als Menschenwerk darstellen will, notwendigerweise in Fiktionen ausweichen muß, so wie er auch hier, auf der Suche nach Definitionsformen zur Schriftstellertätigkeit, in ‚Bilder' ausweichen muß: Schon dieses Ausweichen

---

[16] Vgl. das Interview mit H.L.Arnold in Arnold, Heinz Ludwig (Hg.): Günter Grass. Text + Kritik 5. Erweiterte Auflage Heft 1/1a. 5 1978, S.30

[17] Vgl. das Interview mit Hermann Hofer, in: Oskar Negt (Hg.): Der Fall Fonty, Göttingen, 1996, S.443.

ist Signum dafür, daß es kaum möglich ist, das Gemeinte anders als bildlich auszudrücken.

Und doch versucht Grass in dieser Selbstdefinition, die Summe seines und eines jeden Schriftsteller-Lebens im Schlagwort zu versammeln. Die ‚Definition' ist also für einen Grass-Interpreten unumgänglich. Unumgänglich ist dann auch ein für Grass sehr wichtiges anderes Bild; es bestehen dabei heimliche Bild-Kompatibilitäten: Das dem Menschen Unmögliche, das wortwörtliche Aufhalten der Zeit, das Vorhaben, die Zeit zurückzudrehen, ist vordergründig sinnlose Sisyphos-Arbeit im negativen Sinne dieses anderen Bildes. Noch während das Buch geschrieben wird, das sozusagen ‚die Zeit aufhalten', Vergangenes vergegenwärtigen, zeitgemäße Erfahrungshorizonte erweitern soll, zeitgemäßere Lebensentwürfe[18] stiften soll, nach denen ‚der Stein' anders zu rollen, anders aufzugreifen wäre, vergeht die Zeit, rollen die Steine dieser Welt wie in einem vom Menschen nicht beeinflußbaren Vorgang woanders hin oder werden in einem schwer durchschaubaren Menschenwerk woanders hin gerollt.

Eine Gegenwart, die solche Erfahrungen ignoriert, ‚wächst nach' - in Menschen, die nicht lesen, sondern – heutzutage zum Beispiel - ‚fern sehend' Naheliegendes, wie etwa die Zerstörung des Menschen durch den Menschen, übersehen, Menschen, die das Gelesene nicht oder nicht so verstehen, Menschen, die das Gelesene nicht oder nicht so auf ihr Leben beziehen, Menschen, die nicht handeln oder anders, also nicht auf der Basis

---

[18] Vgl. Karl Eibl: Die Entstehung der Poesie. Franfurt am Main und Leipzig 1995, S.195. Meine Applikation des Begriffs ist hier, wo es um das mögliche ‚Ende der Poesie' geht, zwangsweise - und womöglich entsetzlich - verkürzend: Eibl erschließt die Literatur seit der >Sattelzeit< der Aufklärung, das ‚weite Feld' der ‚Entstehung der Poesie', in ihren anthroplogischen Entstehungsbedingungen wie in ihrem historischen Bezug zu dieser ersten Umbruchs- und Sattelzeit im Rahmen einer Dreifunktionalität. Literatur ist in der Folge Stifterin von Lebensentwürfen zu einer Herausarbeitung der je eigenen angemessenen Lebensform, ist Problemformulierungsaktivität für die ungelösten privaten wie öffentlichen Probleme und ist drittens Forum einer Thematisierung der Nichtwelt, hat hier – im Sinne Niklas Luhmanns – die Haupt-"Funktion der Religion" im Sinne von Konzeptionen einer „Abgeschlossenen Offenheit" teilweise mitübernommen. Meine Applikationen dieser Begriffe folgt einer Grass'schen Linie von ‚Umstellungen' in seiner Literatur, derzufolge die ‚Sattelzeiten' sich im 20. Jahrhundert häufen, immer kürzer aufeinanderfolgen – und eben vor allem unter dem Gesichtspunkte eines Nicht-Hinterherkommens der Menschen zu betrachten sind: Nicht-Welten sind in diesem politischen Sinne, in dem nicht nur die Poesie, sondern auch politische Ideologien Funktionsbereiche des Religiösen übernahmen ‚Noch-Nicht-Welten', die sich abgezeichnet hatten, die aber dennoch nicht ernst genug genommen wurden: Zur ‚ersten Sattelzeit' der Aufklärung gehört die Französische Revolution ebenso, wie zu einer zweiten Sattelzeit zu Beginn des zwanzigsten Jahrhunderts der Erste und späterhin der Zweite Weltkrieg gehört! Eine ähnlich überzeugende Einlösung der Auswirkungen dieser zweiten Sattelzeit des Jahrhunderts steht aus! Es ist wohl kein Zufall, daß der Erzählansatz des ‚weiten Feldes' mit der ‚verkrachten' und erst im Alter zu den entsprechenden ‚Umstellungen' findenden Existenz Fontanes auf diese Sattelzeit zielt; der ‚verkrachte Fontane' und seine – im Sinne jener ‚Aufklärungslinie' ‚unangemessene', erst sehr spät über andere Lebensentwürfe zu angemessenen Formen findende Lebensform gibt diesem Thema einen sehr breiten, die Gesellschaftsprobleme im Vorfeld dieser Sattelzeit spiegelnden Raum. Grass setzt dann, etwa mit Adorno, nach 1945, schon eine dritte Sattelzeit an, deren Vorfeld in Deutschland etwa in der Weimarer Demokratie zu suchen ist: Obwohl diese Schwellensituation allgemein wohl anerkannt wird, ist sie in ihren Auswirkungen noch lange nicht eingelöst und beleuchtet. Doch schon folgt die vierte, folgen mit der „Rättin" und ihrem Thema der Zerstörung des Menschen durch den Menschen, erneute Umstellungsnotwendigkeiten, die sich vor allem auf das Thematisieren der Nichtwelt beziehen, auf ein Kippen aller Argumentationsmuster hin zu einer Argumentation, in der vor der Zukunft, der Nicht- oder Noch-Nicht-Welt ‚herkommt'. Sie läßt – sozusagen – ‚verkrachte Existenzen' am Fließband entstehen, läßt unser – oder mein – Nicht-Mehr-Hinterherkommen im Lebensentwurf, in der Herausarbeitung der je angemessenen Lebensform zum Zeitproblem, zum ungelösten gesellschaftlichen Problem werden. Hier wird – tua et mea res agitur - vor allem ein Nicht-Mehr-Hinterherwollen in den ‚je angemessenen Lebensformen' als theoretisches wie praktisches Problem formuliert.

solcher Erfahrungen, handeln. Zuvörderst wachsen in der verstreichenden Zeit zum Menschenwerk Geschichte die Formen, wie Menschen Wirklichkeit wegreden oder verdrängen, damit sie nicht schmerze, nach. Geschichte wiederholt sich so nicht platterdings: Es wiederholen sich nur vergleichbare Lebensgeschichten – und die Gründe, Klagen und Selbstanklagen zu führen, reißen ebensowenig ab, wie die Notwendigkeit, sie zu untersuchen, andere Lebensentwürfe zu entwickeln, sich selbst in der Auseinandersetzung mit ‚seiner' ‚verstreichenden Zeit' zu formen: Lesen ist in hohem Maße Ich-Bildung in einer ‚Schule', die Freiwilligkeit voraussetzt – und es dem Leser doch nicht leicht machen kann.

Das Unterfangen, das Sinnvolle am Beruf des Schriftstellers mit diesem vordergründig Sinnlosen zu verbinden, erscheint dann auch in einem weiteren Bild vom Schriftstellerberuf, in dem, lange vor Grass und Camus, ein ähnlicher Brückenschlag zwischen dem Sinnlosen und dem Sinnvollen versucht wurde. Ein Vergleich mit den vordergründigen Bildbrüchen aus Lessings „Erziehung des Menschengeschlechtes" will hier passen, nicht nur, weil Grass diesen semipoetischen Text in der „Rättin" als Grundlage seines weiteren Schreibens betrachtete, sondern vor allem, weil Grass mit der Definition eines ‚Schreibens des Zeitgenossen gegen die verstreichende Zeit' den Schriftsteller so allgemein ‚definiert' sehen will wie Lessing ihn weiland als einen ‚Erzieher des Menschengeschlechtes' allgemein definiert sehen wollte: Wer also immer ‚den Appell' aus der Literatur streichen will, sollte wahrnehmen, wessen Appelle damit wegfielen, wer denn fortan nur noch als ‚Gesinnungsästhet' zu gelten hätte. Auch Grass ‚definiert' sich so als den einen ‚Erzieher' unter jenen vielen, die sich innerhalb eines Berufszweigs mit Vergangenheit, Gegenwart und nunmehr fragwürdiger Zukunft an dieser Sisyphos-Aufgabe bereits versucht haben.

Könnte Lessing solche Verbindungsversuche zwischen den mit den jeweiligen Bildbrüchen operierenden Definitionen unterschreiben? Schrieb auch er als Zeitgenosse gegen die verstreichende Zeit? Es gibt ja – eingelöst im Buch „Die Rättin" - ein Feld, in dem Grass seinem Vorbild Lessing - dem Anspruch nach: mit Lessing, wenn es ihn heutzutage gäbe - mittlerweile widerspricht. Das versuche ich im fünften Aufsatz dieser Sammlung in einer Detail-Geschichte dieses Buches zu verdeutlichen. Das Buch „Die Rättin", das den Untertitel Roman nicht mehr führen kann, ist insgesamt – wie sein erster Satz ankündigt - „ein Gedicht", im Sinne von: ein Gebilde der Dichtkunst, „das von der Erziehung des Menschengeschlechtes handelt" (vgl. VII, S.5). In diesem Dichtungsgebilde denkt Grass Lessings intentional gesetzte Bildbrüche weiter: Die dritte Zeit, die Zukunft, war Lessing nicht fragwürdig, auf sie konnte er setzen. Während die Schriftsteller also weiterhin in ‚lauter Bildern und Gleichnissen' [19] zur Zeit sprechen, Wirklichkeit dort, wo sie jeweils ‚weggeredet' wird, als irritierende Wirklichkeit wiederherstellen wollen und dabei in ihrer Zeit und vor allem auch in ihrer Zukunft zu wirken suchen, habe gerade der Allgemeingültigkeitsanspruch an dieser Definition, der Grass in besonderem Maße interessiert, in diesem Felde, im Felde der Zukunft, entscheidende Veränderungen erfahren. Grass datiert diese Veränderungen, er verbindet sie mit den Veröf-

---

[19] Vgl. Karl Eibl: Lauter Bilder und Gleichnisse. Lessings religionsphilosophische Begründung der Poesie. In: DVJS, 59, 1985, S. 224-252.

fentlichungen des Club of Rome: Seit jener Problemsituation, die vor und in den achtziger Jahren unseres Jahrhunderts, also in schon ‚verstrichener Zeit' im Falle Grass zu dem Buch „Die Rättin", zu diesem das Autoren-Ich auflösenden, in eine Summe von Figuren zerstreuenden Dialog mit einem posthumanem Bewußtsein führte, gibt es für ihn eine neue Basis von Büchern. Fortan gibt es eine neue, von Menschen gemachte Conditio humana, für die der Schlußsatz von Lessings „Erziehung des Menschengeschlechtes" zu erweitern, fortzuschreiben war: So gilt der Schlußsatz nicht mehr! Lessings vordergründig ‚nur' religionsphilosophischer Text ‚war einmal' die kanonische Formulierung der Conditio literarica, der Zeitverhältnisse in diesem Beruf eines Schreibens der „Zeitgenossen gegen die verstreichende Zeit": Die Rolle der Literatur in diesem sehr interpretationsbedürftigen Vorhaben einer „Erziehung des Menschengeschlechtes" stand heimlich im Zentrum dieses Textes. Schon damals galt: Der Schriftsteller, der sich als ein ‚Erzieher des Menschengeschlechtes' begreift, müßte schon ein Gott sein, um die Basistatsache, daß das Menschengeschlecht - mittlerweile milliardenfach - in jeweils ‚unerzogenen' Exemplaren nachwächst, außer Kraft zu setzen: Mehr noch! Den Bildbrüchen dieses Textes folgend müßte er mehr als ein Gott sein, da der religionsphilosophische Teil dieser Untersuchung mit seiner Prämisse, Gottes Offenbarung sei Gottes Erziehung des Menschengeschlechtes, dieses Nachwachsen der ‚Unerzogenen' ja nirgends in der Form durchbricht, daß diesem Gott eine Endzeit denkbar wäre, eine Ziel-Zeit der Geschichte, in der ‚das Menschengeschlecht' kollektiv als ‚erzogen' gelten könne: Selbstbestimmung, Selbsterziehung, ist das Ziel dieser Offenbarungs-Erziehung; ‚erziehen' lassen oder ‚sich selbst erziehen' kann sich nur jener Mensch, dem man jeweils im Spiegel begegnet. Auch ein göttliches Wirken in dieser Geschichte eines individuellen Zur-Vernunft-Kommens wäre von Anfang an nur Sisyphos-Arbeit, da es das Ziel dieser ‚Erziehung' ist, diese Aufgabe an das Individuum zu delegieren. Da der Schriftsteller kein Gott ist, ist seine Arbeit dies jeweils in noch höherem Maße! Noch während er ‚erzieht', dem ein oder anderen im Geschlecht der Menschen das Ziel, ‚das Gute zu tun, weil es das Gute ist', nahelegt, wachsen die ‚Unvernünftigen' und ‚Unerzogenen' nach, wird das zeitgenössisch Gute weder erkannt noch getan. Ein Lessing konnte sich hier noch – uneigentlich, denn ein wortwörtlicher Anhänger dem Metempsychose, des Wiedergeburtsdenkens, ist er mit Sicherheit nicht – gegen Ende seines Textes die ständige Wiedergeburt der Schriftsteller als Erzieher wünschen, sodaß die Frage „Ist nicht die ganze Ewigkeit mein?" gerade dieses Vertrauen in eine Zukunft ausdrückt, in der der unsterbliche Sisyphos in den jeweils auch nachwachsenden ‚Erziehern des Menschengeschlechtes' den Stein auf ewig und immer wieder aufnehmen kann. Lessing könnte sich in Grass als wiedergeboren wiedererkennen – und es ist ein Kerngedanke des Grass'schen Fortschreibens an dieser auf Fortschreibung angelegten ‚Erziehung des Menschengeschlechtes', daß Lessing dies auch unterschriebe. Doch heutzutage würde Lessing seinen damaligen Schlußsatz „Ist nicht die ganze Ewigkeit mein?" nicht mehr unterschreiben: Heute könne dem schlichten Verstreichen der Zeit in einer Conditio literarica jener schon bei Lessing sehr interpretationsbedürftige Wunsch, der aus jenem nur uneigentlich ‚frommen' Wunsch nach ständiger Wiedergeburt geboren wurde, als weiterhin gültiger Schlußsatz nicht mehr entgegengesetzt werden. Fortan könne von Zukunft nur noch als von verbleibender Zukunft die Rede sein.

Solche Zukunftsverluste betreffen ja nicht nur die Produzenten von Literatur – und insofern kehren wir hier wieder zum Ausgangspunkt vom nicht verstandenen Schriftsteller Grass und dem ‚Sekundären, das sich vor das Primäre geschoben hat', zurück. Wo wäre der Ort des Grass-Interpreten, wo der des Lessing-Interpreten in solchen Zeit- und Schriftsteller-Definitionsverhältnissen? Der ‚Wort-zum-Sonntag'-Teil dieser Botschaften ist bekanntlich schnell referiert: Es steht jedem – mit Lessing - frei, das Gute zu tun, weil es das Gute ist; man kann es auch lassen. Wäre es so etwas, wie das mir zukommende ‚Gute', wenn ich – als Grass'scher Zeitgenosse - dieses ‚Schreiben des Zeitgenossen gegen die verstreichende Zeit' vermitteln, interpretieren, für andere Zeitgenossen übersetzen könnte? Wann kann man sich einen Grass-Interpreten nennen? Gerade in diesem Berufsfeld müßte Grass doch Wirkung verzeichnen, die ‚Nachlebenden' finden können – im dem Sinne, daß sie nach dem leben, was sie da gelernt haben: Denn in dieser Literatur gibt es eben zuvörderst jene in sich schlüssige Herleitung des Sisyphos, des ein Leben lang engagierten Intellektuellen, aus der Geschichte und aus den Geschichten; und dieser Rolle hat sich Grass als ‚Nachlebender' verschrieben. Kann, muß ich das unterschreiben? Natürlich! Ich wüßte nicht, wo ich ihm hierin widersprechen könnte, ohne in jene Muster apolitischer Selbstdefinitionen zurückzufallen, die Grass bereits in der „Blechtrommel" in einer enormen Bandbreite geradezu flächendeckend, also ‚eine Gesellschaft' darstellend, ‚widerlegt' hat und die er immer wieder, im jeweils zeitgenössischen Gewande eines ‚Wegredens von Wirklichkeiten' angreift. Doch wo ist das Echo, die interpretatorische Übersetzung dieses Themas – ganz zu schweigen von der Praxis zu dieser Theorie auf der Leserseite? Soll ich Sie nun mit Geschichten, die mich selbst in keinster Form mehr überzeugen, langweilen, wie ich als SPD-Mitglied mal dieses, mal jenes versucht habe? Zumal diese Geschichten beinahe nicht mehr gelten: Mir läuft die Zeit davon, eine Zeit, die ich zur Interpretation von Grass-Texten benötige!

2. Das Selbstverständliche – und die Spezialisten des Verstehens

Ich, ein jeder der Grass-Interpreten, hätte es wissen müssen: Er ist ein „schlechter Verlierer", ausdrücklich sagte er es, als damals, im September 1965, die Bundestagswahl, für die er sich krummgelegt hatte, - „Zweiundfünfzig Säle oder Marktplätze" (IX, 142) – doch verloren ging und Ludwig Erhard Bundeskanzler wurde. Damals ging es ja ‚nur' darum, daß die ‚leitmotivische Frage: Darf in Deutschland ein Emigrant Bundeskanzler werden?' (vgl. IX, 140) mit ‚Nein' beantwortet wurde. Grass formulierte es, abseits der Passivkonstruktionen vom ‚verloren gehen' und ‚Bundeskanzler werden', im Sinne eines bewußten oder halbbewußten Menschenwerks genauer:

> Und am 19. September hat die Mehrheit der Bevölkerung in der Bundesrepublik neben das unbewußte »Nein« zur Wiedervereinigung und den damit verbundenen Opfern ein bewußtes »Nein« gesetzt. Die Entscheidung gegen Willy Brandt, das heißt, gegen den Emigranten Willy Brandt und also gegen die gesamte deutsche Emigration, schlägt zu Buche als ein »Ja« zum Opportunismus, als ein »Ja« zum unreflektierten Materialismus, als Bestätigung eines Ludwig Erhard: Unter der Schirmherrschaft sich christlich nennender Parteien darf der Tanz ums Goldene Kalb vier Jahre lang fortgesetzt werden. (IX, 140)

Nur als Merkposten sei es erwähnt: Schon damals, 1965, rieb er sich an einem ‚unbewußten »Nein« der Mehrheit der Bevölkerung zur Wiedervereinigung und den damit verbundenen Opfern'. Die verlorene Wahl war ihm mehr als eine verlorene Wahl. Was mehrheitlich als „Ja" zu Buche schlug, galt ihm – neben ‚opportunistisch' und ‚materialistisch' – auch als ‚unreflektiert': Im Volk der Dichter und Denker waren es vor allem die Dichter und Denker, die er, als Mitstreiter, vermißte.

Und er, der betont ‚schlechte Verlierer' im Rahmen des politischen Textes, der sich in seinen literarischen Texten stets so meisterhaft in seinen Figuren ‚verlor', sicherte sich auch hier literarisch ab:

> „Georg Büchner gab mir den Freipaß: Sag es! Sei ein schlechter Verlierer!" (IX, 146)

Und so geriet die damalige Preisverleihung – heimlich – zu einer Publikumsbeschimpfung; denn einige, sowohl auf der Seite der Preisverleiher als auch im Publikum dieser Rede, dürften sich getroffen, erwischt gefühlt haben – etwa als er schimpfte:

> Welch faustisches Streben hielt unsere Professoren davon ab, die deutsche Emigration, vertreten durch den Kanzlerkandidaten Willy Brandt, mit mannhaften Worten zu schützen? Was muß in diesem Land Schlimmes geschehen, damit ein gelehrter Kopf für wenige Stunden von seinen Papieren abläßt und hier, heute und jetzt Partei ergreift? (IX, 142)

Oder wenn er betont:

> Ich ergreife Partei. Und lobe und preise jenen geschundenen und ewig bedrückten SPD-Funktionär, der sich im Wahlkreis Bocholt gegen die siebzigprozentige Ignoranz mit wenig Erfolg anstemmt; und ich klage den Hochmut jener Professoren und Studenten an, denen die Politik bloßes Parteigezänk, denen die Realität Ekel und allein die Utopie süß ist. (IX, 143f.)

Auch wenn hier die arg pauschale Übersetzung eines Wahlergebnisses in eine ‚siebzigprozentige Ignoranz' Bocholts CDU-Wähler beleidigte und ‚Professoren' wie ‚Studenten' darin bestärkt haben mag, daß auch seine Versuche, Politik zu machen, vom ‚Parteigezänk' nie ganz frei waren – in einem hat er ja recht:

> Wer wollte erwarten, daß ein Bauer im Westerwald die demokratischen Grundrechte richtig wahrnimmt, wenn es Professoren, Wissenschaftlern und Schriftstellern an der Einsicht gebricht, daß niemals der unverbindliche und über den Parteien schwebende Protest an die Wohlanständigkeit diesem Übel abhelfen kann? (IX, 150)

Ist es wirklich so, daß es den genannten Intellektuellengruppen an „Einsicht gebricht"? Äußert sich dieses ‚Gebrechen' der von Berufs wegen mit der Erklärung von Wirklichkeit befaßten Personenkreise etwa auch in Formen, die Wirklichkeiten ‚wegzureden', damit sie nicht so schmerze? Diese Gruppen definieren sich ja gerade über ihr Wissen, ihre ‚Einsicht', über das Erklären der Wirklichkeiten. Beinahe selbstverständlich ist es ihnen, daß das Wörtchen „selbstverständlich" eher eine totalitäre Vokabel ist, die eben oft von jenen Leuten benutzt wird, die andere als die von ihnen propagierten Möglichkeiten nicht zulassen wollen: Damals war es eben – sozusagen auf der Basis eines unreflektierten Selbstverständnisses ‚der Deutschen' - eher ‚selbstverständlich', daß eine Mehrheit dieses Volkes sich gegen den Emigranten Brandt entschied: Die eigentliche Konfrontation in diesem Felde gab es dann erst später, als die Alternative nicht mehr Brandt oder Erhard, sondern Brandt oder Kiesinger hieß, als also der Emigrant und ‚sein Deutschtum' gegen den Mitläufer, der seit 1933 Parteimitglied war, antrat – und wieder verlor. Grass folgend gäbe es also eine ins Totale reichende Notwendigkeit für Intellektuelle, aus der Geschichte Lehren zu ziehen: Sich zu engagieren hätte fortan – und immer klingt die Begründungsbasis: „nach Auschwitz" mit an – für Intellektuelle ‚selbstverständlich' sein müssen: Daß es dies eben nicht war, will dem Literaten wie dem engagierten Bürger fortan ein Maßstab für ein relatives Versagen eben dieser Gruppe im Rahmen ihrer demokratischen Möglichkeiten sein.

Der Vorwurf hat auch seine die Literatur betreffende Dimension, denn die Leser von Berufs wegen definieren sich eben auch über ihre Fähigkeiten des Verstehens: Interpretation als Wissenschaft des Verstehens hat eben die Aufgabe, die Wirklichkeits-Erklärungsmuster eines Autors zu beschreiben. Diese „Rede über das Selbstverständliche" – und ihr Vorwurf, daß gerade die Spezialisten eines Verstehens das nicht verstünden, was sich von selbst versteht, sollte eben damals schon an den Kern eines Selbstverständnisses der Intellektuellen rühren.

Es muß sehr schwer sein, das Selbstverständliche zu tun. In diesem Lande schlüpft wahrlich eher das berühmte Wüstentier durch ein Nadelöhr, als daß ein Gelehrter seinen geistigen Hochstand verläßt und der stinkenden Realität seine Reverenz erweist. (IX, 150)

Ist das, wenngleich sehr pauschal, eine nach wie vor gültige Beschreibung der Verhältnisse in einem Berufsfeld der Literaturvermittler im Feuilleton wie an den Universitäten?

3. „Die Rättin" – und die nicht wegzuredende Zerstörung des Menschen durch den Menschen

Es ist eher so, daß diese Beschreibung nicht ausreicht, da sie sich ‚nur' auf die nicht wahrgenommene Lehre aus der Geschichte, auf die Schwelle aus der Vergangenheit, die Grass sich in einem dezidierten ‚Schreiben nach Auschwitz' als Schriftsteller setzte und die er als engagierter Bürger hier aus der Vergangenheit begründete. Nach den achtziger Jahren jedoch kommt die nunmehr ‚wegzuredende' oder zu verdrängende Wirklichkeit aus der Zukunft – und ist nicht wegzureden oder zu verdrängen. Die gerade in der Erstrezeption der „Rättin" immer schärfer zutagetretenden Versuche, den Themen dieses Werks generell Literaturfähigkeit abzusprechen, sind Teil intellektueller Verdrängungsstrategien angesichts des Problems einer Zerstörung des Menschen durch den Menschen. Grass lehnt hier den Apokalypse-Begriff vollständig ab; alle Versuche, mit solch bild- wie literaturträchtigem Vokabular die Menschenverantwortung für diesen Prozeß an einen diffusen Vorgangs-Automatismus zu delegieren, hier einen zerstörenden Gott oder seine atheistischen Surrogatsformen, ein Schicksal, einen auf die Katastrophe zusteuernden Weltgeist, eine selbstzerstörerische Massentendenz einzusätzen, sind Wirklichkeitsverkennungsstrategien!

Meine Aufgabe als Grass-Interpret wäre die Vermittlung solcher Literatur. Zum Glück will ‚meine Wissenschaft' es einstweilen noch so, daß meine nicht vorhandene Praxis zu diesem Gegenstand nicht zu interessieren hat: Ist das bereits eine Verdrängungsstrategie? Was ist denn, wenn in diesem unbezweifelbar zunehmenden Menschenwerk einer Zerstörung des Menschen durch den Menschen ein Lesen solcher Bücher ohne Konsequenz bleibt: In einem Gefälle vom Grass-Fachmann hin zum Leser, der nur seiner Neigung folgt, sieht zunehmend ein jeder das so. Das Resultat eines solchen Schreibens wäre zuvörderst der zwar von der Rolle des Citoyen überzeugte, und dennoch untätige, seinen Bücher nicht nachlebende Nur-Leser? Für wen schreibt Grass, für wen schreiben die Schriftsteller, dann überhaupt noch?

Was hätte ich denn zu vermitteln? Vergangenheitsbezogenes, das seine literarischen Traditionen hat, in denen man sich verlieren könnte? Könnte das meinem Nicht-Tun theoretische Hintergründe geben? Grass argumentiert hier ja im Sinne einer Consensus-Reihe: Seine Themen sind bereits nicht nur bei Lessing und Camus sondern dem Anspruch nach bei allen Schriftstellern in den Kernbereichen ihres Schreibens anzutreffen. Die intensive Überprüfung dieser Allgemeingültigkeitsverhältnisse, die durchaus auch anmaßende Ausweitung des Grass'schen Schreibens auf den ganzen Beruf, hat ein Grass-Interpret insofern recht schnell – und berechtigterweise – auf den Sankt-Nimmerleinstag zu verschieben: Diese von Grass betonte Form einer Schnittpunktbildung, derzufolge in den Texten des einen die gesamte Weltliteratur in Gegenwart und Vergangenheit ‚mitplaudert', ist und war die meine nicht; dieser Form einer Schnittpunkt-Bildung gehe ich nach, indem ich den Schnittpunkt selbst genauer untersuche. Und selbst das ist unmöglich: Das Gesamtwerk, jener laufende Meter Grass-Werk in meinem Bücher-Regal ist ja jeweils fortgeschriebene Fortschreibung des Zeitgenossen gegen die verstreichenden Zeiten. Kann ich mich nun etwa dadurch, daß ich als Student sozusagen am Haken hängengeblieben bin, eine Examensarbeit zur Dissertation ausbaute, einen Grass-Interpreten nennen? Das wird man ja dadurch, daß man seine Texte studiert und die Ergebnisse dieses Studiums veröffentlicht. Für wen eigentlich? Ist man ein ‚Erzogener', der nun seinerseits ‚erziehen', das ‚Gute tun' könnte, ‚weil es das Gute ist'? Was ändert sich an dieser Rolle, wenn man nicht umhin kann, auch jene Änderung aus den achtziger Jahren, derzufolge von Zukunft nur noch als von verbleibender Zukunft die Rede sein könnte, mit zu unterschreiben?

Ich habe jene an Deutungstraditionen orientierten Teile meiner Rolle als Interpret kaum hinterfragt, damals, als ich in einer Interpretation zur Novelle „Katz und Maus" versuchte, gegen die gängigsten, in der Grass-Forschung immer noch vorherrschenden Deutungsklischées, zu literaturwissenschaftlichen Interpretationskategorien zu gelangen, die den Grass'schen Anspruch einer Ansatzgleichheit seiner literarischen und seiner politischen Texte einlösen konnten. Je weiter ich in dieser Arbeit vorankam, desto detailorientierter und insofern auch zeitaufwendiger wurde der Interpretationsansatz: Irgendwann kam ich bei der These an, daß in Grass-Texten - in einer revidierten klassischen Kunstauffassung - ebenfalls ‚jedes Zäserchen zum Ganzen zweckt'. Am kleinstmöglichen epischen Grass-Text, einem Punkt im Schnittpunkt, an der Novelle „Katz und Maus", habe ich diese These dann in dem Maß einer Vollständigkeit eingelöst, das mir möglich war.

Ja und? Fortan also, leider erst ab 1995 – und das Zeitaufwendige am Interpretationsansatz will diese vergeudete Zeit nicht erklären -, gibt es also einen Text in einer Auflage von 300 Stück, in dem der Verfasser implizit behauptet, die ‚bessere', die sich literaturwissenschaftlich begründende Interpretation' zu einem kleinen Grass-Text aufgeboten zu haben. Ob sie das tatsächlich ist, wäre von jenem immensen Leserkreis, der davon erreicht wurde, zu überprüfen. Ja und? Was würde, was könnte das ändern?

Literaturwissenschaft ist - wo sie sich nicht im postmodernen Anything goes oder etwa in einem ähnlich gelagerten ‚Lesemodell'-Pluralismus selbst das Wasser abgräbt - in hohem Maße falsifikationsorientiert: Der literarische Text weist bestimmte Aussagen eindeutig ab. Jenes Feuilleton etwa, das immer noch in einem hohen Maße die zeitgenössische Grass-Rezeption bestimmt, kann mir nun - wie den meisten anderen Grass-Forschern auch - schon nach einem zweiten Blick gestohlen bleiben. Wenn Grass solch kunstvoll aufgebaute Texte wie die Novelle oder „Die Blechtrommel" konzipieren kann, ist jener Unsinn, den ein Bilanz ziehender Marcel Reich-Ranicki in schlechterdings böswilliger Form zum ‚Weiten Feld' oder - mit erstaunlich wenigen Änderungen zur gutgemeinten Lebensbilanz hin - in einem Porträt zum siebzigsten Geburtstag des Autors von sich gab, kaum mehr als den zweiten Blick wert: Was bleibt, sei „Die Blechtrommel" – und davon genau genommen nur die beiden ersten Bücher, die Reich-Ranicki nachweislich auch nicht verstanden hat, an denen er genau das lobt, was sie bekämpfen: den unsinnigen Appell des verrückten Erzählers zur Schriftsteller-Existenz im Elfenbeinturm eben, Oskars Aufruf ins Gitterbett sozusagen. Ein Literaturkritiker, nach dessen ‚Ideologie' Literatur heimlich dann doch apolitisch zu sein hat, scheitert - ohne dies überhaupt zu bemerken - an einem literarischen Ansatz, der - nach Auschwitz - eine Verpflichtung zur Wahrnehmung des Politischen und - in seinen ‚Appell'-Strukturen - zur Wahrnehmung der demokratischen Bürgerrechte in die Rolle des Schriftstellers und insofern auch in die Rolle des Lesers aufgenommen sehen will. Einem Lessing stand diese geschichtliche Erfahrung eines Menschenwerks noch nicht zur Verfügung; seine Zeit und die seiner Zeitgenossen war eine Zeit vor Auschwitz. Die Grass'sche Literatur ist in diesem Feld der Definitionsversuche zwangsläufig Literatur nach Auschwitz, Literatur, die sich dem Maßstab Auschwitz zu stellen habe. Auf dieser Basis muß diese Literatur auch gelesen werden: Die Maßstäbe, die für Lessing galten, gelten hier nur in den durch Innovationen und Stilistika vermittelten Formen, die Grass aus diesem neuen Ansatz heraus entwickelt hat.

Grass wird so jedoch nicht gelesen: Seine ‚Stilbrüche', die Innovationen und Stilmittel, in denen er das vormals Gültige aufbricht, gelten, etwa bei Reich-Ranicki, bestenfalls als so etwas wie ‚Fehler' des Autors, wenn er sie überhaupt bemerkt: Diese Stilbrüche passen nicht in jenes Literaturverständnis, das aufzubrechen und zu erweitern ihr Ziel war und ist. Gibt es fortan, gerade im Hinblick auf ein Verstreichen der Zeit, bei einem fehlenden Vertrauenkönnen in jene auch und gerade dem Interpreten zur Verfügung stehende „ganze Ewigkeit", auch veränderte Vermittlungsbedingungen für die Literatur? Gibt es veränderte Wahrnehmungsverpflichtungen für die ‚bessere' Interpretation? Wieviel verstreichende, wieviel schon verstrichene Zeit wäre dabei anzusetzen? Wir schreiben jetzt das Jahr 1999!

Schnittpunkte sind auch auf dem ‚weiten Feld' der Literaturvermittlung möglich. Dieser von ‚viellesenden Nichtlesern' verstellte, unbekannte Grass, der weltweit als der bekannteste Schriftsteller seiner Zeit gelten kann, ist ohne Vermittlung nicht verstehbar; es ist eine der Voraussetzungen dieses Buches, daß selbst im Bereich der Grass-Forschung ein sehr hoher Klärungsbedarf besteht, und daß selbst in diesem Bereich zentrale Fragen nicht als beantwortet gelten können. Was unterscheidet denn eine moderne Literatur vor Auschwitz von einer Literatur, die sich nach Auschwitz definiert, die sich dem Maßstab Auschwitz verpflichtet. Den in diesem Felde mit älteren Maßstäben operierenden Herrn Reich-Ranicki etwa und seine ein wenig stereotyp gewordenen

‚Menschengeschlechts-Erziehungsstunden', an deren Ende jeweils ‚der Vorhang zu und alle Fragen offen' zu sein haben, kennt zwar nicht ein jeder, doch ein hierzulande recht großer Teil der Lesewilligen. Seine seit Jahren betriebene Aufklärungsarbeit hat wie jede Arbeit ihre Höhen und Tiefen; gerade bei der angestrebten und auch erreichten Breite ist das anders gar nicht denkbar – und insofern ist diese Arbeit auf jeden Fall zu loben. Doch in meinem Bereich, dem der Grass-Vermittlung, ist sie schlicht kontraproduktiv, hält Fragen, die ich - oder auch andere Grass-Literaturwissenschaftler – ‚öffnen' könnten, unter jenem Deckel eines apolitischen Literaturverständnisses, dem wohl auch der jeweils im unverbindlich gewordenen Schluß-Ritus beschworene Bertolt Brecht, der mit diesem Satz aus „Der gute Mensch von Sezuan" zur politischen Maximal-Veränderung, zur Revolution eben, aufrief, wohl vehement widersprechen würde: Ist das ‚nur' der in einer Person versammelte Gipfel einer fehlenden Grass-Vermittlung? Das wäre halb so schlimm: Es ist – und gerade dies sollte aus den ‚Definitions-Brückenschlägen' zwischen Lessing und seinem ‚Wiedergänger' Grass deutlich geworden sein – eine durchaus wohlwollend seit fast vierzig Jahren betriebene, das Schreiben eines Zeitgenossen gegen die verstreichende Zeit begleitende, fehlende ‚Literaturvermittlung', deren Fehlen bisher nicht einmal aufgefallen ist. Ein Stereotyp dieser ‚Vermittlungs-Riten' ist etwa hinter jenem fortgesetzten Warten auf ‚den Roman des Jahrhunderts', oder – wenn Thomas Mann dergleichen bereits vormals geleistet haben soll – im fortgesetzten Warten auf ‚den' Roman der Nachkriegszeit verborgen: Bei dem ständig fortgeschriebenen Lob der Alten, die nunmehr den Vorteil bieten, ihre Zeitgenossen nicht mehr so zu irritieren, wird Gegenwartsliteratur mehr denn je zu dem, was sie beinahe in einer jeden zeitgenössischen Gegenwart war: eine eigentlich schlechte Literatur, in der es nur noch darum gehen kann, das gegenüber dem Alten immer nur noch relativ Gute, also unter dieser Prämisse lediglich weniger Schlechte vom Schlechteren und ganz Schlechten zu trennen. Daß es jeweils um die eigene verstreichende Zeit geht, daß schon immer jeweilige Zeitgenossen ihr - ‚wiedergeburtliches' - Herkommen aus der Vergangenheit hatten und in ihren Innovationen die literarischen Traditionen wiederherstellten, gerät so aus dem Blickfeld. Es ist begreiflich, daß innerhalb solcher heimlich dem Geniekult verpflichteten Erwartungen an den oder die Schriftsteller die Suche nach dem ‚unsterblichen' Romanschriftsteller neueren Datums mit der Vorsicht gepaart sein muß, einen Lebenden verfrüht zum Unsterblichen zu machen. Doch dann ist es – in der Umkehrung solcher Erwartungen - schon ein Rätsel, woher die Aggressionen, die vor allem seit der „Rättin" den Umgang mancher Kritiker mit Grass so prägen, denn kommen könnten. Das Irritierende an diesen Büchern wurde so lauthals abgelehnt, daß schon suspekt wurde, wer nur noch zur Vorsicht mahnte.

„Die Rättin" und ihr Kernthema, die Vernichtung des Menschen durch den Menschen, ist bei jedem Einzelnen von einem sehr weitgehenden Nicht-Wissen-Wollen betroffen. Man weiß dies, ‚es ist alles gesagt' – doch wie lebt man mit diesem Wissen, das ja bereits in den Grundschulen vermittelt wird? Daß man ‚falsch' lebt, ist eigentlich jedem klar; doch für die ewige Botschaft der Literatur, für ein Rilke'sches „Du mußt dein Leben ändern!", ist man gerade in diesem Bereich eher unempfänglich. Gibt es mittlerweile so etwas wie kollektive Literatur-Nichtwahrnehmungsstrategien, die sich in solch rätselhaften Aggressionen manifestieren könnten, un- oder halbbewußte Strategien, die sich gerade bei den Literaturvermittlern von Berufs wegen ausdrücken? Grass ist auch hier recht radikal: Diese nicht wegzuredende Zerstörung des Menschen durch den Menschen ist eben der Hintergrund für seine Behauptung, das sich in solchen Wirklichkeitsverdrängungsstrategien ‚das Sekundäre vor das Primäre geschoben habe', daß ein Nicht-Durchdringen des Primären mittlerweile zum Ausdruck eines ‚Zeitgeistes' der neunziger Jahre geworden sei.

Hier geht es nicht um Probleme, die er mit der Literaturkritik schon seit seinen Anfängen hatte. Wer hier nur solche Probleme ansetzt, verkennt das eigentliche Problem, privatisiert es, will davon, von diesem Zeitgeist, eher nichts wissen? Der Schriftsteller untersucht dieses Problem seiner und der allgemeinen Rezeptionsbedingungen von Literatur und Kunst als Zeitproblem, nicht als privates Problem: Dem bisher Erörterten folgend, kann dies nichts anderes heißen, als daß der ‚gegen die verstreichende Zeit schreibende Zeitgenosse' gerade gegen diesen Zeitgeist, gegen dieses uneigentliche Gespenst, daß sich im Tun oder Nicht-Tun der Menschen im Sekundärbereich manifestiert, auch wiederum zu schreiben hätte: Ein ritualisiertes kollektives Nicht-Wissen-Wollen verhindert die Wahrnehmung schriftstellerischer Kernthemen. Grass hätte also gegen dieses ‚Sekundäre' anzuschreiben, ‚das sich vor das Primäre' geschoben hat.

Immer schon gab es Beziehungen zwischen den Essays und Reden des engagierten Bürgers Grass und seinen Büchern; schon immer betonte Grass:

> Wer genau hinsieht, wird bemerken, daß meine literarische Arbeit wie mein Versuch, in der Politik Bürgerrechte wahrzunehmen, den gleichen Ansatz haben. (IX, S.393)

Gibt es auch Beziehungen zwischen solchen Reden und „Ein weites Feld"? Es gibt sie, doch auch hier gilt, daß man „genau" hinsehen muß – und vor allem, daß man die jeweilige Eigenständigkeit der Redeformen, die den ‚gleichen Ansatz' haben – deshalb aber ganz gewiß nicht gleich sind – beachten muß. Ein Übersetzungsprozeß ist hier enorm wichtig. Kann man das so kurzschließen, daß er von nun an gegen seine ‚Leser' anzuschreiben hätte, zumindest gegen seine ‚Leser von berufswegen', gegen seine ‚Vermittler', den Sekundärbereich also, die die Brücke zu den anderen Sekundärphänomenen, zu den ‚Nachlebenden' nicht mehr herstellen? Hat er das etwa in den Büchern aus den neunziger Jahren schon getan? Ich behaupte: Ja! Doch einstweilen, im Rahmen dieses über die Ufer tretenden Vorworts ist mir dies „ein zu weites Feld". Einstweilen folge ich einer Linie, die auf ein ‚Nachwort' hinausläuft, einer Linie, in der weiter zurückliegende Grass'sche Experimente mit seinen Lesern eine Rolle spielen, in der die wechselnden Perspektiven vor wechselndem Zeitgeist anzureißen sind. Das ‚Nachwort' zum ‚Vorwort' setzt solche Lese-Geduld auf Ihrer Seite voraus!

I. Das autobiographische Herz der ‚Blechtrommel'

A. Der „Rückblick auf *Die Blechtrommel*" – Ein Experiment mit den Grass-Sekundärliteraten?

Im Dezember 1973 veröffentlichte Grass, „dazu aufgefordert, vom Entstehen meines ersten Romans Bericht zu gegen", einen Essay mit dem komplexen Titel „Rückblick auf *Die Blechtrommel* - Oder: Der Autor als fragwürdiger Zeuge – Ein Versuch in eigener Sache" (IX, S.624-633)[1]. Das Ansinnen kam wohl aus dem von Grass so bezeichneten „Treibhaus Germanistik", wo man sich ‚Stecklinge' (vgl. IX, 624) versprochen haben mochte; doch wer auch immer zu solchem Bericht aufgefordert hat, konnte keine vollständigen Ergebnisse erwarten, denn dies durchbräche die Regel eines Primats der literarischen Texte. Das Buch allein soll sprechen; der Autor kann und soll nicht als eigener Interpret auftreten, auch wenn ihn dies, in einer Rezeptionsgeschichte fortgesetzter, bis heute anhaltender Mißverständnisse wie der der *Blechtrommel,* zu ‚Versuchen' in dieser ‚eigenen Sache' gereizt haben mag. Deshalb spiegelt der Doppelsinn der Neben- oder Untertitel eine zwiespältige Strategie des Verbergens und Betonens in diesem Text, die jeweils auf den üblichen Weg einer Interpretation des Romans verweist. „Der Autor", die Person Grass in ihrer Schriftsteller-Rolle, ist als „Zeuge" ‚fragwürdig' sowohl im Sinne von ‚unzuverlässig', ja ‚unglaubwürdig', als auch im Sinne von ‚des Fragens würdig'; seine ‚unzulängliche', aber immerhin vorhandene ‚Bereitschaft', „meine Anstöße und Bedingungen von damals neugierig zu sichten", macht den Essay nur zu einem „Versuch" in dieser ‚eigenen Sache', einem Versuch, der von der Autorenseite her unvollständig bleiben muß, weil die Gegenseite das hier Beschriebene erst über Interpretationsergebnisse ergänzen müßte. Und deshalb hat das Wort „Versuch" auch den Doppelsinn des ‚Experiments': Der Autor, der sich als „Zeuge" in einem Feld ‚versucht', das er eigentlich nicht beschreiten will und soll, ‚experimentiert' mit den Auffordernden und - letztlich - mit seinen Interpreten: Wie weit reichen ihre Verstehenskünste, wenn er ‚versucht', eine Leser- und Leseaufmerksamkeit auf nicht wahrgenommene Seiten seines Buches zu lenken, Rätsel zwar nicht zu lösen, doch auf sie hinzuweisen.

Ein zentrales Rätsel an diesem Text war für mich, daß Grass, der sich ja ein Leben lang öffentlich als Bürger einmischte, sein Schreiben an der „*Blechtrommel*" „heillos ichbezogen" (vgl. IX, 625) nannte und dessen ‚private Einleitung' betonte.

> Und nur, weil ich mein Herkommen und seine Treibkraft kannte, bediente ich es, bei aller Anstrengung, spielend und kühl: Schreiben als distanzierter, darum ironischer Vorgang, der sich privat einleitet, so öffentlich seine Ergebnisse später auftrumpfen oder zu Fall kommen. (IX, 625)

---

[1] Grass-Werke werden im Folgenden durch Angabe von Band- und Seitenzahl zitiert aus: Günter Grass: Werkausgabe in zehn Bänden. Hrsg.: Volker Neuhaus, Darmstadt und Neuwied, 1987.

Denn an anderer Stelle ‚steckte' Grass dem „Treibhaus" so etwas wie die Intention des Autors [2], faßte die Danziger Trilogie unter gesellschaftskritischen, auf öffentliche Wirkung zielenden Schreibintentionen zusammen.

Meine Kritik galt zuallererst der Dämonisierung des Nationalsozialismus, und wenn es mir gelungen sein sollte, mit Hilfe der Bücher *Die Blechtrommel, Katz und Maus* und *Hundejahre* die Dämonisierung einzudämmen und das kleinbürgerliche Detail aufzuwerten, bin ich schon zufrieden... (IX, 392)

Diese ‚öffentlichen' Ziele sind ja vor allem ‚Ergebnisse' des Schreibens; sie stehen im Rahmen eines fortgesetzten Ankämpfens gegen „die durch nichts zu unterbrechende Fortsetzung des deutschen Idealismus", worin er – mit Gustav Heinemann – ein „Grundübel unseres >Vaterlandes<„ (vgl. IX, 393) sieht; und sie stehen in deutlichen Bezügen zu Grass' politischem Engagement als Bürger: Eben in diesem Brief betonte Grass, daß – wer genau hinsieht – die Ansatzgleichheit in seiner literarischen Arbeit und seinen Versuchen, „in der Politik Bürgerrechte wahrzunehmen," (vgl. IX, 393) erkennen müsse. Auch dies ist also ein – öffentliches - Ergebnis dieses in seinen Anfängen ‚heillos ichbezogenen' Schreibens.

‚Ergebnisse' wie dieses Engagement gegen Fortsetzungsformen eines ‚deutschen Idealismus', das im Theoriebereich vor allem den finalistischen Geschichtsbilder in der Nachfolge von Hegel und Marx widerspricht und in der Praxis des engagierten Bürgers die alltäglichen, diffus unreflektierten Auswirkungen dieses ‚Grundübel' in der jeweiligen Zeitsituation bekämpft, stehen eben am Ende seines Arbeitsprozesses; das Private stand – als dessen Einleitung – am Anfang. Insofern ist dieser Unterschied zwischen der ‚heillos ichbezogenen' Seite des Schreibens und dessen öffentlicher Seite, die nicht auf ‚das Heil', immerhin aber auf die gesellschaftliche Dauer-Reform zielt, das fortgesetzte „Grundübel" bekämpfen soll, kein Widerspruch: Das Private ist eine Kategorie des verdrängten Öffentlichen, ist Ausdruck dessen, was öffentlich tabuisiert, verschwiegen, nicht gedacht werden ‚darf'.

---

[2] Ich verwende einen beinahe ‚verbotenen' Begriff: Die immer notwendige Kritik an intentionalen Interpretationsmodellen sollte einen Kerngedanken nicht aus den Augen verlieren. Ganz sicher ist es so, daß Autoren das, was sie sagen wollten, dann, wenn sie es expositorisch hätten ausdrücken können, nicht in poetischen Formen versucht hätten; andererseits jedoch haben sie durchaus die Absicht, Probleme zu formulieren. Das fertige Werk ist eine Form der endlich gefundenen Problemformulierung. Autoren haben also durchaus die Absicht, Wichtiges zu sagen, und sie sind – als die ersten Interpreten ihrer Texte – auch durchaus besser in der Lage sind, zu beurteilen, wie weit ihnen das gelungen ist. Die Schwierigkeiten eines Umgangs mit solchen Zusammenfassungen liegen eher auf der Interpreten-Seite: Schon die Begriffe einer ‚Dämonisierung des Nationalsozialismus' und einer ‚Aufwertung des kleinbürgerlichen Details', mit denen der Autor – in einer Zielsetzung, mit der er „schon zufrieden" sein könnte – versucht, das literarisch Erarbeitete in eine expositorische Diskussion einzubringen, sind unscharf. Das komplexere Ziel einer Bekämpfung der „Fortsetzung des deutschen Idealismus" ist dies in einem viel höheren Maße: Den Grass'schen Formulierungsvorschlag für dieses Ziel literaturwissenschaftlich exakt zu ‚definieren', setzt eine philosophiekritische Auseinandersetzung voraus, die hier – schon aus Platzgründen – nicht geleistet werden kann. Grass selbst verbindet diese Diskussion über seine Auseinandersetzung mit nationalsozialistischen Formen einer ‚Fortsetzung dieses Grundübels' hinaus, mit einer grundsätzlichen Religionskritik; im Rahmen einer Ideologie-Kritik ‚reichert' er etwa um ‚Namen' - wie Hegel, Marx, Bernstein, Trotzki, Lenin, Rosa Luxemburg, usw. – ‚an': Das ‚Schlagwort', der Formulierungsvorschlag, macht eine zentrale Komponente seines Denkens aus, die in seinen Essays und Reden sehr viel Raum einnimmt. Es birgt also durchaus die Gefahr einer Verkürzung, wenn ein Interpret diesen Formulierungsvorschlag, der als ein Begriff des Autors eben aus der Grass-Literatur stammt, als Interpretationsbegriff verwendet. Der Begriff bietet jedoch den Vorzug, über sehr komplexe ‚Intentionen des Autors' überhaupt reden und schreiben zu können.

Auch Grass verschweigt ‚sein' privates Thema; gerade in diesem Bereich ist er ‚unzuverlässig', ja in einem noch zu erörternden Sinne ‚unglaubwürdig'. Er erzählt zwar sehr viel von seiner Familie und seiner Lebensgeschichte, auch von Vorstufen seines Erzählens, etwa einem Gedichtszyklus mit dem Titel „Der Säulenheilige" (vgl. IX, 626). Doch was er erzählt, bleibt ‚nicht interpretiert'; in dieser Eigenschaft erscheint es bisweilen geradezu als banal – etwa dann, wenn ein dreijähriger Junge, der „zwischen Kaffee trinkenden Erwachsenen" eine Blechtrommel schlug, zum Vorbild für den Blechtrommler Oskar geworden sein soll: Sollen solche privaten Details wirklich schon die Einleitung zu diesem Jahrhundertroman gewesen sein? Da paßt Einiges nicht: ‚Heillos ichbezogen', im Unterschied zu Schriftstellern, die „sozial aufs Ganze bedacht ihrer Aufgabe nachgehen", will eine so zum Roman ausgebaute Detailbeobachtung nur dann erscheinen, wenn sie als Formulierungsmuster auf etwas ungleich Problematischeres beziehbar wäre; auch daß sein Schreiben „ohne Trost und Katharsis" (IX, 625) geblieben sei, will – gemessen am Blechtrommel-Buben zwischen den Kaffee-Trinkern - einstweilen arg überzogen klingen. Grass betont nicht, daß diese Beobachtung eben auch erst ‚interpretiert', daß sie übersetzt werden muß, um ermessen zu können, wieso sein Schreiben ‚heillos ichbezogen' und ‚ohne Trost und Katharsis' geblieben sei: Er betont nur, daß er etwas verschweigt – und zwar am Ende dieses ‚Versuchs in eigener Sache':

Habe ich alles gesagt? – Mehr als ich wollte. Habe ich Wichtiges verschwiegen? – Bestimmt. Kommt noch ein Nachtrag? – Nein. (IX, 633)

Ist das der Kern dieses ‚Versuchs'? Soll der Leser über die *Blechtrommel* und dieses „Mehr als ich wollte" dem ‚Wichtigen' auf die Schliche kommen, das er hier verschwieg? Denn, nach längerer Pause, kamen andernorts jedenfalls auch noch Nachträge zu diesem Experiment. Im ‚Rückblick' erfahren wir, daß der Tod von Grass' Mutter, die 1954, „im Alter von sechsundfünfzig Jahren" starb, der Kern der privaten Einleitung des Schreibprozesses ist; ihr Tod „setzte den Antrieb frei" (IX, 625). Doch erst in Interviews mit dem Franzosen Nicole Casanova aus den Jahren 1978 und 1979, die, wie - um sie einem deutschen Publikum vorzuenthalten - nur in französischer Sprache veröffentlicht worden sind, beschrieb Grass den Tod seiner Mutter. Es sind erschütternde Nachträge, die das ‚Heillose' an diesem ichbezogenen, „ohne Trost und Katharsis" gebliebenen Schreibprozeß in ein anderes Licht rücken und eine beinahe unscheinbare Teilgeschichte der *Blechtrommel* ganz unmittelbar betreffen. Sind sie wichtig? Wie wichtig sind sie?

Eine *Blechtrommel*-Interpretation könnte auch ohne den Ausflug in die Biographie auskommen. Das Öffentliche, das als Ergebnis aus diesem ‚heillos ichbezogenen Schreiben' entstand, ist jene Kunst, jene distanzierte und ironische Schreibform, die Grass für sein ‚Schreiben nach Auschwitz' entwickelt und beständig in seinem Werk fortgesetzt hat: Das Biographische gibt es hier entsprechend in einer abstrakten, einer von seinen Anlässen losgelösten Form. Und zugleich sind diese „Ergebnisse" auch in einem Bereich relevant, in dem ihr ‚Auftrumpfen oder zu Fall kommen' deutlicher nachvollziehbar ist: Die ‚anderen' Geschichtsbilder zeitigen politisch sehr relevante Ergebnisse, denen der engagierte Bürger Grass – ein Leben lang – folgte. Es reicht nicht aus, ‚Wahrheiten' erkannt und benannt zu haben: Das durchbricht, wie bereits die Wortwahl nahelegt, eine ‚Fortsetzung des Grundübels' nicht. Ihr Bewährungsbereich ist die Politik, das Feld, in dem sie ‚auftrumpfen oder zu Fall kommen' können. Und dazu ist ein Engagement der Wissenden nötig.

Doch warum verschwieg Grass, was auch ich hier noch verschweige? Öffentliche Bekenntnisse, kühne zumal, gab es doch auf der anderen, der vordergründig öffentlichkeitsfähigen Seite dieses ‚ichbezogenen' Schreibens zuhauf. Als öffentliche Person beschrieb Grass sein „Herkommen" und dessen „Treibkraft" in vielen Interviews und Reden: Er erzählte von seiner Jugend unter Hitler, seinem ‚siebzehn Jahre alten Unverstand' [3], seinen von einer Version des ‚Grundübels' infizierten Lebenszeiten. Bis zum Kriegsende, das er stets als bedingungslose Kapitulation bezeichnet sehen will, sei er in hohem Maße von den nationalsozialistischen Institutionen und ihrer Propaganda geprägt gewesen, von Jungvolk und HJ; Goebbels Rede vom Totalen Krieg habe auch in ihm „opferbereite Weihestimmung" ausgelöst [4]. Erst durch den 8. Mai 1945 sei ihm ‚der Kopf zurechtgesetzt worden' [5]. Die Offenheit, mit der er dies bekannte, war ungewohnt. Doch Grass betonte auch, daß diese ‚bedingungslos kapitulierende' Offenheit ihm nur möglich war, weil es durch das Geburtsjahr 1927 keine Taten gab, die aus dieser idealistischen Opferbereitschaft hätten resultieren können. Diese Schuld und diese Scham blieb ihm erspart.

‚Heillos ichbezogen' blieb jedoch die andere, die private Scham- und Schuldschwelle, eben in der Geschichte des Todes seiner Mutter. Dieser Schwelle näherte sich Grass in den Interviews mit Casanova öffentlich an; doch genauer beschrieben und auf seine Bücher oder seine im Ansatz gleiche Rolle als politisch engagierter Bürger bezogen hat er sie auch dort nicht: Hier wird uns „Die Blechtrommel" ‚auf seine Schliche führen': Ist der Leser oder Interpret nunmehr ein Detektiv?

Gut: Die Blechtrommel ist eine Art Kriminalroman. Hier aber würde der Leser gar zu einer Art Spitzel, einem Hoftaller sozusagen. Die Gefahr, daß auch hier Ergebnisse „zu Fall kommen" könnten, daß Verletzlichkeiten aufgedeckt werden könnten, besteht angesichts des Publikationsortes in einem literaturwissenschaftlichen Buch ohne erwartbar große Breitenwirkung jedoch geradezu leider nicht; andernorts, etwa im Feuilleton einer großen Zeitung, bestünde sie, angesichts der im Falle Grass weitverbreiteten Bereitschaft zum Pauschalverdikt, zum Verriß, ja zur Diffamierung, ganz massiv. Zumindest ein lebendes Familienmitglied ist darüber hinaus von dieser Geschichte direkt betroffen. Und doch wäre auch dort gerade diese Geschichte, in der das Allgemeine, der ‚Riß in der Welt', sich im Besonderen, im allzu Privaten, äußert, geeignet ‚aufzutrumpfen', dieser Literatur neues Gehör zu verschaffen, statt ‚zu Fall zu kommen'. Was literarisch aus dem ‚Heillosen' an dieser Verletzung entstand, ist in hohem Maße unverstanden – und gehört zur besten Literatur dieses Jahrhunderts. Für mich ist Grass schlicht der größte zeitgenössische Schriftsteller. Die private Verletzung verlangt – nicht nur über dieses ‚Experiment in eigener Sache' - nach Öffentlichkeit: Sie betrifft ein Literaturverständnis, das – um es schlicht zu sagen - das ‚Grundübel' fortsetzt, statt sich auf die

---

[3] Vgl. – etwa – die Rede „Geschenkte Freiheit" (Mai 1985) , IX, S.891.

[4] „Rede an einen jungen Wähler, der sich versucht fühlt, die NPD zu wählen" (November 1966), IX, S.164.

[5] „Unser Grundübel ist der Idealismus", IX, 392.

Grass'schen Revisionen einzulassen, die eben Konsequenzen haben: Das politische Engagement von Intellektuellen, das Grass als ‚selbstverständlich' bezeichnet, ist dies gerade nicht. Äußert sich das auch in einem Nichtverstehen seiner Werke?

In der Folge der hier zu interpretierenden Geschichte ist ein Bild des Erzählers Oskar Matzerath, das nach wie vor, in der Grass-Forschung wie im Feuilleton, kursiert, zu revidieren. Immer wieder ist vom politischen engagierten Bürger Grass als dem ‚Blechtrommler' die Rede; ‚Sisyphos', sein ‚Hausheiliger', der sich der ständigen Revision vor den wechselnden Sinnhorizonten einer ‚absurden Geschichte' verschrieben hat, der sich stets neue Ziele setzt und stetig an seinem Stein bleibt, will hingegen nicht in die Artikel-Titel hinein. Warum? Weil er als Citoyen, als stetig engagierter Bürger Vorbild werden könnte, wo der Blechtrommler, der sich ins Gitterbett zurückzieht, nur Karikatur ist? Der „Blechtrommel"-Roman, der mit dem Wort „Zugegeben" beginnt, dann aber nur ein lauttönendes Nicht-Zugeben-Können zelebriert, ist – in leisen Tönen - eine Selbstanklage, eine fortgesetzte ‚oskarzenie' (polnisch Anklage; Oskarzac ist das polnische Wort für „anklagen"): Der Blechtrommler ist das Gegenteil eines Sisyphos, seine Sicht auf den ‚Unsinn' in der Welt ist Unsinn. Der Weltliteratur gewordene Wunsch des Autors nach einer emotionalen wie rationalen ‚Distanz' zu seiner frauenfeindlichen, lügenden und wahnsinnigen Oskar-Figur, die, wie jedes literarische Ich, zugleich ‚ironisch', so nicht gemeint, etwas mit dem Autoren-Ich zu tun hat, wird unübersehbar werden.

B. Der Tod von Grass' Mutter als ‚schlimmstmögliches Märchen' im Roman?

Grass verbirgt das auch hier verborgen gebliebene Thema vom Tod seiner Mutter primär nicht dort im Roman, wo man es vermuten könnte, also im Tode der Agnes Matzerath, der Mutter Oskars. Das Thema taucht in einer völlig verzerrten, so sehr ‚distanzierten' und so ‚ironischen' Form in einer Nebenfigur auf, daß auch im Lesen als dem Gegenprozeß zum ‚distanzierten, darum ironischen Schreibvorgang' Distanz verlorengehen, daß das vom Erzähler provozierte Schmunzeln zu dieser Ironie vergehen kann.

Es geht um Lina Greff - und die erzählperspektivische Verzerrung, die sich aus Oskars, nicht des Autors, Darstellung dieser Nebenfigur ergibt. Schon daß Lina nur Nebenfigur, zudem kinderlos, also nicht einmal Mutter ist, ist Teil des Rätsels. Als Witwe des Gemüsehändlers Greff wurde sie wiederholt von russischen Soldaten vergewaltigt - und das historische Thema der Vergewaltigungen von Frauen durch Soldaten der Roten Armee, das Thema der Gegengewaltsformen zur deutschen Aggression, ist des Rätsels anderer Teil. Ist es dann wirklich Grass, der die angeblich so sexhungrige Lina den ‚überzeitlich' heimlichen Männerwünschen nach der allzeit und selbst zur Vergewaltigung bereiten Frau abkupfert und ausgerechnet in diesen Kontext hineinsetzt? Daß dies zutiefst frauenfeindlich ist, ist vergleichsweise noch die harmloseste Kritik an dieser Sicht. Soll das wirklich die neue Form sein, wie ein Schriftsteller nach Auschwitz die ihm zufallenden Themen seiner Zeit, die nationalsozialistische Prägung der Deutschen, die

Kriegsthemen von Gewalt und Gegengewalt auf der Sieger- und Verliererseite, die Themen des Völkermords an den Juden, behandelt?

So, wie Oskar, der ‚Angeklagte', diese Frau dargestellt hat, bleibt es zunächst noch ein Rätsel, wie ich, als Interpret, überhaupt auf das ‚den Schreibantrieb freisetzende' Thema vom Tod der Mutter des Autors komme? Es geht nicht einmal um einen Tod: Lina Greff blieb, ob endgültig oder nur zeitweise erfährt man nicht, in Danzig zurück. Dem Anschein nach ist und bleibt sie ‚lustige Witwe', scheidet physisch wie psychisch unverletzt aus der Erzählung aus: Es braucht schon sehr viel Distanz und Ironie, hinter solch problemfreiem Anschein den Tod der eigenen Mutter zu verstecken! Ahnen Sie das private Problem, aus dem Günter Grass seine Kunst entwickelte?

Die Fiktion will, der Autor will, daß Oskar, die Figur, diesen Roman schreibt. Doch hier – und nicht nur hier, sondern im ganzen Roman dieses ‚Schriftstellerkollegen' - wird schlicht falsch erzählt! Gerade das Falsche an diesem Erzählen muß viel kleinschrittiger und textorientierter untersucht werden, bevor der Autor, seine Sicht dieser Zeit und sein privates Betroffensein zum Thema werden kann: Die oben als Ziel genannte ‚Aufwertung des kleinbürgerlichen Details' erhält hier ihren Sinn, übersetzt sich in Interpretationsmethoden. Stimmt Oskars Bild dieses ‚Details' einer zur Vergewaltigung bereiten Frau denn überhaupt innerhalb der ihm überkommenen, der von Grass erfundenen Verhältnisse von historischer Wahrheit oder Wahrscheinlichkeit? Nur Grass kann solche Details ‚erfinden'; sein Oskar fand sie vor, deutete sie: ‚War' Lina Greff – innerhalb des von Grass für seine Figuren erfundenen Lebens - das, was Oskar in ihr sieht? ‚War' sie diese ach so lustige Witwe? Wieviel ‚Fiktion' wird Oskar zu diesem Thema vom Autor oder vom Leben ‚erlaubt'? Das Leben zumindest ‚erlaubt' diese Fiktionen nicht! Dieses Erzählen wäre, wenn man es tatsächlich Grass zuschreiben dürfte, wenn es nicht so durchschaubar schlecht wäre, nicht nur ästhetisch ein Greuel: In die historische Realität überführt wäre es blanker Hohn auf die Opfer der Massenvergewaltigungen. Ist es also so, daß Oskar diese Frau, wie ‚gegen' den Willen des Autors, auf etwas reduziert, was er in ihr sehen will?

Grass, der ‚seinen Angeklagten' einen Roman schreiben läßt, hält ein auktoriales Schweigen, ein Schweigen des Autors gegenüber seiner Erzählerfigur, in allen Werturteil-Bereichen des Romans strikt ein. Es ‚spricht' nur Oskar, nicht Grass – es spricht aber auch ‚die' Geschichte, die für Oskar vorgegebene Fabel und Historie, die er manchmal mehr, meist jedoch eher weniger nach ‚dem Leben' erzählt. Im Felde der Historie kann auch Grass nur bedingt erfinden; hier findet auch er die Details vor. Das ‚Leben' Oskars vor, im und nach dem Nationalsozialismus ist all das, was – von Grass erfunden oder der Wirklichkeit nachgebildet - für Oskar, die Romanfigur, historia und vita, Geschichte und Lebensgeschichte, ‚war'. Und dann findet Grass als Autor vor allem in diesem dritten Zeitbereich, der Zeit ‚nach dem Nationalsozialismus' Neues vor, ‚Märchen' zur Vergangenheit, die in hohem Maße zwischen Erzähler und Autor stilbildend wirken: Mit „Es war einmal..." werden allgemein Märchen als die exemplarischsten aller Fiktionen eingeleitet; andererseits befinden wir uns hier in der Welt eines historisch-zeitgenössischen Romans, im Rahmen eines Bildes dessen, was tatsächlich war: Ausgerechnet die sogenannte Kristallnacht wird von Oskar im Kapitel „Glaube Hoffnung Liebe" unter der Märchenformel betrachtet. Neu in diesem Verhältnis ist jedoch, daß in der Nachkriegswirklichkeit aus einem solchen Gemisch, aus Unterschieden zwischen dem, was einer beschreibt, wenn er sagt „Es war einmal" und dem, was tatsächlich war, in der Tat schlimme und schlimmste ‚Märchen' entstanden. Das widerliche neonazistische Geschwätz von der Auschwitzlüge ist deren herausragendstes Beispiel.

Widerlich, wenn auch von den Verbrechensdimensionen her nicht vergleichbar, ist dann auch Oskars Sicht von der – erfundenen - Lust des Opfers einer fiktionalen Vergewaltigung innerhalb einer historischen Vergewaltigungswelle. Das in ‚seinem' Roman durchgängige Motiv des ‚Erzähltrommelns' kann hier, abseits aller modernistischen, einem nicht hinterfragten Geniekult verpflichteten Spekulationen [6], am Beispiel verfolgt – und gegen den Erzähler verwandt werden: Oskar, der Angeklagte, gibt diesen Frauen in der Geschichte der Lina Greff gewissermaßen sein ‚Blech' zu hören, wo sie andere Kunst, die mit ihrem Leben zu tun hat, erwarten. Das Wort ‚absurd' bedeutet mißtönend: Hinter diesen lauten, mißtönend-absurden ‚Blechgeräuschen', die Oskars Erzähl-Trommeln hier erzeugt, spricht ‚eine absurde Geschichte' – denn das zumindest war dieses wechselseitige Morden und Sterben für und gegen das Tausendjährige Reich und den Führer - in Details, in leisen, von diesen noch ‚absurderen' Geräuschen überlagerten Tönen, gegen den, der sie laut trommelnd als Lügengeschichte erzählt: Und das wäre nicht Grass sondern sein Oskar, sein ‚Angeklagter'. Wie beschreibt der eine Vergewaltigung?

> Warum aber das Kurtchen die Erwachsenen [die Hände hochhebend, R.S.] nachäffte, blieb mir unerklärlich. Der hätte sich ein Beispiel an mir, seinem Vater - oder wenn nicht am Vater, dann an den Ameisen nehmen sollen. Da sich sogleich drei der viereckigen Uniformen für die Witwe Greff erwärmten, kam etwas Bewegung in die starre Gesellschaft. Die Greffsche, die solch zügigen Andrang nach so langer Witwenschaft und vorhergehender Fastenzeit kaum erwartet hatte, schrie anfangs noch vor Überraschung, fand sich dann aber schnell in jene ihr fast in Vergessenheit geratene Lage. (II, 483)

Kurtchen ist Oskars Halbbruder; Maria ist seine Stiefmutter und Geliebte. Frau Greff war ihm einmal, als er, der Kleinwüchsige, jene siebzehn Jahre alt war, mit denen Grass das Kriegsende erlebt hatte, Ersatz für diese Maria: Doch damals, als er seine erotische ‚Ohnmacht' bei Maria ‚zu Frau Greff trug', fand in Sondermeldungen, die die Allmacht der Deutschen beschworen, Stalingrad statt, die Kriegswende: Berauscht von Allmachts- und Endsiegträumen wollte man nicht so recht wahrhaben, daß man nur ‚die Ohnmacht' ins ‚Schlammbett' von Stalingrad trug! Und da fallen einige Verbindungen auf, Verbindungen, die eben leise auf erzählerische Fehler, auf Miß- oder Trommeltöne, hinweisen: Oskar merkt nicht, daß die Russen zu der gleichen Frau, zu der er vorher seine von imaginären Allmachtswünschen gefärbte ‚Ohnmacht' getragen hatte, nun ‚ihre Macht tragen'! Den Vorgang nennt man Vergewaltigung! Wie nennt ihn Oskar?

---

[6] „dem die meisten Interpreten allzu bereitwillig aufsitzen: Vgl. etwa Neuhaus Blechtrommel-Interpretation, a.a.O., S.53f., in der das Trommeln unhinterfragt nur ‚Kunst' ist, die das ‚Vergangene vergegenwärtigt'; die Komponente der Mißtöne im Erzähltrommeln, die sich eben auch in den ‚Mißtönen' im Erzählen äußert, wird, wenn der modernistische Künstler-Tick so sehr ein kunstmystischer Selbstzweck bleibt, natürlich übersehen.

Viele Interpreten lobten, ohne genau hinzusehen, den ‚kindlichen' Blick dieser Figur, die Vorgänge als Vorgänge beschreibe. Oskar tut dies nicht: Er wertet! Er will doch sogar hier noch – und nicht nur seinem angeblichen Sohn Kurt - ‚ein Beispiel geben'. Wofür? Für ein ‚heiteres Darüberstehen', das den Intellektuellen so sehr Selbstzweck ist? Oskar wertet sich nachträglich auf und wertet Lina Greff ab. Diese Frau wird ihm, zunächst vergleichsweise neutral, zur „Witwe Greff", dann, schon pejorativer, zur „Greffschen". Sie schrie - „anfangs noch", meint Oskar. Doch dann wird sein nachgetragener Intellektuellen-Blick nicht ‚kindlich' oder ‚kalt' in dem Sinne, daß Oskar sich, in inszenierter Naivität [7], einer Wertung enthielte: Frau Greff schrie also nur „vor Überraschung", nicht etwa: aus Schrecken, Angst oder Schmerz. Und dann ‚fand sie sich' - und zwar: ‚aber schnell' - „in jene ihr fast in Vergessenheit geratene", also heimlich so oft herbeigesehnte „Lage". Eine ‚Fastenzeit' habe ihr Ende, ein weiblicher Hunger nach Sex habe in einem unerwarteten ‚zügigen Andrang', bei dem es der betroffenen Frau und sexhungrigen Witwe gleich zu sein hätte, wer ‚zügig andringt' und wie dies geschieht, endlich sein männliches Pendant gefunden: Auch die russischen Soldaten hätten hier eine ‚Fastenzeit' beendet.

Wer Gefühle eines Menschen beschreibt, ist auf Oberfläche angewiesen, muß äußere Signale, sprachliche und außersprachliche Ausdrucksformen deuten: Eine Frau schreit auf und verstummt, als sie von sehr gewaltbereiten Soldaten wiederholt vergewaltigt wird. Oskars mißtönende, von sexistischen Trommeltönen überlagerte Interpretation dieses Verhaltens ist an den Haaren herbeigezogen: Ausgerechnet hier, vor den Augen der Nachbarn und Kinder, in einer so beängstigend todesnahen und später eben auch tödlichen Situation, soll Lina Lust empfunden haben. Doch diese Frau verhielt sich nach außen hin nur so, wie tatsächliche Vergewaltigungsopfer sich verhalten mußten: Hier geht es nicht mehr um Wahrscheinlichkeit, um so oder so Deutbares, hier wird Oskars Deutung ihres Verhaltens geradezu diffamierend. Hinter seinem „Es war einmal" erscheint ein ‚So war sie nicht', kann sie nicht gewesen sein: Oskars Männerphantasie von der zur Vergewaltigung bereiten Frau, sein heimlicher Hohn auf die realen Vergewaltigungsopfer, ist ein schlimmes Märchen. Oskars Wahrnehmungsverzerrung ist dabei vom Autor gestaltet: All das steht im Text. Wo? Grass hat es sehr kunstvoll im Einzelnen verborgen, in dem, was die Details dessen, was basisfiktional tatsächlich ‚war', dem „Es war einmal" des Erzählers entgegensetzen.

Oskar schreibt diesen Roman, dieses zwischen Wahrheit und Lüge schwankende ‚Blechtrommel'-Schreib-Gebilde über sein Leben. Hinter seinen erzählerischen Fehlern verbirgt der Autor das Menschliche, das Selbstverständliche. Wenn Oskar sich in die

---

[7] Unter diesem, in merkwürdigen Formen absolut gesetzten Aspekt betrachtet André Fischer unter anderem auch die *Blechtrommel* (vgl. André Fischer, Inszenierte Naivität, München 1992). Die immerhin mögliche Frage, wer dabei in einer Autor-Erzähler-Opposition wozu und mit welchen Mitteln ‚Naivität inszeniere', taucht jedoch nie auf: Mit einer Kunsttheorie, die systematisch jede Bilddeutung als ‚willkürliche Allegorese' ablehnt, jede Erzähl-Intention des Autors als ‚unpoetisch' verweigert, jede Rationalisierung des ‚Poetischen', jedes ‚Belehrenwollen', in einer Interpretation ablehnt, gelangt Fischer – ausgerechnet am ‚Gegenstand Grass' – ins Fahrwasser modernistischer Varianten einer L'art-pour-L'art-Interpretationstheorie: Kunst ist jeweils nur Mittel, ‚Naivität' zu ‚inszenieren', wobei bereits der ‚sentimentalische' Zustand jenseits solcher Naivität eher etwas Bedauerliches ist. Auch diese Interpretation ist bestenfalls – im Rücken ihres Autors - als Beispiel dafür interessant, wie ‚unpolitische Kunsttheorien' es programmatisch schaffen, auch die ‚politischsten' Kunstwerke zu entpolitisieren. Grass-Interpretation ist das nicht!

Seele einer vergewaltigten Frau hineindenkt, tritt etwas zutage, was nicht aus dieser Seele, sondern nur aus seinem Kopfe stammen kann. Ein ‚Ohnmächtiger', der sexuell zu kurz kam, bedient sich der Waffe der Zukurzgekommenen, der Schandmaulerei! Das soll Literatur sein? Da trommelt einer Blech, verkündet Unsinn: Und so steht es - programmatisch – schon im Titel! ‚Blech reden' heißt Unsinn reden; ‚Blech trommeln' hieße entsprechend Unsinn lauthals verkünden! Literatur wird das erst, wenn man ‚das Unsinnsverkündungsinstrument' Literatur in einer doppelten Verneinung betrachtet, diesen ‚Erzählmißtönen' zu den ‚Mißtönen einer absurden Geschichte' genau zuhört – und diesen verdoppelten Unsinn an einer Linie seiner Widersprüche entlang durchschaut!

C. Der Tod von Oskars Vater: Ein bewußter und antifaschistischer Vatermord?

Wie notwendig ‚es war', daß Lina Greff sich ‚schnell' in diese ‚Lage fand' und wie verfehlt Oskars Forderung nach der stolzen Haltung in dieser Atmosphäre von Gewalt, Mißtrauen und Angst war, wird schon in der folgenden, wieder von Grund auf falschen Geschichte, im Tod von Alfred Matzerath, der von seiten Oskars ein bewußter Vatermord gewesen sein soll, mörderisch bestätigt. Ein Hustenanfall und das Sinkenlassen der Hände reichte, um erschossen zu werden: Es ‚war' nicht so, daß die russischen Besatzer glaubten, in Alfred Matzerath einen besonders verstockten Nazi angetroffen zu haben. Todesgrund war der Zufall, eine Abweichung vom erwarteten Demutsverhalten: Jemand hat sich verschluckt! Keiner der Russen erfuhr, daß Matzerath sich an seinem Parteiabzeichen verschluckte!

Grass, der Herr über die Zufälle in seinen Geschichten, baut einen Komplex vorweggenommener Angst- und Unwissensreaktionen um das Matzerath'sche Parteiabzeichen auf und legt eine politische Motivierung dieses Todes unübersehbar nahe, um all dies – wie in einem erneuten erzählerischen Fehler - im Sande verlaufen, in einer Luftröhre verschwinden zu lassen. Skrupellos und kalt (vgl. II, 485) erschoß ihn einer der Russen. Weil das Abzeichen nicht zu sehen war, fehlt dieser Tat, der ohnehin jedes soldatische Motiv fehlt, auch jedes politische Motiv, gerät sie, wie die Vergewaltigungen, ins Licht des Kriegsverbrechens. Der – angeblich ‚kinderliebende' - Russe konnte in seinem Opfer nicht mehr sehen, als einen älteren, nicht mehr kriegsdiensttauglichen Zivilisten: In dieser Schlußphase des Krieges war alles, was nur irgend kriegsdiensttauglich war, im Krieg. Sind ‚die' Russen also skrupellos und kalt? Matzerath hätte auch von einem der ‚erschreckten', in dieser Situation überforderten Russen erschossen werden können: Bei seiner Beerdigung etwa trifft es den völlig harmlosen Schugger Leo, der das Pech hatte, in diesem letztlich zu friedlichen, und deshalb ‚ungünstigen' Moment eine seiner religiösen Visionen zu haben. Heimlich wird dort die Frage nach Kriegsdiensttauglichkeiten wiederaufgegriffen und das Thema der ‚Kinderliebe', das uns unten noch beschäftigen wird, um eine Facette erweitert. Leo stirbt, weil er zwei „Jungrussen" (II, 501) erschreckte, „zwei höchstens sechzehnjährige Burschen" (II, 493), die man dem Beerdigungszug beigesellt hatte. Eigentlich hätten sie, die Kinder, die auch schon als ‚kriegsdiensttauglich' zu gelten hatten, dort nichts falsch machen können; gefährdet waren sie nicht, nur überbewaffnet und vom friedlichen Geschehen zu sehr gelangweilt: Im Krieg spielten sie Krieg, kopierten womöglich die Kälte und Skrupellosigkeit erfahrener Soldaten, die – wie im Falle des Matzerath-Mörders – wenig Federlesen machten. Es ist die Frage, ob ihnen je bewußt wurde, was sie dort taten. Doch so war dieser Krieg: Überleben und Sterben folgte dem Zufall.

D. Grass' oder Oskars Humor: Wann sollte man nicht mehr ‚trotzdem lachen'?

Grass inszeniert in solchen Widersprüchen seines Erzählers Verkennungen. Die Sicht, daß die Russen der Witwe ‚Ersatz für' den lange, schon während der Ehe vermißten Sex boten, ist eine Projektion: Da ist, im Gegenzug, eine andere ‚Fastenzeit', eine Lage, in der Oskar sich befunden hatte, ‚fast in Vergessenheit geraten'. Für Lina, die ihn damals bemutterte und nicht als Sexualpartner betrachtete, war er, der Kleinwüchsige, ‚Ersatz für' ein eigenes Kind: Daß Lina an ihrer Kinderlosigkeit litt, daß dies wohl der Grund ihrer Depressionen und Bettlägrigkeit war, ließ Oskar, der anhand seiner Rasputin-Lektüre Betrachtungen über die Kinderliebe der russischen Vergewaltiger anstellt, bezeichnenderweise für sie nie gelten. Als er, das programmatisch ‚ewige Kind', der Wachstumsverweigerer, diese Figur erstmals einführt, befindet er sich auf der Suche nach einer Lehrerin, die er in Form von Gretchen Scheffler, einer für ihn sexuell nicht interessanten Gegenfigur zur Witwe, die auch an ihrer Kinderlosigkeit leidet, auch finden wird. Wie führt er sie ein?

> Frau Lina Greff lag zu dem Zeitpunkt schon wochenlang zu Bett, tat kränklich, roch nach faulendem Nachthemd und nahm alles mögliche in die Hand, nur kein Buch, das mich unterrichtet hätte. (II,99)

Von Anfang an also ‚tat' sie für Oskar ‚kränklich'; als ‚Lehrerin' kam sie erst sehr viel später in Frage, als Oskar die Praxis zu seinem Rasputin-Goethe-Bildungsgang entdecken wollte. Man sollte sich an solchen Stellen davor hüten, allzuviel ‚Schelmenperspektive' oder – wie Marcel Reich-Ranicki - die „prinzipielle Amoralität des Erzählers Grass" anzusetzen. Ebenso sollte man vermeiden, Oskars Humor mit Vokabeln wie ‚herzerfrischend' aus einer notwendigen Kritik herauszunehmen. Der Kalauer ums ‚faulende Nachthemd' und die vage Unterstellung, daß sie ‚alles mögliche in die Hand nahm', etwa um sich selbst zu befriedigen, sind geeignet, solche offen gestalteten Beschreibungen, die verschiedene Mutmaßungen über Gefühle der Figur gestatten, im allzu wertend zupackenden, sexistischen Erzähler-Witz als ‚abgeschlossen' gelten zu lassen. Denn diese Geschichten sind allesamt in Motivstrukturen eingebunden, die das Abgeschlossene wieder öffnen, die auf den Erzähler zurückverweisen, die – was Oskar nicht so recht wahrzunehmen scheint – auch auf ihn zurückfallen: Heimlich vollziehen sich so die Umwertungen seiner Werte, taucht im neuerdings ‚Heiligen' das ehemals Hurenhaft-Tödlich-Faulend-Unheilige wieder auf: Was sich unter diesem ‚faulenden Nachthemd' befand, war nicht nur jenem Rasputin im ‚ewigen Kind' einmal ein Ziel. Im erzählzeitlichen Heute jedoch, nach wiederholten Liebesfrustrationserlebnissen, stellt er die sexualitätsfreie Goethe-Seite der ‚zwei Seelen in der einen Brust' ins Zentrum seines Selbstbildes. Dichterisch – oder doch nur kindisch? - verklärt ist die Existenzform der

Bettlägrigkeit, das Gitterbett, das er nie wieder verlassen wollte, auch ihm nunmehr Ziel, Trost und beinahe Glaube. Die Verklärung eines Bettes setzt ein beim Lob des ‚Bettgrabs' seines Freundes Klepp:

> Heute ist Oskar bettlägerig. Damals, in Zeidlers Wohnung, fand ich Klepp in den Überresten eines Bettes. Er faulte bei bester Laune, (...) (II, 619)

An dieser Stelle gelingt es Oskar also, einer nach außen hin ungleich unhygienischeren Art des ‚Faulens' Existentialistisches, den Vorschein des ‚gutgelaunten Sterbens', abzugewinnen. Oskars Motive fallen dort, wo er sie relativ unbedenklich ‚wiederverwendet', wo der Autor ihn ‚frei', also am Bande jener von Grass heimlich ‚mitgestalteten' Motivketten, assoziieren läßt, auf ihn zurück: Will auch er, der heiter über allem stehende Gitterbett-Bewohner der Heil- und Pflegeanstalt, nun, sozusagen, „nach faulendem Nachthemd" riechen? Was nimmt er ‚in die Hand', um fehlende oder fehlgeschlagene Sexualerlebnisse eines Rasputin in ihm zu kompensieren? Etwa nur seine Trommelstäbe und das ‚unschuldige Papier', aus dem sein Buch entstand? Oder doch das Pendant zum Phallussymbol ‚Trommelstab', wie ja auch Lina alles Mögliche in die Hand nahm? Schon anfangs ging es beim ‚faulenden Nachthemd' um jene Bücher, die Oskar unterrichteten. Am Ende dieses Unterrichts könnte ein Goethe jenem Zauberlehrlings-Geist, den er nicht rief, vorhalten, sein ‚Meisterwerk' und vor allem seine Geschichte der Lina Greff rieche nunmehr selbst – streng - nach ‚faulendem Nachthemd', nach Selbstbefriedigung und der daraus stammenden Frauenfeindlichkeit! Denn was er bei Frau Greff hätte lernen können, hat er nicht gelernt!

E. Kinderliebe - zwischen Rasputin und Goethe

Welche Frauenbilder hat Oskar im Kopf? Wie entstanden diese Bilder, die eher ‚Ersatz für' reale Frauen sind, als daß sie reale Frauen beschreiben könnten? Die kinderlose, an Depressionen leidende Lina war ihm damals ‚Ersatz für' Maria. Er ‚trug seine Ohnmacht' bei Maria zu Frau Greff und phantasierte sich dabei, angelehnt an ein Männer-Bild, das er nicht nennt, das aber damals eben der Ausbund allmächtiger Männlichkeit, der Führer schlechthin, war, in die Rolle eines in sexualibus allmächtigen Götterdämmerungsdirigenten und Heimatfront-Eroberers hinein. Auch hier suchte er ‚Ersatz für' – diesmal halt für heldisch-männliche Fronterfahrung. Er verband Linas Bett und seine ‚Schlammschlachten' darin, allen Ernstes, mit den ‚Schlammschlachten' in Rußland. Hier jedoch, in den letzten Kämpfen des Krieges, kommt diese, sich weitgehend in seinem Kopfe abspielende, aus sexueller Frustration und verschmähter Liebe geborene Gewalt als reale Gegengewalt in Gestalt der russischen Soldaten zurück. Und hier ‚bedankt' sich Oskar bei dieser ‚Ersatz für'-Frau, hier inszeniert er, auf dem Felde der Sexualmoral, seine letzte ‚Schlammschlacht' zu Lina Greffs Bett!

> Schon bei Rasputin hatte ich gelesen, daß die Russen die Kinder lieben. In unserem Keller sollte ich es erleben. Maria zitterte ohne Grund und konnte gar nicht begreifen, warum die vier, die nichts mit der Greffschen gemein hatten, das Kurtchen auf ihrem Schoß sitzen ließen, nicht selbst und abwechselnd dort Platz nahmen, vielmehr das Kurtchen streichelten, dadada zu ihm sagten und ihm, auch Maria die Wangen tätschelten. (II, 483)

Ausgerechnet hier: Bestätigte, ‚erlebte' Literatur, ein gewichtiger Exkurs zur oft gerühmten Kinderliebe der Russen! Unterschwellig wird sich hier die Frage stellen, wer ‚die Kinder' liebte: Denn den Gedanken, daß Frau Greff, zu der er ‚seine Ohnmacht' getragen hatte, vorher auch eher ‚die Kinder' liebte und in ihm nicht viel mehr als ein Ersatz-Kind sah, wollte Oskar schon damals, als er sich auf Rasputins orgiastischen Pfaden wähnte, nicht recht aufkommen lassen. Doch der Rasputin in ihm fand damals enggesteckte Grenzen vor; die ‚Orgie' hatte, selbst wenn man annimmt, daß Frau Greff in der Ehe mit ihrem homoerotisch veranlagten Mann sexuell zu kurz kam, im äußerst beengten Rahmen einer ‚Kinderliebe' [8] stattzufinden. Wenn Frau Greff sich nicht mehr einreden konnte, daß Oskars Tun einer kindlichen Neugier folgte, war schlicht Ende, mußte Oskar „in derselben fast unverrückten Kleidung aus den verfilzten Federn heraus" (vgl. II, 379): Statt der Kleidung hat es ihm den Kopf verrückt und die Gedanken ‚verfilzt'. Hier will er den anderen, den quasi Goethe'schen, an „Wahlverwandtschaften" gebundenen Gedanken, nicht aufkommen lassen, daß über ganz anders ‚verwandte Seelen' aus einer Literatur zur Orgie die Orgie in ihrer Schreckensform wird. Eine Seelen-Verwandtschaft zwischen ihm und seinem, auf den ‚Einsatz' wartenden, „recht begabten Trommler" (II, 483), der dann, nach einem Doppelgriff - ‚Hose auf, Hose zu' (vgl. II, 484) - zum Vergewaltiger wird, gab es nur im Bereich der Kunst!

Der zum Themenwechsel zu Rasputin und der Kinderliebe gehörende Abschnitt-Wechsel folgt, neben der Opposition zwischen einer ‚Bewegung' und einer ‚starren Gesellschaft', der Dichotomie von Madonna und Hure in einem polarisierten männlichen Frauenbild. Nach dem Blick auf ‚bewegten Teil des Bildes' und ‚die Hure' Lina Greff folgt der Blick auf die statische Szene, auf Maria und Kurt, auf die Madonna mit dem Kind auf dem Schoß. Diese absoluten Gegensätze lösen sich später auf: Die statische Szene gerät dort in leichte Bewegung, mit ‚Wangenstreicheln' und ‚Dadada'; die ‚Madonna' läßt sich – unter dem Stichwort von der ‚erstaunlichen Auffassungsgabe der Frauen' - auf die Russen ein, „lernte die ersten Worte Russisch, zitterte nicht mehr mit den Knien, lachte sogar und hätte auf ihrer Mundharmonika spielen können, wäre die Maultrommel greifbar gewesen" (vgl. II, 484): Oskar, der ‚Maultrommler', scheint auch ihr dies – in einer tatsächlich nicht recht ‚greifbaren', also kritisierbaren Maultrommel – vorzuwerfen; wenn er von ihr, der Maria, der Madonna, erzählt, ist er eher ‚Mund-Harmoniker'. Er bleibt jedoch bei seiner Negativwertung der Frau Greff, fragt nicht nach, warum sie – im ‚bewegten Teil' seines Bildes „immer stiller werdend unter drei Kerlen abwechselnd" lag (vgl. II, 483).

Nach dem hier noch zu beschreibenden Blick auf die Vergewaltiger folgt der Blick auf die ‚kinderliebenden' Russen, die die beiden verschonten, die warten konnten, wo Frau Greff ‚es nicht mehr abwarten' konnte. Doch das Leben, das ausgerechnet hier das

---

[8] Interpretengefahren rund ums sexuelle Sapere aude: Diesen Ringkampf zwischen Ersatzmutter und Nicht-mehr-Kind, den wir nur aus Oskars unzuverlässiger Sicht kennen, der aber – über die Schlammbett-Assoziation - ähnlich ‚erfolgreich' gewesen sein dürfte wie das Geschehen um Stalingrad, nun zum Beispiel kühn und ohne alle Abstriche als „Cunnilingus" zu benennen, kann – unfreiwillig – Heiterkeiten provozieren. Daß ein solcher Interpreten-Unfall, der normalerweise, unter der Maxime „Shit happens" eher nicht zitierenswert ist, ausgerechnet dem literaturtheoretisch keine anderen Götter neben sich duldenden André Fischer passiert (vgl. a.a.O, S.129), will – bezogen auf die überarmierte Theorie und die dürftige Praxis – dann auch von Bedeutung sein.

Gelesene, die der Literatur entnommene Kinderliebe, zu bestätigen hätte, geschieht nebenan. Fülop-Müllers Roman „Der heilige Teufel", in dem es um „Rasputin und die Frauen" ging, wurde wohl kaum zu einem Bestseller der zwanziger Jahre, weil man dort die Kinderliebe der Russen entdecken wollte: In der „Blechtrommel" wird dieser triviale Roman von den Frauen als kleinbürgerlicher ‚Softporno' dieser Zeit gelesen. Die Exkurse zur Kinderliebe der Russen hatten vormals, nach wiederholt gesuchtem „achgottachgott", eher die Funktion, Mütter und Nichtmütter wieder ‚zu den Müttern' und ihrer ‚Kinderliebe' - „Ob Oskarchen auch wirklich nichts davon versteht?" (II, 105) - zurückfinden zu lassen. Diese Exkurse ‚zu den Müttern' sollten die moralischen Grenzen wiederherstellen und das grenzüberschreitende ‚Orgienfeiern mit Damen' (vgl. II, 108) abfedern. In Goethes „Faust" – oder in der Jung'schen Psychoanalyse - will der ‚Gang zu den Müttern' gewichtiger, beschwerlicher scheinen, mit dem Opfer von Ich-Anteilen der Psyche, dem Kind-Ich vor allem, verbunden sein: Und auch hier will dieser einstweilen unverbindliche Kalauer aufgebrochen, auf ernstere Seiten bezogen sein: Im Hintergrund warten Frau Greff – und Frau Grass!

Hier findet also eine Konfrontation statt: Oskars Witze finden ihre schwarzen Pointen. Die literarisch-ungefährlichen Ausflüge ins Reich der bösen Lust bei Kaffee und Kuchen werden in diesen romanintern und eben auch historisch ‚tatsächlichen' Vergewaltigungen mit der Wirklichkeit einer bösen Lust konfrontiert, die ganz anders geartet ist. ‚Kinderliebe', wie es sie damals im Bett von Frau Greff nicht gegeben haben soll, und doch, zu Oskars Leidwesen: ‚nur' gegeben hat, gibt es hier, im Anstehen vor den Vergewaltigungen, nicht oder bestenfalls in winzigen Restbeständen – als Pausenfüller; Kinderliebe gab es auch im Rasputin-Roman nicht oder bestenfalls in pausenfüllenden Restbeständen: Dieser Roman wurde eben auf die anderen, die pornographischen ‚Stellen' hin, gelesen.

Grass verdeutlicht die oberflächlichen Gedankenfilz-Beziehungen Oskars zu Rasputin und Goethe darüber hinaus, indem er jenem Doppelgriff-Detail zum sexuellen Vorgang – dergleichen brachte ihm bekanntlich oft Pornographievorwürfe ein – insgeheim eine Pointe zuweist.

> Während er mich links schon hielt, knöpfte er sich rechts die Hose zu und nahm keinen Anstoß daran, daß sein Vorgänger, mein Trommler, das Gegenteil tat. (II,484)

Der ‚Doppelgriff' nach dem ‚Doppelblick', dem Blick von der Madonna zur Hure, unterstreicht den Widerspruch zum obigen ‚Kinderliebe'-Exkurs des Erzählers. Darüber hinaus steht dieser ‚zufällige Doppelgriff' in Verbindung zu jenem zufälligen „Doppelgriff" zu Oskars Büchern, zu ‚Geist und Macht', zu Goethe und Rasputin, der schon in der Kindheit Oskars Leben „festlegen und beeinflussen" (vgl. II, 102) sollte. Ist die Hose zu, beschäftigt ‚Mann' sich – geistvoll - mit ‚Goethe-Themen', den edlen Frauen und der Kinderliebe und einer ‚Blechtrommel', die ja im gesamten Roman das Literatur-Unsinnsverkündigungsinstrument ist; ist die Hose offen, ist andere Literatur, der ‚Machtmensch' Rasputin und das Orgienfeiern mit Damen ‚an der Reihe'; die hehre Kinder- und Frauenliebe dient zur Pausengestaltung, zum Rückweg ‚zu den Müttern'. Der edle, weil kunstverständige Soldat und ‚recht begabte Trommler', der die Kinder liebte, war nur noch nicht ‚an der Reihe': Auf die Idee, dieses unwürdige Treiben zu verhindern, kam er nicht – und kam in dieser Soldateska niemand, weil auch die Kunst – im Doppelgriff - ‚zwei Seelen bedient'! Deshalb also ließ Grass seinen Oskar den Rasputin-Roman, der nie mit seinem Titel „Der heilige Teufel" genannt wird, wählen. Der Leser kann hier ‚Anstoß nehmen' in dem Sinne, daß er ein Erzählmotiv, einen ‚Anstoß' des Autors Grass, annimmt, dessen Bezüge zur Biographie des Autors und seiner Mutter noch sehr viel weiter gehen. Nicht so sehr der ‚zufällige Doppelgriff' zu Rasputin und Goethe, sondern vor allem der ‚Doppelgriff' der Russen zwischen ‚Hose öffnen' und ‚Hose schließen', beeinflußte Oskars fiktionales Leben und legte es in einem ganz anderen Sinn fest. Innerhalb der Möglichkeiten, den fiktionalen Ausflug ins Reich der Lust durch ein Ansiedeln im Exotischen abzufedern, war es wohl gerade die russische Softporno-Variante vom ‚heiligen Teufel', die Grass interessierte, um diese Konfrontation im Bereich der historischen Vergewaltigungen aufzubauen. Der ‚heilige Teufel': Dieser in Oskars Roman verschwiegene Titel paßt ebensogut auf das Hitler-Bild in einer dämonisierenden ‚Vergangenheitsbewältigung' wie es diesen ‚kleinen Teufel' und seinen angemaßten ‚Heiligenschein' hier treffen könnte: Mit ihm war – wie weiland bei Goethe – zu ‚paktieren'. Und in diesem Pakt verschrieb Grass seine Seele dem Teufel Oskar auch für einen ungleich schwierigeren ‚Gang zu den Müttern': Zu opfern war dabei alles, was ihn mit diesem Teufel, diesem Alter Ego, verband!

Was in dieser fiktiven Vergewaltigungs- und Todesszene im Danziger Keller geschieht, kann und muß man also anders sehen: Warum bleibt Maria, Oskars Geliebte und Stiefmutter, denn ‚tatsächlich', also abseits der Oskar'schen Verkennungen und innerhalb der Grass'schen Gestaltung dieser Situation, verschont? Die Vergewaltigungen mit einem Anstehen in der Schlange und einer ‚Kinderliebe' in der Pause geschehen wie in Hinsicht auf einen anderen ‚Ersatz für'-Gedanken. Ist Lina Greff den Russen etwa auch ‚Ersatz für' eine Maria, für etwas Marianisches zwischen Mutter und Jungfrau? Unausgesprochen bleibt ein Rätsel im Verhalten der Vergewaltiger, das durch die Opposition in der szenischen Beschreibung der ‚starren Gesellschaft' der in Angst und Schrecken Wartenden und der ‚etwas Bewegung bringenden' Vergewaltiger betont wird. Warum warteten sie überhaupt?

Dieses Rätsel ist in den wechselseitigen ‚Ersatz für'-Motivationsstrukturen von sehr langer Hand vorbereitet. Lina Greff, die Oskar verschiedentlich eine „Schlampe" nennt (vgl. II, 362 und 728), war, als Oskar seine ‚Ohnmacht' zu ihr trug, nur ‚Ersatz' für Maria: Statt zu einer ‚Madonna', die das nicht war, ging er zu einer ‚Hure', die eben dies auch nicht war: Sie liebte die Kinder. Ist das auch hier suggeriert? Verschonen die Russen Maria deshalb, weil sie, mit ‚wahlverwandten' Madonna-Hure-Mustern im Kopf, in Lina - zufällig - ein Opfer gefunden haben? Welche Motive Lina auch immer hatte, sich hier nicht zu wehren: Wenn Oskar suggeriert, daß es sie nicht zufällig, sondern von ihr ‚mitprovoziert' traf, spräche gerade dieses Verhalten, für das es im Text, trotz Oskars diffamierenden Absichten, keine Anhaltspunkte gibt, eindeutig für diese Frau. Denn nur durch die Aussicht der Vergewaltiger, auch zum ‚Einsatz' zu kommen, blieb Maria verschont, nur dadurch blieb Kurtchen auf ihrem Schoß, blieb ein Madonnenbild intakt. Nur durch diese Aussicht gab es die mit Kinderliebe gefüllte Pause, nur dadurch blieb es Kurt und Oskar erspart mitanzusehen, wie die Russen ihre ‚Macht' auch zu ‚ihrer Maria' trugen. Wenn Frau Greff das provoziert hätte, hätte sie – weiterhin - die Kinder geliebt, sich geopfert, um Schlimmeres zu verhindern! Aus der ‚Hure' entstünde auf einmal eine Magdalenen-Figur!

Oskars Blick ist hüben wie drüben, sowohl im Bezug auf diese Frau, als auch im Bezug auf seinen Vater, brutal: Doch er stammt aus der Erzählzeit, der Zeit in der Heil- und Pflegeanstalt, in der Kindlich-Bleiben ihm, dem annähernd dreißigjährigen ‚Wachstumsverweigerer' zu einem sehr kindischen Erlösungsprogramm mit dem Gitterbett als Menschheitsziel geworden ist. War dieser Blick es auch damals? An dieser Stelle dringt der Krieg in ‚seinen Keller' ein - eine Parallelszene gibt es ja im Zusammenhang mit Jan Bronskis Tod beim Einbruch des Krieges ins ‚Kinderzimmer' der Polnischen Post: Jan Bronskis ‚Oberstübchen' war zu dieser Zeit eine Art ‚Kinderzimmer'; das Rahmengeschehen des sogenannten deutschen ‚Blitzkrieges' gegen Polen hat Züge eines solchen ‚Kinderzimmer'-Überfalls: Die Polen waren hoffnungslos unterlegen, konnten bestenfalls Krieg spielen. Treffen solche Muster einer andeutungsweise nahegelegten metaphorischen Bedeutung auch hier besser? Brach hier der Krieg nicht ins ‚Oberstübchen' sondern ins ‚Kellerreich' eines beinahe erwachsenen ‚Kindes', in seine dunklen, unbewußten Seelenteile, ein? Der immerhin zwanzigjährige Oskar hatte zuvor mit seinem angeblichen Sohn Kurt um das Parteiabzeichen gestritten, das sein wirklicher Vater „wie ein Kind, das nicht weiß, ob es weiterhin an den Weihnachtsmann glauben soll" (II, 481), zu Boden fallen ließ. Dieser Streit, dieses äußere Verhalten, läßt eigentlich nur eine Deutung zu: Auch Oskar war damals noch ein ‚Kind', das immer noch an diesen Weihnachtsmann glaubte. Er wollte das Abzeichen nur besitzen! Denn hätte er die Voraussicht gehabt, die er sich nun zuschreibt, hätte er das Parteiabzeichen verstekken können. Zu diesem kindischen Streit heißt es dann: Ich „wollte ihn", also Kurt, „nicht gefährden" (II,482)! Bei soviel Um- und Voraussicht wäre das spätere Verhalten Matzerath gegenüber dann im entgegengesetzten Sinne berechnend und vorausschauend. Oskar drückte ihm das Abzeichen in die Hand. Heißt das, daß er ihn absichtlich gefährden wollte? So beschreibt er das jedenfalls. Doch ‚wahrscheinlich' ist auch dies, trotz aller Vatermord-Geständnisse des Erzählers, nicht. Wahrscheinlicher ist, da es ja der Sache nach um die Beurteilung eines historischen Geschehens geht: Hier hat auch ein zwanzigjähriges ‚Kind', das nicht mehr wußte, „ob es weiterhin an den Weihnachtsmann glauben" sollte, zunächst einmal mit einem anderen, wirklichen Kind – recht kindisch und gar nicht „heiter darüberstehend" - um einen bis dahin unbestritten begehrten ‚Bonbon' gestritten. Später, als Oskar auf dem Arm eines Russen verstand, welche Gefahr damit verbunden war, hatte er das Abzeichen in einer unbedachten, nicht berechnenden ‚kurzen Handbewegung' an den Vater weitergegeben und damit eine von ihm, dem angeblich so Hellhörigen, nicht vorhersehbare Kettenreaktion ausgelöst: Seine unbedachte Handbewegung löste Matzeraths unbedachte „rasche Handbewegung" (vgl. II, 484) von „der Hand in den Mund" (vgl. II, 485) aus, das „reichte aus, die beiden Iwans, die links und rechts friedlich neben Maria gesessen hatten, zu erschrecken", deren Reaktion ließ Matzerath versuchen, das Abzeichen zu verschlucken, darüber verlor er die Kontrolle über sich und wurde – kaltblütig – von einem Russen, „der bisher ruhig und leichtgeschlitzt zugesehen hatte", erschossen. Erst durch eine sehr fragwürdige Artistik, eine Überarbeitung, die den wirklichen ‚ersten Satz', das schlichte „Zugegeben:

Auch ich war damals ein Nationalsozialist, auch ich glaubte an den Weihnachtsmann Hitler", ausspart, entsteht aus dieser Kette von Zufällen, dieser ‚Allerwelts'-Tragödie des Kriegsendes, die übers Maß außergewöhnliche – und doch nur billige - Geschichte vom bewußten Vatermord. Was einmal als Urverbrechen galt, wird auf der Suche nach Sündenböcken Heldentat: Entsprechend zieht Oskar die Rolle des antifaschistischen Vatermörders der Rolle des bis zum Schluß überzeugten, jugendlich-dummen Nationalsozialisten vor. Daß er dann ein mehrfacher Vatermörder, ja sogar ein ‚Großvatermörder' gewesen sein will, einen ‚Mord', der vor seiner Geburt lag, begangen haben will, zeigt, daß die Fluchtpunkte für diese Flucht realer Schuldgefühle in einen Horizont absoluter, also losgelöster Schuldvorstellungen nicht entfernt genug gedacht werden können. Unbewältigt bleibt diese romaninterne Schuld; die ‚heillos ichbezogene Lösung' in ihrem Gegenteil, dem Menschheitsbekehrungsprogramm Gitterbett, will nicht greifen!

Jener Oskar der erzählten Zeit konnte dieses Geschehen nicht wirklich so kühl und distanziert als Beobachter betrachtet haben: Er ‚hatte' einfach Angst, ganz gewöhnliche Angst, wie alle anderen auch. Und: Er ‚hatte' Mitleid mit Lina Greff und mit seinem an dieser Stelle von den Russen ermordeten Vater. Für beide Fälle kann der Leser annehmen, daß es in dieser nachträglich verhärteten Seele eben reale Schuldgefühle gab: In Lina Greffs Fall der Vorgeschichte und ihrer ‚Wahlverwandtschaften' wegen und in Matzeraths Fall wegen der ‚unbedachten Handbewegung'. Oskar zwingt sich geradezu, nachträglich, aus der Distanz der Erzählzeit und der Sicherheit der Situation in der Heil- und Pflegeanstalt, zu diesem kalten ‚Blick'. Seine erzählerische Reinterpretation des Geschehens ist also ihrerseits auch im Sinne einer Pathogenese, im Sinne eines Verrücktwerdens des Erzählers, reinterpretationsbedürftig.

1. Ameisen-Menschen, Nazi-Läuse:
Wo und warum werden Bilder falsch?

Wer einen ‚kalten Blick' beschreiben möchte, sollte auch genau – und kalt - beobachten, wohin der Betreffende blickte: Oskar blickte zu Boden! Im angeblich ‚heiteren Darüberstehen' der Heil- und Pflegeanstalt entstand daraus ein recht billiger Assoziationsblick von den Russen zu den Ameisen, „deren Heerstraße von den Winterkartoffeln diagonal durch den Keller zu einem Zuckersack führte": Ameisen seien es, die sich durch

(...) den Auftritt der russischen Armee nicht beeinflussen ließen. Die hatten nur Kartoffeln und Zucker im Sinn, während jene mit den Maschinenpistolen vorerst andere Eroberungen anstrebten. (II, 482)

In diesem Blick auf die Vergewaltiger gibt es eine doppelte Beziehbarkeit des ‚jene', gibt ‚diese Ameisen' und ‚jene': Das wären dann die mit den ‚Maschinenpistolen', die innerhalb des ‚Auftritts der russischen Armee' nur ihrer Ameisen-Natur folgten, sich nicht davon ‚beeinflussen ließen', daß sie ‚das Auftreten der russischen Armee', ein soldatisches Ethos, sehr diskreditierten. Das Bild der insektenhaften Massenmenschen wurde nach dem Krieg – meist in der Termitenversion - auch und gerade von den Deutschen als latent exkulpierendes Vergangenheitsbewältigungsbild entdeckt[9]: Die ‚Masse

---

[9] Vgl. Anke-Marie Lohmeier: Geschichtsdeutung und Selbstverständnis der westdeutschen Intelligenz in den frühen Nachkriegsjahren. Konsensbildung in den politisch-kulturellen Zeitschriften 1945 – 1949. In:

Mensch', letztlich die Entfremdungserfahrung im industriellen Arbeitsprozeß, war angeblich schuld an diesen Massenschlachten. Die deutschen Massen zerstörten – aber das taten ja auch die russischen, französischen, englischen und amerikanischen. An dieser Stelle wurde dann meist nicht weiter vertieft; man schwenkte um zur auf Zukunft ausgerichteten Seite des Denkmusters: Nötig sei, daß die Intellektuellen, der Geist, diesen Ungeist fortan im Zaum halte; gerade die Deutschen hätten hier ‚ihre' Erfahrungen schon hinter sich. Auf die Vergangenheit bezogen spielte die Schuld der Einzelnen in diesem Naturphänomen der Masse eine jeweils untergeordnete Rolle. Oskar beschreibt dann, ein wenig zu weit, auch in vor-industrielle Zeiten ausholend, Danzigs Geschichte unter diesem sehr vordergründigen Aspekt eines Kommens- und Gehens auf zerstörerischen ‚Ameisenstraßen' (vgl. II, S.487 f.); zudem wählte er das Bild der Ameisenstraße vorher als Kapitelüberschrift: Der Keller lag zufällig auf dem Weg dieser Menschenameisen, die dort ihren ‚Zucker' suchten – oder: ‚ihrem Affen', ihren Männlichkeitsvorstellungen, Zucker gaben. Doch zumindest innerhalb des Kellers ist das Ameisenbild vom Menschen schlicht falsch. Warum? Als falsches Bild unterstreicht es das Rätsel um das Warteverhalten der Russen, um die mit ‚Kinderliebe' angefüllte Pause. Denn wären die Russen tatsächlich Menschen-Ameisen mit Geschlechtsteilen, die wie die Machtund Phallussymbole ihrer Maschinengewehre zu funktionieren hätten, könnte man wirklich „gar nicht begreifen, warum die vier, die nichts mit der Greffschen gemein hatten," immerhin noch Maria in Ruhe ließen. Gerade Ameisen-Menschen hätten die andere ‚Ameisenstraße', die, die zu Maria führte, sofort entdeckt: Oskar betont ja später, wie schnell die Ameisen den Weg um den toten Matzerath herum zu ihrem Zuckersack wieder gefunden hatten, wie wenig sie sich durch diese Störung beirren ließen. Solche völlig instinkthaft reagierenden Ameisen-Massenmenschen hätten Maria mit Sicherheit nicht in Ruhe gelassen. Zur Darstellung dieses Widerspruchs, dieses Restbestands einer Menschlichkeit auch im unmenschlichen, verbrecherischen Handeln, ließ Grass seinen Erzähler das belanglose Detail, das das falsche Bild spendete, als Kapitelüberschrift wählen. Dazu ließ er den Schriftsteller in Oskar, der jeweils den expressionistischen Vergangenheitsbewältigungs-Metaphern hinterdrein ist, - wieder einmal - auf ein falsches Bild-Angebot, das er ihm – im Sinne des Wortes - in die Geschichte ‚einstreute', hereinfallen. Doch Danzigs Zerstörungsgeschichte in der ‚Ameisenstraßen'-Version steht dann schon unter der Kapitel-Überschrift: „Soll ich oder soll ich nicht?", der Überschrift der Gewissensentscheidungen ‚recht begabter' und insofern seelenverwandter ‚Trommler'. Die Darstellung solcher Widersprüche ist einer der Gründe für ein häufig anzutreffendes Stilmittel in der „Blechtrommel": Die Kapitelüberschriften sind sozusagen ‚verrückt' im Doppelsinne. Was als Geschehen zu der einen Kapitelüberschrift paßt, wird erst im nächsten Kapitel, unter einer Überschrift, zu der es nicht mehr paßt, nachgetragen. Hier hat es weder den ‚edlen Soldaten' noch den ‚edlen Beobachter' gegeben!

Oskars Wahrnehmung ist vom Autor gelenkt. Es ist eine verräterische Wahrnehmung. Denn wenigstens soviel ist daraus ersichtlich: Oskar hockte sich „vor Marias zitternde Knie" - und schaute seinerseits zu Boden. War das etwa eine Demuts- und

Angstgeste, für die er sich nun schämt? Nur so konnten ihm die Ameisen auffallen; nur so konnten sie ihm als Ersatz für die von den Bildgrundlagen ja viel besser passenden, auf Zerstörungszügen befindlichen Termiten herhalten, die er dort natürlich nicht entdecken konnte, doch wohl gern entdeckt hätte, weil es sie in den Büchern zum Thema des Massenmenschen so häufig gab. Den Ameisenzügen fehlt als Bild und Kapitelüberschrift für marodierende Menschenmassen eben das Moment des Zerstörerischen, das in diesem Zusammenhang ja sehr wichtig wäre; der Zuckersack, als das, was sie suchen, will soviel Dämonie nicht aufkommen lassen. Die beobachteten Bildgrundlagen sprechen also in mehrfachem Sinne gegen die daraus entwickelten Bilder und die daran geknüpfte Reinterpretation des damaligen Verhaltens. Denn damals war der Demutsblick auf den Boden überlebenswichtig: Marias Zittern, das vermeintliche Kind vor ihren Knien und das Kind auf ihrem Schoß waren Gründe dafür, daß die Russen einen Rest Mitleid verspürten. Sie liebten ‚die Kinder' wenigstens insoweit, als sie Kurt und dem anderen Kind diese Szene ersparten.

Deshalb muß man Oskars Kritik am Verhalten der anderen auch weiterdenken. Oskar verkennt, daß Kurtchen sich tatsächlich an seinem Vater, an Matzerath nämlich, ein Beispiel nahm, als er die Hände hob. Ohne diese Demutsgesten und das Zittern seiner Mutter wäre das Warteverhalten der Russen ohne Motiv. Dann aber ist die seltsame Formulierung, daß die vier wartenden Russen „nichts mit der Greffschen gemein hatten", in einer ganz anders gemeinen Weise doppeldeutig: In der Schlange der Ameisen gibt es Staus, gibt es Wartezeiten, bis das einzelne Tierchen am Zuckersack angekommen ist; in der Schlange der Ameisen mit den Maschinenpistolen hätte man entsprechend noch nichts ‚gemeinsam' mit denen, die schon am Ziel waren. Die wartenden Russen gehörten so gesehen noch zu jenem wie selbstzweckhaft statischen Teil des Bildes: Erst die Vergewaltigungen Linas brachten „etwas Bewegung in die starre Gesellschaft" (vgl. II, 483). Später bringt ja auch Matzerath durch seine unerwartete Bewegung - „Von der Hand in den Mund" (II, 485) - wieder ‚etwas Bewegung in die starre Gesellschaft'. Erst dort wird deutlich, daß dieses Erstarren in Todesangst nur allzu berechtigt war. Dort aber hat Oskar, der sein Erstarren nachträglich als die Ruhe des kühlen Beobachters inszenieren kann, wiederum schon „Ersatz" gefunden: Von seinem erhöhten Ort auf dem Arm des Russen blickt er immer noch nach unten, sucht Ersatz für den Blick auf den Boden, wie ein Kind, das - auf den Arm genommen - dem Frieden nicht recht traut. Später, in der Erzählzeit, deutet er dieses Verhalten dann so: Er

> verlegte sich, Ersatz für seine Ameisen suchend, auf das Beobachten mehrerer platter, graubräunlicher Tiere, die sich auf dem Kragenrand meines Kalmücken ergingen. (II, 484)

Danach wird ihm sein Vater Alfred Matzerath in einer weiteren metaphorischen Gemeinheit zu einem solchen ‚graubräunlichen Tier': Bei seinem Tod zerdrückt Oskar eine Laus. Es war wohl damals eine schlichte Angstreaktion wie die, die ihn dazu brachte, das Parteiabzeichen an Matzerath zurückzugeben. Es war nicht so, daß er jenem ‚Ameisenmenschen', der sein Vater war, seinen ‚Zucker', seinen Bonbon, gab, den der dann zwangsläufig und insektenhaft „von der Hand in den Mund" tat, wodurch er zur Laus wurde, die zu zerdrücken war. Im Nachhinein befrachtet er dies mit solchem Sinn, erklärt es aus den künstlerischen Zerstreutheiten des kühlen Ameisen-Beobachters, die nahtlos in den Vorsatz des antifaschistischen ‚Läusevernichters' hinüberfanden.

Auch dieses Läuse-Bild liegt im Nachkriegsdeutschland in der Luft. Von den Ameisen-Massenmenschen geht der Blick beinahe zwangsläufig zu den Mitläufer-Nazi- ‚Läusen', den Schmarotzern, mit denen gerade Intellektuelle halt nichts zu tun gehabt haben wollen: Ein Ekel vor den Massenmenschen eint die elitäre Wir-Gruppe, die sich Geist zuschreibt; die Bildgrundlagen jedoch, die Mensch-Schmarotzer-Vergleiche sind – zumindest hier, doch nicht nur hier - latent mit Nazi-Menschenbildern vergleichbar. Denn Matzerath hat nirgends ein Verbrechen begangen, für das er diesen Tod – wie Oskar es suggeriert - verdient hätte: Er war Mitläufer – und nur Mitläufer, bis auf eine Ausnahme, die bis in diesen Keller hineinreicht. Wieder spricht ein Detail aus dem, was war, gegen das Oskar'sche „Es war einmal": Warum hat Matzerath, der Mitläufer, der immer tat, was alle taten, überhaupt noch sein Parteiabzeichen? Alle anderen, alle die nur ‚mitliefen', haben es längst ‚entsorgt'? Grass verbirgt hier, hinter einer ausgemachten Dummheit der angeblichen ‚Nazi-Laus', einen geradezu gottväterlichen Glaubenskonflikt in dieser bis dahin nur mitlaufenden Figur. Matzerath befand sich – in absurdester Zeit - in absurdesten Glaubensnöten: Sollte er jenen Brief, der Oskars Tod als lebensunwertes Leben nach sich zöge, tatsächlich schreiben? Sollte er, nachdem soviele Söhne für das Heil dieser tausendjährigen Welt, für Führer, Volk und Vaterland geopfert wurden, auch seinen Sohn opfern? Matzerath schrieb diesen Brief; doch der kam nicht mehr an, weil in dieser Spätest-Phase des Krieges die Postzustellung zusammengebrochen war. Der angebliche Mitläufer war ein zu spät kommender, weil ‚hamlethaft' zögernder Held: Mit seinem sinnlosen, im nationalsozialistischen Voraussetzungsrahmen jedoch ‚idealistisch-edlen' (?) Glaubenskonflikt beschäftigt, bekam er nicht mehr mit, wohin man nunmehr ‚mitlief'. Nur weil er sich noch dumm-heroisch zu seinem Führer bekennen, ‚sein Opfer', das Opfer seines Sohnes, erbringen wollte, trug er noch sein Abzeichen!

Oskar, das Beinahe-Opfer dieses Glaubenskonflikts, dem der ‚Zufall' „der späten Geburt" versagt blieb, den andere später als eine „Gnade" entdecken werden, will diesen Vater nun als Nazi-Laus ‚geopfert' haben: Doch er überlebte nur dank der ‚Gnade einer zusammengebrochenen Postzustellung' und der väterlichen Restbestände eines ‚Zögerns vor dem Großen'. Die Witwe Lina Greff wertet er sogar noch gegenüber ihren Vergewaltigern ab. Doch war da nicht noch etwas, Herr Matzerath? Eine traurige Liebes-Vorgeschichte etwa zwischen Ohnmacht und Frustration, zwischen Vater- und Frauenhaß und Ersatzobjekten dafür? Und alles fing schon beim Verlust der Mutter an?

Und dies hat Oskar Matzerath mit seinem Erfinder gemeinsam. Auch für den Autor Grass fing alles beim Verlust der Mutter an!

a) Ein Familientrauma als verborgene Basisgeschichte der „Blechtrommel"

In den Interviews mit Nicole Casanova beschrieb Grass, ohne auf die *Blechtrommel* zu verweisen, seinen Hintergrund zur Geschichte der Lina Greff. Hier sind dem schlimmstmöglichen Märchen vom zur Vergewaltigung bereiten Vergewaltigungsopfer, das der Erzähler aus zu dieser Geschichte macht, - bis in die literarischen Bilder hinein - die Tränen nachzutragen, unter denen es entstand! Grass erzählte dort:

Sie hat - was auf mich nicht zutrifft - die Besetzung Danzigs durch die russische Armee kennengelernt. Sie wurde von russischen Soldaten vergewaltigt - sie mußte das einesteils über sich ergehen lassen und sich anderenteils regelmäßig zur Verfügung stellen, um meine damals dreizehnjährige Schwester zu schützen. Sie hatte nicht genug Kraft, alle diese Aggressionen in ihrem Leben zu ertragen.[10]

Deshalb also hatte Grass ‚beinahe Angst', ‚sich selbst auf die Schliche zu kommen': Es entsteht beinahe die umgekehrte Angst im Interpreten, diesen Schlichen nachzugehen.

Denn wie weit geht das? Ist der offensichtliche Bezug des Romans zur Vergewaltigungsgeschichte der Mutter irgend begrenzbar? Es ist klar, daß Grass die Geschichte der Frau Greff, die sich angeblich freiwillig so oft zur Verfügung stellte, zumal in der Zuspitzung zu jener ominösen Kinderliebe der Russen, nicht geschrieben haben kann, ohne privat die seiner Mutter mitzumeinen, die sich ja auch eines Kindes, der Schwester, wegen, zur Verfügung stellen und dabei immer auf Restbestände einer Kinderliebe der Russen hoffen mußte. Doch das Gleiche gilt auch für Sätze aus völlig anderen Geschichten, Sätze wie:

Bebra durchschaute mich.
»Sie übertreiben, mein Bester. Aus purer Eifersucht grollen Sie Ihrer toten Mama. Weil sie nicht Ihretwegen, vielmehr der anstrengenden Liebhaber wegen ins Grab ging, fühlen Sie sich zurückgesetzt. Böse und eitel sind Sie, wie es sich nun einmal für ein Genie gehört!« (II, 204)

Auch hier muß Grass den Tod seiner Mutter in einer geradezu makabren privaten Zusatzbedeutung mitgemeint haben: Die harmlose Geschichte vom Leid der Agnes, die ‚der anstrengenden Liebhaber wegen ins Grab ging', wird literarisch überladen; die Geschichte der Frau Greff dagegen wird von allen Motiven eines Leidens, das sie mit sich bringen mußte, befreit. Wer durchschaut hier, vor dem Hintergrund, daß Frau Grass nicht genug Kraft hatte, die Danziger Vergewaltigungserlebnisse zu überwinden, wen? Oskar hat bereits auf der ersten Seite Angst vor dem ‚Durchschaut'-Werden. Weil ihn der Pfleger, der Augenfarbe wegen, nicht durchschauen könne, könne er auch nicht sein Feind sein. Die ‚Beinahe-Angst' aus dem ‚Rückblick', Grass könne sich auf die Schliche kommen, sich ‚durchschauen', hat bereits am Anfang der *Blechtrommel* eine fiktionsironische Wendung erhalten: Der Autor will sich in dieser Figur ‚durchschauen', will ‚Feind' dieses Alter Ego sein. Die schlimmere, die kompromittierende Lesart verbirgt sich hinter genialischen Harmlosigkeiten: Bebras, des Mentors, ach so genialische Lektion zur dämonischen Seite des Genies liest sich wie der sarkastische Spott eines Schriftstellers auf seinen eigenen vormaligen Zustand. Hier gab es einen ganz anderen Konflikt: Ein ganz anders begründeter, nicht erfundener ‚Tod einer armen Mama' durch andere, nicht erfundene ‚anstrengende Liebhaber' hat einen Schriftsteller soeben aus den Kinderzimmern des Geniekultes vertrieben. Seine Figur, sein Schriftsteller-Kollege Oskar, tummelt sich noch ausgiebig darin. ‚Böse' habe das Genie zu sein: Der Schriftsteller Grass ist sich hier ‚böse', er verspottet in seiner Figur geradezu seine eigenen, ehemaligen Pseudo-Genialitäten in einer Form, die wehgetan haben muß. Warum?

---

[10] Ich übersetze die Texte jeweils ins Deutsche. Vgl. Nicole Casanova: Günter Grass. Ateliér des métamorphoses. Paris, 1979, S.18.

Grass muß doppelsinnig komprimierende Formulierungen wie die von den ‚anstrengenden Liebhabern', deretwegen eine Mutter ‚ins Grab ging' bewußt gesucht haben. Warum? Es hat doch etwas Selbstquälerisches, wenn die nur im privaten Nebensinn soviel Gewicht aufweisenden Stellen in der Grass'schen Ästhetik quasi erst dann zur Veröffentlichung taugen, wenn sie ihr Gewicht hinter einer für den Leser trügerisch witzigen Leichtigkeit, der Leichtigkeit einer Dreiecks- und Ehebruchbeziehung, verbergen können. Solche Stellen interpretierte ich bisher als leichtes Spiel mit den Möglichkeiten psychoanalytischer Prägungsgeschichten, als bewußtes Aufsuchen von psychoanalytischen Pointen oder Witzen: Von der kindlich-kindischen Eifersucht auf die ‚Väter' geht es schnurstracks – und allen Ernstes – hin zur mephistophelisch-doppelgesichtigen Bosheit und Eitelkeit des Genies. Durch das Gewicht, daß diese Stellen dadurch erhalten, daß sie die persönliche Betroffenheit mit der ästhetischen Überformung in einer geradezu verblüffend doppelsinnigen Form zusammenbringen, geschieht zweierlei: Im Roman geraten Handlungsstränge, die vordergründig mit dieser Betroffenheit nichts zu tun zu haben scheinen, in den Sog dieses von Grass betonten Dauer-Dialoges mit der Mutter im Schreibprozeß der *Blechtrommel*: Sie sei in jenem imaginären Personal, das er um seine Schreibmaschine versammelt habe, ständig präsent gewesen. Andererseits werden nunmehr im literarischen Text Komponenten in der persönlichen Betroffenheit des Autors deutlich, die Grass auch in den expositorischen Texten – nicht nur im „Rückblick", sondern nunmehr auch in den Interviews mit Casanova – verschwieg oder allenfalls andeutete. Oskars Wünsche und Ziele stehen, oft verlagert über seine Beziehung zur Großmutter, in vielen seiner Motive, etwa dem des ‚weiten Rocks', aber auch dem der ‚Rückkehr zur Nabelschnur', in engen Beziehungen zu den ödipalen Strukturen des Inzest-Tabus. Doch was war die „Eifersucht" des ‚Künstlers' auf die ‚anstrengenden Liebhaber' in Wirklichkeit?

Mit diesen einzelnen Sätzen oder pointenhaften Satzteilen geraten ganze Geschichten aus ihren Kontexten in den privaten Kontext hinein. Die vordergründig harmlose Sex-Geschichte - Agnes zwischen ihren beiden Liebhabern – wird insgesamt, abseits des ganzen faulen Zaubers, den die Moralapostel der sechziger Jahre ihr in Pornographie- und Blasphemie-Vorwürfen abgewinnen wollten, zur bitterbösen Geschichte, die heimlich eben jene Schieflage in den Moralfragen zum Thema macht: Das Sexuelle als das Geschehen zwischen zwei oder – wie hier – drei Menschen ist nicht der Bereich, in dem Schuldfragen in der Geschichte zuvörderst zu stellen sind. Grass' Mutter litt in höchstem Maße an einer Scham der Opfer, die aus dieser Schieflage der Moralgewichte stammt: Sie, die für das, was passiert war, nicht das Geringste konnte, schämte sich dafür. Es war Sünde, Todsünde – so war sie erzogen, und auf dem katholischen Todsünde-Gedanken basiert eben auch die Verbindung ihres Krebsleidens mit ihrem Leiden an und in der Geschichte, basiert Grass' Betonung der psychischen Todesursache gegenüber der körperlichen. Sie litt und starb an dieser Todsünde, für die sie nichts konnte - während die Täter daran wohl nicht einmal leiden. Die Opfer schämen sich, nicht die Täter; die Opfer sind nicht in der Lage, über diese Taten zu sprechen – und auch deshalb entstehen auf der Seite der Täter schlimme und schlimmste Märchen zu dem, was ‚einmal war'. Die zweiseitige Verlagerung dieser Scham von Grass' Mutter in das Leben von Frauen, deren Umgang mit Sexualtabus ‚des Fragens würdig' ist, wollte ihr, mit der

Grass nicht mehr reden kann, wohl gerade dies ‚beweisen'. Agnes Matzerath war in ihrer Dreiecksbeziehung dabei zugleich ‚Mutter' und Magdalenen-Figur: Ihr Umgang mit Sexualtabus war von der Perspektive, der verklärenden Sicht ‚ihres' Sohnes, geschützt. Der Blick ins Innenleben der Witwe Greff jedoch ist denunziatorisch: Sie hat die Hure zu dieser Madonnenhaftigkeit abzugeben. Und dies hob Grass als ‚fragwürdiger Zeuge' in des Wortes doppelter Bedeutung im „Rückblick" zu diesem Thema des Todes seiner Mutter in jener wiederum fragwürdig harmlosen Form hervor:

> Immer schon hatte ich meiner Mutter etwas beweisen wollen; doch erst ihr Tod setzte den Antrieb frei. (IX, 624)

Nunmehr war etwas völlig anderes ‚zu beweisen': Nicht sie war schuld, nicht sie hatte Grund, sich zu schämen. Sie war gezwungen, ‚sich' - sozusagen – ‚die Sünde einzurichten', mußte es den Russen leicht machen, sich regelmäßig zur Verfügung stellen, um ihr Kind zu schützen: Doch selbst aus dem Vergleich mit einer Frau, die sich, ihrer Lust folgend, die Sünde einrichtete' (vgl. II, 159), die die Magdalenen-Figur in einem selbsttrügerischen Rhythmus von ‚Sünde' und ‚Beichte' mißbrauchte, – und doch nichts Sündhaftes tat, will sie madonnenhaft hervorgehen. Im Zentrum der ‚Beweisführung' stand, wie ‚leicht' sich in der Frage nach der Schuld der wirklichen Täter „die Sünde einrichten" ließ.

Und im Zentrum dieser ‚Beweisführung' stand, im Spott auf die eigenen Genie-Ambitionen, nunmehr auch die Schuld und die Scham des Sohnes, der diesen ‚Beweis' nicht mehr zu ihren Lebzeiten, in Gesprächen mit ihr, sondern nur noch in fiktionalen Gesprächen im Schreibprozeß führen konnte! Wie kam es dazu?

Gerade im Hinblick auf einen Geniekult inszeniert – oder reinszeniert – Grass ein ähnlich hintergründiges Spiel mit ‚Fragwürdigkeiten' in seinem Rückblick. Der Leser weiß dort nichts von den Hintergründen dieses Todes; deshalb liegen jene im Umgang mit Grass beinahe schon gängigen Genie-Karikaturen näher als das Verständnis einer wirklichen Betroffenheit: Ein Kind, das ‚gerne Lügengeschichten tischte', hat seine Mutter verloren. Das soll vorkommen. Bei allen billigen Pointen, die zu Grass kursierten und kursieren, verwundert es beinahe, daß es den Rezensenten, dem hierzu ‚Geist'-reiches einfiel, noch nicht gab: Es lebe die Müttersterblichkeit, die die Menschheit mit (schlechten!) Schriftstellern versorgt! Es ist fast so, als ob Grass im „Rückblick" solchen Spott wenn nicht provoziert, so doch zumindest nicht verhindert. Der Essay ist Verlängerung dieser *Blechtrommel*-Ästhetik einer vordergründigen Harmlosigkeit: Auch hier läßt Grass für die Interpreten quasi die Tür zu einem Keller offen, in dem nicht nur ein ‚Kinderschreck' haust.

In der *Blechtrommel* gibt es die ‚Schwarze Köchin', als Pendant eines Weltgeistes à la Hegel oder Marx: Sie lädt ein zu einem schaurig-schönen, doch insgesamt harmlosschmerzfreien Spiel mit den Geistern der ‚Frau Welt', mit Bildern zur ‚Großen Mutter' in schwerer Zeit. Doch in diesem Keller wartet nicht nur jener ‚Kinderschreck'-Weltgeist auf alle die, die nicht erwachsen werden wollen; dort wartet tatsächlich der Geist einer toten Mutter. Ihr gegenüber wird das poetische Spiel billigste Artistik, wird das Weltgeist-Pandämonium Oskars zur billigen Exkulpationsmaske einer Flucht aus der Verantwortung. Und nicht nur ihr gegenüber: Frau Greffs Geschichte ist mit der Geschichte des Herrn Fajngold verwoben; im Schreibprozeß, diesem Dialog mit der toten Mutter und anderen wechselnden fiktiven Gesprächspartnern, gab es – natürlich wieder „zwischendurch", in der hier schon hinreichend als suspekt gekennzeichneten Beiläufigkeit des ‚Rückblicks' – „Gespräche mit Paul Celan".

Der frühe Verlust der Mutter ist im Roman im Tode der Agnes Matzerath Wendepunkt und zentraler Bildbegründungsbereich. Doch in diesem Geschehen entschärft Grass das biographische Vorbild, situiert die Handlung in einer historisch ereignisarmen ‚Zwischen'-Zeit und nimmt den Motiven für den Tod der Mutter die historischen Bezüge. Die konstruktiven ‚Lügen', die ‚Peer Gynt' in dieser Geschichte tischt, bestehen vor allem in den eindringlichen Bildern zu diesem Tod. Agnes Matzerath stirbt, ohne daß die Zeit, die nationalsozialistische Geschichte Deutschlands, wesentlichen Anteil an ihrem Tode hat; ihr Tod ist in diesem Felde geradezu völlig unmotiviert. Denn welche Gründe bleiben für dieses Sterben, wenn man das genuin Literarische, das Metaphorische, das Religiöse der Karfreitagskost-Szenerie streicht? Eine sechsunddreißigjährige, vormals ‚lebenslustige' Frau stirbt, aus Lebensekel, weil sie gesehen hat, wie Aale mit einem Pferdekopf gefangen werden. In dieser „Karfreitagskost" gibt es Phallus- und Vagina-Symbole, Bilder des sich selbst verschlingenden Lebens, ein umgepoltes Medusenbild: Religiöse, mythologische und literarische Bezüge treten so gehäuft auf, daß es unmöglich ist, sie hier zu erklären. Doch all dies paßt nicht, paßt nicht zu diesem banalen Tod einer Mutter: In Biographien spielen solche Erlebnisse in Form traumatischer Kindheitsprägungen - man sah, wie Schweine geschlachtet werden, hörte ‚das Schweigen der Lämmer' - eine Rolle und finden auch in die Bilder von Romanen hinein. Doch das bringt die betroffenen ‚Nur-Beobachter' nicht um: Grass hat für diesen Tod einer ‚armen Mama' die betont schwache Begründung gesucht; denn schwächer als über einen Weltbeobachtungsekel kann man einen Tod beinahe nicht mehr motivieren. Es hilft auch nichts, diesen Tod, Oskar folgend, als eine Art Frühform jenes Lebensekels zu sehen, wie er in den fünfziger Jahre etwa in der Nachfolge Sartres in Mode kam. Der Existentialismus der fünfziger Jahre ist in diesem Sinne eine nachgereichte Reaktion auf erlebten Sinnlosigkeitsverdacht: Als es den Menschen wieder besser ging, konnten sie grundsätzlich über des Lebens Ekel nachdenken; als ihnen gegen Ende des Krieges jedoch tatsächlich jede bisherige Form der Sinngebung genommen wurde, wurden sie fromm – wie Grass heimlich am Beispiel seiner Figur Maria zeigt. Der Verstand kam dabei jeweils, in der einen wie der anderen Überreaktion, nicht recht hinterher.

Lessings Klassikerwort aus „Emilia Galotti" „wer über gewisse Dinge den Verstand nicht verlieret, der hat keinen zu verlieren" ist ironisch gemeint: Die Gräfin Orsina ist dort, wo sie es äußert, sehr wohl bei Verstand (4. Aufzug, 7. Auftritt). Dieses Wort hat seine zwei Seiten: Diese ‚gewissen Dinge' haben im Auschwitz-Verbrechen, von dem im Zusammenhang mit jener anderen Figur und ihrem Vorbild in Grass'schen Biographie, im Zusammenhang mit Herrn Fajngold und Paul Celan, noch zu sprechen sein wird, Dimensionen erreicht, die sich ein Lessing wohl gar nicht vorstellen konnte. Die, die sie erlebten, gewinnen neuen Verstand – und bleiben doch sprachlos, weil Scham sie daran hindert, sich zu Wort zu melden; die diese Verbrechen ‚nur beobachteten' oder begingen, waren eher darum bemüht, in ihren ‚schlimmen Märchen' Formen eines Unverstandes zu entwickeln oder zu pflegen, die nur zeigen, daß sie tatsächlich ‚keinen Verstand zu verlieren' hatten. Stirbt Agnes Matzerath, die ‚arme Mama' in jener ins Übersensible hineinverlagerten Variante, aus diesem Grund, um dieses Mißverhältnis zu verdeutlichen? Auch für sie, die Beobachterin eines Ekelbildes des Lebens, gilt: „Sie hatte nicht genug Kraft, alle diese Aggressionen in ihrem Leben zu ertragen." Doch diese Figur spendet nur – eben in dieser Verschiebung – dem ungleich stärker motivierten, dem aus der Geschichte kommenden Lebensekel von Frau Grass die Bilder, die schwarzen Aale, die sie innerlich auffraßen. Medusa mit den Schlangenhaaren ließ jeden, der sie erblickte, zu Stein erstarren: Als ihr das Haupt abgeschlagen wurde, entsprang ihm der Pegasus, das geflügelte Pferd der Dichter: Das Schöne entstand aus dem Tod des Häßlichen. Hier, im „Karfreitagskost"-Todesbild der Agnes, das sich insgeheim auf die Todsünde-Schuldgefühle der Helene Grass bezieht, wurde quasi der Pegasus enthauptet; aus seinem abgeschlagenen Haupt entsteht über die Aale als Schlangenhaare und Phallussymbole das Medusenbild neu: Es geht um eine Wiedergeburt des Häßlichen aus dem Tod des Schönen! Hier war ein Sohn mit seiner expressionistischen Kunst am Ende – und es würde hier zuviel Raum einnehmen, den leerlaufenden Expressionismus dieser Szene auszumessen, dieses ‚Schlachtfest der Schwarzen Köchin' in seinen Farbenlehre-Anteilen, seinen Bildern eines ‚Fressen und Gefressen-Werdens', seiner weiblichen Komponente einer Lebenslust zum Tode und seiner ‚karfreitäglichen' Absage an alle Erlösungshoffnungen in der allesfressenden Möwe zu erklären. All dies paßt nicht – es geht nur um Aale und um ein wenig Ekel davor, sie zu essen, nachdem man gesehen hat, wie sie gefangen wurden, all dies ist aufgesetzt, ist ‚gekünstelt'. Und doch: Hier gab es – vermittelt über Frau Greff und Frau Grass - den Tod einer bisherigen, harthörigen Kunst, die in ihren Genie-Ambitionen das Leid übersehen hatte. Die aus dem Tod seiner Kunst wiedergeborene Medusa ließ einen Sohn zu Stein erstarren, als er damit konfrontiert wurde! Welches Bild von einem Opfer mußte Grass in seinem ‚heillos ichbezogenen' Schreiben erst einmal wie eine ‚Karfreitagskost', wie Fleisch und Blut eines Erlösers, der unser aller Schuld auf sich nahm, in sich aufnehmen und ‚verdauen'? Daß *Die Blechtrommel* blasphemisch sei, war und ist ein Witz: Sie ist heimlich Zeugnis dafür, wie jemand, der nicht an Gott oder Christus glaubt, das versucht, was Christus von den Christen verlangt: sein Kreuz, seine Schuld, auf sich zu nehmen! Welche Schuld? Es ist die Schuld der Harthörigen, die – bisweilen gar von Geburt an – „hellhörig" zu sein glauben, ist – sozusagen – unser aller Schuld.

Im Vergleich der ‚Karfreitagskost'-Bilder zum Tod der Agnes fällt eben das Mißverhältnis der Lebensgrundlagen zu diesen Bildern, die sich nur heimlich auf das Leben von Frau Grass beziehen, auf: Stärker kann man einen individuellen Tod beinahe nicht metaphorisch darstellen, in Bilder bringen. Solche eindrücklichen Bilder zu diesem ‚harmlosen', jedenfalls viel alltäglicher, noch am ehesten über „Gelbsucht und Fischvergiftung" (vgl. II, 192) motivierten Tod paßten eher zu der Kellerszene der Vergewaltigungen, die Oskar aus einer Schandmaul-Perspektive, eingefärbt mit den Revanche-Gelüsten des Zukurzgekommenen beschreibt. Die Unsensibilität, die Grass hier zu erfinden hatte, muß geradezu wehgetan haben.

In der literarischen Szene verschonen die ach so ‚kinderliebenden Russen' Maria, die - mit Kurtchen auf dem Schoß - wohl auch die Verbindung zu den katholischen Seitenaltären nahelegt; hier verschonten sie seine jüngere Schwester, nahmen das ‚Opfer' der Mutter an.

Und da geht jene Suche nach der Scham und Harthörigkeit des frühen Günter Grass, die Suche nach dem frühen Ende seiner Kunst, weiter: Auch hier läßt Grass im „Rückblick" eine Kellertür für die Unsensiblen einladend offenstehen, legt eine ‚jener konstruktiven Lügen' nahe, die vielleicht „als Stecklinge das Treibhaus Germanistik produktiv machen", und die zu vermeiden er dort versprach.

Was Künstler so alles tun, nachdem der Geist einer toten Mutter sie zum Schreiben brachte! Ein ‚Säulenheiliger' wurde „durch bloße Anschauung" abgesetzt. Am Anfang der „Blechtrommel" stünde also ‚ein dreijähriger Junge, dem eine Blechtrommel anhing', der eine andere einstweilen ähnlich zweckfreie Zentralfigur aus einem Gedichtzyklus, der den ‚Säulenheiligen' ersetzte:

> Mir fiel auf und blieb bewußt: die selbstvergessene Verlorenheit des Dreijährigen an sein Instrument, auch wie er gleichzeitig die Erwachsenenwelt (nachmittäglich plaudernde Kaffeetrinker) ignorierte.
> Gute drei Jahre lang blieb diese Findung verschüttet. Ich zog von Düsseldorf nach Berlin um, wechselte den Bildhauerlehrer, traf Anna wieder, heiratete im Jahr drauf, holte meine Schwester, die sich verrannt hatte, aus einem katholischen Kloster, zeichnete (...) (IX, 627)

So steht es im Rückblick - und man darf es Grass auch in einer bestimmten Form glauben. Nicht glauben sollte man jedoch dem Grass'schen Spiel mit genialischen Harmlosigkeiten. Künstlers Los: Der Alltag ist mit Beobachtungsaufgaben ausgefüllt, der Lehrer und die Stadt muß gewechselt werden, alltägliche ‚Findungen' wie die vom ‚dreijährigen Dichtervorbild' – bezeichnenderweise einem Knaben, der ganze Welten ignoriert – kehren auch nach jahrelanger ‚Verschüttung' wieder. Ach ja: Und dann blieb dem vielbeschäftigten Müßiggänger sogar noch Zeit, die Schwester, die sich ‚verrannt' hatte, eben mal so auf den Pfad der Lebenslust, von der gerade der in Kleinstbeobachtungen planschende Künstler so viel mehr weiß, zurückzuführen.

Diese wieder sehr nahegelegte Karikatur erhält durch die Basisgeschichte zum Tod der Mutter einen Riß, eine Zäsur. Die Familiengeschichte der aus Scham schweigenden Opfer ist nicht zu Ende, sie geht weiter: Welche Motive können junge Frauen dazu führen, sich in ein Kloster zu ‚verrennen'? Ein Oskar in mir hätte - oder hatte, weil ich Oskars Vergewaltigungs-Geschichte mit der Krankenschwester oder der ‚kranken Schwester' vage auch auf diese Geschichte bezog und sie liegenließ, weil ich damit nicht vorankam - diese Kellertür übersehen. Er hätte oder hatte auf irgendetwas zwischen ‚enttäuschter Liebe' und Sexualangst getippt: Es war ja schon erstaunlich, wenn auch ‚nebensächlich', daß es ‚so etwas' - geradezu Krankhaftes (?) - in der Familie dieses Autors gab, der angeblich so lustvoll bewußt die Tabubruchzonen im Sexuellen wie Religiösen aufsuchte. Doch wer ist oder war hier krank?

Die Schwester wurde von den Vergewaltigern verschont; die Mutter konnte die Vergewaltigungserlebnisse nie verwinden: Ist dieses augenscheinliche Leiden der Schwester am Tod der Mutter, ihre so ‚verrannte' wie verzweifelt-sprachlose Absicht, dieses Opfer, das ein Leben kostete, durch das eigene Lebensopfer zu kompensieren, dann der eigentliche Grund zur ‚Absetzung eines Säulenheiligen' und zur ‚Wiederentdeckung' des lange verschütteten Bildes vom dreijährigen Trommelbuben, der die Welt ignorierte?

Es geht ja noch weiter, hin zum Rasputin-Anteil an der Dichotomie von Rasputin und Goethe. In den Interviews mit Casanova beschreibt Grass seine Kriegserlebnisse: Seit Ende Februar 1945 war er, der Siebzehnjährige, bis zu einer Verletzung ausgerechnet an Hitlers Geburtstag, dem 20. April 1945, als Soldat in diesem zuendegehenden Krieg. Grass erinnert seine emotionale Situation dieser Zeit als

> „(...) eine Mischung aus Langeweile und Schrecken, aus Angst und Not. Uns interessierte nur, daß wir etwas zu essen hatten. Ein totaler Wertezusammenbruch. (...) Und während dieser ganzen Zeit hatte ich nur einen Wunsch: ob Deutschland und die ganze Welt sich vernichtete - alles was mich interessierte, war, endlich eine Frau zu haben." (Casanova, S.30 f.)

Ein ähnlicher Hunger trieb auch die Vergewaltiger seiner Mutter um. Der totale Werteverfall des Kriegsendes, der sexuelle und der wirkliche Hunger auf der Seite der ehedem großmannssüchtigen Besiegten, will auch mit der ‚Mischung aus Langeweile, Schrecken, Angst und Not', aus Hunger und sexuellem Hunger in dieser Vergewaltigungsgeschichte konfrontiert sein. Auch wenn der Schritt vom sexuellen Hunger bis zur vollzogenen Vergewaltigung sehr groß wäre - hier denkt ein Schriftsteller ‚seinen siebzehnjährigen Unverstand' in Konstruktionen eines Alter Ego zwischen „Rasputin" und den „Wahlverwandtschaften" hinein, in dem er sich Gefühlsverwandtschaften zu den Vergewaltigern seiner Mutter von der Seele schreibt. Die oben zitierte ‚Eifersucht' auf die ‚anstrengenden Liebhaber' ist im Romangeschehen dadurch hinreichend motiviert, daß dieses Gefühl die Tabusphäre der Inzestverbote betritt. Die andere Tabusphäre des Gegenteils einer ‚Eifersucht' auf die ‚anstrengenden Liebhaber' ist eben der Gedanke dieser nicht kriegsbedingten, sondern vom Krieg und seinen Askese- und Ohnmachtszwängen nur verschärften Seelen- oder ‚Wahlverwandtschaft' mit den Vergewaltigern: Wäre aus dieser Gefühlslage des sexuellen Hungers heraus Vergleichbares denkbar gewesen, wenn man sich denn auf der Siegerseite befunden hätte? Dann ist der das Kapitel „Rasputin und das ABC" abschließende Satz, der sich vordergründig nur auf zwei Fotografien in Oskars Familien-Fotoalbum bezieht, und Oskars zufälligen Doppelgriff zu Goethes „Wahlverwandtschaften" und zum Rasputin-Roman zusammenfaßt, wiederum poetisches Programm:

> Ein Glück, daß meine Trommel mit ins Bild durfte. Welch weiteres Glück, daß Gretchen Scheffler, womöglich auf mein Drängen hin, mir ein Kostüm zuschnitt, nähte, schließlich verpaßte, das biedermeierlich und wahlverwandt genug heute noch in meinem Fotoalbum den Geist Goethes beschwört, von meinen zwei Seelen zeugt, mich also mit einer einzigen Trommel in Petersburg und Weimar gleichzeitig zu den Müttern hinabsteigen, mit Damen Orgien feiern läßt. (II,108)

Hier befinden sich ‚zwei Seelen in einer Brust' mit einer umgepolten ‚Bildersammlung': Der ‚Gang zu den Müttern', der bekanntlich wie die ‚zwei Seelen' nicht den „Wahlverwandtschaften", sondern dem „Faust", dem Pakt mit dem Teufel, entstammt, geschieht auf der Basis eines Paktes mit dem Teufel Oskar. Die ‚Seelenverwandtschaft' zu den ‚Orgien feiernden' Vergewaltigern ist alles andere als ‚züchtig' und unschuldig; dieser Gang zu den Müttern war, gerade weil er mit diesem Teufel paktierte, ein sehr schwerer.

Das Motiv der Vergewaltigung taucht eben auch in der rätselhaften Geschichte der ermordeten Krankenschwester wieder auf, verbunden mit einem Impotenz-Motiv und dem Satz „Wenn Satan keine Lust hat, siegt die Tugend." Eine nachgewiesene künstlerische Impotenz hat einem ‚Satan', mit dem fortan zu paktieren war, hier wohl die Lust genommen, die Tugend siegen lassen: Auch dies ist eine schwarze Form der Selbstironie, wie die angebliche Eifersucht auf die ‚anstrengenden Liebhaber', die den ‚Tod der armen Mama' verursacht haben sollen, und wie der dagegen gesetzte Wunsch, ‚der Gnom habe sie, die Mutter, ins Grab getrommelt'. Grass unsensible Lebenslust war wohl in der Zeit, als er seine Schwester eben mal so aus diesem Kloster herausholen wollte, auch so etwas wie die Vergewaltigung einer ‚kranken Schwester'. Er kam an als Künstler, der scheinbar über all diesen Irrwegen steht, wie ein Säulenheiliger geradezu, der mal kurz von der Säule steigt: Doch wie kam er heraus?

Das ganze dritte Buch der *Blechtrommel* gerät in diesen Sog. Vorerst wollen einzelne Sätze, noch losgelöst aus ihren Kontexten, zu diesem Ereignis passen. „Der Narr heilt die Krankenschwester" (vgl. II, 601) - so heißt ein Bild, dessen Verbindung zu diesem Titel rätselhaft ist, zumal später, in der abschließenden Mordgeschichte der ‚Blechtrommel' der Verdacht aufkommt: Er heilt sie – realiter, im Rahmen der Oskar von Grass vorgegebenen Realität - zum Tode, bringt sie um, weil ‚die kranken Schwestern oder Krankenschwestern' in seinem Kopf auch ihn ‚zum Tode heilen' ihm den Tod – nach expressionistischen Mustern - ‚erotisieren und schmackhaft machen sollen' (vgl. II, 594). Hier hätte vordergründig ‚der Narr' und Schriftsteller Günter Grass die kranke, die am Tode der Mutter leidende Schwester ‚geheilt', indem er sie aus dem Kloster holte. Doch viel näher liegt die Annahme, daß die ‚kranke Schwester' tat, was Krankenschwestern üblicherweise tun, daß sie eben jenen ‚Säulenheiligen', jenen Narren auf seiner Säule, geheilt hat, der dann später ein Alter Ego stellvertretend in all den Narrheiten ankommen ließ, die ihn dort besetzt hatten. In dem im ‚Rückblick' so ganz nebenbei erwähnten Gespräch mit der Schwester - im Kontext ging es ja um die lange verschüttet gebliebende ‚Findung' vom selbstvergessen blechtrommelnden Dreijährigen - ‚fand' sich wohl jemand wie in einer Karikatur wieder: Was er in seinem Stolz auf seine Qualität als ‚Erwachsener' lange verschüttet glaubte, kam wieder: Wie ein Dreijähriger hatte er auf seiner ‚Blechtrommel' genialischen Unsinn verkündet. Die Erwachsenenwelt, vor allem die seiner Familie, war ihm eine Gesellschaft ‚nachmittäglich plaudernder Kaffeetrinker'.

Mit anderen Worten: Es gibt viele Gründe und vor allem gibt es, angefangen beim umgekehrten Medusenbild und Bebras Bemerkungen zur Bosheit und Eitelkeit des Genies viele romaninterne Gründe, den Kloster-Gesprächen zwischen Grass und seiner Schwester spekulativ geradezu einen Damaskus-Charakter zuzuordnen: Hier erst, in den Lebensproblemen seiner Schwester, hätte Grass von den Vergewaltigungen seiner Mutter erfahren. In dieses katholische Kloster fuhr ein expressionistisch verspielter Saulus, aus ihm heraus kam ein Paulus! Diese Spekulation geht über das hinaus, was man gesichert zu diesem Konflikt wissen kann: Das hat Grass so öffentlich nie erzählt!

2. Jungkünstler-Träume gegen Kleinbürger-Ziele: Grass' Konflikt mit dem Vater

Wie paßt Grass' Vater, zu dem es vergleichsweise wenige Aussagen gibt, in dieses Bild? In den Interviews mit Nicole Casanova erzählt Grass von Familienkonflikten aus der Entstehungszeit jener von Grass oft betonten ‚Unbekümmertheit' des jungen Künstlers.

> „Seit meiner Kindheit war es klar, daß ich einen künstlerischen Beruf wählen würde. Was sie aber so sehr schockierte, war, daß sich dies ausgerechnet in den Jahren 46 und 47, also in einer Zeit des Hungers, der Ruinen, des Kohlen- und des Chancenmangels abzeichnete. Für mich ist das eine offengebliebene Wunde: Ich hatte nicht die Gelegenheit, meiner Mutter zu zeigen, daß man auch so leben konnte, weil der Erfolg, oder das, was man unter dem Wort Erfolg versteht, erst fünf Jahre später eintrat." (Casanova, S.19)

„Der Gnom hat sie ins Grab getrommelt": Durch diesen Hintergrund erhält auch dieser Satz private Zusatzbedeutungen. Zu dem Leiden der Mutter am Verlust ihrer Existenz, ihres Ladens, am Verlust ihrer Heimat, an ihrer Vertreibung aus Danzig, an der entwürdigenden Situation, die sie, die Flüchtlinge, tagtäglich erleben mußten – man ‚wohnte' in der Futterküche eine Großbauern – zum Leiden und der Scham aus den Vergewaltigungen kam hinzu, daß ihr Sohn ihr und dem Vater sehr große Sorgen machte, die sich erst später als unberechtigt erweisen sollten. Ob sie wirklich unberechtigt waren, läßt sich nicht eindeutig beantworten: Die Tatsache, daß Grass seinen Ansatz gefunden hatte, daß er diese vom ersten Satz her so überzeugend ‚neue' Perspektive entwickeln konnte, daß man ihm den Preis der Gruppe 47 schon nach der Lesung von zwei Kapiteln zusprach, ist ja eng mit diesem Schuldkomplex verbunden. Ob es ohne diese in Literatur übersetzte radikale Trauerarbeit den erfolgreichen Schriftsteller Grass in dieser Form je gegeben hätte, ist fraglich.

Denn es gab Anlässe zuhauf für Sorgen um die Zukunft des Sohnes. Grass hatte nach dem Kriege eine wiederaufgenommene Gymnasialausbildung abrupt abgebrochen, weil ihm ein damals noch üblicher Lehrstil, das ‚Weiter so' eines Geschichtslehrers zum Thema der ‚Emser Depesche', nicht paßte (vgl. X, 440). Das führte, gerade was sein Schreiben anging, zu einem Konflikt, den er im ‚Rückblick' recht nonchalant beschreibt:

> Manchmal glaube ich, daß mich die bloße, doch Vater und Mutter grämende Tatsache, kein Abitur gemacht zu haben, geschützt hat. Denn mit Abitur hätte ich sicher Angebote bekommen, wäre ich Nachtprogramm-Redakteur geworden, hätte ich ein angefangenes Manuskript in der Schublade gehütet und als verhinderter Schriftsteller wachsenden Groll auf all jene gehortet, die auf freier Wildbahn so vor sich hin schrieben, und der himmlische Vater nährt sie doch. (IX, 631)

Ob diese „Tatsache, kein Abitur gemacht zu haben", den irdischen Vater damals wirklich nur ein wenig ‚grämte', darf bezweifelt werden. Das Wiedersehen mit der Familie nach dem Kriege fiel jedenfalls, nachdem man sich drei Jahre lang nicht gesehen hatte, recht kurz aus.

> „Ich habe das gemeinsame Leben vierzehn Tage lang ausgehalten. Wir lebten zu beengt, und mein Vater konnte nicht begreifen, daß ich erwachsen geworden war. Er wollte mir eine Stelle als Lehrling in einem Braunkohlebergwerk besorgen. Ich wollte nicht, ich wollte Bildhauer werden - ich bin also nach Düsseldorf gefahren, um mich an der Kunstakademie einzuschreiben." (Casanova, S.33)

Genauer beschreibt dies Heinrich Vormweg:

Die Arbeit im Kalibergwerk hat Grass aufgegeben, als er aus Listen des Roten Kreuzes, die beim Bürgermeister in einem nahen Dorf ausgehängt wurden - *überall, wo man war, war das eigentlich der Lebensmittelpunkt, überall standen Menschen und gingen diesen Listen nach und suchten jemanden* -, als er aus diesen Listen erfuhr, daß Eltern und Schwester aus Danzig heraus und nahe Köln auf dem Land bei einem Großbauern als Flüchtlinge eingewiesen worden waren. Anfang Dezember 1946, *kurz vor Einbruch dieses schrecklichen Winters 46/47,* hat Grass sie wiedergesehen, unter erbärmlichen Umständen: *Die waren, wie das Flüchtlingen damals so ging, in der Futterküche untergebracht und wie der letzte Dreck angesehen - katholische Großbauern!* Bis dahin hatte er, in Gedanken an die Eltern und ihre zu befürchtende Frage, warum er die Schule nicht weitergemacht habe, trotz der Arbeit als Koppeljunge im Kalibergwerk versucht, noch zu lernen. (Heinrich Vormweg: Günter Grass. Reinbek bei Hamburg, 1986, S.28)

Man hatte sich wiedergefunden, doch statt Wiedersehensfreude gab es Streit zum Thema Schulabbruch und Streit zu den Grass'schen Zukunftsplänen. In Düsseldorf, wo Grass Bildhauer werden wollte, landete er damals zwangsläufig doch in einer Lehre als Steinmetz und Steinbildhauer: Die Kunstakademie war zerstört und noch geschlossen. Der Vater indes wollte ihn als Bürolehrling in einem Braunkohlebergwerk unterbringen; der Sohn lehnte schlicht ab. Das war mehr als ein Sich-Fremdwerden. Darüber hinaus läßt sich vermuten: In diesen vierzehn Tagen oder drei Wochen, die mit Spannungen, Alltagssorgen und Demütigungen befrachtet waren, fand sich weder Zeit noch Ruhe für intime Gespräche über die Danziger Besatzungserlebnisse der Mutter. Wo aber fand sich diese Zeit? Gab es sie überhaupt zu Lebzeiten der Mutter? Die Spekulation, daß die Grass'sche Unbekümmertheit erst in den Gesprächen mit der Schwester einen Boden verlor und daß Grass bis zu dieser Zeit keine Ahnung von den Erlebnissen seiner Mutter hatte, erhält hier einige Wahrscheinlichkeit.

Den Aufbruch aus dieser Spannungssituation nach Düsseldorf beschreibt Grass detailliert:

Ich sehe mich noch auf dem Weg zur nächsten Bahnstation, vielleicht fünf Kilometer, völlig im Schnee versinken. Man konnte sich nur an den Telegraphenstangen orientieren.(Vormweg, S.29)

Natürlich war der Winter sehr hart. Doch hatte Grass keine Zeit abzuwarten, bis das Wetter besser wurde und man wenigstens den Weg erkennen konnte? Er brach in eine völlig unsichere Situation auf. War das eine Flucht?

War es vielleicht gar die Flucht eines innerfamiliären Brandstifters durch den Schnee mit Telegraphenstangen als Orientierungsmarken, die mutatis mutandis ebenfalls als Teil einer ‚privaten Einleitung' im Schreibprozeß in die Bilder der *Blechtrommel* hineingefunden hat? Dieser Aufbruch und diese Flucht war - um es in den Bildern der *Blechtrommel* auszudrücken – insgeheim eine Art ‚Lebensbeginn', der Beginn einer Welt geradezu, so wie ein anderer Aufbruch, eine andere Flucht, in der *Blechtrommel* der Beginn eines Familien-Mikrokosmos gewesen sein soll; und dieser Beginn war gleichzeitig mit einem ‚Sündenfall' verbunden. Das zwiespältige Motiv der Telegraphenstangen der *Blechtrommel*, die für die Flucht des Brandstifters Koljaiczek unter die Röcke der Großmutter den nahen Horizont einteilen, die diese ‚großmütterliche Welt' begrenzen, obwohl Telegraphenstangen eher eine weltenverbindende Funktion haben, fällt in diesem Zusammenhang auf: Oskar verbindet diese weltenverbindenden Horizont-Begrenzungsmarken dann mit den Stäben seines Gitterbettes; die Stille eines Weltenanfangs oder Weltenendes - „Still war es wie am ersten Tag oder am letzten" (II, 15)

- will er in seiner ‚zwischen weißen Metallstäben geflochtenen Stille' (vgl. II, 7) der Heil- und Pflegeanstalt nachbilden. Bereits hier also begann für Oskar ‚die Flucht' seines letzten Kapitels, bereits hier ist diese Flucht auch die in ein Gitterbett, in dem er, das heimliche Ziel dieser ‚Weltengründung', letztendlich ankommt. Und so ähnlich mag Grass dies eben auch erlebt haben: Sein Aufbruch aus einer ihm zu eng gewordenen Welt - „Es bewegte sich etwas zwischen den Telegraphenstangen. Es sprang da etwas." (II, 12) - führte auch ihn in die ‚Gitterbett'-Enge jenes ‚Säulenheiligen', die von diesem Anfang an unbemerkt ‚ihren Sprung', ihren Riß hatte, die ersetzt werden mußte durch die nur scheinbar gleichbeengte Perspektive vom ‚dreijährigen Trommler', der erfunden wurde, um eben diese Enge, dieses Nichtverstehen, mit dem da jemand seine Familie zurückließ, zu verdeutlichen. Der beschwerliche Gang des im Streit von seiner Familie scheidenden neunzehnjährigen Günter Grass durch den tiefen Schnee scheint in der Flucht des ‚innerfamiliären Brandstifters' - denn der ‚fünfte Rock' ist der Rock eines Weltenbrandes - im tiefen Lehm der kaschubischen Kartoffeläcker nachgebildet: Koljaiczek „machte lange, langsame Sprünge über den Acker, ließ Dreck von den Sohlen springen, sprang sich vom Dreck weg, aber so breit er auch sprang, so zäh kroch er doch über den Lehm" (vgl. II, 12). Es ist eine Flucht vor einer zwiegespaltenen Vaterfigur, die in den Feldgendarmen übersetzt scheint, die dem innerfamiliären ‚Brandstifter' Grass zu jenem Anfangsbild der ‚nach Schutz suchenden Vergewaltigung' einer ‚großen Mutter' durch einen Brandstifter verholfen haben mag: Er hatte sie gesucht, nicht nur in den Vermißtenlisten, hatte ihren Schutz gesucht, und ihr doch Gewalt angetan. Diese Flucht in der Biographie aus einer Welt der Flüchtlinge fand jedoch dadurch, daß die Telegraphenstangen dann doch eine begrenzte Welt aufbrachen, ihr anderes Ziel: Es bestand schon darin, daß die erste, von Zorn, Ängsten und Einsamkeitsgefühlen beherrschte Flucht hier in dieser Übersetzung einen künstlerischen Ausdruck fand, der eben diese Enge aufbrach, der sie mit der Welt verband.

3. Der historische Maßstab: „Treblinka" im Roman; Paul Celan in Paris

Die Russen des Romans und die Russen der Wirklichkeit waren bei aller Unmenschlichkeit eins: in Restbeständen ‚kinderlieb'. Sie ließen Maria mit ihren Kindern in Ruhe, ließen die Schwester in Ruhe... Was wäre von ‚den Deutschen' zu erwarten gewesen?

Die Frage stellt sich im Roman in Verbindung mit der Geschichte des Herrn Fajngold, der Geschichte eines durch seine Konzentrationslager-Erlebnisse wahnsinnig gewordenen Juden. Bezeichnenderweise konkretisiert sich dieser Wahn zunächst in Form einer Geschäftstüchtigkeit, die ihr Ziel, ein Arbeiten für die Familie – Matzerath formulierte es anläßlich von Oskars Geburt so: „Jetzt wissen wir endlich, wofür wir uns so abarbeiten.« (II,46) – verloren hat: Fajngold hat seine ganze Familie verloren. Doch die russische Verwaltung hatte ihm, dem Gedanken folgend, daß Deutsche den Opfern der Deutschen Wiedergutmachung zu leisten hätten, den Matzerath'schen Laden übertragen. Fajngold übernimmt ihn, zeigt, wie selbstverständlich, seiner imaginären Frau Luba „die Dezimalwaage, den Petroleumtank, die Wurststange aus Messing, die leere Kasse und hocherfreut die Vorräte im Keller", stellt dann auch noch Maria, nun nur noch Vorbesitzerin, „sofort als Verkäuferin" ein und präsentiert sie „seiner imaginären Frau Luba wortreich" (vgl. II, S. 490). Doch dieser Laden kann für Fajngold, gerade weil er ihn so ‚hocherfreut' seiner toten Frau vorstellt, keine Wiedergutmachung sein; nur noch als Wahnvorstellung, als eine Art überlebensnotwendige Wirklichkeitsflucht, gibt es diese Geschäftstüchtigkeit für die Familie, der die Grundlage, die Familie eben, genommen worden war. Die Geschichte beginnt also mit dem, was Oskar ihr heute, fernab von ihren damaligen, wohl auch ihn betreffenden Interessenkonflikten, aus der Distanz eines ‚heiter darüberstehenden Beobachters', abgelesen sehen möchte: So ist das in dieser Welt der Schwarzen Köchin. Es herrscht ein Fressen und Gefressenwerden, auch im Kleine-Leute-Milieu: Die Opfer von gestern, deren Existenz zerstört wurde, sind die Sieger von heute, die die Existenz der ‚Besiegten' zerstören. Doch sowohl auf der Seite dieses Opfers, das nun Sieger sein soll, als auch auf der Seite der ‚Besiegten', die nun Opfer sein sollen, will einiges zu diesem Fazit nicht passen.

Marias Anpassungsfähigkeit wird noch in der Vergewaltigungsszene betont (vgl. II, 484). In der Geschichte mit Herrn Fajngold jedoch, an einem heimlichen Wendepunkt der *Blechtrommel*, beim „Antrag" des anscheinend auch ‚anpassungsfähigen' Herrn aus Galizien, der gerne wieder eine Familie hätte, der seinen Wahn überwinden, „immer seltener nach seiner Frau Luba" (vgl. II,514) rufen möchte, findet Marias Anpassungsfähigkeit ihre Grenze. Warum?

Zunächst einmal muß das so sein. Maria ‚darf' Herrn Fajngold aus fiktionsbedingten Gründen nicht heiraten: Nur so kann Grass den Ort des Geschehens von Danzig nach Düsseldorf verlagern, nur so kann er die Fiktion in den Bereich eigener Nachkriegserfahrungen, an Orte, die er selbst in dieser Zeit erlebte, verlegen. Gerade deshalb ist es aber erstaunlich, daß Grass die grundsätzlich andere Möglichkeit, die eines Verbleibens in Danzig, so nahelegt. Innerhalb der Fiktion widerspricht die Entscheidung der Figur Maria, des zweiundzwanzigjährigen, ‚etwas ernsten, womöglich verbitterten Mädchens' (vgl. II, 514) gegen den Herrn aus Galizien und für die riskante Flucht ins Rheinland beinahe jeder kleinbürgerlichen Vernunft, also jenem Maß, an dem gerade diese so anpassungsfähige Figur sich bis dahin orientierte und auch fortan orientieren wird.

(...) und dieses Mädchen sagte nein, wies den Antrag des Herrn Fajngold zurück. Auf unserem ehemaligen Teppich stand Maria, hielt das Kurtchen links, zeigte mit dem rechten Daumen in Richtung Kachelofen, und Herr Fajngold und Oskar hörten sie sprechen: »Das jeht nich. Das is hier futsch und vorbei. Wir jehn ins Rheinland zu meine Schwester Guste. Die is da mit ainem Oberkellner aussem Hotelfach verheiratet. Der heißt Köster und wird uns vorlaifig aufnehmen, alle drei.«
Am nächsten Tag schon stellte sie die Anträge. Drei Tage später hatten wir unsere Papiere. (II, 514)

Sicher: Man wollte sie loswerden, die Deutschen. Nur deshalb funktionierte eine polnisch-russische Bürokratie hier so schnell. Und doch lag es nahe, aus ‚unserem ehemaligen Teppich', der ehemaligen ‚Wohngrundlage' also, auch ‚unseren zukünftigen Teppich', die zukünftige Lebensgrundlage, zu machen, zumal das, womit Maria hier als Alternative zu Herrn Fajngold rechnet, in allen Positionen nachträglich problematisiert wird. In dieser Zeit war auch die Rechnung eines ‚ernsten Mädchens' nur eine Milchmädchen-Rechnung: Auch ‚im Rheinland' war sehr viel mehr ‚futsch und vorbei' war, als Maria hier annahm: Der goldene Westen, das Wirtschaftswunderland, war das noch lange nicht! ‚Wir jehn' ins Rheinland hieß es hier: Man fuhr mit dem Zug – und war am Ende froh, daß plündernde Partisanen den ‚Flüchtlingen' noch das Hemd am Leibe ließen. Guste, die Schwester, sei mit einem Oberkellner verheiratet, der sie aufnehmen sollte: Dieser Oberkellner, den die Schwester sehr überstürzt geheiratet hatte, weil sie einen „Köster", einen Ernährer, gesucht hatte, war nicht da. Ob er überhaupt noch lebte, ob er in Gefangenschaft war, oder ob er gar in dieser Ehe nur ein wenig Sex, ein wenig Wärme, vor seiner Kriegsfahrt ins Eismeer gesucht und sich dann abgesetzt hat, bleibt bis zum Ende des Romans offen: Kösters Geschichte ist eine der vielen Mehr-Versionen-Geschichten der *Blechtrommel*. Später erst bot diese Abwesenheit immerhin den Vorteil, daß er „keinen Platz beanspruchte" (II, 527). Daß er ,uns vorlaifig aufnehmen' konnte, ist auch nur Zufall: Seine Wohnung befindet sich „in der zweiten Etage des vom Dach bis zum dritten Stockwerk abgebrannten Mietshauses" (vgl. II, 532): Sie könnte also auch abgebrannt gewesen sein. Daß er ,alle drei' aufnimmt, ist ebenfalls nicht wahr: Oskar wird schon vor dieser Fahrt sehr krank, er muß erst zehn Monate lang, „vom August fünfundvierzig bis zum Mai sechsundvierzig" (II, 527), ins Krankenhaus.

Doch Maria hätte sich wohl auch dann, wenn sie all dies gewußt oder geahnt hätte, gegen Fajngold entschieden. Er ist eben ein Jude!

Auch nach dem Krieg bestehen also Formen eines latenten Antisemitismus fort. Vergleiche bieten sich an, die diese Grenze verdeutlichen: Fajngold böte Sicherheit, böte, wie vorher Matzerath, den sie auch nicht unbedingt der Liebe wegen geheiratet hatte, einen Laden, eine Existenzgrundlage. Die ,Vernunftehe' mit Matzerath könnte sich hier wiederholen. Kann es so sein, daß Maria dies – aus der Erfahrung mit Matzerath heraus – nicht mehr wollte? Daß sie nun Liebe suchte? Daß sie dieser Liebe, die „an einem Sommerabend voller Fliegen und Gesumm" ausgesprochen wurde, deshalb mißtraute, weil die ,Gewißheit' der „Abwesenheit" der Frau Luba nur trügerisch war, weil dieser ,Seelenwechsel' unter einem Himmel voller ,hoch und niedrig summender Sünden' (II, 514) in der Form scheitern mußte, wie er bei Oskars Mama an jedem Ehebruchs-Donnerstag nach dem Beichte-Sonnabend gescheitert war:

> (...) zu jenen beiden in verschiedenen Stimmlagen summenden Fliegenfängern führte mich Mama, die honigsüß über unserem Ladentisch hingen und im Sommer alle zwei Tage gewechselt werden mußten, während Mama jeden Sonnabend mit ähnlich übersüßer Seele, die sommers und winters, das ganze Jahr über hoch und niedrig summende Sünden anlockte, in die Herz-Jesu-Kirche ging und Hochwürden Wiehnke beichtete. (II, 160)

Natürlich ist diese Furcht berechtigt, natürlich hätte Maria zu fürchten, daß dieser ,sündige' Seelenwechsel einer ,Fliegenfänger'-Seele die in der Luft liegenden Fliegen-Sünden immer wieder anzieht und sich oft wiederholen müßte: Fajngold würde in dieser neuen Liebe seiner „Luba" – denn Luba bedeutet Liebe - untreu. Was hat Grass hier vor? Will er auch hier allen Ernstes, in dieser Heirat eines jüdischen Opfers mit einer Deutschen eine deutsch-jüdische Versöhnungsgeschichte basteln, die – genau genommen - den Opfern Hohn spricht, die ihnen jene Fliegerfänger-Wechsel-Seele zuweist, die im Bereich der sexuellen Sünden angehen mag, hier aber eine existentielle Sünde, nachgerade eine Lebenslüge dieses Opfers beträfe. In seinem simplen, unreflektierten Leben- und Liebenwollen wie bisher, spräche Luba, die verlorene Liebe, immer mit; sie ließe sich nicht ,desinfizieren', mit dem, was die Lysoldämpfe an Benebelungen im Kopf des jüdischen Opfers angerichtet haben, benebeln. Herr Fajngold ist hier nicht bei Verstand; doch daß er dies nicht ist, ist nicht seine Schuld. Doch denkt Maria überhaupt so weit? Spielt diese existentielle Sünde, auf deren Basis eine Verbindung mit Herrn Fajngold nur zustande kommen könnte, für Marias Entscheidung eine große Rolle?

Nein! Bezeichnenderweise baut Grass in Marias Geschichte in der Bundesrepulik eine Parallelgeschichte ein, die Liaison mit einem Herrn Stenzel, die nur beinahe zu einer ähnlich liebefreien ‚Vernunftehe' geführt hätte: Maria beginnt ein Verhältnis mit diesem Herrn, der – wie Fajngold es gewesen wäre - ihr Arbeitgeber war (vgl. II, 598). Man erfährt dann, daß dieser Arbeitgeber verheiratet war (vgl. II, 631): Für eine Frau, die als künftige Ladeninhaberin recht viel Wert auf ihren Ruf legen mußte, ist dies nicht unbedingt ideal. Deshalb kann es auch nicht Fajngolds weiterbestehende Beziehung zu seiner toten Frau Luba sein, die Maria von einer Verbindung mit ihm abhielt. Zwischenzeitlich avanciert der „Onkel Stenzel" dann zum „Papa Stenzel" (vgl. II, 655) und will sich – und hier kann man nachgerade Liebe als Motiv vermuten - scheiden lassen, um aus Maria eine reputable „Maria Stenzel" machen zu können (vgl. II, 682). Doch dies scheitert daran, daß Maria ihr „Feinkostgeschäft" von Oskars Gnaden und jenem wie durch ein Wunder erworbenen Geld aus seinen Erfolgen als Trommler erhalten kann, ohne ‚einheiraten' zu müssen: Oskar machte Maria „ein Angebot", wollte, daß sie dem Stenzel „den Laufpaß" gab, ihn ‚simpel davonjagte' – und schon ließ Maria für ein „erstklassiges Feinkostgeschäft in der Friedrichstraße" „vom Stenzel ab" und konnte drei Jahre später „nicht ohne Dankbarkeit" bereits von einer „Filiale jenes Geschäftes" berichten (vgl. II, 690). Liebe war das also von ihrer Seite aus nicht: Oskar tat ihr mit seinem nur scheinbar erpresserischen „Angebot" eher einen großen Gefallen.

Angesichts solcher Orientierung an Sicherheit und Geschäftstüchtigkeit ist es tatsächlich erstaunlich, daß der geschäftstüchtige Fajngold nie eine Chance hatte. Maria lehnt seinen Antrag ab und nimmt, obwohl Oskar zu dieser Zeit sehr krank ist und ihr Sohn Kurt gerade einmal sechs Jahre alt ist (vgl. II, 532), statt der vergleichsweise geringen Risiken einer fortdauernden Liebekonkurrenz, die immerhin zeigt, daß dieser Mann an ‚seinen' Familien sehr hängen würde, lieber die Risiken der Flucht auf sich. Sie ‚setzt auf' die Flucht – und zwar nur, weil Fajngold Jude ist! In diesem ‚Keller' zu einer Beinahe-Versöhnungsgeschichte zwischen Deutschen und Juden gibt es jeweils einen Vorrat unüberwindbarer Vorurteile. Auch hierzu bietet Grass eine Parallelgeschichte mit umgekehrten Vorzeichen: Agnes Matzerath setzte nicht auf die Flucht, nicht auf eine Liebe zu Sigismund Markus, obwohl auch er Sicherheit und Wohlstand geboten hätte: Auch Markus kam nicht in Frage, weil er Jude war!

So sind in den Kellern jeweils ‚Vorräte', die gezeigt sein wollen: „Maria zeigte dem Herrn Fajngold unseren Matzerath". Und dann zeigt Herr Fajngold ganz nebenbei, in diesen Geschichten, in denen das Leid und Glück der einen auf das Leid und Glück der anderen prallt, welche ‚Vorräte' der Keller beherbergt, in den er gefallen ist:

> Seine ganze Familie, nicht nur die Frau Luba, rief er in den Keller, und sicherlich sah er alle kommen, denn er nannte sie beim Namen, sagte Luba, Lew, Jakub, Berek, Leon, Mendel und Zonja, erklärte den Genannten, wer da liege und tot sei und erklärte gleich darauf uns, daß alle, die er soeben gerufen habe, auch so dalagen, bevor sie in die Öfen von Treblinka kamen, dazu noch seine Schwägerin und der Schwägerin Schwestermann, der fünf Kinderchen hatte, und alle lagen, nur er, der Herr Fajngold, lag nicht, weil er Chlor streuen mußte. (II, 490f.)

Natürlich bleibt das hängen - doch in Oskars ‚kaltem Blick' bleibt es wie benebelt von Desinfektionsmitteln, bleibt makabres ‚apartes' Detail, bleibt als Wahnsinn des monologisierenden Herrn Fajngold viel zu ‚liebevoll'. Und es bleibt konfrontiert mit der lebenspraktischen – nunmehr vielleicht gar ‚typisch jüdischen'(?) - Ader des geschäftstüchtigen Herrn aus Galizien, der den Matze-raths hier den Laden, die bisher selbstverständliche Existenzgrundlage, nimmt. Was ist das Besondere an dieser Geschichte?

Eigentlich gibt es da nichts Besonderes. Es ist die Geschichte von den Scham- und Schuldgefühlen eines Opfers, das überleben konnte, weil die Täter ihm in der Bürokratie, der unmenschlichen Ordnung dieses Mordgeschäftes, eine Aufgabe und damit eine Überlebensnische gegeben hatten: Einer mußte desinfizieren, das Desinfizieren war den Tätern wichtig. In den Biographien vieler Menschen, die das Konzentrationslager überlebt hatten, gibt es punktuell oder in einer Nischenform eben auch solche Gründe dafür, daß sie überlebten: Dieses Überleben werfen sie sich nunmehr vor, denn die Täter hatten in hohem Maße für Schuld- und Schamgefühle in diesem Bereich gesorgt: In einem mörderischen Überleben der Anpassungsfähigen entschieden Kleinigkeiten und Zufälle über Leben und Tod; wie in einem Naturgesetz war jeweils dafür gesorgt, daß für jeden, der auch nur eine Zeitlang überlebte, andere Menschen ins Gas mußten.

Dafür, daß Herrn Fajngolds Wahnsinn einem Anschein nach so lustig und schrullig in ein Buch finden konnte, haben sich unbekannte Nazi-Täter einen jener ganz besonderen Späße ausgedacht, die so besonders nicht waren, die in einem Konzentrationslager an der Tagesordnung waren. Wer kultiviert und feinsinnig war, ließ ‚seine' Juden Mozart spielen, um sich sein Herrenmenschentum und seiner Kultur die Überlegenheit zu beweisen; er traf damit vor allem den Lebensnerv der Künstler unter seinen Opfern. Hier wollten sich wohl Täter mit einem ausgesprochenen Familiensinn ihre herrenmenschliche Überlegenheit beweisen: Dieser Jude mußte zuallererst seine eigene Frau, seine Kinder, seine Familie, alles, was sein bisheriges Leben ausmachte, desinfizieren. Ist nur Lebenwollen schon eine menschliche Schwäche? Fajngold hätte nein sagen können, er wäre zu Tode geprügelt oder ins Gas geschickt worden. Die Opfer werfen sich solche Schwächen in den entscheidenden Momenten ihres Lebens ein ganzes weiteres Leben lang vor. Was tun die Täter? Finden sie weiterhin Kraft, Rückhalt in ihren Familien? In ihrer Kunst? Die Opfer, die aus Scham und Schuldgefühlen schweigen, weil sie gar nicht anders können, betreffen das eigentliche, das unmenschlichste Tabu in der sogenannten Vergangenheitsbewältigung: Erst dadurch, daß einer wahnsinnig wurde, wird hier gesagt, was auch die Opfer nicht sagen konnten.

Wenn Herr Fajngold sich, sein Leben immer wieder zusammensetzend, seine „vielköpfige Familie" herbeizitiert, dabei vor allem „Luba", die Liebe, sucht, erinnert die Situation des von seinem Leiden ungleich stärker getroffenen ‚Narren' auch an das imaginäre Personal, das sich Grass, der Schriftsteller und ‚Narr', um seine Schreibmaschine versammelt. In Dialogen mit nicht vorhandenen Menschen, unter ‚Anleitung' des Emigranten und Lehrers Alfred Döblin, sucht auch Grass eine „Luba", nämlich

„(...) meine verstorbene Mutter, deren Einwänden und Berichtigungen ich mit Dokumenten zu begegnen versuchte; aber sie glaubte mir nur mit Vorbehalt." (IX, 629)

Und gerade für diese Szene mit dem monologisierenden Herrn Fajngold wird sich Grass auch mit einem anderen monologisierenden Herrn beschäftigt haben, von dem er im „Rückblick" - auch wieder wie nebenbei - erzählt:

> Zwischendurch Gespräche mit Paul Celan; oder besser, war ich Publikum seiner Monologe. (IX, 631)

Man muß wohl trennen zwischen einem Ich der Erzählzeit und dem Oskar der erzählten Zeit. Hier, wo der Ich-Oskar der Erzählzeit sich um ‚den kalten', den angeblich objektiven Blick bemüht, ist er immer noch, wie rückwirkend betäubt von den Zukunftssorgen dieser Zeit, wie betäubt von der damals so abstumpfend wirkenden Fixiertheit auf das eigene Leid und die eigenen Unterkunfts- und Nahrungssorgen. Er stellt den Verlust des Ladens neben die Verluste des Herrn Fajngold. Damit wird doch nun, in der Grass'schen Erzählzeit, auch das persönliche Leid des Alter-Ego, das des Autors und seines Heimatverlustes, das Leid seiner Mutter und seiner Schwester, konfrontiert mit dem exemplarischen Leid des Paul Celan, der seine Konzentrationslagererfahrungen nie verwinden konnte... und mit seinem Schreiben! Die Russen waren wenigstens noch ‚kinderlieb'. Was haben Deutsche diesem Mann, dem Herrn Fajngold der Fiktion, dem monologisierenden Paul Celan der Wirklichkeit, angetan? Beginnt Grass in diesem Prozeß des Schreibens, in dem zwangsläufig seit dem Eckdatum vom 8. Mai 1945 jede Literatur zu einer Literatur nach Auschwitz wird und diese Erkenntnis ihre Konsequenzen fordert, seine eigene Form einer Leidbilanz ‚vor rinnenden Wänden' (vgl. IX, 630). Ist diese Familiengeschichte Keim und Basis einer neuen Erkenntnisform, die es gestattet, schreibend zu versuchen, sich dem Maßstab Auschwitz zu stellen? Ist das die innovative Komponente in seinem Schreiben, die mit den literarischen Traditionen der Zeit in Einklang gebracht und zu einer neuen Synthese geführt werden mußte?

a) Die Einbettung dieser Schlüsselgeschichten: Licht vor rinnenden Wänden?

Wieder ist ein unscheinbares Detail aus dem „Rückblick" des ‚fragwürdigen Zeugen' zu übersetzen. Zu den ‚rinnenden Wänden' der Pariser Wohnung, die Grass im ‚Rückblick' beschreibt, behauptet er: „Die Feuchte des Raumes mag Oskar Matzeraths Witz gefördert haben." Diese Behauptung kann man interpretierend in einer expressionistischen Bilder-Reihe und einer Romanfigur der *Blechtrommel*, der Figur der Luzie Rennwand, einlösen. Diese Figur ist in ihrem sprechenden Namen Zentralmetapher einer neuen Erkenntnisform, die sich in einer neuen Form einer literarischen Ironie, einer Opposition zwischen den Erkenntnissen des Autors und denen seines Erzählers niederschlägt.

In Oskars Sicht ist ‚Luzie Rennwand' Verkörperung seines Prinzips, daß ein ‚Licht suchen' immer auch ein ‚gegen die Wand rennen' ist, daß Wahrheitssuche letztlich nur ‚verdummt': Leben ist Leben zum Tod und Leiden; nur wer das nicht wissen will, kann einigermaßen weiterleben – und Oskars Gitterbett ist seine Konsequenz aus solchen auf alle Differenzierung verzichtenden allzu pauschalen Leidvergleichen. Solche Vergleiche setzen den ‚kalten Blick' nicht auf die anderen, sondern vor allem auf sich selbst voraus: In dieser ‚Erkenntnis-Theorie' eines systematischen Nicht-Erkennen-Wollens war bereits der Falter der Geburtsszene ‚Oskars Meister'. Dieses ‚Trommeln' oder ‚Verkünden von Blech' ist - vermittelt über den ‚unbelehrbaren tierischen Meister' - ein heilloses Licht suchen und Sich-den-Kopf-Einrennen an den Glühbirnen dieser Welt, an den von Menschen geschaffenen ‚Licht-Wahrheiten'. In der Vergewaltigungsszene heißt es, daß Kurt sich „ein Beispiel an mir, seinem Vater - oder wenn nicht am Vater, dann an den Ameisen" sollte: Oskar nahm sich ‚ein Beispiel an den Ameisen'. Gerade der gefühllose Insekten-Blick ist sein Ziel; diesen Grad einer Abstumpfung will er erreichen: Auf dieser Ebene, der Ebene des Erzählers, ist seine inszenierte Naivität das Gegenteil dessen, was Erwachsenen den Kinderblick auf ‚des Kaisers Kleider' so reizvoll macht: einfach aus einem Gefühl heraus die Wahrheit sagen. In Oskars Meister-Schüler-Beziehung zum Nachtfalter der Geburtsszene geht es darum, gefühllos zu werden, sich diesen Kopf ‚lichtsuchend einzurennen'.

Doch im „Rückblick" wird die vordergründig für Oskars Irrationalitäts- und Emotionslosigkeitsprinzip stehende Deutung konterkariert durch eine andere ‚Rennwand' und ihre ‚Licht'-Wahrheit. Die ‚rinnende Wand' im Pariser Atelier bietet die zweite, die emotionale, die mit Tränen verbundene Bedeutung des ‚Licht suchend gegen die Wand Rennens': Dort wird wohl auch klar, warum Oskar soviel Angst vor Luzie Rennwand, vor dem Licht dieser ‚rinnenden Wand', hat! Als Oskar im Umfeld von Frau Greffs Geschichte seine dämonische Luzie sucht, sagt er: „Dieser Gedanke beflügelte Oskar." (II,478). Auch dieser Satz hat eine autorenironische Nebenbedeutung: Der Gedanke an Luzie Rennwand, verlieh Oskar tatsächlich ‚Flügel'. Es waren die Flügel jenes Falters, der sich in der Geburtsszene Oskars den Kopf an Glühbirnen einrennt.

In diesem Pariser Atelier sitzt jemand und hadert mit seiner ‚glühenden Birne', seinem Kopf, will seinen Unverstand, seine Harthörigkeit begreifen. Und er weint, sein Weinen ‚beflügelt' ihn, bringt ihn voran auf seinem harten Weg zur Erkenntnis. Die ‚rinnende Wand' ihm gegenüber, die seine ‚Vorstellung in Fluß' gehalten und die ‚Oskars Matzeraths Witz gefördert' hat (vgl. (IX,630), weint mit ihm, sie die eigentliche Luzie Rennwand verleiht Oskar Flügel, läßt das Geburtsbild zu dieser kalten Perspektive, in der auch der Autor sich ‚lichtsuchend' den ‚Kopf einrannte', sich seinen ‚siebzehnjährigen Unverstand' austrieb, entstehen. Daß nicht nur die Wände weinten, beförderte Oskars Witz! Der ‚Humor' dieser Figur, die ‚Feuchtigkeit', die zu ihrem Witz führte, macht so auch eine andere Aussage von Grass sofort verständlich: „Humor ist für mich ein anderer Name für Verzweiflung." (Casanova, S.180).

Sein ‚lichtsuchendes Gegen-die-Wand-Rennen' wurde zum Bilderbogen: Der Falter und sein ‚trommelndes Sich-den-Kopf-Einrennen' steht am Anfang, das ‚Dreieck', das Vagina-Symbol, eines Sich-Verkriechens in der Mutter am Ende. Das Bild der „Luzie Rennwand" wird in verschiedenen Kontexten weiter ausgebaut, etwa dann, wenn die Geständnisse der Stäuber in ihrem Prozeß mit dem Bild eines Sprunges vom Sprungturm ins wasserlose Bassin verglichen werden: ‚Luzie', das Licht oder das Erotische suchend, rennen sie, die Beinahe-Widerständler, in pubertär-heroischer Form gegen die Wand. In diesem Bild sind also zwei Basis-Bilder verborgen: das des Nachtfalters, der sich den Kopf einrennt, und das des Gegenübers einer ‚rinnenden Wand', das die Tränen im Prozeß im Fluß hält. Dieser gerade dem Ich des Vergleichenden gegenüber so unerbittlich geforderte Leidvergleich ist, als Basis eines tatsächlich objektiveren Geschichtsbildes, im Nachhinein, vor allem für die in Gnade Nachgeborenen scheinbar so einfach. Doch es ist die Frage, was mehr wehtut: sich an den Wänden zu den ‚Glühlampen' dieser Welt, an den von Menschen geschaffenen ‚Licht'-Wahrheiten den Kopf zu deformieren, und dabei immer mehr, bis in ein liebloses, ja liebefeindliches Gitterbett hinein, abzustumpfen oder - beschämt von der eigenen sich hellhörig nennenden Harthörigkeit und einer sich machtlos nennenden Untätigkeit - vor den weinenden Wänden dieser Welt zu weinen - und dort die Liebe, die Nächstenliebe, die Basis zur Selbstliebe, zu entdecken. „Sapere aude" lautet eine Aufklärungsmaxime. Es gehörte einiger Mut dazu, dieses ‚Wissen zu wagen'.

II. Reich-Ranicki in (!) der *Blechtrommel* – Die frühe Hommage an einen ‚Unverbesserlichen'?

Der Grass'sche ‚Rückblick auf die Blechtrommel' ist im Sinne des Wortes ein „Versuch in eigener Sache", ein Experiment, das erst als gelungen gelten kann, wenn der Sekundärbereich, wenn Literaturwissenschaft oder Literaturkritik, Antworten auf die heimlich gestellten Fragen gefunden haben. Am Ende des Experimentes wies Grass, wiederum heimlich, darauf hin, daß er Ähnliches schon einmal, in der *Blechtrommel* selbst, versucht hat: Das ist hintergründig der Sinn jener Anekdote vom ‚bulgarischen Spion', die Grass im „Rückblick" erwähnt – und die Marcel Reich-Ranicki, der bis heute nicht erkannt hat, mit welchen Vorschuß-Lorbeeren er dort bedacht wurde, so erzürnt oder zumindest aufgeregt hatte, daß er glaubte, sie ‚richtigstellen' – statt interpretieren - zu müssen!

Was behauptete Grass? Die Anekdote zum ‚bulgarischen Spion' ist verbunden mit einer anderen Anekdote von dieser Reise nach Polen; das gemeinsame Thema sind ‚Anerkennungsschwierigkeiten'. Grass verband beide Anekdoten in dem Satz: „In Polen fiel es auch mir schwer, meine Identität zu beweisen." (IX, 632). Auf dieser Reise, die für die „Arbeit an der Schlußfassung der Kapitel über die Verteidigung der Polnischen Post in Danzig" (vgl. IX, 631) notwendig geworden war, besuchte Grass seine Großtante Anna, das heimliche Vorbild von Oskars Großmutter. Sein ‚Anerkanntwerden' in der eigenen Familie war weit von jenen Formen einer Intimität entfernt, die ein Oskar ‚unter den Röcken' suchte: Grass mußte erst seinen Paß vorzeigen, bis die Großtante seine ‚Identität' familienintern ‚anerkannte': „Nu Ginterchen, biss abä groß jeworden". Der innerfamiliären Fremdheit waren heimlich Ressentiments untergemischt, die auch, in der Figur des Jan Bronski, in die *Blechtrommel* gefunden haben. In der Grass-Familie durfte zeitweise nur halblaut oder in Andeutungen vom Tod des Cousins der Mutter gesprochen werden.

Ihr Sohn Franz, ehemals Angestellter der Polnischen Post, war nach der Kapitulation der Verteidiger tatsächlich erschossen worden. In Stein gehauen fand ich seinen Namen auf der Gedenkplatte, anerkannt." (IX, 632)

Die geflohenen Postverteidiger, die Grass vorher erwähnte, hatten Anerkennungsschwierigkeiten, weil sie überlebt hatten und so keinen ‚Ausweis' eines Heldentums vorzeigen konnten. Franz, der damals für Polen optiert hatte und erschossen wurde, wurde in der Zeit des Kriegs im deutschen und nationalsozialistischen Teil der Familie nicht anerkannt. Das war wohl heimlich der Grund, warum nunmehr das geflohene ‚Ginterchen' erst ‚anerkannt' wurde, nachdem es – „abä groß jeworden" - seinen Ausweis vorgezeigt hatte. Diesen deutschen Teil der Familie hatte man wohl abgeschrieben. Es war wohl vor allem Grass' Vater, der damals für den Abbruch der Beziehungen zu diesem Teil der Familie verantwortlich war: Daß Grass über seine Mütter-Konstruktionen die Großtante in den Rang der ‚Großen Mutter' und den Cousin der Mutter über seine Väter-Konstruktionen zum Alter-Ego-Oskar geradezu in den Rang eines anderen Vaters erhebt, zeigt, daß auch diese Seite eines zurückliegenden, von Geschichte gesättigten Familienkonfliktes in der *Blechtrommel* eine ganz erhebliche Rolle spielt [1]. Für die Grass'schen Verlagerungstechniken des Politischen in den Bereich des Erotisch-Sexuellen ist auch diese unterschwellige Verlängerung des Familientraumas bezeichnend: Franz, der für seine Liebe zu Polen gelebt hatte und gestorben war, war vormals eine Art politischer Verführer, dessen ‚Kartenhaus' in der polnischen Post gründlichst zerstört wurde. Doch er hat mit seinem vermeintlichen Irrweg vor der Geschichte und dem damals aufs Geschichtemachen versessenen Teil der Familie recht behalten. Die Reise nach Polen ist also auch in diesem Felde Teil eines Versöhnungsversuchs: Der innerfamiliäre Brandstifter wollte geradezu bei dieser Großtante als bei einer anderen Großen Mutter unter die Röcke kriechen – und so eine andere Welt, seine Welt, ‚zeugen'. Das literarische Ergebnis solcher ‚Schutz suchenden Vergewaltigung' ist die Figur der Anna und des Jan Bronski: Verlagert in ein Dreiecksverhältnis der gelebten Liebe erscheinen so nicht nur die sexuellen ‚Verführungsqualitäten' Jan Bronskis in anderem Licht. Politisch verführt und einem allgemeinen Irrweg verfallen war eher jener Teil der Familie, der sich damals auf den richtigen Wegen wähnte und den ‚Verführer' ausschloß: Auch dies ist Teil des Dauerdialoges des Schriftstellers Grass mit seiner Mutter.

Anerkennungsschwierigkeiten für die Qualitäten dieses privaten Dialoges und seiner ‚öffentlichen Ergebnisse' gab es dann auch im Bereich der Außendefinition der Grass'schen Identität als Schriftsteller. Hier konnte ‚Ginterchen' allerdings noch keinen gültigen ‚Ausweis' vorzeigen; er hatte nur ein nicht so recht vorzeigbares ‚Juwel' im Gepäck:

> Auf der Rückreise machte ich in Warschau die Bekanntschaft des heute in der Bundesrepublik namhaften Kritikers Marcel Reich-Ranicki. Freundlich wollte Ranicki von jenem jungen Mann, der sich als deutscher Schriftsteller ausgab, wissen, welcher Art und gesellschaftlichen Funktion sein Manuskript sei. Als ich ihm die *Blechtrommel* in Kurzfassung erzählte (»Junge stellt dreijährig Wachstum ein...«), ließ er mich stehen und rief verstört Andrzej Wirth an, der unsere Bekanntschaft vermittelt hatte: „Paß auf! Das ist kein deutscher Schriftsteller. Das ist ein bulgarischer Agent." - In Polen fiel es auch mir schwer, meine Identität zu beweisen. (IX, 632)

Was stört Reich-Ranicki an dieser Version? In der Hauptsache stört ihn das Wörtchen ‚verstört': Er war eher ‚verärgert' – und davon, daß er anhaltend, geradezu bis in die neunziger Jahre verärgert war, zeugen einige Nebensachen, die er in seiner Version [2] aufbot. Sicher, vom „Spiegel" wurde die Anekdote mit Hilfe des ‚DDR-Dramatikers Heiner Müller' zu einer ‚aufregenden, wenn nicht sensationellen Minigeschichte' aufgebauscht. Doch auch Reich-Ranicki bauscht auf, bemüht sich vielleicht etwas zu sehr ums unvorteilhafte Bild des Autors: Nein, er habe nicht ‚unbedingt einen deutschen Schriftsteller kennenlernen wollen' und sei auch noch kein ‚Professor' gewesen: Die Mißverständnisse stammen von Müller, nicht von Grass. Wirth habe zwei Grass'sche Theaterstücke „mit einem knappen Urteil, das aus einem einzigen (im Deutschen oft verwendeten) Wort bestand, das ich hier, um den Betroffenen zu schonen, nicht wieder-

---

[1] In der Rede „Scham und Schande" erwähnt Grass diesen innerfamiliären Tabu-Bereich: „Ach ja, ein Onkel, der zu den Verteidigern der Polnischen Post gehört hatte, wurde standrechtlich erschossen; doch darüber sprach man in der Familie nicht." In: Günter Grass: Gegen die verstreichende Zeit, Hamburg, Zürich, 1991, S.7.

[2] Vgl. „War Grass ein bulgarischer Spion?" in: Marcel Reich-Ranicki: Günter Grass, Zürich, 1992, S.157 - 165.

holen möchte"³ beurteilt: Es war eher Wirth, der es schonend, weil nicht öffentlich sagte. Es besteht in der Tat ein allzu großer Konsens darüber, daß Grass' Theaterstücke schlecht seien: Solche allzu naheliegenden Urteilen halten jedoch dem zweiten Blick, einer Deutungsmethodik zwischen Vorder- und Hintergrund, in allen Fällen nicht stand. Gerade die Geschichte der Frau Greff ist vordergründig – um das hier ausgesparte Wort zu verwenden - eine ziemliche ‚Scheiße', ein Hohn auf die Vergewaltigungsopfer: Was sie eigentlich ist, hoffe ich gezeigt zu haben. In meinen Leseerfahrungen mit Grass ist es fast durchgängig so, daß sich hinter vordergründig sehr Schlechten wunderschöne ‚Gedichte' verbargen: Diese Erkenntnisse, die etwa meine Dissertation zu „Katz und Maus" ein wenig über die Ufer treten ließen, legen es nahe, auch solche Urteile zumindest nach dreißig Jahren anzuzweifeln.

Ähnlich ‚zurückhaltend' fährt Reich-Ranicki fort: Grass ‚schlummerte' in der vornehmen Hotelhalle, war nachlässig gekleidet und unrasiert, hatte eine ganze Flasche Wodka getrunken, hatte im Literarischen „keine Ahnung von Ackerbau und Viehzucht": Es mag ja sein, daß dieses denkwürdige Ereignis vom noch unbekannten Großschriftsteller, der seinen noch unbekannten Hauptkritiker trifft, unter dem Unstern eines Alkohol-Exzesses stand – und natürlich würde, gesetzt daß Reich-Ranicki hier nicht übertreibt, durch Grass' Verhalten die Reaktion Reich-Ranickis, um die es hier gehen wird, auch begreiflicher. Daß Reich-Ranicki Grass hier allerdings ein zu geringes Lektüre-Pensum ankreiden zu können glaubt, ist - und das dürfte Reich-Ranicki mittlerweile wissen – auch nur ‚erster Eindruck' gewesen: Schon in die *Blechtrommel* ist – nachweislich - sehr viel Literatur eingeflossen; bei diesem Text von 1990 jedoch ist das Aufwärmen eines solchen Vorwurfs sehr fragwürdig: Es ist bekannt, daß Grass sehr viel liest, daß er sehr gründlich recherchiert, daß ihm zum Beispiel für ein Buch wie „Das Treffen in Telgte" das Wissen eines Barockspezialisten zugesprochen wurde. Solche – dummen oder zumindest: dummgewordenen – Vorwürfe stehen im Gefolge der Kontroversen zwischen Grass und der Groß-Kritik zu seinem Buch „Die Rättin"; sie sind sozusagen auch Vorfeld für die ‚Zeitgeist'-Überlegungen des Vorworts, die Überlegungen zum ‚Sekundären, das sich vor das Primäre geschoben habe'. Grass erhebt auf dieser Basis - in sehr berechtigter Form - den umgekehrten Vorwurf: Gerade Reich-Ranicki, der Viel-Leser, der seine ex cathedra verkündeten Urteile zur deutschen Gegenwartsliteratur nicht eben durch allzu intensive Lektüreformen in Frage stellt, ist herausragender Exponent solchen ‚Zeitgeistes' geworden. Rezensenten sollten auch wahrnehmen, daß Autoren so, wie Deutschlehrer, die den Aspekt Verwendbarkeit im Unterricht in ihren Lektüren kaum abstellen können, auch schlicht anders lesen: Sie lesen meist viel kleinschrittiger, suchen Problemlösungsformen für eigene Schreibprobleme, lesen auf handwerkliche Vergleichbarkeiten und Unterschiede hin⁴.

---

[3] Ebda., S.158.

[4] Ein Beispiel dafür, daß diese Leseformen auch literaturwissenschaftlich ernster genommen werden sollten, ist die Lehrer-Schüler-Beziehung zwischen Grass und Döblin: Grass hat in seiner Fortführung Döblin'scher Metaphern- und Analysetechniken das Problem des Döblin'schen Metapherngebrauchs, das in der Döblin-Forschung – meines Wissens - durchaus nicht gelöst ist, adhoc erklären können. Vgl. den Aufsatz „Günter Grass und das Metaphernproblem" in dieser Sammlung.

Auch Anderes, Privateres, steht hier im Raum: So soll laut Reich-Ranicki sehr viel später der Autor des ‚Tagebuchs einer Schnecke' einen seiner ‚Witze' nicht verstanden haben: „Grass erblaßte und zündete sich mit zitternder Hand eine Zigarette an", als Reich-Ranicki fragte, ob er dann nicht „an den Honoraren für sein Tagebuch einer Schnecke beteiligt sein sollte"; da Grass hier ja sehr viele seiner Erlebnisse verarbeitet und jenem Hermann Ott, genannt „Zweifel" zugewiesen habe. Bei soviel Geldgier des Autors muß dem dann auch „hörbar ein Stein vom Herzen" fallen, als das Ganze mit einer Graphik und einem Essen beglichen werden kann [5]. Die zweifellos längere Leitung des Autors diesem Witzchen gegenüber könnte auch anders, durch das Entstehen eines anderen ‚Zweifels' erklärt werden. Denn gerade in diesem Artikel gibt sich Reich-Ranicki sehr viel Mühe, der Widmung auf seiner Grass-Graphik „Für meinen Freund (Zweifel) Marcel Reich-Ranicki" – „Immerhin: ein Witz, beinahe ein Wortspiel." [6] – aufs Kritischste zu entsprechen! Reich-Ranicki ist – so kann man hier wohl auch folgern - als Schlüsselfigur im „Tagebuch" mit den Darstellungsformen zu seinen Geschichten nicht so recht zufrieden: Allein – dazu hat er sich noch nicht geäußert!

Doch kommen wir zur Hauptsache:

Wahr hingegen ist: Nach dem langweiligen Spaziergang in Warschau telephonierte ich mit Andrzej Wirth, dem ich erzählte, daß ich Grass in der leeren Hotelhalle nicht finden konnte. Der einzige Mann, der da saß, habe nicht wie ein Schriftsteller aus dem Wirtschaftswunderland ausgesehen, sondern wie ein ehemaliger bulgarischer Partisan, der jetzt in Sofia als Sportfunktionär tätig ist und den man nach Warschau geschickt hat, um irgendeinen Länderkampf zu vereinbaren. [7]

Ein Witz war es also, geboren aus dem Ärger über verschwendete Zeit, ein Witz, den Grass nicht verstanden haben soll: Reich-Ranicki war nicht irritiert; er war verärgert - und gleichzeitig überzeugt, daß dieser Roman nur ‚Blech' werden konnte, was er ja dann auch wurde: Es ist sehr bedauerlich, daß dies den späteren Professor nicht mehr weitergehend ‚verstört' hatte! Denn daß Grass diesen Witz unbedingt verstanden hatte, zeigt die Stelle im Roman, an der er ihn aufgriff. Weil Reich-Ranicki Grass hier zum ‚bulgarischen Partisanen' machte, machte Grass ihn, im Gegenzug, zu ‚seinem', ‚polnischen Partisanen': Hier wäre daran zu erinnern, daß das Wort ‚Partisan' eben ursprünglich ‚Parteigänger' bedeutet.

Wie paßt es? Die Grass'sche Rückreise über Warschau fände sich situiert in Oskars Flucht aus Polen, in den Partisanenszenen des Kapitels „Wachstum im Güterwagen". Ich übersetze, spreche bildlich: Reich-Ranicki und Grass wären, er als ‚polnischer Partisan' und Grass als Alter Ego Oskar, damit beschäftigt gewesen, in einem Fotoalbum, jenem Roman, den Grass plante, zu blättern. Könnte das passen? Hier noch nicht! Zu der Szene im Güterwagen paßt die ‚Partisanen'-Szene in Warschau zunächst einmal nur im Sinne dessen, was die Partisanen im Güterwagen zuvörderst tun. Man hatte ja noch nicht ‚geplaudert'; noch war – durch das die Schriftsteller-Identität verweigernde Diktum vom bulgarischen Spion oder Partisan – eben kein richtiges Gespräch zustandegekommen. Reich-Ranicki, der ‚polnische Partisan', hatte Grass in Warschau durch den

---

[5] Vgl. Reich-Ranicki, Günter Grass, l. c., S.163.

[6] Ebda., S.164.

[7] Ebda., 165.

originellen Witz vom ‚bulgarischen Partisan' und seinen frühen Ausstieg aus der Geschichte vom wahnsinnigen Zwerg mit Buckel sozusagen nur sein ‚letztes Hemd' geraubt, ihm seine Selbstdefinition als Schriftsteller abgesprochen. Wann aber gab es das einvernehmliche Blättern im Fotoalbum zwischen den beiden? Und was soll es bedeuten, daß dabei, aus Rücksicht auf den ‚polnischen Parteigänger', „vor den Augen des kritischen Mannes und zu dessen Zufriedenheit, die fotografierten Parteiabzeichen weggekratzt" (vgl. II, 522) werden, damit sie – im Album wie im Roman – gerade in dieser Eigenschaft umso stärker auffallen mußten? Wieso sollte ausgerechnet Reich-Ranicki, ein Opfer der deutschen Besatzung, nun verlangen, daß die Parteiabzeichen verschwinden sollten?

Innerhalb der Strukturen des Romans, in denen es eben um Fragwürdigkeiten in der sogenannten Vergangenheitsbewältigung geht, ist klar, daß hier eine Ausrede Oskars deutlich gemacht werden soll. Das Wegkratzen von Parteiabzeichen in realen Fotoalben ist nach dem Krieg ein deutliches Signum dafür, daß der Besitzer des Albums seine eigene und die nationalsozialistische Vergangenheit seiner Familienmitglieder leugnen möchte. Die Ausrede „Das hat ein polnischer Partisan, dem die Abzeichen mißfielen, von mir verlangt!" ist in dem Fall, daß solche Spuren entdeckt werden, nicht ganz ungeschickt. Gibt es andererseits dann auch in diesem Motiv Biographisches, das in die Geschichte vom Alter Ego Oskar und seinem ‚unverbesserlichen polnischen Partisanen' übersetzt wurde?

Die Lösung des Rätselchens liefert Reich-Ranicki dann in seiner Version der Geschichte. Das Treffen in Warschau, das – wie die gesamte Reise nach Polen – unter ‚Anerkennungsschwierigkeiten' stand, hatte – kurz nachdem der ‚Partisan' den Schriftsteller nicht ‚anerkannt', ihm sozusagen das letzte Hemd genommen hatte, doch lange bevor die unselige Geschichte zwischen Grass und Reich-Ranicki einsetzte, – die andere, die sehr viel versprechende Fortsetzung:

> Wenige Wochen später verließ ich Polen, im Oktober nahm ich an der Tagung der »Gruppe 47« in Großholzleute teil. Grass las zwei Kapitel aus der immer noch im Entstehen begriffenen *Blechtrommel*. Beide Kapitel hatten mich beeindruckt, ja nahezu begeistert – übrigens in höherem Maße als der im folgenden Jahr erschienene Roman.[8]

Damals also, im Oktober 1958, als die *Blechtrommel* noch immer ‚im Entstehen begriffen war', gab es die andere ‚Gelegenheit', gab es – sozusagen – das einvernehmliche Blättern im Fotoalbum, wobei, wie im Romangeschehen im Güterwagen, die ersten zwei Kapitel, das Bild von Großmutter und Großvater, im Zentrum standen: Eben diese Kapitel hatte Grass dort gelesen; eben diese ‚Fotos' hatten den Kritiker „beeindruckt, ja nahezu begeistert". Damals, in Großholzleute, gab es eben auch dadurch, daß der Kritiker sein erstes ‚Partisanen'-Vorurteil so schnell unterwanderte, ein vielversprechendes erstes Beispiel für jene ‚unverbesserliche, sich selbst unterwandernde' Haltung, die im politischen Bereich unsinnig ist, im künstlerischen Bereich aber sehr viel Sinn macht:

> Dieser Partisan soll - wie mich Herr Matzerath gerade belehren will - im Gegensatz zu vielen unechten Partisanen ein echter Partisan gewesen sein. Denn hier wird behauptet: Partisane sind nie zeitweilig Partisane, sondern sind immer und andauernd Partisane, die gestürzte Regierungen in

---

[8] Ebda., 162.

den Sattel heben, und gerade mit Hilfe der Partisane in den Sattel gehobene Regierungen stürzen. Unverbesserliche, sich selbst unterwandernde Partisane sind, nach Herrn Matzeraths These - was mir eigentlich einleuchten sollte - unter allen der Politik verschriebenen Menschen die künstlerisch begabtesten, weil sie sofort verwerfen, was sie gerade geschaffen haben.
Ähnliches kann ich von mir behaupten. Kommt es nicht oft genug vor, daß meine Knotengeburten, kaum daß sie im Gips einen Halt bekommen haben, mit der Faust zertrümmert werden? (II, 522)

Er hätte ein ‚echter Partisan' werden können, dieser ‚Beinahe'-Parteigänger aus Polen, wenn er öfter wiederholt hätte, was er hier getan hatte, wenn er ‚sich selbst unterwandert' hätte. Schon als der Roman ein Jahr später vollständig erschien, war sein Urteil schon wieder ein anderes – und mittlerweile ist es – leider – wohl gar nicht mehr so leicht, ‚sich zu unterwandern', weil das, was zu unterwandern wäre, sich in dreißig Jahren über Gebühr angehäuft hat. Die unsinnige, nur auf eine Perpetuierung von Zerstörung hinauslaufende Theorie vom ‚echten Partisanen' in politischer Hinsicht mag dabei auch einen Hinweis darauf abgeben, daß es Grass nicht so sehr auf das Bild einer Großmutter ankam, von dem der ‚Partisan' so angetan war, sondern vor allem auf das Politische in diesem Roman, daß er in diesem Feld auf den ‚sich selbst unterwandernden Partisanen', der Unsinn als Unsinn erkennt, gesetzt hatte. Denn in diesem politischen Feld ergänzte Reich-Ranicki das Gespräch zwischen dem ‚Partisanen' und dem ‚Ego' zum ‚Alter Ego' in Großholzleute auch durch so etwas wie das einvernehmliche ‚Auskratzen' der Parteiabzeichen, das im Roman eben in die Sparte „Blech" und Vergangenheitsbewältigungs-Unsinn gehört. Und doch scheint es, damals in Großholzleute, ein sehr sinnvolles Pendant zu solch verräterischem ‚Auskratzen der Parteiabzeichen' gewesen zu sein, das - umgekehrt - den Schriftsteller Grass an seinem ‚Beinahe'-Parteigänger aus Polen in hohem Maße beeindruckt haben muß:

Am Abend saßen wir in Großholzleute beim Wein. Jemand bat mich, ein wenig über meine Erlebnisse in Warschau während der deutschen Besatzung zu erzählen. Um nicht die Laune der Anwesenden zu verderben – schließlich waren alle, die da am Tisch saßen, während des Krieges Soldaten gewesen, einige vermutlich in Polen – wählte ich ein besonders harmlose Episoden aus. Hinterher fragte mich Grass, ob ich dies zu schreiben gedenke. Da ich verneinte, bat er mich um Erlaubnis, einige dieser Motive zu verwenden. Erst viele Jahre später publizierte er sein Tagebuch einer Schnecke, in dem ich meine Erlebnisse wiederfand – er hatte sie einem Lehrer mit dem Spitznamen »Zweifel« zugeschanzt. [9]

Das war es wohl: Diese ‚sich selbst unterwandernde' Haltung des Zweiflers, die Rücksicht des Opfers auf die potentiellen Täter, hat Grass, den Schriftsteller in dieser Geburtsstunde seiner Bekanntheit und öffentlichen Anerkennung, am ebenfalls noch unbekannten Kritiker fasziniert. Daß Reich-Ranicki dann mit der Form, in der er seine „Erlebnisse wiederfand", nicht so recht zufrieden gewesen sein mag, läßt sich hier schon dem Wörtchen „zugeschanzt" ablesen: Doch ich kann mir nicht vorstellen, daß diese Erlebnisse eine unsensible ‚Verschlüsselungsform' gefunden hätten. Vielleicht rührt solch latenter Ärger über die Form, in der er hier Literatur wurde, aus einer anderen Entwicklung: Das anfängliche Selbstbild des ‚Zweiflers' trifft nicht mehr zu; Reich-Ranicki ist dort schon allzu sehr auf dem Weg zu jener Rolle des ‚Literaturpapstes', der mit solchen Anfängen abgeschlossen hat.

---

[9] Ebda., 163.

Für mich ist und bleibt erstaunlich, wie nahe bei diesem Kritiker jeweils das Verständnis zum Mißverständnis lag, mit welchem Gespür er die offene Tür im Werk fand – um sie dann kraftvoll zuzuwerfen. „Die Karikatur einer Karikatur ist nicht mehr möglich" dozierte Reich-Ranicki [10] zu Oskars Verwandlung am Übergang in die Nachkriegszeit, als Grass ihn ‚verwachsen' läßt und ihm einen Buckel ‚aufbürdet'. Da setzt Reich-Ranicki ja heimlich voraus, daß ein Autor, der fünf Jahre und länger an einem solchen Text arbeitet, so blöd sein kann, einen solch zentralen Stilbruch nicht zu bemerken. Er hätte hier nicht so stolz darauf sein dürfen, den Stilbruch entdeckt und - im doppelten Sinne – ‚blendend' ausgedrückt zu haben: Der Stilbruch kann eben auch ein Mittel sein, einen falschen Stil – bis hin zum falschen Lebensstil – aufzubrechen.

Reich-Ranicki hatte bei den Schriftstellern in Großholzleute anscheinend gespürt, daß er es, einer heimlichen, einer unausgesprochenen Tendenz nach, mit ‚Karikaturen einer Karikatur' zu tun hatte: Diese Soldaten sind, wie Grass mit seinem ‚siebzehn Jahre alten Unverstand', von der nationalsozialistischen Propaganda zu ‚Karikaturen ihrer selbst' gemacht worden; die Formen, wie sie damit umgehen, wie sie es vielleicht leugnen wollen und doch nicht können, sind, vor allem bei mangelnden Fähigkeiten, sich selbst zu unterwandern, sozusagen Karikaturen dieser Karikatur. Dieser Stilbruch lag in der Luft! Reich-Ranicki selbst trug ihm Rechnung.

Auch Reich-Ranicki war damals noch ein unbeschriebenes Blatt; auch sein Bekanntwerden setzte mehr oder weniger nach diesem Treffen ein. Deshalb traute Grass ihm, obwohl oder weil Reich-Ranicki ihn in Warschau durch den originellen Witz vom ‚bulgarischen Partisan' und seinen frühen Ausstieg aus der Geschichte vom wahnsinnigen Zwerg mit Buckel sozusagen wie ein Partisan im Güterwagen seines ‚letzten Hemdes' beraubt hatte, jene andere ‚Parteigänger'-Rolle zu, die Muster für den Weg des Interpreten zur jeweils besseren - nicht zur überzeitlich ‚richtigen' -Interpretation sein kann. Reich-Ranicki sprach ihm, auf der Basis seines Literaturverständnisses, die Schreibfähigkeiten mit dem sehr viel Phantasie beweisenden Insider-Witzchen vom bulgarischen Partisanen ab – und übersah doch, wie all jene polnischen Partisanen im Güterwagen, ein Juwel, das Rubinencollier einer ‚armen Mama', das sich in diesem Gepäck, ausgerechnet in den von einem Juden gestifteten Desinfektionsmitteln befand: Die Beziehung der Figur des Herrn Fajngold zu Paul Celan wurde bereits erörtert.

Reich-Ranicki hat jenes Buch, in dem Grass ihn mit seiner und seinen Geschichte(n) in einer von ihm erfundenen Geschichte als der personifizierte „Zweifel" auftreten ließ, – soweit ich weiß - nicht besprochen, vermutlich eben dieser Schlüssel-Beziehung wegen. Ich halte es für sehr wünschenswert, daß er dieses ‚Tagebuch' – sine ira et studio - untersuchte, daß das biographische Unterfutter auch dieser Geschichten deutlich würde. Jener Herr Zweifel alias Hermann Ott ist eine geradezu faszinierende Figur; der Herr Reich-Ranicki, so, wie ich ihn als Grass-Zeitgenossen und dezidierter ‚Nicht-Parteigänger' kennengelernt habe, ist das zumindest seit jenen Ereignissen aus dem Umkreis der ‚Rättin' und des ‚weiten Feldes' nicht mehr.

---

[10] Marcel Reich-Ranicki: Unser grimmiger Idylliker. In: Günter Grass, l.c., S.43.

Ist sie noch möglich, die Rückkehr zu den Wurzeln, die Rückkehr zu jener Leichtigkeit, in der ein Witzchen das andere nach sich zog? Grass hat dem Insider-Witz vom bulgarischen Partisan den anderen Phantasiebeweis, die Interpretationstheorie für seinen ‚unverbesserlichen, sich selbst unterwandernden Partisanen' beigepackt. Erst von daher kam ich überhaupt auf diese Querverbindung: Nicht erklären konnte ich mir den politischen Unsinn in diesem Bild; sehr wohl erklären konnte ich mir jedoch die Verbindung dieses Bildes vom ewigen Partisanen, das im Bildbereich einer Zerstörungs- und Plünderungsgeschichte nur ‚getrommeltes Blech' ist, mit der rastlosen ‚Nachbildungstätigkeit' des Pflegers Bruno von einem erstarrten Gewebe zum nächsten, von einem Interpreten-Textum zum folgenden. Der Pfleger Bruno ist das in den Roman integrierte Bild des Lesers als ‚Koproduzenten' des Autors und seines Erzählers.

Ein Beispiel: Bruno knüpft die Fadenlandschaft „Europa". Da gibt es unter anderen Figurengruppen „Menschen auf der Tribüne. Menschen vor der Tribüne." (II, 518) Menschen unter der Tribüne gibt es nicht: Und in der Tat macht es sehr viel Sinn, sich Oskars Tribünengeschichten in dieser Form ‚zusammenzustricken' und sie so ‚erstarren' zu lassen. Oskars angebliche Widerstandstätigkeit unter den Tribünen kann man auch schlicht streichen. Er kann sich hier ganz schlicht in eine Art historisches Vakuum hineingesetzt haben: Den Trommler unter der Tribüne, der dem Sonntagsvolk vor der Tribüne den Walzertakt vorgetrommelt haben und so eine Kundgebung zum Platzen gebracht haben will, braucht es nicht, um den historischen Tatbestand vom Platzen einer Sonntagskundgebung zu erklären. Die Leute hatten diesen Takt in sich, wollten eher dem Walzer als den Takten der Politik lauschen, hörten den Walzer aus jenem ‚Kraut und Rüben'-Getrommel, das ihnen vorgesetzt wurde, heraus. Im „Blechtrommel"-Film ist es bezeichnenderweise letzten Endes ein Platzregen, der die Versammlung ‚platzen' läßt.

Reich-Ranicki, der sein frühes ‚Partisanen'-Urteil so schnell, noch vor dem Erscheinen des Romans, revidierte, hätte einige Voraussetzungen dazu mitgebracht, den späteren ‚Versuch in eigener Sache' viel früher vollziehen zu können. Denn an die Partisanenstelle im Roman schließt jener im übertragenen Sinne gegebene ‚Verknüpfungsauftrag' an, der zur Entdeckung des Bildes eines ‚Patienten' hinter ‚übersteigerten Ähnlichkeiten' führte.

> Ich denke da besonders an jenen Auftrag, den mir mein Patient vor Monaten gab, der da hieß, ich möchte aus schlichtem Bindfaden den russischen Gesundbeter Rasputin und den deutschen Dichterfürsten Goethe zu einer einzigen Person knüpfen, die dann, auf Verlangen meines Patienten, eine übersteigerte Ähnlichkeit mit ihm, dem Auftraggeber haben sollte. (II,522)

Grass scheint sich gewünscht zu haben, daß gerade dieser polnische Parteigänger seinen ‚Auftrag' verstünde, daß gerade er in der Lage sei, etwa in der Geschichte der Lina Greff, die die Geschichte vom Tod der Mutter ‚übersetzt', Rasputin und Goethe zu einer einzigen, etwa im schlichten ‚Doppelgriff' von ‚Hose öffnen und Hose schließen' ironisch geeinten, „einzigen Person" zu knüpfen. Hinter dieser ‚übersteigerten Ähnlichkeit' wäre schon viel früher jenes Bild eines ‚Patienten', eines Leidenden, zu entdecken gewesen: Das Bild des Autors Grass, der am Tode seiner Mutter litt.

Es mag sein, daß Grass ihn mit solchem ‚Auftrag' überfordert hat. Was der Leser Marcel Reich-Ranicki danach wurde, ließ ihm, dem Kritiker, nicht die Zeit für ein solches Intensiv-Lesen, wie ich es hier praktiziere. Die in der oben per Widmung angedeuteten ‚Zweifel' darüber, ob er je Grass' „Freund" war, sollte Reich-Ranicki jedoch in der Tat – und das wäre zum Beispiel eine Besprechung des ‚Tagebuches' - wieder aufgreifen: Er müßte dazu nicht sein ‚polnischer Parteigänger' werden! In dieser Geschichte vom Schriftsteller und seinem Kritiker wäre – mit einer wirklichen ‚Selbstkritik des Kritikers' – einiges verzeihbar: Den theoretischen Rahmen dafür hat Reich-Ranicki in der „Selbstkritik des »Blechtrommel«-Kritikers selbst abgesteckt. Eingelöst hat er ihn damals, als ihm seine Kritik noch „im großen und ganzen richtig" [11] erscheinen wollte, nicht!

In dem Vortrag „Der lernende Lehrer – Warum ich bei Hermann Ott, genannt Dr. Zweifel, gern in die Schule gegangen wäre"[12] trug Grass, nunmehr ohne Reich-Ranicki zu nennen, ohne zu erwähnen, daß er dessen Erlebnisse „einem Lehrer mit dem Spitznamen »Zweifel« zugeschanzt[13]„ hatte, einen neuen Aspekt nach: Er wäre gerne bei diesem ‚Dr. Zweifel', den er ‚nicht oder nur andeutungsweise erlebt hatte', der ihm ‚ersatzweise aus Bruchstücken und Wünschen entstanden' ist, in die Schule gegangen. Reich-Ranicki, der literarische Oberlehrer, war das nicht mehr: Ein „Dr. Zweifel", ein lernender Lehrer, bei dem er auch gerne in die andere, die literarische Schule gegangen wäre, dessen Kritik ihn in irgendeiner Form hätte weiterführen können...! Er hat ihn einstweilen weit hinter sich gelassen!

---

[11] Vgl. Marcel Reich-Ranicki: Selbstkritik des »Blechtrommel«-Kritikers. In: Günter Grass, l.c., S.20 – 28. Hier: S.26.

[12] Günter Grass: Der lernende Lehrer. In: Die Zeit, Nr. 21, 20. Mai 1999, S.41 - 43

[13] Reich-Ranicki, Günter Grass, l.c.., S. 163.

I. Günter Grass und das Metaphernproblem[1]

„Bilderverkneifen" und „Sucht zum Gegenstand" am Beispiel des Gemüsehändlers Greff in der „Blechtrommel"

A. Werkexterne Äußerungen und die Exposition der „Blechtrommel"

1. Werktheoretische Äußerungen zur Metaphorik vom ‚Schüler Grass' zurück zum ‚Lehrer Döblin'

Wer immer Metaphern oder Symbole im Werk von Günter Grass untersucht, muß seine Ergebnisse an wiederholten werktheoretischen Äußerungen messen lassen, in denen Grass diesen Werkzugang scheinbar völlig ablehnt! Am Anfang der Grass-Rezeption gab es gar Anlaß zu einem regelrechten Streit, den Volker Neuhaus wie folgt referiert:

> Seinen Ausspruch: „Symbols are nonsense - when I write about potatoes, I mean potatoes' ('Life' LVIII, 22, S.51) nahm man ihm sehr übel und tat ihn als „Schabernack" ab (Enderstein, (...), S.5, vgl. auch, was Grass zu Schwarz (...) gesagt hat: „Ich habe einmal einem erklärt, wenn ich über Kartoffeln schreibe, meine ich Kartoffeln. Das hat der natürlich nicht geglaubt)"[2]

„Schabernack" wäre spätestens in den Wiederholungen unter Niveau. Grass mokiert sich über Versuche, den von Werkgrundsätzen sprechenden Autor bei der Kollision mit eigenen Interpretationsergebnissen kurzerhand zu entmündigen; wenn er hier sein ‚Kartoffelrätsel' reformuliert, widerspricht er literaturwissenschaftlicher Besserwisserei[3]. Und ein Rätsel ist dieser Spruch in der Tat. Die zunächst einfachste Konsequenz scheidet sofort aus: Der Grundsatz, daß Grass über Kartoffeln schreibend Kartoffeln meine, kann nicht bedeuten, daß in seinem Werk Kartoffeln nicht als Bildspender fungieren. Jede Grass-Interpretation benötigt ihre Metaphern- oder Symbolteile: Wer „Die Blechtrommel" nur anliest, trifft - ausgerechnet Kartoffeln - auf jene bildträchtige Kartoffelmuhme, die als ‚Große Mutter' einherkommt und gewissermaßen einen Kartoffelkorb von Bildtraditionen bis hinein in die Psychoanalyse mit sich schleppt. Wenn also über diesen werkexternen Spruch der werkinterne Befund „Der Autor erklärt (s)eine

---

[1] Ich belasse diesen bisher unveröffentlichten Aufsatz - trotz einiger Wiederholungen – in einer Version, wie ich ihn an Grass geschickt habe

[2] Zitiert nach Volker Neuhaus: Günter Grass. Stuttgart 1979, S.22.

[3] Tatsächlich unter Niveau, auf der Interpretenseite, wäre etwa die folgende Äußerung: „Warum streitet der Autor ab, daß er Symbole, Zeichen etc. gebraucht. Ist ihm die übertragene Bedeutung von ‚Katz und Maus' wirklich nicht bewußt? Wir ziehen vor zu glauben, daß der Autor den Leser um der Publicity willen an der Nase herumführt?" (Ruhleder, THE GERMAN QUARTERLY, 1966, Nr. 4, S. 612). Bevor man zu diesem Totschlag-Argument greift, sollte man eher die eigenen Ergebnisse in Frage stellen und ‚vorziehen zu glauben', daß sie überarbeitet werden müssen.

Welt in poetischen Bildern" ausgeschlossen werden müßte, wären im Umkehrschluß davon alle vorliegenden Grass-Interpretationen betroffen.[4]

Auch Grass betont das Primat des literarischen Werkes. Nicht zuletzt deshalb sind seine werktheoretischen Hinweisen verrätselt - und ihrerseits interpretationsbedürftig. Der Autor lehnt es ab, als sein eigener Interpret aufzutreten: Sein Werk soll sprechen, da es - wie Grass selbst es im Bezug auf seinen ‚Lehrer Döblin' formulierte - ‚mehr zu sein hat als sein Autor'. Werkextern ist deshalb allenfalls der grundsätzlich erklärungsbedürftige Hinweis zu interpretatorischen Möglichkeiten zu erwarten, die übersehen worden sind; es geht - noch- nicht um einen poetischen Mehrwert des Buches, über den der Autor nicht oder noch nicht sprechen kann, sondern um Grundsätze des Werks: Und hier ist dem Autor einfach die größere Kompetenz einzuräumen. Grass verdichtet in solchen Hinweisen grundsätzliche Innovationen zur apodiktischen Sentenz: Der Kartoffelspruch schließt Interpretationen aus, die unhinterfragt aus Bildern auf Autoren-Intentionen schließen. Diese Sentenz sucht also die Konfrontation mit geradezu selbstverständlichen Leser-Erwartungen im Felde der Bildverwendung: Es müssen andere als die gewohnten Erklärungsmuster gefunden werden.

Ist es denn wirklich der Autor, der aus einer realistisch konzipierten Frau die ‚Frau Welt' herbeimetaphorisiert, der aus einer Anna Koljaiczek die Große Mutter in ihrer Kartoffel-Muhme-Spielart macht? Der Literaturwissenschaftler, der sich hier auf archeteypischen Spielwiesen angekommen wähnt und hier vielleicht sogar auf eine Äußerungsform des ‚Unbewußten' im Autor oder der Gesellschaft schließen möchte, sollte auch die geradezu peinliche Dummheit wahrnehmen, mit der dieser Autor - nennen wir ihn Oskar - die eigene Oma im Bild verschandelt: Sie mißrät ihm allen Ernstes zum Demeter-Pendant, zum weiblichen Weltgeist einer Kartoffelackerwelt, auf der Kartoffel-Menschen wie ohne Geschlecht und Sexualität wachsen und sich mehren. So zu erzählen setzt voraus, daß ‚ein Autor' auch in seinen Zielen eher ‚zur Nabelschnur zurück' will. Das Bild, das zu psychoanalysierenden Techniken einlädt, ist nicht mehr, was es vor der weiten Verbreitung psychoanalytischer Erklärungsmuster etwa durch Freud und Jung gewesen sein mag: Hier lädt ein Autor bewußt zu einer Psycho-Analyse ein, die wenig mit seinem Unbewußten zu tun hat. Werkintern sind Dummheiten und Pathologieverdachtsmomente zur Bildkonstruktion unübersehbar: Schon der Ort der Erzähl-Handlung legt Kritik nahe. Der einen Roman schreibende und zugleich sein Leben beschreibende Erzähler-Autor - denn Oskar ist ebenfalls ein Schriftsteller - ist „Insasse einer Heil- und Pflegeanstalt" - und daß der Autor eben dies nicht ist, will grundsätzlich auch im Bereich der verwendeten Bilder etwas bedeuten. Schon der Erzähl-Ort legt nahe, eher die Bilder auf ‚Verrücktheiten' zu untersuchen als an und in ihnen den Autor erkennen zu wollen.

---

[4] Auch Neuhaus suchte die ernsthafte Lösung für dieses Problem und glaubte, sie in einer Verbindung des Metapher-Problems mit einer erklärungsbedürftigen Grass'schen „Sucht zum Gegenstand" gefunden zu haben. Ich widerspreche dieser Lösung, möchte jedoch an dieser Stelle in Hinblick auf eine Kritik an meinen Ansätzen festhalten: auch gegen Neuhaus könnte man den methodenreflexive Einwand erhoben werden, daß er das Primat des Werks unterlaufe und in diesem Bereich von der sekundären Autorenäußerung herkomme. Auch Neuhaus nimmt diese Äußerungen zu Prinzipien der Bilder-Verwendung oder zur prinzipiellen Nichtverwendung von Bildern so ernst, daß er sie zum Interpretationsprinzip macht. Hier muß der über sein Werk sprechende Autor einfach recht haben!

Im ‚Weltbilde' anhand der eigenen Oma als Bildspenderin ist ein ‚Weltgeist'-Größenwahn und pathologieverdächtige Dummheit also schon über einen dem Autoren vorgesetzten Erzähler-Bildner aus- und nachgewiesen: Es eröffnet sich sofort die Frage nach dem Sinn einer solchen Erzählkonzeption. Warum wählt sich ein Autor dieses gewissermaßen ‚dümmstmögliche' und ohne jeden Zweifel verrückte Sprachrohr als Zugang zu seiner erfundenen Welt? Erst dann kann eine ‚Sucht zum Gegenstand' in den Bereich der Betrachtung gerückt werden; erst dann fällt bei Grass eben auch auf, daß er, der seine Erzähler Metaphern erfinden läßt, geradezu ‚süchtig' am einfachen Gegenstande klebt, der zum Bilde taugen mag: Die „Hundejahre" etwa sollten in einem ersten Arbeitstitel „Kartoffelschalen" heißen. Erzählen sollte in eine Analogiebeziehung zu diesem Abfallprodukt des Kartoffelschälens gerückt; wiederaufgegriffen wurde dieser Komplex im „Butt". Die Reihe ließe sich fortführen, die Beschränkung auf Kartoffeln aufheben: Es gibt kaum größere Grass-Werke, in denen die Kartoffel nicht nach Metaphorisierungen verlangt, ganz zu schweigen davon, daß der Spruch alles, was zum Bilde taugt, zu betreffen hat! Was meint der Autor, wenn er seine ‚Gegenstandssucht' delegiert, wenn seine Erzähler ähnlich und doch grundsätzlich anders ‚gegenstandssüchtig' ganze Bücher über Blechtrommeln, Katzen, Mäuse und Hunde schreiben? Auch wenn jeder Bildgebrauch allgemein problematisch ist, weil man sich Rationalitäten aus einem der gemeinten Sache gegenüber fremden Bildbereiche ‚borgt': Ohne den Rekurs auf Bilder geht es grundsätzlich eben auch nicht. Von einem nur gegenstands- oder sachorientierten Schreiben des Autors wäre doch nur Langeweile schlechthin zu erwarten: Neuigkeiten über Haustiere oder was Sie schon immer über Blechtrommeln wissen wollten... Die vordergründige Diskrepanz zwischen Aussage und Werk ist so überdeutlich wie der werkintern vorgeschlagene Weg ihrer Auflösung in den Verücktheiten der Erzähler: Dann erst kann - mit der Frage nach dem Sinn einer solch umständlichen Erzähler-Autor-Diskrepanz - der Schluß auf Intentionen des Autors erfolgen.

Da die Erklärungsinsuffizienzen der Metapher nicht eben neu sind, hat auch der Kartoffelspruch seine Vorgeschichte: Alfred Döblin sprach sich mit einer ähnlich radikalen Aussage gegen die Verwendung von Bildern aus [5]. Hier ist zu untersuchen, wie Grass sich diese grundsätzliche Aussage seines ‚Lehrers Döblin' aneignete. In der bekannten Rede betont der Schüler, ‚er verdanke Alfred Döblin viel, mehr noch, er könne sich seine Prosa ohne die futuristische Komponente von Döblins Arbeit nicht vorstellen' (vgl. IX,237). Und schon dieser Satz enthält ein Rätsel, das vordergründig wie der Bilderspruch die Struktur eines Paradoxes hat: Diesen vom Schüler unterstrichenen ‚Lernstoff' einer ‚futuristischen Komponente' hat Döblin sich selbst so nicht zugeschrieben. Und der Schüler unterlegt dem Lehrer die ‚futuristische Komponente' ausgerechnet in der Interpretation des Essays, in dem Döblin dem Futurismus eines Marinetti - und innerhalb dieses Essay auch der Bilderverwendung - eine Absage erteilte, die an Deutlichkeit nichts zu wünschen übrig ließ. Der Begriff des Futurismus scheint für eine Döblin-Interpretation doch so ‚tot', daß es schon fast beleidigend eigenmächtig scheint,

---

[5] Auch bei Döblin, dem Zeitgenossen von Freud und Jung, wäre der Gedanke zu untersuchen, daß Veränderungen der Bildtechniken dem Versuch folgen, Äußerungsformen des kollektiven oder individuellen Unbewußten produktiv und bewußt zu verwenden.

wenn Grass sich vom Lehrer ausgerechnet dort ‚Futuristisches' ableitet, wo Döblin sich diese Kunstrichtung ‚verkneift', wo er seinen „Döblinismus" gegen Marinettis Futurismus abgrenzt. Grass' Argumentation ist hier doch überhaupt nur dann zu verstehen, wenn man ihr die Argumentstruktur unterlegt, daß aus einer ‚toten Kunst' eine in ihren Prinzipien grundverschiedene, wenn auch vordergründig ähnliche, neue Kunst zu entstehen habe. Eine Kunstform wird - mit dem Realismus-Argument etwa, dem Argument, daß sie Wirklichkeitsbereiche übersehe - verworfen; eine neue Form wird errichtet. Die von Döblin angesichts der Realitätsveränderungen seiner Zeit zu ‚toter Kunst' erklärte Richtung, sein ‚Verkneifen' eines Marinetti-Futurismus, ergibt eine neue, völlig anders fundierte ‚futuristische Komponente'. Damit ist der im ‚Manifest' des Lehrers verkündete „Döblinismus" die bessere Form eines ‚Futurismus': Die Notwendigkeit ‚neuer Kunst', die notwendige Reaktion der Kunst auf Wirklichkeitsveränderungen wird anerkannt. Döblin widerspricht jedoch der ‚neuen Kunst' eines Marinetti: Das sei gewissermaßen die ‚Totgeburt' gewesen, im Großen, in ihrer Richtung und Tendenz, wie im Kleinen, in den Folgerungen für das kleinschrittigere Handwerk des Schreibens: Damit wären wir beim Bildgebrauch. Weiterhin eigenmächtig, oder, positiver formuliert: Weiterhin ‚seiner' Terminologie für eine Werktheorie verpflichtet, für die es keine anderen Formulierungsangebote (etwa in der Literaturwissenschaft) gibt, verbindet Grass dann diese ‚futuristische Komponente' seines Lehrers mit seiner vor allem an Camus entwickelten Terminologie einer ‚Absurdität der Geschichte': Vor allem hierin, in der Darstellung dieser ‚Absurditäten' und eines ‚Heldentums wider die Absurdität' sei ihm Döblin Vorbild. Den Absurditätsbegriff hat Döblin meines Wissens in dieser Form auch nicht verwandt.

Ob das später gewonnene ‚Absurditäts'-Formulierungsmuster für Döblins Kunsttheorie und die Döblin-Interpretation trägt, wäre als Aspekt des Allgemeinheitsanspruches zum hier zu behandelnden ‚besonderen' Thema im Rahmen der Döblin-Forschung zu prüfen. Schon Döblin verzahnte das Problem der Kunstrichtung in seinem Essay mit Marinettis Bildgebrauch. Grass referiert, daß Döblin sich gegen „die Sucht" wandte, „Prosa mit Bildern, Analysen, Gleichnissen zu stopfen". Und Döblins ‚Manifest' zu den Bildern erinnert sehr an den späteren Kartoffelspruch des ‚Schülers': Döblin rät dem Kollegen, „er, Marinetti möge sich die Bilder verkneifen". Ein Döblin-Interpret müßte nun ebenfalls vermuten, daß Bilderverwendung im folgenden zumindest für Döblin ‚tote Kunst' sei: Auch hier steht Döblins Werk dem entgegen. Deshalb lohnt es, dem Nachsatz zur apodiktischen Absage an die Bilder, dem Satz „das Bilderverkneifen ist das Problem des Prosaisten"[6], genauer nachzugehen. Dieser Teilsatz ist alles andere als eine Variation der vorherigen Absage an „Bilder" und „Gleichnisse"; der Bereich der hier mitgenannten „Analysen" kann hier nur angedeutet werden.

Nicht die ‚Nichtverwendung' sondern das ‚Verkneifen' von Bildern und Analysen ist also ein generelles, wenn nicht „das" Problem des Prosaisten! Die Formulierung legt doch nahe, schon bei Döblin ‚verkniffene Bilder' und ‚verkniffene Analysen' zu suchen, statt der statischen Alternative ‚Bild' oder ‚Nicht-Bild' nachzugehen: Bilder und Analy-

---

[6] Döblin, zitiert nach Grass IX,239 (Unterstreichung R.S.).

sen sind in den Folgeabläufen eines Prosa-Schreibprozesses einzulösen, dessen Problem das ‚Bilderverkneifen' ist. Es entstehen ‚Bilder', die am Ende eines Teilabschlusses im Schreibprozeß keine mehr sind, die aus einem prosatypischen Schreib-Akt des ‚Bilderverkneifens' entstanden sind: Bilder werden als konstruktive Lügen verwandt, werden aufgebaut und konstruiert mit dem Ziel, sie anschließend zur Lüge zu erklären, sie als auktoriale Mittel aufzuheben. Der Autor ‚verkneift sich' - verbietet sich selbst - die Bilder, indem er seinen Figuren ‚die Bilder verkneift': So wäre eine Doppeldeutigkeit der Nominalisierung „das Bilderverkneifen" aufzulösen. Diese neue Formulierung eines durchaus alten ‚Problems des Prosaisten' verlagert die Aufmerksamkeit des Lesers in die Erzählperspektiven. Wer verkneift wem was? Und auch ‚Analysen' werden dabei, in umgekehrtem Sinne, als falsifikationsbedürftige Konstruktionen gesetzt, werden ebenfalls ‚verkniffen'.[7]

Auch Döblins Prosa ist bekanntlich nicht etwa bildarm; auch hier wird - wenn auch meist unausgesprochen - in Döblins radikalem Bildverdikt eher ‚Schabernack' vermutet: Metaphern werden meist so interpretiert, als ob Werktheorie und Werk jeweils ‚auf einem andern Blatt stünden'. Der eingangs zitierte ‚Kartoffel'-Spruch scheint also Quintessenz einer Lektion zu sein, die Grass seinem ‚Lehrer' verdankt. Auch der Schüler hat für dieses prinzipielle „Problem des Prosaisten" seine Lösung gefunden. Daß Döblins Lösung hier eine andere war, hätte dann aber doch auf einem anderen Blatt zu stehen: Der Lehrer bevorzugt in seiner Prosa die Er-Perspektiven mit personalen Färbungen, die bisweilen - etwa im Falle des Kaiser-Todes - das Auktoriale vollständig in der Subjekti-

---

[7] Grass liefert in der Rede ein kurzes und ebenfalls erläuterungsbedürftiges Interpretationsbeispiel solchen ‚Bilderverkneifens': in diesem Sinne interpretiert er das ‚Traumbild des Kaisers Ferdinand' vom ‚Tausendfuß', ein Bild vom tausendfüßigen Krieg, das Döblin im „Wallenstein" verwendet - oder besser: ‚sich verkneift'. Grass verbindet dieses Bild mit einem in Analysen angelegten Kerngedanken des Romans, der zu diesem Bilde als Sachbereich gehört: wie wirkt sich der Grundsatz, daß der Krieg den Krieg zu ernähren habe, auf die aus, die ihm unterworfen sind. Wenn der Autor ‚setzt' also Döblin oder läßt seine Figuren Bilder ‚setzen', die er sich oder ihnen, den Figuren, dann anschließend ‚verkneift': dem Kaiser träumte ein ‚Bild', das gewissermaßen ein Sinnbild abgeben könnte für den Grundsatz, daß die Basis eines sich selbst ernährenden Krieges sich ihren ‚Überbau' erschafft und ihn bestimmt. Die Figur, der Kaiser selbst, nimmt das Bild gewissermaßen schon von vornehrein als ‚reines Bild' zurück: die eigentliche, die marxistische Bildmöglichkeit einer Wechselbeziehung zwischen Basis und Überbau kann die Figur noch gar nicht kennen. Für die Figur, den Kaiser, war dieses Traumbild zur Kriegsbasis eben ‚nur' ein Traum, ‚nur' eine aus den Möglichkeiten dieser Zeit gedachte Alptraum-Übersetzung dieses Tatbestandes - der Leser, der die Bildverbindung zu dem Spannungsfeld der Kriegsgeschäftemacher um Wallenstein und des von ihnen abhängigen Herrschers stiftet, ist insofern selbst überlassen: nur die Bildmöglichkeit mitsamt ihrer Bezugsmöglichkeit zu jenem marxistischen Kerngedanken ist da, die innerpsychische Traumwelt des Kaisers kann - mit allen Parametern des ‚Nur-Bildes' - ‚innerfiktionale Wirklichkeit', den geschichtswissenschaftlichen Grundsatz vom sich selbst ernährenden Kriege in den Traum-Übersetzung darstellen. Der Kriegs-Wirklichkeit wird das Erklärungsmuster aus dem Ablauf des Traumes aufgepfropft; dieses Muster kann den Leser - über ein Tertium Comparationis - zu Basis und Überbau als Analyse-Muster ‚verleiten'. Dann aber ‚verkneift' Döblin ‚sich' - und mithin seinen Lesern - dieses Bild völlig: am Ende des Buches, wenn es nur noch darum ginge, den Kriegs-Grundsatz einzulösen, den Kaiser und vermeintlich Kriegsherrn vom Überbau des ‚sich selbst ernährenden Krieges' wie im Traum vorweggenommen ‚plattdrücken' zu lassen, ihn einfach nur als fiktionale Figur ‚umzubringen', geschieht ‚ein Wunder', geschieht ‚Magisches': der Kaiser erlebt diese - im doppelten Sinne - ‚platte' Realität seines Ende eben nicht ‚wirklich'. Der in personaler Perspektive an diese Innenwelt herangerückte Leser erlebt hier die im magisch erfahrenen Tod des Kaisers eine Art magische Verwirklichung des vorherigen Alptraums mit; die subjektive Komponente des der Figur gemäßen Todes relativiert die Wirklichkeiten des Kriegsgrundsatzes unter den Prämissen einer anderen Wirklichkeitswahrnehmung. Hier wird gewissermaßen eine Analyse ‚verkniffen': diese Döblin'sche Technik der Standpunktwechsel betont Grass und setzt sie von Brechts und Schillers Umgang mit diesem Kriegsgrundsatz ab.

vität einer Figurenpsyche, einer Persona, auflösen. Der Schüler bevorzugt die Ich-Perspektiven mit einer später zunehmenden Nähe zum Autoren-Ich. Hier soll der Bildgebrauch des in der „Blechtrommel" untersucht werden.

2. ‚Bilderverkneifen' innerhalb einer Opposition von Erzähler und Autor in der Roman-Exposition

Wie also löst Grass dieses von Döblin formulierte „Problem des Prosaisten"? „Symbols are nonsense" erklärt er kategorisch. Wer angesichts der Bildmöglichkeiten-Flut des Werks in dieser Aussage ‚Schabernack' und Unsinn vermutet, übersieht eben, daß gerade in der „Blechtrommel" Schabernack und ‚Unsinn' buchstäblich die Feder führen. Er ist nicht gerade der Prototyp zuverlässigen Erzählens, jener lügende Herr Oskar Matzerath, der in einer Heil- und Pflegeanstalt einen ‚Roman' allerneuester Machart, wenn nicht gar ‚den letztmöglichen Roman' schrieb. Zusätzlich dazu beschrieb er auch noch zugleich ‚sein Leben', vereinte das Fiktionale mit dem, was ihm von seinem Autoren-Gott Grass vorgegebene ‚Wirklichkeit' zu sein hatte: alles im breitest zur Schau getragenen Bewußtsein, ein oder der Gipfel oder Scheitelpunkt der Kunst, das letztmögliche ‚Genie im holden Wahne' zu sein. Die Konzeption des Romans als Produkt Oskars beruht darauf, solchen Unsinn in extenso zu produzieren; als Produkt des Autors Günter Grass beruht sie darauf, solchen ‚Unsinn' aufzuspüren, ihm das Wasser abzugraben. Der Weg aus den Unzuverlässigkeiten dieses „Ich" bis hin zum Autor ist weit und kurz zugleich: Weit ist er, wenn man dem Unsinn Oskars Sinn aufpfropfen möchte, kurz ist er, wenn man diesen Unsinn in eine Gegensatzbeziehung zum Autor setzt.

Schon die Titelmetapher ist in diesem Sinne zwischen Erzähler-und Autorenposition aufzulösen und aufzuspalten: ‚Blech erzählen' heißt umgangssprachlich ‚Unsinn erzählen', etwas ‚trommeln' hieße entsprechend ‚etwas verkünden'. Der Roman „Die Blechtrommel" ist also ein Roman über ein ‚Unsinnsverkündungsinstrument'. Grass greift hier, im Figuren-Roman über einen reichlich zweckentfremdet benutzten Gegenstand, eine ‚Verkündungsliteratur' an, die - pauschal, wie solche ‚unverkniffenen' Bilder nun einmal wirken - unter totalen Unsinnsverdacht gestellt wird: Analog zum Kartoffelspruch meint der Autor, wenn er über blecherne Trommeln schreibt, zunächst einmal genau diese Blechtrommeln. Dieser Umgang mit Metaphern und Symbolen schafft Distanzen gerade dort, wo die Bilder schön, neu, kühn oder reizvoll werden könnten; doch ein Grass-Interpret muß hier zunächst das Werk sprechen lassen, er darf nicht primär zum werkexternen Zugang über den Kartoffelspruch greifen.

Gerade in der Exposition des Romans fährt Grass massivste Ironiesignale auf. Sein Oskar, der einen Roman über einen einzigen Gegenstand, über seine ‚Blechtrommel', sein Erzählmedium, schreibt, könnte damit schlechthin als neues Genie und Gipfel einer gegenstandsbezogenen Romankonstruktion gelten, wie sie im französischen Nouveau Roman propagiert und praktiziert wurde. Doch mit dieser Intention ist er sehr plastisch infragegestellt: ‚Gegenständlich', im Sinne einer basisfiktionalen Situierung, ist er Insasse einer Heil- und Pflegeanstalt. Er ist ‚Genie' in einem ‚Wahnsinn', der schon durch den Ort der Erzählhandlung ‚greifbar' wird. Dichter will er sein; doch es ist sehr die Frage, ob sein Dichten noch vom ‚holden Wahn' zeugt, den man den Dichtern nachsagt und ob seine Lügen von jener Qualität sind, nach der die Dichter ‚lügen'. Sein getrommelter ‚Wahn' ist so ‚greifbar', daß er schon im fiktionalen Vorfeld der Erzählzeit ‚begriffen' wurde von einer fiktionsinternen Umwelt, von einer Roman-Umwelt, die den Erzähler zum Anstalts-Insassen gemacht hat. Fiktionsintern waren dabei Lügen des Erzählers, die mit dem Mord an einer Krankenschwester zu tun haben, nicht Dichtung sondern Einlieferungsgrund. Diese banalen Lügen sind schlichte Voraussetzungen für seine Lügen als Dichter.

Und auch dies muß deutlich gesagt werden: Oskar sitzt, bei allem, was der Leser über Wirklichkeiten weiß, zurecht ein. Er betont dies auch selbst, ja will es - wenn auch aus anderen Gründen - gar nicht anders. Bildlich konkretisiert wird dies im Loblied auf einen Gegenstand, der zumindest „ein Maßstab" sei, dem Erzähler aber noch mehr, ein ‚endlich erreichtes Ziel, ein Trost sei und gar sein Glaube werden könne' - nach Erhöhung der Bettgitter (vgl. II,6). Oskar reduziert den Ort der Erzählung also noch weiter: ‚Seine Welt' ist das Gitterbett. Er ist weder Opfer eines Justiz- noch Opfer eines Psychologen-Irrtums: Er ist wahnsinnig. Auf dieser Ebene des Erzählten präsentiert sich „Die Blechtrommel" als ein psychoanalytischer und als ein Kriminalroman. Der Leser hätte zu prüfen, was der Erzähler mit dem Mord an der Krankenschwester zu tun hat; nachdem ihm anfangs eine psychoanalytisierende Aufgabe zugewiesen wurde, übernimmt er vom Romanende her die Rolle des Detektivs. Mit „Zugegeben" beginnt der Roman. Fiktionsträchtige ‚Mordgeständnisse' enthält er in Fülle: Die Väter, die Mutter, ja sogar ein vor seiner Geburt ‚untergetauchter' Großvater seien durch Oskars Schuld ums Leben gekommen. Doch eben in dem eigentlichen Mordfall, dem, der zur Einlieferung geführt hatte, gibt Oskar nichts zu: Dem Leser wird hier ein Rätsel gestellt, daß er in einer Doppelrolle als Detektiv und Psychologe zu lösen hätte.

Erst dann ergibt sich für den Leser eine neue Analogiebeziehung, ein neues Bildpotential. „Die Blechtrommel" handelt von einer Zeit, von der eigentlich viel mehr ‚zugegeben' werden müßte. Oskars tatsächliche ‚Schuld' hat auch mit dem ‚Zugeben' einer Schuld der Deutschen an ihrer verbrecherischen Vergangenheit zunächst nur bildstiftend zu tun: Wer ihm diese auf den Umgang mit der deutschen Vergangenheit hin angelegten Bilder ‚verkneift', leistet zunächst Detektivarbeit am konkreten Fall eines Krankenschwester-Mordes. Sehr viel Metaphorisches weist dann erst in die andere Richtung, die Richtung einer Kritik an Vergangenheitsbewältigungs-Intentionen. Oskar lügt anders, als ‚die Dichter' und auch die sogenannten ‚Bewältiger' es tun: Er lügt, um den Grund seines Insassen-Daseins zu verschleiern, um seine Beteiligung am Krankenschwester-Mord nicht ‚zugeben' zu müssen. Was bei solchen ‚Dichterlügen' anstelle von Täterbekenntnissen jeweils herauskommt, ist pathetisch verkündeter Unsinn; Seine ‚blechtönenden' Beziehungen zu ‚den' Dichtern vor und den ‚Bewältigern' nach Auschwitz wären sehr kritisch zu prüfen! Doch vorher sei erst einmal referiert, wie diese Diskrepanz zwischen werktheoretischer Äußerung und Werk meiner Meinung nach in der Sekundärliteratur nicht behoben werden kann.

3. „Detailrealismus" - aber wie? Zu Positionen der Sekundärliteratur

Neuhaus stellte den Kartoffelspruch ans Ende einer Betrachtung von ‚Sprache und Stil': Er meint dabei Sprache und Stil des Autors, meint dessen „Detailrealismus", den er in den Kapiteln „Sprache und Stil" und „Ding, >Symbol<, ‚objektives Korrelat' verdeutlicht zu haben glaubt. Diese Deutungsrichtung vermischt die Autoren- mit der Figurensprachebene: Das ‚Symbolistisch-Metaphorische' wird den Einzeldingen zugeschlagen; ‚Ding, >Symbol< und objektives Korrelat' meinen jeweils das Gleiche und jeweils eine Eigenheit der Autorensprache. Die Deutungsrichtung geht zurück auf die „Blechtrommel"-Arbeit von Georg Just, der in diesem Felde der Bilder - „um den mißverständlichen Symbolbegriff zu vermeiden" - den „Unterschied zwischen realem und mentalem Geschehen" ‚aufgehoben' sein läßt und gar von einer „für Grass typischen Materialisation des Psychischen" in den Dingen spricht: Es hat schon etwas Lustiges, wie hier ein allemal kritischer Literaturwissenschaftler gewissermaßen durch die eigenen Begriffe vor lauter Bäumen den Wald nicht mehr sieht. Die „Materialisation des Psychischen in den Dingen" ist schlicht Symptom einer Geisteskrankheit: Dergleichen ist von der Erzählperspektive herkommend weniger ‚für Grass' als ‚für Oskar typisch'. Just - und mit ihm Neuhaus - begreifen die Dinge des Romans als ‚objektive Korrelate', als ‚gegenständliche Entsprechungen' eines Psychischen: Die Kartoffel ist dann nicht mehr nur Bild oder Symbol - sie ist das Psychische, ist dessen Materialisation. Neuhaus setzt dabei die ‚Kartoffel'-Maxime in Bezug zu jener von Grass häufig als Formel verwandten und in Beziehung zu literarischen Vorbildern gesetzten „Sucht zum Gegenstand"[8]. Doch Grass ist mindestens ebenso bilder- wie ‚gegenstandssüchtig': Kategorien wie ‚Dingsymbol', das Nebeneinander von „Ding" und >Symbol< in Überschriften wie der oben erwähnten verschleiern eine spezifisch antisymbolistische Funktion der Dinge. Dinge sind Dinge: So will es die Regel. Sie sind nicht gleichzeitig ‚Ding und Symbol', sind nicht ‚objektive Korrelate', gegenständliche Entsprechungen eines Psychischen! Animismus ist der Terminus, um den es hier geht: Diese Belebung in der Betrachtung der Dinge stammt von der Erzählerfigur. Der immerhin dreißigjährige Oskar etwa ‚belebt' und dämonisiert die ihn umgebenden Dinge so, wie ein dreijähriges Kind das tun könnte, ohne daß die Eltern sich Sorgen um seinen Geisteszustand machen müßten. Auch dieses Ironiesignal am ‚Wachstumsverweigerer' ist überdeutlich. Für diese werkinterne Unterscheidung läßt sich dann werkextern erneut der Autor zitieren:

> Mir ist aufgefallen, daß es offenbar ein eingefahrener Ritus der Kritiker und auch der Universitätsleute, die es besser wissen müßten, ist, den Ich-Erzähler immer mit dem Autor zu verwechseln. Das traf auf die ‚Blechtrommel' zu, das traf auf ‚Katz und Maus' zu und das trifft auch auf ‚Örtlich betäubt' zu.[9]

Hier sind sehr grundsätzliche literaturwissenschaftliche Fragen zu stellen. Die Kategorien „Sprache und Stil" sind in Deutungstraditionen spätestens dort undeutlich geworden, wo ein Autor einen Erzähler vor das Erzählte stellt und ‚dessen Sprache' und ‚dessen Stil' benutzt. Natürlich ist die Erfindung von Sprache und Stil einer Figur ab-

---

[8] Vgl. Volker Neuhaus: Günter Grass, Die Blechtrommel, München 1988, S.90-93; vgl. Georg Just: Darstellung und Appell in der „Blechtrommel" von Günter Grass, Frankfurt 1972, S.110f und 126f.

[9] Interview mit Heinz-Ludwig Arnold. In: Heinz-Ludwig Arnold (Hg.): Text + Kritik⁵,1978,S.6f.

hängig vom Sprach- und Stilvermögen des Autors in jenem weiten Sinne, daß unbewußte, vom Autor nicht völlig beherrschbare Komponenten eine große Rolle spielen. Doch der Umkehrschluß auf poetische Grundfertigkeiten des Autors aus den im Buch manifestierten Stilfähigkeiten einer Figur wird zunehmend dann fragwürdig, wenn Autoren sich in Opposition zu den Figuren zu definieren suchen. Der Autor habe zu schweigen, wenn er dem ‚SS-Mann' seine Sprache und seinen Stil beläßt: In diesem Bereich sei sehr faktenorientiert zu arbeiten. Zusätzlich zu dieser betonten Opposition zu den Figuren des Werks betont Grass jedoch auch, daß der Autor die „Summe seiner Figuren"[10] zu sein habe: Auch diese Autorenaussage muß in ihrer Additions-Metaphorik erst einmal aufgelöst werden. Wer kann schon Oskar zu Maria, Klepp zur Großmutter etc. ‚addieren'? Da wäre zumindest - um im Bild der Additionsmetapher zu bleiben - erst einmal ein ‚gemeinsamer Nenner' zu den ‚Brüchen' in den Figuren zu suchen: Genau dies wäre Funktion der Dinge, der gemeinsamen Basis der Figurenmetaphern.

Grass weist seinem Erzähler Oskar, dem satirisch überzeichneten ‚Genie im Wahnsinn', eine Sprache und einen Stil zu, die überdeutlich im Gegensatz zum Autor stehen: Die poetische Grundfertigkeit der Figurenzeichnung und -ausstattung dominiert die Frage nach ‚Sprache und Stil' des Autors. Die Figur ist selbständig. Grass übersetzt dies oft in der werktheoretischen Metaphorik eines Streits zwischen dem Autor und der Figur im Schaffensprozeß: Beständig stritte man zwischen Autor und Figur um Details und Tendenzen, um Straßenbahnführungen und Weltbildentwürfe. Dieser Streit sei ihm eines der Hauptmomente einer Lust am Erfinden und Dichten (vgl. IX, S.629). Die Position des Autors, seine Sprache und sein Stil, ist an dieser Oberfläche des von der Figur ‚geschriebenen' Textes nicht zu erschließen: Der Autor ‚verkneift' sich jede direkte Äußerung. Erst durch Hinterfragen des massiven Unsinns, der in der Danziger Trilogie vor allem aus den Erzählperspektiven stammt, kann dieses auktoriale Schweigen aufgebrochen werden. Das Spektrum der Möglichkeiten des Autors ist übersetzt in einem Streit zwischen dem schweigenden Autor und den sich ‚blechtrommelnd' äußernden Erzähler-Figuren einerseits, andererseits streiten auch die Figuren untereinander. ‚Blech' oder Unsinn wird das Ganze vor allem dadurch, daß die jeweilige Erzählerfigur den Streit immer schon ‚gewonnen' hat, bevor er so recht deutlich wird: Oskar plagen keinerlei Selbstzweifel, wenn er sich Genialität zuschreibt. Die Gegenpositionen schweigen oder werden vom Erzähler verschwiegen - und Widersprüche im Figurenstreit untereinander bleiben im Text einfach ungelöst stehen: Die Bilder passen nicht oder passen in völlig andere Abstraktionszusammenhänge. Sie besagen bei einer Figur das Gegenteil dessen, was sie dem Erzähler bedeuten. Ist es möglich, davon eine ‚Summe', einen Konsens, zu bilden?

'Umstritten' ist zwischen Autor und Erzähler-Figur also auch der Metapherngebrauch. Beide sind Schriftsteller; sie unterscheiden sich jedoch dadurch, daß der Autor ‚sich Bilder verkneift', die der Erzählerkollege sich nicht ‚verkneifen' konnte, weil er dieses Problem des Prosaisten nicht erkannt hat. Im Metaphernfelde von Grass' frühen Werken streitet gewissermaßen jeweils ein ‚Marinetti'-Schüler mit einem Döblin-

---

[10] Vgl. Grass-Arnold, l.c., S.5.

Schüler! Unter dieser erzählperspektivischen Voraussetzung wird der Anspruch: ‚Wenn ich über Dinge schreibe, meine ich eben die Dinge' sofort sinnvoll. Man hat ihn so zu ergänzen, daß beispielsweise ein ‚blechtrommelndes Genie im Wahnsinn', ein Schriftstellerkollege Oskar, wenn er über Dinge schreibt, damit etwas Metaphorisch-Symbolistisches meinen kann, das der Autor schon dadurch infragestellt, daß er seine Figur die ‚Materialisation des Psychischen' vollziehen läßt. Die Fragestellung nach Unterscheidungsmöglichkeiten zwischen Erzähler und Autor, die Neuhaus im Forschungsüberblick zuvor behandelt, ist hier unbedingt zu übernehmen: Denn es sind immer noch Metaphern, die hier auf die im Kartoffelspruch angesagte Abschaffung der Metaphorik im Werk eines Schriftstellerkollegen hinzielen sollen.

Am Erzähler Pilenz glaubt Neuhaus einen „Ausweg" aus den Tücken der Subjektivitätskomponente explizieren zu können: Die radikale Einschränkung auf das konkret Beobachtbare, auf die Dinge"[11] sei der Weg in einer Innen- und Außenweltbeschreibung, den „Grass und seine Erzähler wählen". Falsch an diesem Satz ist also vor allem das ‚und' zwischen ‚Grass und seinen Erzählern': Es verdeckt das zentrale Stilistikum, mit dem Grass einen prinzipiellen Unterschied zwischen seinem eigenen und dem Bildgebrauch seiner Erzähler firmiert. Dieses ‚und' wäre Ansatzpunkt zu grundsätzlichem Streit und einem Streit über Grundsätze. Die Erzähler arbeiten in ihren zentralen Metaphorik-Konstrukten ‚ungegenständlich': Der Negationsbereich von Grass' Gegenständlichkeitskonzeption ist wichtiger, als es eine „radikale Einschränkung auf das konkret Beobachtbare" je sein könnte. Denn wer könnte eine solch pedantische Einschränkungs-Maxime schon genau nehmen. ‚Kartoffeln sind Kartoffeln' - wer kann das bestreiten und wer kann da noch streiten? Wichtiger ist: Was alles sind Kartoffeln nicht? Wo stecken die ‚Teufel', wo steckt das Irrationale, in den vielen Details, die allesamt Bilder des jeweiligen Erzähler sind?

Schon die Tatsache, daß die Ich-Erzähler bei Grass ihrerseits Schriftsteller, also Verfasser von Fiktionen, sind, ist eine Innovation, die qualitative Konsequenzen hat: Das ist nicht nur die quantitative Steigerung einer Unzuverlässigkeit, die der Perspektive ohnehin auch in der expositorischen Textgattung, der Biographie oder Autobiographie, der Dokumentation oder der Tatsachenerzählung anhaftet. Hier äußert sich nicht nur der Wille zu einer vom Autor vorgeformten Wahrheit, den die subjektiv unzuverlässigen Figuren in verschiedenen Aspekten verfehlen: In diesen ‚Schriftstellerkollegen' äußert sich - im Auftrag des Autors - ein eigener dichterischer Gestaltungswille, ein Anspruch darauf, genuin fiktionale Elemente verwenden zu dürfen. Das Dichterrecht zur ‚Lüge' wird hier in einer grundsätzlichen Form erneut thematisiert. Die „radikale Einschränkung auf das konkret Beobachtbare" setzt bei den Erzählern vor allem dann aus, wenn's um die großen Weltgeister oder die weltbeherrschenden Dämonen geht, wenn futuristische Entwürfe oder Gegenentwürfe lanciert werden, wenn Hegel, den Grass sich als ideologischen Hauptgegner gewählt hat, grüßen läßt. Der Kaiser aus Döblins „Wallenstein" träumte von einem tausendfüßigen Weltgeist des Krieges; das ‚konkret Beobachtbare' lag von vornherein auf einem anderen Felde, dem Felde des Traums. Doch wo ist

---

[11] Neuhaus, Günter Grass. l. c., S.11.

Oskars Geburt sich nicht mehr verhindern; danach hatte er - wie ‚Kartoffeln' - zu wachsen, um letztlich ‚gefressen' zu werden, einen Tod zu erleben: Diese Art Wachstum läßt sich nur sehr schwer ‚verweigern'. So ungefähr wird das Leben am „Maßstab" eines Gitterbettes gemessen.

Die Ich-Perspektive bringt es mit sich, daß diese ‚Blech'-Lesart dominiert: Oskars subjektive, innensichtgefärbte, ‚vom Blech getönte' Welt verstellt die Innensicht auf alle Figuren eher, als sie sie erhellt. Was wußte etwa der Gemüsehändler von Oskars späteren Phantasien, von seinem Große-Mutter-Bild einer ‚Mutter Erde', die ihre ‚Kartoffel-Kinder' frißt? Nichts - und nicht einmal der angeblich ‚hellhörige' Oskar wußte damals etwas davon: Dies alles hat er erst später entwickelt. Greff muß es sich gefallen lassen, daß der Oskar der Nachkriegszeiten ‚sein' Bild für den Abschluß eines Gemüsehändler-Lebens in schwerer Zeit in eine fatalistisch-nihilistische Pauschal-Konstruktion für einen erst nach dem Krieg entdeckten Zentralgeist dieser Welt hineinmengt.

Diese Bilder sind allesamt auf die ganz banale Basis zu stellen, daß Kartoffeln zunächst eben nur Kartoffeln sind. Was Greff in Kartoffeln ‚hineinsieht' und was Oskar in seinem Anfangs- und Schlußkapitel ‚hineinsieht', wenn er Kartoffeln seinem ‚ungegenständlichen' Weltgeist, der „Schwarzen Köchin", einem ‚Kinderschreck' und ‚Nichtding', zuschreibt, ist in jedem Fall verschieden: Der erwachsene Greff hat die spätere Angst des Erzählers vor einem „Kinderschreck" nicht geteilt. Das Bild der „Schwarzen Köchin" ist direkt abhängig von der Infantilität des Erzählers: Wenn jemand sich mindestens ‚ewige Dreijährigkeit', wenn nicht gar die „Rückkehr zur Nabelschnur", wenn nicht gar ein bis in Große-Mutter-Zeiten rückzudatierendes Nichtgezeugtwordensein wünscht, ist es kein Wunder, daß er mit einer nicht-existenten ‚Schwarzen Köchin', einem „Kinderschreck" und Großmutter-Gegenteil, nicht fertig wird: ‚Frau Welt' kann ihm nicht geben, was er sich wünscht - doch das liegt nicht an ihr, sondern an der Unangepaßtheit seiner Wünsche.

Der krude Nichtgeburts-Wunsch steht natürlich auch in Beziehung dazu, daß ein Autor ihm die später so oft beschworene ‚Gnade der späten Geburt' versagt hat: Oskars Reflexionen um die Vorteile des Nicht-Geborenwerdens durchziehen das ganze Buch als eine Art Leitfaden für dümmstmögliche Konsequenzen aus der deutschen Geschichte. Oskar bleibt gewissermaßen in einem Entwicklungsstadium stehen - oder fällt in einem ‚Mißbildungsroman' der vermeintlichen Vergangenheits-'Bewältigung' in ein Stadium zurück - in dem die Hexe des Märchens noch ‚existentielle' Ängste hervorrufen konnte: Beim Dreißigjährigen sind solche Regressionen nicht kindlich sondern kindisch. Das Selbstbild vom dreijährigen Wachstumsverweigerer und vom hellhörigen Säugling ist ein surrealistisches Lügenkonstrukt, das in der ‚Beschreibung eines Lebens' eigentlich nichts zu suchen hätte.

Das Konstrukt aus der Dichterfeder hat seine zwei Seiten: Die Frage ist ja, warum der Oskar einer von Grass erfundenen basisfiktionalen ‚Wirklichkeitswelt' es überhaupt entwickelt hatte, wie Grass die Entwicklung dieses Selbstbildes innerfiktional motiviert. Zum einen verspricht es einem Oskar, der aus Schuldgefühlen über sein Leben zu erzählen hat, gewissermaßen die optimale Vergangenheitsbewältigungsstrategie: Er, der ‚Hellhörige', hat schon immer ‚alles' gewußt, war aber zugleich auch ‚dreijährig' und ohnmächtig genug, nichts ‚dagegen' tun zu können. Die Fleisch gewordene allwissend-ohnmächtige Lüge paßt metaphorisch zu jeder nur denkbaren historischen Realität; der Leser hat allenfalls ‚gegenständliche' Schwierigkeiten, dieses hellhörige und seit der Geburt kritikfähige Kindmonster in die historische Realität von Danzig-Langfuhr einzubetten. In permanenter Dreijährigkeit soll dieses Lügengespinst zur eigenen Person die immerhin überprüfbaren Orte, Zeiten und Geschehnisse des ganzen Romans durchziehen. Doch der handelt von ganz bestimmten historischen Realitäten: Oskars zentrale Lebenslüge, sein Umgang mit einer vom Autor-Gott vorgegebenen körperlichen Ausstattung, spiegelt überall ein Wunschdenken nach ‚Vergangenheitsbewältigung'.

Niemand dürfte Oskar wegen der körperlichen Ausstattung beneiden, die ihm sein Schöpfer mitgab. Doch die darüber hinausgehende, vom Erzähler hinzugedichtete surreale Ausstattung könnte ihren verdächtigen Reiz haben: So surreal zusammengebacken wäre man rückwirkend gerne gewesen; wenigstens rückwirkend hätte man den übertragenen Gehalten dieses fleischgewordenen Bildes zur Dichotomie von ‚Geist und Macht' gerne entsprochen. Einerseits wünscht man sich, niemals von den Nazis überzeugt gewesen zu sein, wäre gerne ‚hellhörig' geboren und schon in Kinder- und Jugendzeiten zu der Kritik fähig gewesen, die man sich im nachhinein so gerne zuschreiben möchte. Andererseits wäre man gleichzeitig aber auch gerne ohnmächtig und ‚permanent dreijährig' gewesen, weil es doch drückt, daß man aus den unterschiedlichsten Gründen so wenig ‚dagegen' getan hatte und eben bisweilen, in dieser oder jener Form, an nationalsozialistischen Verbrechen beteiligt war, weil man eben älter als der Dreijährige und recht wenig ‚hellhörig' war.

Grass ließ dieses Bild also Fleisch werden: Oskar muß das ‚gegenständlich' leben, was andere sich nur wünschen. Oskar, der Krüppel in einer verkrüppelten Gesellschaft, eignet sich das kollektive Bewältigungswunsch-Angebot als Kompensationsstrategie zu seinem nun einmal nicht zu leugnenden Äußeren an. Sein deformierter Körper ist ihm vorgegeben; doch für die Deformationen seines Geistes ist er in der Hauptsache selbst verantwortlich: Hier ‚läßt' Grass seinen Erzähler tun, was der in einer Opposition zum Autor ‚will'. Mit dieser Applikation kollektiver ‚Bewältigungs'-Wünsche auf seine ganz anders begründeten Probleme kauft Oskar sich jedoch auch die Konsequenzen dieser Lügen ein: Die ‚Erkenntnisse', die sich aus seinen jeweiligen Anwendungen einer allzu grundsätzlich-existentialistischen Lebensverneinung in jeweils konkreten und zum Beispiel auch politischen Situationen ergeben, holen am Ende die Figur selbst wieder ein: Dort ‚verkneift' ihm der Autor alle Quintessenzen, die er in Bildern und Analysen aus seinem ‚Roman' und ‚seinem Leben' ziehen will. Grass betonte immer wieder, daß er sich sowohl in seiner Kunst als auch als engagierter Bürger dem ‚Maßstab Auschwitz' verpflichtet fühlte: Wer gegen diesen Maßstab einer von Menschen zu verantwortenden, systematischen und siebenmillionenfach konkreten Lebensvernichtung ein Maßstäbe setzendes ‚Gitterbett' einsetzt, wer einen angeblich freiwilligen und angeblich moralischen Lebensverzicht als abstraktes, abstruses und unverbindliches ‚Erlösungsprogramm' sät, hat es am Ende auch zu ernten. Bei dieser Ernte kann Oskar, der „Jesus" nicht nur des letzten Kapitels, dann auch gleich ‚die Kartoffeln' mit einbringen.

Greffs Selbstmord-Gleichung hat in der Tat mit Oskars fatalistisch-nihilistischem Weltbild die Basis-Metapher gemein: Menschen sind wie Kartoffeln, sie werden - irgendwie - ‚gefressen', sind allzumal sterblich. Grass stellt hier eine Verselbständigung der Bildkomponente unterschiedlichster Wirklichkeitsbilder überdeutlich dar. Aus dem Fall Greffs, der seinen Selbstmord im Zeichen der Kartoffelgleichung theatralisch inszenierte, macht Oskar nur einen weiteren Fall für seine zentrale Botschaft um die Gefahren der Liebe: Liebe in all ihren Variationen ist ihm der eigentliche Grund für die Übel dieser Welt. Sie setzt dieses allgemein lebensunwerte Leben immer wieder fort, bevor sie sich - letal - als Irrtum, als Resultat von Wunschdenken erweist. Auch der Fall Greff steht ihm für den gesetzmäßigen Wechsel von einem ‚idealistischen' Weltbild in seiner Kleinbürger-Version zu einem dämonisierenden Weltbild: Als Greff ‚gefressen' wurde, hatte er's ‚gefressen' - also erkannt.

Doch Greff stirbt nicht an eingebildeten oder existentiell-allgemeinen Gefahren: Hinter seinem Tod steht von Menschen gemachte Geschichte, stehen wirkliche, von Menschen zu verantwortende Risiken und ‚zeittypische' Verluste einer Lebenslust, für die man nicht das Abstraktum Zeit verantwortlich machen sollte. Oskar zieht hier andere Resümés: Er generalisiert die mit dem jeweils individuellen Tod zuende erlebten Erfahrungen. Tod ist ihm gleich Tod, das Schlachtfeld der ehemaligen Pfadfinder, die in den Schlammschlachten in Rußland ihren Tod fanden, ist ihm gleich dem ‚Schlammbette' einer schwarzen Gemüsehändlers-Ehefrau in dem das ewige Liebe-Tod-Spiel eben auch - wenngleich angeblich viel künstlerischer und ‚hellhöriger' um sein Ende wissend - stattgefunden haben soll. Das gewaltsame oder das vielleicht ‚geruhsame', erfüllte oder einigermaßen erfüllte Lebensende unterscheiden sich in seinem Modell nur noch im Grad des Wissens um das Wirken der Köchin: Alles Leben ist sinnlos - doch wenigstens einer macht daraus ‚letzte Kunst'.

Greff indes wäre wohl lieber anders gestorben: Das ‚sagen' zum Beispiel die Dinge, die er um seinen Galgen gruppierte, auch aus. Wenn an seinem anderen Sterbebette das Personal, das er sich hier in Bildern versammelt hatte, in anderer Form ‚vorhanden' gewesen wäre, hätte er auch in anderer Form auf sein Leben zurückblicken können. Das Selbstmordszenario verweist auf ein Sterbebett, das ein Pfadfinderführer sich eigentlich gewünscht hätte: Ein eminent wichtiger Selbstmord-Grund ist dabei, daß Greff seinen ‚Lieblingsschüler' durch den Krieg verloren hatte. An dessen Tod durfte er nicht partizipieren; dabei schien er sich doch gewünscht zu haben, daß der Lieblingspfadfinder an seinem eigenen Sterbebette zugegen sein solle. Auch Greff wurde, um ein „Blechtrommel"-Motiv aufzugreifen, das ‚Beileid verweigert'. Zu solchen Differenzierungen zwischen den individuellen Todesformen und ihren Beziehungen zu den Formen der Liebe ist Oskar nicht fähig - und hierin muß sein Modell auch in anderen Richtungen zuendegedacht werden.

> Im Oktober zweiundvierzig erhängte sich der Gemüsehändler Greff an einem so formvollendeten Galgen, daß ich, Oskar, fortan den Selbstmord zu den erhabenen Todesarten zählte. (II,390)

Innerhalb der Prämissen seines ‚Blech'-Modells ist es folgerichtig, daß Oskar nach der Betrachtung des ‚formvollendeten Galgens' ‚fortan den Selbstmord' generell ‚zu den erhabenen Todesarten zählt'. Suizid ist, ganz gleich, wie er ‚inszeniert' wird, eine der

‚erhabenen' Arten, aus einem Leben zu scheiden, das allgemein besser nie begonnen hätte: Beispiel solch ‚erhabenen Sterbens' nach endlich erkannter, weil gesetzmäßiger Sinnlosigkeit wäre neben Greff etwa Hitler! Dessen Suizid wird hier, einer ‚Form' nach, für die zunächst der Gemüsehändler verantwortlich zeichnet, in eine deutliche Parallele gerückt - auch wenn dieser Bereich der großen Geschichte nicht explizit ausgeführt wird. Sind diese Beispiele wirklich gleich ‚erhaben'? Der Leser, der Oskars verallgemeinerndes Diktum vom Selbstmord als ‚erhabener Todesart' ‚einkauft', kauft zugleich den ‚erhabenen Tod' Hitlers ein: Schon deswegen sollte man ein wenig kleinlicher rechnen, wenn es um die Inhalte zur ‚erhabenen Form' geht!

Es trägt wenig zur Klärung dieser Frage nach den ‚erhabenen Todesarten' bei, wenn Oskar sich am Kapitelende dann an einem ‚Greffs Tod übersetzenden Trommelstück' versucht, wenn er versucht, ‚die Geräusche der Kartoffellawine' und

> den organisierten Lärm der Greffschen Trommelmaschine auf seinem Blech nachhallen zu lassen. Wahrscheinlich weil meine Trommel die Gestaltung des Greffschen Todes entschieden beeinflußte, gelingt es mir manchmal ein abgerundetes, Greffs Tod übersetzendes Trommelstück auf Oskars Blech zu legen, das ich, von Freunden und dem Pfleger Bruno nach dem Titel befragt, Fünfundsiebenzig Kilo nenne. (II,389)

Es wird sich zeigen, daß Oskar hier allzusehr ‚abrundet', daß er allzusehr ‚übersetzt'. Doppelbödig ist auch der Satz, er habe ‚die Gestaltung des Greffschen Todes entschieden beeinflußt': Er hat diesen Suizid tatsächlich und nicht im hier nahegelegten ästhetischen Sinne ‚entschieden beeinflußt'. Hat er damit etwa auch Hitlers Finale ‚entschieden beeinflußt'? Dieser Satz ist bezeichnenderweise Überleitung zum Kapitel „Bebras Fronttheater": Dort hatte Oskar anderes ‚Blech getrommelt', hatte anderen ‚Unsinn verkündet'. Auch in ihm, der - wie Greff - eher Opfer als Täter ist, steckte jener ‚kleine Hitler'.

Einbildungskomponenten und ‚Ungegenständliches' gibt es indes auch bei einem idealisierenden und einem dämonisierenden Greff: Dessen mutmaßliches Weltbild vor und nach einem alles auslösenden Brief von der Sittenpolizei unterscheidet sich in der Tat dadurch, daß Metapher-Bildbereiche kippen, daß sie aus einer idealisierenden Richtung in ihr ‚teuflisches' Gegenteil umschlagen. Doch in Oskars Sichtweise geht dabei ein Bezug zu anderen Handlungsmöglichkeiten der Figur und zu deren Erkenntnisfähigkeiten verloren; vor allem jedoch verliert er den Bezug zu einer Kipp-Situation in der Kriegszeit. Hier, an der Wende des Krieges, soll Greff nur endlich erkannt haben, was Oskar, der angeblich bereits bei der Geburt um die Vergeblichkeit allen Lebens wissende, hellhörige Säugling und Möchtegern-Wachstumsverweigerer, schon immer gewußt haben will: Auch das Gemüsehändler-Leben ist vergeblich. Die Frage nach einem Spektrum möglicher anderer Handlungen wird nicht ge-, sondern durch Metaphern verstellt: Der ‚keusche Kartoffel-Vater' Greff, der zwar in gutem Glauben, doch letztlich für diesen Krieg so viele Pfadfinder-Kinder ‚zeugte', wird nun selbst ‚gefressen', wird abgelöst von anderen ‚Kartoffelerzeugern' und '-händlern', die unbewußt nur das große Fressen im Sinn haben. Er wird nicht mehr benötigt, da seine, nicht zuletzt in die Regularitäten einer Kartoffelvermehrung ‚hineingesehene', harmlos idealisierende Pfadfinder-Ideologie nun in Konkurrenz zur Krieger-Ideologie der Hitlerjugend steht, die sich ebenfalls keusch zu Endsiegzwecken zu vermehren gedenkt. Doch bei Oskar ist der

Krieg tatsächlich der Vater aller Dinge, gibt es kaum Unterschiede zwischen Krieg und Frieden. Sein ‚Endsieg', seine ‚Götterdämmerung eines letztmöglichen Jesus', wäre der menschenfreie Zustand nach der Realisation seines Gitterbett-Programms: Aus Einsicht auf ‚Liebe' und die fatalen Vermehrungsgeschichten verzichtend, dämmert die zum Gitterbett bekehrte, ihm ‚nachfolgende' Menschheit hinüber ins Nicht-Sein.

Oskar war damals, nach seinen Fronttheater-Zeiten, beinahe selbst als sogenanntes ‚lebensunwertes Leben' vernichtet worden. Er wäre hier nicht nur das unschuldige Opfer gewesen: Gerade die Plazierung nach dem Mitwirken im Fronttheater legt nahe, diese fiktionsverhindernde Beinahe-Geschichte in dem Sinne zu interpretieren, daß die nationalsozialistische Revolution hier beinahe auch ihre Kleinst-Kinder gefressen hätte. Oskars persönliche Reaktion auf diesen ‚Beinahe-Ausschluß' - die Formulierung ist makaber - aus dem kollektiven Endsieg-Programm, das für die Wir-Gruppe der Deutschen ein mörderisches ‚Liebe'-Programm gewesen war, steht zwar im Text: Das ‚Gitterbett' ist ein, von einer nur beinahe als ‚lebensunwertes Leben' vernichteten Erzählerfigur gesetzter Maßstab. Gerade vor dem Hintergrund dieser Beinahe-Geschichte muß der Leser dann aber auch nachvollziehen, wie ernst der diese Figur diesen lächerlichsten aller Maßstäbe überall mitmeint. Oskars „Maßstab" umspielt also einen ‚Maßstab Auschwitz', der ebenfalls allgemein anzusetzen ist. Die Konsequenzen des Oskar-Jesus hören sich so sehr nach Erlösungs-'Blech' an, daß gerade Oskar wohlwollende Interpreten solche kruden Gedankengänge nicht aufgriffen - oder gar in ihren Konsequenzen für das Werk einzulösen versuchten. Oskar meint dies ernst: Auch ein Greff scheitert ja in seinem Modell nicht etwa am Krieg, sondern an ‚der Liebe'! Ein Brief von der Sittenpolizei könnte auch in Friedenszeiten eintreffen; der damit verbundene Homosexualitätsverdacht könnte Greff und sein Lebenswerk, die vielen ‚keuschen Kartoffelkinder', auch dann tödlich treffen. Greff soll vor allem das erkannt haben und in seinem Selbstmord auf die ‚ewige Wiederkehr' dieses Fressen- und Gefressenwerdens verweisen. Sein ‚Finale' ist zugleich das ‚Finale' seiner Kartoffel-Kinder, sein inszeniertes Selbstmord-Gepoltere verweise zwar auch auf den Krieg, an dem die vielen ‚Kartoffelkinderchen' teilzunehmen haben, verweise aber viel grundsätzlicher auf alle Kriege, die letztlich Geschlechterkämpfe im Namen der Liebe seien.

Den zeittypischen ‚Schlamm' hinter dem verklärten Kriegsgedanken hat der Pfadfinder-Idealist Greff wohl tatsächlich so übersehen und verdrängt, wie er zuvor die ambivalenten Reize seiner Frau Lina übersehen und verdrängt hatte. Und in diesem privaten Bereich hat er noch mehr übersehen oder übersehen wollen: Oskars Aktivitäten in dieser Zeit sind nicht eben geeignet, ihm den in seiner Hellhörigkeit begründeten Liebeverzicht auch zu glauben, ihm abzukaufen, daß er, ein Künstler, nur vor sich selbst darstellen wollte, was andere lebten. Der Krieg und der ‚Frieden im Krieg' geraten in dieser Weiblichkeitsdomäne - auf ewig grüßt die Köchin - bei Oskars ‚Liebeskriegen' und Geschlechterkämpfen, die gerade in dieser Zeit kulminieren, arg durcheinander. Bei Lina zelebriert Oskar seine privaten, mit den Schlammschlachten der Rußland-Feldzüge in metaphorische Beziehungen gesetzten, schmuddeligen ‚Heimatfront'-Erfolge, die auch sexualiter eher Mißerfolge waren. Auch an der heimatlichen Liebe-Front kam ein ‚großer Vater' nicht so recht zum Zuge. Er war alles andere als ‚hellhörig': Dem Wunsche nach beim Großvater der Familiengeschichte anknüpfend, erging es ihm eher so, wie es in der Historie Hitler auf anderem ‚Liebes'-Felde erging. Nur daß dieser ‚große Vater' und Möchtegern-Erlöser, seiner ‚Liebe'-Konzeption wegen, andere in die Schlammfelder und die Konzentrationslager schickte, bevor er seinen ‚erhabenen Tod' zelebrierte.

Oskars sexuelle Allmachtsphantasien „im tückisch unübersichtlichen Übungsgelände der Lina Greff" scheitern an einer simplen Tatsache der Danziger Kleinbürgerwelt: Ähnlich wie Gretchen Scheffler und die gleichaltrige Maria sieht Lina in ihm, dem Kleinwüchsigen, eher das spielende Kind als den siebzehnjährigen jungen Mann. Was Lina in sexualibus zuläßt, hat seine Grenzen - so wie auch die Eroberungs- und Götterdämmerungsdirigentenwünsche im ‚grenzenlosen' „Übungsgelände" Rußlands ihre schlammigen Grenzen finden. An Linas ‚Heimatfront' gibt es unter anderem die Grenze, daß ihr Mann in der Nähe ist, und daß der in Oskars Beziehung zu Lina nicht viel mehr sieht als das, was man ihm selbst nachsagte: ‚Die Begeisterung eines jungen Menschen für eine zwar laienhafte, aber passionierte Freundin und Erzieherin der Jugend' (vgl. II,362).

Diese Geschichten sind spiegelbildlich angelegt: Seine Frau leidet hier, im Bereich ehelicher Frustrationen und Depressionen, die sie zur ‚Betthüterin' machen, eher an Kinderlosigkeit als an sexueller Vernachlässigung. Sie wollte wohl eher ‚Nestwärme' als sexuelle Erfahrung spenden - auch wenn sie die Grenzen zwischen Ersatzmutter und Ersatzgeliebter tatsächlich ein wenig zu vermischen scheint. Doch Oskar, der Liebes-Künstler im Schlammbette, das die Welt bedeuten soll, war eher Dirigierter als „Dirigent". Zum Glück gibt es aber Kunstbegriffe, die wirklich alles verklären können:

Oskar holte das Letzte aus der Greffschen heraus und blieb dennoch unzufrieden, wenn nicht unbefriedigt, wie es sich für einen echten Künstler gehört. (II,375)

Es stimmt: Was Oskar hier zwar nicht ‚aus Lina', sondern aus sich ‚herausholt', ist tatsächlich ‚das Allerletzte', was ein Bildungsroman in Friedenszeiten an Emanzipationszielen verkaufen könnte. Linas Konzert-Orgasmen sind ungefähr so wahrscheinlich wie vorher Marias unüberbietbare Liebes-Erlebnisse mit Brausepulver. Auch die Gefühle der Frauen, die in einer historischen Welt ‚die Welt' bedeuten sollen, haben ihre Grenzen. Der große ‚Künstler' bleibt selbst in einer Welt, aus der er das Kriegserleben und das Verbrechen an den Juden weitgehend ausgeblendet hat, ganz unkünstlerisch ‚unbefriedigt' zurück: Zum Einsatz kommt hier lediglich ein ‚dritter, abgenutzter und etwas faseriger Trommelstock', dem Lina - nicht Oskar - ‚Besuche' erlaubte. Das ist gewiß kein Phallus-Symbol sondern nur das Instrument, das den Phallus allzu gegenständlich zu ersetzen hatte: zwangsweise, denn mehr ließ Lina nicht zu. Kunst und Symbolik war jedoch so ziemlich das Letzte, was Oskar hier interessierte. Nach geraumer Zeit mußte der große Künstler dann in „Wolle, in Sammet und in Lederschuhen", in „derselben fast unverrückten Kleidung aus den verfilzten Federn heraus": Nicht einmal die Schuhe durfte er ausziehen. Statt der Kleidung scheint es ihm jedoch den Kopf ‚verrückt' zu haben: Diese ‚verfilzte' Geschichte - ganz ernsthaft - mit den russischen Schlammschlachten zu vergleichen, ist wirklich ‚wahnsinnig genial'.

Lina ist - neben „Übungsgelände" und „Orchester" für Götterdämmerungsdirigenten auch ‚die Betthüterin'; Oskar ist der spätere ‚Gitterbett-Hüter'. Auch was Oskar in Betten sieht, ist zu hinterfragen. Wie kommt ‚der Schlamm' und das mißtönende ‚Blech'-Getrommel des Dirigenten und des Trommlers mit dem „dritten, abgenutzten und etwas faserigen Trommelstock" (II,379) ins Lina-Bett? Hat Oskar ihn ‚hineingesehen'? Wie dieser ‚Schlamm' dann seinerseits auf Oskars ‚Gitterbett', seinen Reinheits- und Unschulds-'Maßstab', zurückwirkt, wurde bereits im ‚Götterdämmerungsprogramm' des Gitterbettbewohners erörtert.

Das Gitterbett soll ihn - möglichst nach Erhöhung der Gitter - vor Liebe schützen; es soll verhindern, daß sich wiederholt, was Gesetz bei der todbringenden Liebe ist: Schon auf die frühen Liebe-Übungen folgte der Tod, ob im Rußland der ehemaligen Pfadfinder oder in Greffs Kartoffelkeller. Oskars Verfolgungswahn in diesem Bereich ist überdeutlich; ebenso deutlich ist dann am Ende, daß ein Oskar sich vor den ‚schwarzen Frauen' aus seinem wirren Kopfe auch nicht schützen kann. Die Schwarze Köchin holt ihn ein, in allem, was sein Leben ausmachte und was sein Leben „nun und fortan" noch bedeuten könnte.

Fragt Oskar nicht, wer sie ist! Er hat keine Worte mehr. Denn was mir früher im Rücken saß, dann meinen Buckel küßte, kommt mir nun und fortan entgegen. (II,731)

Es würde zu weit führen, hier die gesamte Todesmechanik des Greff'schen Finales wirklich in allen Details in ihrer Entstehung und in ihrem Beziehungsreichtum zu anderen Bildbereichen auszuführen: In der „Blechtrommel" gibt es keine isolierten Bilder, weil fast alle Figuren jeweils das gleiche Bildmaterial benutzen und jeweils Anderes darin sehen. Die Vielfalt der Gegenstände dominiert eine Vielfalt möglicher Bildervermischungen und -verbindungen. Bisweilen ist es viel wichtiger, das zu ergänzen, was Oskars Bild-Beschreibungen fehlt.

Zur Komplettierung des Kartoffelbildes etwa fehlt das eigentlich zentrale Kartoffel-Essen: Hier bietet der Text nur den betont beiläufigen Hinweis, daß ‚übrigens einige Sanitäter sich an der Kartoffellawine bereicherten' (vgl. II,389). Oskar muß den kleinen, aus dem Beginn der Schwierigkeiten in der Nahrungsmittelversorgung erklärbaren Diebstahl nicht eigens bewerten: In seinem Modell ist klar, daß diese Welt sich ‚heilt', indem die ‚Heilenden', das für ihn so wichtige Krankenpflege-Personal, das Fressen und Gefressenwerden dieser Welt fortsetzen. Die Kartoffeln, die einem Gemüsehändler und keuschem Kartoffel-Pfadfinder-Vater und seinem Nachwuchs gleichzusetzen seien, finden in ihrer Eigenschaft, ‚Materialisationen des Psychischen' zu sein, für Menschen zu stehen, natürlich ihren Platz in den Nahrungsketten dieser Welt: Der Blick auf diesen Bereich des gegenständlichen Essens ist ebenso auszusparen, wie der allzu genaue Blick auf die Schlachtfelder, auf dem Greffs ‚Feldfrüchte' ‚gefressen' werden.

Andere Verbindungen zwischen den Bildern werden erst deutlich, wenn eine ‚Summe von Figuren' gebildet wird. Zur Komplettierung des Bildes vom ‚Bastler'-Künstler, der schreckliches Gepolter mit einer über ihm befindlichen „Trommelmaschine" veranstaltete und gleichzeitig Kartoffeln „übers und vom Podest auf den Betonboden" poltern ließ, fehlt letzten Endes der direkte und ausführliche Verweis auf das menschenmordende Götterdämmerungs-"Finale" des ‚Künstler-Bruders' Hitler, das mit Stalingrad eingeleitet war und in dem ebenfalls ein ‚Übervater' sich mit ‚keusch gezeugten Kinderchen' aufwiegen ließ. Vergleichsweise unmotiviert assoziiert sich Oskar in seinen Schmuddel-Aktionen im Bette der Gemüsehändlersfrau durch die Schlachtfelder und die ‚Götterdämmerungs'-Schauplätze, „sang- und klanglos" hat er gerade ‚seinen achtzehnten Geburtstag hinter sich gebracht', befindet sich nun also, zu Zeiten, als ‚im Radio die sechste Armee Stalingrad eroberte' (vgl. II,380), als ein Greff und im übertragenen Sinne auch ein Hitler an ihren nach Bild- und Sachbereich verschiedenen ‚Götterdämmerungs'-Trommelmaschinen bastelten, im Alter der ersten ‚sang- und klanglosen' Sexualerfahrungen, die er nun ‚sang- und klangvoll' als Gipfel des ‚Sexual-Erhabenen' verkaufen möchte: Die Erhabenheitsmusik, die Oskar aus seinem ‚Orchester' Lina als ‚das Letzte herausholt', könne man „allenfalls in Bayreuth oder Salzburg finden" (vgl. II,375). Bei allen Bezugsmöglichkeiten zu Richard Wagner und seinen realen und erfundenen Folgeverehrern zwischen Hitler, Greff und Oskar - auch diesem Meister fehlt die Gabe, sich im Grabe umdrehend wahrnehmbare Drehzahlen zu erreichen. Er mußte es sich gefallen lassen, daß die Führer des dritten Reiches ihr Selbstmordfinale im Führerbunker und -keller mit seiner Musik inszenierten [13]. Diese Gabe fehlt indes auch den Opfern des zweiten Weltkriegs - und warum sollte es einem Richard Wagner, der ja auch ‚nur' Sexus und Eros in ‚erhabene Musik' umsetzte, besser ergehen, als es einem möglichen Konkurrenten Greff ergeht.

Greff stirbt - und läßt Kartoffeln fallen und mißtönende Trommelmusik ertönen; Hitler bringt sich um, läßt sich von Götterdämmerungsmusik und den Geräuschen eines ‚Fallens' im Kriege begleiten. Das ist der Sachbereich zum Greff-Bilde: Ein ‚keusch' von einem Übervater erzeugter ‚Kartoffelnachwuchs', ‚fällt', das „schwellende, strotzende, immer wieder neue Formen erdenkende und dennoch so keusche Fruchtfleisch" (II,356), das einen geistigen Vater, wenn nicht Kilo für Kilo, so doch in einem keuschgeistigen Sinne, hätte aufwiegen sollen, wird ‚gefressen'. Vormals dozierte Greff, der idealistische und seine Form der Liebe praktizierende Pfadfinder-Vater und -Führer: „Ich liebe die Kartoffel, weil sie zu mir spricht" (II,356). Sie ‚sagte' nur das, was er in ihre Knollenvermehrung ‚hineinhörte', was seinem Wunsch nach der geistig-asexuellen Vaterschaft entgegenkam, die von der eigenen Ehefrau nichts wissen wollte. Sie ‚sagte' zwar auch, daß sie nun bald gegessen würde; doch damals wollte Greff das nicht so genau wissen. Damals wußte Greff - laut Oskar - noch nichts von dem ‚schwarzen', dem verdrängten Küche-Bereich des Gemüsehänder-Frauenbildes, in dem allgegenwärtig die ‚Köchin' schon immer gewesen sein soll - oder er wollte es noch nicht wissen. Die Köchin, das weltbeherrschende ‚Nicht-Ding' des Romans, hat sich wieder hinter einer im basisfiktionalen Sinne realen Frau zu verbergen. Die ‚schlammige Lina' mag wohl auch nicht gewußt haben, daß Oskar - mangels der Möglichkeiten zu anderem Heldentum und anderer Liebe - in ihrem Bett nicht Liebe oder Sex, sondern Krieg und Götterdämmerung spielte: Er, der Kleinwüchsige, wurde nach dieser Geschichte auch prompt so etwas wie ‚Soldat', wurde Attraktion in einer Propaganda-Kompagnie. Diese in jedem Falle politische Entscheidung traf der angeblich so hellhörige Oskar ausgerechnet nach

---

[13] Und er muß es sich gefallen lassen, daß zum Beispiel amerikanische Filmproduktionen wie „Der Bunker" dieses verlogene ‚schlammdurchsetzte' Pathos immer noch als ‚dämonische' Größe verkaufen.

Stalingrad, als sich nicht mehr übersehen ließ, daß Eroberungen nur noch ‚im Radio' stattfanden: Er will nun, als Beitrag zum Endsieg, eben diese Illusion weiterer Eroberungen bestärken - und auch in dieser Geschichte überlagert sehr viel Privates den nationalsozialistischen Beitrag des Kleinwüchsigen zum gewünschten ‚Endsieg'.

Wegen der körperlichen Ausstattung, die ihm sein Autor mitgab, hatte Oskar damals seine Schwierigkeiten mit Maria, seiner ersten Liebe, der ‚Mutter und Geliebten' des späteren ‚Jesus'. Seine sexuell-kriegerischen Allmachtswünsche sind ‚gegenständlich', auf der Basis seiner ‚Ohnmachts'-Ausstattung zu sehen: Die Kapitel-Überschrift „Die Ohnmacht zu Frau Greff tragen" ist so zu deuten. Lina muß als Ersatz herhalten, muß, weil die Frauen einem Oskar mindestens so suspekt sind wie einem Greff, ihr Weltgeist-Pendant in russischen Schlachtfeldern finden: Die krude und - nebenbei - betont frauenfeindliche[14] Metaphorik steht überdeutlich unter ironischen Vorzeichen. So übersetzt ein wahnsinniger ‚Dichter' Hegels Weltgeist, der durch ‚die Dinge spricht': Doch die Dinge schweigen. Kartoffeln haben zu diesem Gebäude nur soviel beigetragen: Sie vermehren sich ungeschlechtlich und werden gegessen.

2. Ein Streit zwischen Autor und Figur: Verkündung und Zerstörung des Gegenständlichkeits-'Manifestes'

Der Autor wahrt die Auflagen der Ich-Perspektive: Die Bilder, die Greff im Kopf herumspuken, bleiben undeutlich. Umgekehrt heißt dies, daß die Figurenzeichnung auf Mehr- oder Vieldeutigkeit hin angelegt ist: Es ist nicht Grass' Ziel, im ‚Streit' zwischen Autor und Erzähler eindeutig entscheiden zu lassen, was Greff jeweils dachte und fühlte - das ist eher Oskars ‚Blech', sein unsinniges Ziel. Andere, nicht eindeutige Möglichkeiten widersprechen Oskars eindeutig fatalistischer Sichtweise.

Grass wahrt zusätzlich ein auktoriales Schweigen über das, was Greff in Oskars Abwesenheit tat: Die Frage, ob es bei den Jungen zu homosexuellen Annäherungen gekommen ist, wird nie eindeutig beantwortet. Doch selbst wenn es zu ‚gelegentlichen und harmlosen, im Grunde nur die reine Pfadfinderseele suchenden Handgriffen'[15] gekommen wäre: Das Sexualverhalten ist bei Grass weder für diese Zeit noch überhaupt der

---

[14] Wie groß eine emotionale Distanz des Autors zur frauenfeindlichen Oskar-Figur ist, zeigt hier auch ein biographisches Substrat zu jener Folgegeschichte, in der russische Soldaten ihre ‚Macht zu Frau Greff tragen': Lina Greff wird wiederholt vergewaltigt. Oskar unterstellt ihr hier Lust an solch ‚zügigem Andrang nach so langer Witwenschaft und vorhergehender Fastenzeit' (vgl. II, 483 und II,491). Daß seine Darstellung die Innenwelt dieser Frauenfigur wohl total verzerrt, wird auch an einem anderen Orte klar, an dem man das Diktum, der Autor habe ‚die Summe seiner Figuren' zu sein, auch werkextern einlösen kann: Grass erzählt in einem Interview mit Nicole Casanova von den Vergewaltigungen, die seine Mutter über sich ergehen lassen mußte. Sie habe sich regelmäßig zur Verfügung stellen müssen, um seine jüngere Schwester zu schützen und habe diese Schockerlebnisse bis zu ihrem frühen Tod nie so recht überwunden. (Vgl. Nicole Casanova: Günter Grass. Atelier des métamorphoses. Paris, 1979, S.38ff.) Eine feministische Kritik, die solche Bilder eines Männlichkeitswahns intensiver untersucht, sollte hier den Erzähler nicht mit dem Autor verwechseln: neben den zahlreichen werkinternen Erklärungslücken in dieser Geschichte verdeutlicht die werkexterne persönliche Betroffenheit an einer vergleichbaren Geschichte, daß es Grass hier, in einer Darstellung der Absurdität der Kriegsgreuel, durchaus auch um eine Kritik an sexualistischen Männlichkeitswahnvorstellungen aus der Sicht eines Mannes geht. Oskars Bild der vergewaltigungslüsternen Lina ist auf ein ‚Mist' gewachsen, den der Autor überdeutlich als solchen kennzeichnet!

[15] Die Formulierung stammt aus der Parallelgeschichte um ‚Hochwürden Gusewski' in „Katz und Maus" (vgl. III,90).

Maßstab, an dem moralische Integrität gemessen wird. Die Frage ist eher, ob der Jugendfreund und Pfadfindervater wirklich etwas für seine Jugend getan hatte, die ins Schlachtfeld mußte - oder ob er dies nur verdrängt hatte.

Deshalb ist es auch für Grass nicht gerade unbedeutend, daß Oskar die kühnsten und dümmsten Verbindungen in diese Kriegsszenarien hinein stiftet. Oskar macht Lina zur ‚Göttin' oder ‚Dämonin' des Schlachtfelds' und zum ‚Götterdämmerungsorchester' - nicht Greff: Der läßt eher zu, daß man ihm sein Ehebett ‚verschlammt', hält sich zurück in einer Betrachtung möglicher ‚Unkeuschheiten'. Und anfangs scheint es so, als übte auch Oskar Zurückhaltung im Urteil über die Gemüsehändler-Seele, als wüßte auch er nicht recht, was er von Greffs Umgang mit Kartoffeln - und den damit zu assoziierenden, in spiritueller Vaterschaft ‚gezeugten' Pfadfinder-Knaben - zu halten habe, als wäre er unsicher über Greffs Kartoffelmetaphoriken. So scheint ihm, dem eigenständigen ‚Dichterkollegen' des Autors, ausgerechnet dort ein Lapsus zu unterlaufen, wo er die für die ‚Aufwiege'- und die damit verbundene Kriegsszenerie so wichtige Greff-Rede vom ‚keusch sich neue Formen erdenkenden Fruchtfleisch' wiedergibt. Denn wie nebenbei scheint er hier das Gegenständlichkeits-'Manifest' des Dichterkollegen Grass zu verkünden. Seine Kritik an Greffs Umgang mit Kartoffeln - „Es war ihm unmöglich, von Feldfrüchten wie von Feldfrüchten zu sprechen." (II,356) - scheint identisch mit dem Kartoffelspruch. Wie kann dies sein? Die Aussage beträfe doch den Erzähler Oskar, dem solch nüchterne Sprechweise doch nun wirklich unmöglich ist!

'Lieber Leser, lassen Sie sich nicht täuschen': Der sein ‚Manifest sprechende Autor' hat sich schon wieder versteckt. Denn vorher, mit eben dieser ‚Skepsis'-Apostrophe an den Leser, tönte Oskar:

> Greff war Gemüsehändler. Doch lassen Sie sich nicht täuschen. Weder an Kartoffeln glaubte er noch an Wirsingkohl, besaß aber dennoch umfassende Kenntnisse im Gemüseanbau, gab sich gerne als Gärtner, Naturfreund, Vegetarier. Doch gerade weil Greff kein Fleisch aß, war er kein echter Gemüsehändler. Es war ihm unmöglich, von Feldfrüchten wie von Feldfrüchten zu sprechen. (II,356).

Es scheint zwischen Greff und Oskar unausgetragene Konflikte um den ‚wahren Glauben' an die Kartoffel zu geben, der den ‚echten Gemüsehändler' auszumachen hätte: Oskars Argumentationsgang wird hier sehr krude. Denn was wäre, wenn man Oskars Andeutungen ergänzt, der ‚wahre Glaube' an die Kartoffel? Was wäre ein ‚echter Gemüsehändler'?

Zwei Verhaltensweisen waren Greff tatsächlich unmöglich: Er konnte sich seine Pfadfinder-'Kinder' nicht so recht als potentielle Soldaten, als ‚Kanonenfutter', als ‚Feldfrüchte' im Sinne von ‚Schlachtfeldfrüchten' vorstellen. Ihm werden - durch den Krieg - ‚die Augen geöffnet': Dieses Bild paßt unbedingt. Noch weniger aber konnte er, mit seinen ‚Kartoffel'-Kinderchen, den schwungvollen Handel eröffnen, die ‚Feldfrucht'-Produktion fürs Schlachtfeld optimieren, sein ‚Gemüse' und seine ‚Kartoffeln' möglichst gewinnbringend ins übersehene ‚Schlammbett' der ‚schwarzen Kartoffel-Fresserin', der Gegenseite von Oskars ‚Großer Mutter', bringen. Er ‚produzierte' seine Feldfrüchte und ‚handelte' mit ihnen wie ziellos, wie in interesselosem Wohlgefallen. Er behandelte seine ‚Feldfrüchte' ‚laienhaft' und ‚passioniert' (vgl. II,362), behandelte sie so, als könne ein ‚schlammfreies' Pfadfinder-Ethos wirklich etwas bedeuten für ein Leben, das sich nur ‚keusch vermehrt' - ohne aufs ‚schlammige' Ende zu schauen, das in dieser Zeit drohte. Denn in dieser Zeit war das zu erwartende ‚Lebensende' nicht mehr das, was es kurz vorher noch war: Was vormals Pfadfinder-Ausbildung war, wurde zusehends paramilitärische Ausbildung; was Greff für das Wichtigste hielt - eine ‚Männerfreundschafts'-Pflege und ein moralisch-ethischer Erziehungsgedanke, Heimatverbundenheit, Lieder usw. - wurde in der Hitlerjugend zunehmend bloßer Dekor zur ‚Heldenproduktion'. Helden wuchsen heran, wie Kartoffeln - und ein ‚echter Gemüsehändler' konnte sich hier eine goldene Nase verdienen, Macht und jenen später verdächtigen ‚tausendjährigen' Ruhm in seiner kleinen Welt erwerben.

Greff aß kein Fleisch: Wohl deshalb - so Oskars das Fleisch von Tieren und Menschen verwurstelnde [16] Argumentation - sah er nur die Bildmöglichkeit der keuschen Knollenvermehrung mitsamt der Möglichkeit, sich selbst als keuscher Pfadfinder-Kartoffelvater darzustellen. Deshalb war ihm unmöglich, was Oskar später über die Verbindung mit der Lina-Szenerie möglich wird: Oskar spricht von ‚Feldfrüchten' wie von ‚Schlachtfeldfrüchten'. Der Menschen Umgang miteinander heißt in seinem flächendeckenden Modell immer und überall: Fressen und Gefressenwerden. Grass läßt sich hier den Kartoffelspruch, das verkündete ‚Gegenständlichkeitsmanifest', vom genialen Dichterkollegen Oskar gründlichst zerstören: Wo er dem Leser sein Gegenständlichkeitsrätsel stellt, ihn auffordert, ‚sich nicht täuschen zu lassen', stellt auch Oskar sein Rätsel. Der ‚Kartoffelspruch' in der ‚Feldfrüchte-Version' wird zutiefst doppelbödig. Eine der Basisfiktion nach reale, in Sachverhalten und Tatsachen firmierte Geschäftsuntüchtigkeit des Gemüsehändlers wird zum heimlichen Vorwurf eines Versagens im Geschäft mit dem Krieg. Daß Greff anscheinend erst sehr spät erkannt hat, daß sein jugendlicher Nachwuchs sich am anderen ‚Vater' orientiert, wird ihm heimlich als Schwäche im ‚Feldfrüchte'-Handel ausgelegt: Er war der Konkurrenz auch hier nicht gewachsen, war kein ‚echter Gemüsehändler', besaß nicht den ‚wahren Glauben' an die Kartoffel. Ein ‚wahrer Gemüsehändler' muß dafür sorgen, daß seine ‚Feldfrüchte' möglichst effektiv ‚gehandelt' und dann eben ‚gefressen' werden!

Darf man Oskar so konsequent zuende denken? Wo führt das hin? Immerhin wäre er selbst beinahe, und ebenfalls durch einen Brief (vgl. II,475), als sogenanntes ‚lebensunwertes Leben' vernichtet worden? Hier wäre er nationalsozialistischer als es die Nationalsozialisten jemals waren? Das ist er in der Tat auch dort, wo es um sein eigenes Leben geht - wenigstens in rückwirkender Form, nicht unter dem Signum unmittelbarer Bedrohung. Man darf es ihm nicht so recht glauben, wenn er sich „sogar heute noch" jene „sofort wirkende(n) Spritzen" wünscht, die man damals ‚in bester Gebirgsluft' für ihn bereithielt (vgl. II,444 f.): Damals hatte er sich dies nicht ‚gewünscht'. Alles Leben ist ihm in seinen heutigen kühn existentialistischen Gedankenspielen ‚lebensunwertes Leben' - auch das seine. Die Nazis haben - ohne dies recht erkannt zu haben - immerhin eins geschafft: Sie haben fünfzig Millionen Menschen in den ach so

---

[16] Vgl. hierzu im letzten Kapitel des ersten Buches die ‚Würste aus Menschenfleisch', die ein ewiger Metzger Saulus mit den Etiketten „Glaube, Hoffnung, Liebe" zu versehen hat.

süßen Tod befördert. Diese Sichtweise ist, selbst wenn sie vom potentiellen Opfer kommt, blanker Hohn auf alle Opfer des Kriegs und der Nazi-Verbrechen! Und doch paßt sie zu Oskars fatalistisch-nihilistischem Programm, von dem das ‚Gitterbett', zu dem Oskar nunmehr aufruft, lediglich eine Schwundstufe ist: Wer der Meinung ist, es sei für die Menschen besser, nicht geboren worden zu sein, kann einem ‚Feldfrüchte'-Händler im erzählzeitlichen Heute vorwerfen, kein ‚echter Gemüsehändler' gewesen zu sein. Doch was warf er ihm damals vor? Der ‚Endsieg' sollte doch noch in ein anderes Paradies führen; wenig später hatte auch der Kleinwüchsige wenigstens als Attraktion der Propaganda-Kompagnie dort noch seinen Platz, war nicht vom Ausschluß aus diesem Paradies bedroht.

3. Die historische Situation als Relativierungsmittel der Metaphernsysteme: Schuldfragen.

Immerhin haben sich in Greffs Kopfe die in die Kartoffeln ‚hineingelauschten' Bilder entwickelt - parallel zu einer historischen Entwicklung, die im Brief der Sittenpolizei ihren Wendepunkt fand. Die Bilder schlugen um, weil auch das Verhalten des Gemüsehändlers umschlug. Doch nicht nur die Sicht des Lesers auf das Innenleben der Figur Greff ist durch die Ich-Perspektive Oskars gefiltert: Oskar ist auch handelnde Figur - und er erzählt nicht immer alles, was er so tat. Auch hier müssen Dinge und Sachverhalte erst einmal zum Sprechen gebracht werden.

Sehr wichtig ist die historische Daten-Situation, in die diese Fiktion eingebettet ist: Greff war - Oskar meint: „noch rechtzeitig" - „Mitglied des NSKK" (II,357), des Nationalsozialistischen Kraftfahrkorps, einer Untergliederung der NSDAP, geworden.

> Zwar hatte er achtunddreißig schon seinen Verein auflösen müssen - den Bengels hatte man braune Hemden und die kleidsamen schwarzen Winteruniformen verpaßt -, dennoch kamen die ehemaligen Pfadfinderiche in Zivil oder in neuer Uniform häufig und regelmäßig zu ihrem Oberpfadfinder, (...) (II,357)

1938 also - im Reich selbst schon 1936 - wurden alle Jugendorganisationen in Danzig in die HJ zwangsüberführt. Hat Greff diesen Sprung tatsächlich „rechtzeitig" geschafft? Warum aber hat er sich so lange Zeit gelassen, daß dieses „noch rechtzeitig" überhaupt thematisiert wird: Erst 1941 wurde er Luftschutzwart. Sicher: Als NSKK-Mitglied konnte er seine Bastlerleidenschaft in die verordnete Verbreitung der Kraftfahrbegeisterung unter der Jugend einbringen, konnte sich auf ehemalige Pfadfinder „berufen", die es „inzwischen im Jungvolk zu etwas gebracht hatten" und konnte es selbst stufenweise ‚zu etwas bringen'. Anfangs „konnte man von der HJ-Gebietsleitung aus die Liederabende in Greffs Kartoffelkeller als erlaubt bezeichnen" (II,357), dann machte Greff gar noch Karriere. Als Liederbuch-Mitautor und Veranstalter von Liederabenden „in der Gauschulungsburg Jenkau" hatte er vorzeigbare nationalsozialistische Erfolge: Das anfangs nur ‚Erlaubte' wurde erwünscht, ja geradezu gefordert. Doch warum geschah dies mit Verspätung? Seit 1936, spätestens aber seit 1938 war klar, wo die Jugend in Zukunft zu finden war.

Oskar stellt die Frage, warum der Vereinsmeier Greff durch sein Zögern überhaupt in solche Legitimationsnöte hineingerät, nicht: Er liefert nur das allgemein von ‚Gitterbett'-

Radikalitäten eingefärbte Verdikt gegen die Vereinsmeierei, trennt und differenziert nicht zwischen dem ‚Pfadfinder'-Vereinsmeier und dem nationalsozialistischer Prägung. Sicher ist Greff auch dies: Nach anfänglichem Zögern engagierte er sich sehr - vielleicht sogar zu sehr. Doch der Oskar der Erzählzeit setzt dem nationalsozialistischen Greff noch eins drauf: den ‚echten Gemüsehändler'. Das ist etwas, was Greff damals nicht war - und woran er sich schon damals messen lassen mußte. Die Datenlage verweist auf ein Loch: Greff war nie HJ-Funktionär. Seltsamerweise trägt ihm dies noch in der Erzählzeit Abstriche ein: Er kann noch immer nicht als idealer Repräsentant von Oskars nunmehr zynischer lebensverneinender Weltsicht gelten. Hier scheinen Maßstäbe sich sehr verändert zu haben: Damals hatte Oskar andere ‚Ziele' im Kopf. Wenn er heute noch die ‚echten Gemüsehändler' als Maß aller Dinge heranzieht, so sind die Nationalsozialisten mitgemeint: Die hatten den Endsieg im Sinn, den er nun - Vergangenheit ‚bewältigend' - zum Gitterbett-Programm verschärft. Damals, in der erzählten Zeit, vermißte vermutlich auch er bei Greff eher ein Endsieg-Engagement - und das konnte er noch nicht aus der Sichtweise des ‚echten Gemüsehandels' gesehen haben.

Greffs verspäteter und halbherziger Entschluß zur nationalsozialistischen Karriere fiel ihm auf - noch in der Erzählzeit äußert sich dies in Reflexen. Und ihm, dem heutigen Verehrer ‚echten Gemüsehandels' fiel damals, vor dem Blick ins Greff'sche Kellerreich der Schwarzen Köchin, auch auf, daß diese letzte, entscheidende Stufe an der ‚Karriere-Treppe' fehlte. Nur damals war der ‚Keller' teuflischen Gemüsehandels eher der Himmel der Endsiegträume.

> Greff nahm zu dieser Zeit kaum noch Notiz von seiner Umwelt. Was war geschehen? Was machte den einst so offenen, immer zum Scherz bereiten Gärtner und Jugendfreund so stumm, was ließ ihn so vereinsamen, zum Sonderling und etwas nachlässig gepflegten älteren Mann werden?
> Die Jugend kam nicht mehr. Was da heranwuchs, kannte ihn nicht. Seine Gefolgschaft aus der Pfadfinderzeit hatte der Krieg an alle Fronten zerstreut. (II,378)

Was weiter ‚heranwuchs', kam nicht mehr zu Greff: Der ‚Händler' saß auf dem Trokkenen. Das liest sich wie ein Naturereignis, sollte jedoch als Folge ‚echten Gemüsehandels' im Sinne Oskars erklärt werden. Mit den Forcierungen der endsiegsüchtigen Konkurrenz konnte - und wollte - Greff nicht Schritt halten. Denn auch damals bestand kein Mangel an Nachwuchs: Wenn die Jugend nicht zu Greff kam, hätte Greff zur Jugend gehen müssen. Der echte Händler nimmt von den allzeit ‚produzierenden Müttern' - und verkauft. Dazu gab es ja Institutionen des ‚Feldfrüchte-Handels' - wie die HJ. Ein Gemüsehändler im Sinne Oskars hätte damit kaum Probleme gehabt. Der schlechthin ehrgeizige Liederbuch-Mitautor und Veranstalter von Liederabenden „in der Gauschulungsburg Jenkau" war zu diesem nächsten Schritt in seiner Karriere doch geradezu prädestiniert. Greff hat auch nicht das Problem, daß die nachwachsende Jugend ihm zu jung wäre und Knabenschönheit ihn nicht mehr anzöge: Sein Problem hieß „Horst Donath" - und hatte mit der Post zu tun, die ihm später, in Form eines Briefes von der Sittenpolizei, weitere Probleme bescheren sollte.

> Feldpostbriefe trafen ein, dann nur noch Feldpostkarten, und eines Tages erhielt Greff über Umwege die Nachricht, daß sein Liebling, Horst Donath, erst Pfadfinder, dann Fähnleinführer beim Jungvolk, als Leutnant am Donez gefallen war.(II,378)

Donatus - der ‚Geschenkte', Greffs Liebling: Er mußte wiederhergegeben werden. Es ist zwar ein wenig sprachenvermischend: Dennoch scheint hier der russische Fluß und Schlachtenschauplatz in die Richtung des französischen ‚donnez' zu weisen, scheint das Schicksal oder ein Autor ein Wortspiel zwischen dem ähnlich klingenden „Donath" und dem „Donez" angelegt zu haben. ‚Gib wieder her, was dir geschenkt wurde'! Hier wird nicht ‚geschenkt', sondern ‚ge- und verkauft': ‚Feldfrüchte-Handel' mit einem „Liebling".

Daß allmählich die Post versiegte, Kommunikationsbedürfnisse abnahmen, könnte darauf hinweisen, daß hier eine ehemalige Jugend das Interesse am nur noch altmodischen, hoffnungslos idealistischen Pfadfindervater verlor. Wenn man dies in Friedenszeiten transponieren könnte, wäre der Befund klar: Greff hat ihnen nichts mehr zu sagen, sie sind zu alt geworden für den Kinderkram, der ihm Lebensziel bedeutete. In diesen Kriegszeiten ist das Versiegen der Post jedoch viel eher Indiz dafür, daß solche bestätigenden Kontakte zunehmend schwieriger wurden. Das mochte an den in der Kriegssituation begründeten Schreibschwierigkeiten liegen, erklärt sich aber eher noch aus emotionalen Situationen: Diese Jugend war ebenfalls, wenn auch anders als ihr Lehrer, gerade dabei, ihre ehemaligen Pfadfinder-Ideale zu verlieren! Sie war angekommen im ‚Schlammbett' zu jener reinen Liebe, die ihr auch von einem Greff gepredigt worden war; hier rächte sich, daß der Gemüsehändler gewisse ‚Betten' auch nicht ‚mit einem einzigen Blick belastete' (vgl. II,379). Wenn Greff dann aber nur noch „über Umwege" die Nachricht vom Tod seines ‚Lieblings' erhält, so ist dies eindeutig kein Indiz für ein versiegendes Interesse am Pfadfindervater: Ein rechter Pfadfinder hätte hier allen Kriegsschwierigkeiten zum Trotz ‚Wege' und ‚Pfade' gefunden. Die ‚Umwege' sind Indiz für die bewußte Aussparung, den Ausschluß des ehemals verehrten Lehrers aus dem zu benachrichtigenden Personenkreis. Hier verkehrte sich die ehemals ‚reine Männerfreundschaft' in ihr Gegenteil: Dieser ‚Liebling' wollte vermutlich mit Greff nichts mehr zu tun haben. Mögliche gemeinsam erlebte Nacktszenen auf der gefrorenen Ostsee könnten in diesem Schweigen, das wahrscheinlich stummer Vorwurf an den ehemaligen Lehrer ist, auch eine Rolle spielen: Doch was Donath seinem Lehrer dabei wohl vorzuwerfen hat, ist das genaue Gegenteil des Unkeuschheits-Vorwurfs. Gerade die gemeinsam zelebrierte nackte Keuschheit und Askese diente einem ‚unkeuschen', verbrecherischen Ziel. Gerade weil Donath seinen Lehrer geachtet hatte, doch seine Blindheit gegenüber dem Mordgeschäft des Krieges zwangsweise nicht mehr teilte, ließ er ihn nicht an sein ‚Sterbebett' heran!

Der Greff der Grass'schen Fiktion muß dies erkannt und so gedeutet haben: Dieses Aussparen der eigentlich relevanten Innenwelten ist ein sehr häufiges Autorenstilmittel. Um Dinge und Sachverhalte der Fiktion in diesem Sinne sprechen zu lassen, bedarf es unter allen Umständen der Spekulation - und der anschließenden Überprüfung am Text. In dieser Geschichte eines ‚verweigerten Beileids' - so spekulieren wir weiter - schlug deshalb auch die Passion des Jugendfreundes Greff um: Dafür sollte er gearbeitet haben, diese Linie vom Pfadfinder zum angeblich ruhmreichen Leutnant, der seinen Lehrer vergessen zu haben schien, sollte er mitvorbereitet haben? Greff kannte Donath zu gut, um dessen Enttäuschung und den gegen den Lehrer gerichteten, stummen Vorwurf nicht zu verstehen. Hier blieb nicht nur die Post aus.

Dieses Innenwelt-Geschehen steht jedoch in einem Außenwelt-Kontext, der ebenfalls einen erklärungsbedürftigen Wendepunkt aufweist: Greffs seit dieser Zeit zwar harmloses, nicht direkt gegen die Nationalsozialisten gerichtetes, sondern resignativ kauziges ‚Bastlerverhalten' ließ auch eine Stimmung der Außenwelt gegen ihn umschlagen. Das vom Autor vorgegebene, von Oskar nicht ausgesprochene, ja bewußt verschwiegene ‚Loch' in Greffs Karriere mußte im Zeitkontext viel stärker auffallen, als es das heute tut: Warum wurde Greff nie HJ-Funktionär? Das mußte Gründe haben: Vielleicht war er kein ‚echter Jugendfreund', sondern ... - Was konnte er in den ‚Augen seiner Zeit', die immer gewissen Leuten gehörten, denn schon sein? Es war die Zeit der „Sondermeldungen" - „im Radio eroberte die sechste Armee Stalingrad" (II,380). An der sogenannten ‚Heimatfront' war es gewissermaßen noch undenkbar, daß ein Jugendfreund, dem die private ‚Sondermeldung' fehlte, aus Liebe zur Jugend kein mit ‚Feldfrüchten' handelnder Jugendfreund sein wollte. Gründe, in dieser Zeit bereits Geschichtsfatalismen im Sinne des späteren Oskar zu entwickeln, konnte ‚man' noch nicht ausmachen: Wer wollte schon am Radio zweifeln. Also mußte das geradezu andere Gründe haben. Es mußte geradezu etwas an dem dran sein, was man hinter vorgehaltener Hand beinahe schon immer flüsterte, dann ‚trompetete' - oder gar ‚trommelte': Greff mußte einfach homosexuell sein! Es ist anzunehmen, daß die Sittenpolizei ebenso „über Umwege" von dieser neuen und bekanntlich ins Konzentrationslager führenden ‚Erkenntnis' unterrichtet wurde, wie Greff vom Tode Horst Donaths: Auch hier gibt es die signifikante Lücke, das beredte Schweigen, in Oskars Ausführungen.

Daß ein Gemüsehändler seine ‚Ausgewogenheit', seinen Gleichgewichtszustand verliert, weil eine einzige ‚Kartoffel' einer ‚ausgewogenen Konstruktion' entnommen wurde, war damals noch ‚kauzige Bastelei' - nicht etwa Kunst - oder gar ‚antiwagnerianische Kunst' mit Mitteln des Gemüsehandels. Es scheint jedenfalls auch gegen Wagners ‚Götterdämmerungs'-Finale gerichtet, wenn Greff hier - im Grass-Auftrage - darauf hinweisen könnte, daß seine Trommelmaschine ebenso wie die heldische Propaganda-Maschinerie eines ‚Trommlers Hitler' mit der Mechanik einer ‚absurden', einer mißtönenden Maschinerie, „ein endliches schepperndes, tragisch mißtönendes Finale" finden mußte (vgl. II,380) [17]: Das ‚unendlich und pathetisch nachhallende, tragisch tönende Finale' eines Wagner fände hier - durch den Verweis auf eine ‚endliche', im Mai 1945 endlich beendete Finale-Geschichte, die hier in ihrem absurd-mechanischen Gange ist, ein ‚mißtönendes', absurdes Gegen-Stück, das individuelle Tragik in den ‚Mißtönen' eines fünfzig millionenfachen Sterbens begräbt.

---

[17] ‚Absurd' kommt von ‚mißtönend' - und damit wäre man bei einer Grundkategorie in Grass'schen Geschichtsbegriffen. An solchen Geschichten um ‚ideologiebehängte Gegenstände' und Geräusche läßt sich bei Grass ein Geschichtsbild der ‚Absurdität' lange vor seinen expositorischen Texten zu diesem Thema belegen. Eine Sekundärliteratur, die eine Weltbild-Wende vom frühen ‚unpolitischen' Grass zum politisch engagierten Bürger der sechziger Jahre zugrundelegt, steht nicht nur in Opposition zu einer Fülle von Grass-Äußerungen zum politischen Gehalt auch seiner frühen Literatur und zu einer ‚Ansatzgleichheit' des engagierten Bürgers mit dem autonomen Schriftsteller: sie verkennt auch diese politischen Inhalte der Romane.

Man kann dem kleinbürgerlichen ‚Bastler' hier also Künstler-Intentionen zuschreiben: Greff, der dem Leser wechselweise das absurde Bild eines mit Nationalsozialisten kollaborierenden und Endsieg-Fortschritte kommentierenden (vgl. II,357 und 372), dann aber von den Nazis unmittelbar bedrohten Pfadfinderführers bietet, ist hier ein ‚unverstandener' Künstler. Er kann mit seiner nur wenig ‚verfrühten' Erkenntnis einer totalen Sinnlosigkeit des immer ‚totaler' werdenden Krieges in den fortbestehenden Endsieg-Euphorien kein Publikum mehr oder noch kein Publikum finden. Auf den Geschmack an seiner Kunst scheint ansatzweise nur Oskar gekommen. Andererseits aber findet er Leute, die ihn ‚abstempeln' - und diese Reaktion fand er vielleicht gerade bei dem Schüler, den er sich, aus Mangel an anderen Möglichkeiten, als Ersatz-Publikum erkoren hatte. Er ‚trägt die Ohnmacht zu Oskar'.

Denn wenn Oskar diese mögliche Botschaft einer ‚Trommelmaschine' tatsächlich verstanden haben sollte, war sie damals eher ein Denunziationsgrund: Oskar war ‚endsieg-', nichts ‚absurditätsgläubig'. Schon das Folgekapitel „Bebras Fronttheater" liefert eine Fülle von Belegen für die Beteiligung des ‚Trommlers' an den mißtönendsten ‚Absurditäten' seiner Zeit: Als der so ‚hellhörige' Oskar sich an der nationalsozialistischen Propaganda beteiligt, ist die Schlacht um Stalingrad längst verloren, hat „mit dem Afrikakorps auch Kurtchens Keuchhusten sein Ende" gefunden, hat „eine Art Geografieunterricht" eingesetzt, den auch weniger ‚Hellhörige', die „sofort und blindlings auf jeder Karte Sowjetrußlands" Ortschaften finden können, als einen Unterricht über Rückzüge hätten verstehen können (vgl. II,390). Für seinen Selbstmord hatte Greff die vielleicht für einen Trommler gebaute „Trommelmaschine" verändert: Er hat sich selbst als Gegengewicht eingepaßt - und inszeniert im Keller, was in der großen Welt passiert. Und wenn er seine Maschine tatsächlich ‚für Oskar gebaut' hatte, war der vielleicht im Gegenzug für diese Umgestaltung mit Greff als Gegengewicht mitverantwortlich.

> Glaubte Oskar doch, der bastelnde Gemüsehändler habe sie seinetwegen, für ihn erfunden und erbaut. Bald darauf wurde mir allzu deutlich mein Irrtum offenbar. Greff hatte vielleicht von mir Anregungen erhalten, die Maschine jedoch war für ihn bestimmt; denn ihr Finale war auch sein Finale. (II,380)

Hier war jemand anfangs neidisch auf Greffs Erfolge und später entrüstet wegen eines fehlenden Weiterengagements: Doch wer war das? Eine „Vorladung vor Gericht, der man den Stempel der Sittenpolizei mehrmals aufgedrückt hatte", hat so, wie sie mehrere Stempel hat, auch nicht nur den einen Absender.: ‚Man' hat gleich ‚mehrmals' gestempelt. Es ist die Frage, ob nicht auch der ach so keusche Dirigent und Schlammfeldkünstler Oskar heimlich ‚mitgestempelt' und einen ‚unkeuschen', der Homosexualität verdächtigen Konkurrenten ‚abgestempelt' hat.

Dies tut er zum Beispiel in einem noch unverfänglichen Kontext, in dem es um die Frage geht, wer Greff wie gut kannte:

> Es mag sein, daß er sie gekannt hat. Sie jedoch kannte ihn kaum. Genau wie die Nachbarn und Kunden hätte sie in den Beziehungen Greffs zu jenen Knaben und Jünglingen, die oft genug den Händler besuchten, nie etwas anderes sehen können als die Begeisterung junger Menschen für einen zwar laienhaften, aber passionierten Freund und Erzieher der Jugend. (II,362)

Greff kennen heißt, ihm Homosexualität unterstellen. Hierin will Oskar ihn gar besser kennen als Greffs Ehefrau. Dieses Urteil ‚stempelt' Greff noch in der Erzählzeit ab.

Winterliche Nacktszenen auf der zugefrorenen Ostsee sind es, die den Gemüsehändler in Verruf brachten. Doch wer hat sie beobachtet, wer hat sie weitererzählt? Wie gelangten solche Verdachtsmomente zur Sittenpolizei? Jemand muß Greff denunziert haben: Diese Post muß es gegeben haben - selbst wenn der Erzähler auch hier ein Loch läßt.

Hätte Oskar Motive für diese Denunziation? Er erzählt chronologisch - und so ‚fügt es sich', ohne daß Oskar es fügt, daß in diesen Zeitraum seine Schwierigkeiten mit Maria fallen, die Matzerath geheiratet hatte. Grass ‚fügt es ihm', daß er hier von zwei schlicht mörderischen Abtreibungsversuchen gegen Marias ungeborenen Sohn zu berichten hat, die auch das Leben seiner angeblichen ‚Geliebten' bedrohen. Zumindest dies wird deutlich - ohne daß den metaphorischen Verbindungen eingehender nachgegangen werden kann, die sich aus dieser privaten Geschichte vice versa für eine Kriegszeit der Sondermeldungen ergeben: Oskar hatte in dieser Zeit massive Schwierigkeiten mit einer ersten Liebe und - das bleibt dann aber völlig unausgesprochen - mit dem ‚Liebekonkurrenten' und Vater Matzerath. Auch bei ihm gibt es im privaten Bereich das ‚Bett', das er mit keinem Blick belastet, das er verdrängen will. Und wenn das Verdrängte - wie ein ‚dicker, ständig wachsender Bauch' - sich nicht übersehen läßt, hatte er wenigstens Maria gegenüber, also auf der Frauenseite dieser ödipalen Konstellation, wenig Skrupel. Aus diesen psychoanalytisierenden Motivrekonstruktionen heraus ist es durchaus denkbar, daß Greff - so wie Lina Ersatz für Maria ist - ein Ersatzobjekt für den manifesten Wunsch nach dem Vatermord war: Nirgends im Roman war Oskars Haß auf Matzerath wohl größer als hier, im Siebzehnjährigen, am Zeitpunkt seiner Niederlage im ‚Kampf' um Maria - und nirgends im Roman erfährt der Leser so wenig von diesem Haß. Nicht nur in Marias Bauch wuchs etwas, auch in Oskars Kopf: Doch was da wuchs, verschweigt er. Es ist sehr gut denkbar, daß er hier verwundbarere Ersatzväter suchte.

4. ‚Dichtung und Wahrheit' - Lese-Strategien für die ‚Autobiographie nach Auschwitz'

Für den Verdacht einer Mittäterschaft Oskars gibt es jedoch ‚nur' signifikante Lücken, Indizien und anders deutbare Metaphern. Zum Beispiel wäre die Frage zu stellen, warum dem Erzähler zum Sonnenaufgang des Greff'schen Selbstmord-Tages folgendes Bild einfiel.

> (...) denn rechts, im Osten, über dem Max-Halbe-Platz, zog sich aus eigener Kraft die Sonne hoch und benutzte dabei denselben Trick, den auch der Baron Münchhausen angewandt haben muß, als er sich am eigenen Zopf aus dem Sumpf lüpfte. (II,381)

Der Autor, der als ‚Dichtergott' auch die Assoziationen seiner Erzählerfigur verräterisch gestalten kann, hat ihm das Bild, das kaum passen will, in die Feder diktiert. Wenn über Greffs Selbstmord ‚die Sonne aufgeht', so wäre dies ein anderes Licht als jenes nihilistisch-fatalistische ‚Kunstlicht', das ein anderer ‚Lügenbaron' über dieses Geschehen ergießt. Oskar, der ‚Heimatfront'-Eroberer im Schlamm des Lina-Bettes, versucht hier den unmöglichen Münchhausen-Trick, will sich ‚aus eigener Kraft' und am eigenen Zopf mit einer Lügengeschichte aus einem ‚Sumpf' ziehen, in den er aus eigenen Kräften hineingeraten war. Die Sonne, die so nun gewiß nicht aufgeht, wirft ein anderes Licht auf dieses Geschehen.

Bei Lichte besehen weiß Oskar allen Lücken zum Trotz zweimal eben auch zu viel! Und mit ‚Hellhörigkeit' hat dieses Zuvielwissen dann nichts mehr zu tun.

Fragen Sie mich bitte nicht, woher ich das weiß. Oskar wußte damals so ziemlich alles. (II,359) Das zweite Bad nahm Greff am Sonntag in Begleitung mehrerer Knaben. Oskar will das nie gesehen haben, hat es auch nicht gesehen. Das erzählten später die Leute. Der Trompeter Meyn wußte Geschichten über den Gemüsehändler, trompetete die durchs ganze Quartier, und eine dieser Trompetergeschichten besagte: (...) (II,360)

Wo ein Trompeter trompetete, könnte auch ein Trommler getrommelt haben. Oskar weiß nicht nur vage von den Badeaktionen, er kennt deren Verlauf und Zeitplan. Gerade angesichts solcher Detailgenauigkeit muß der zum Nichtfragen aufgeforderte Leser hier wohl doch fragen, woher dieses Wissen stammt. Solche ‚Allwissenheit' kommt der Ich-Perspektive nicht zu - und bei einem Handlungsbeteiligten, der Motive hätte, Greff zu schaden, ist dergleichen sehr suspekt. Immerhin thematisiert der eher dichterisch ‚allwissende' Oskar hier auch Zeit- und Wissensbegrenzungsfragen: „damals" will er „so ziemlich" alles gewußt haben. Entweder hat er Greff nachspioniert oder hat das, was man über ihn klatschte, von einem anderen Spion erfahren: Der Trompeter Meyn käme für solche ‚Gespräche unter Musikern' infrage.

Dann aber muß der Leser sich den Aufwand vergegenwärtigen, den dies - wem auch immer, dem Trompeter, dem Trommler, beiden oder anderen - gemacht hatte. Früh, „um sechs", noch in der Dunkelheit und der Kälte der Wintermonate, fuhr man - Beobachter und Beobachteter - los, um ‚kurz vor acht' nach zwei Stunden Frieren wieder im Labesweg zu sein (vgl. II,359 f.). Welche Idee motivierte diese Beobachter-Tortur zur freiwilligen Tortur der Pfadfinder-Asketen? Es waren weder sexuelle noch in irgendeiner Form der Pfadfinder-Ideologie verpflichtete Motive, die die Beobachter antrieben. Wer hier homoerotische Erzieher-Knabenspiele beobachten wollte, ‚spannte' für den Endsieg: Homosexualität war fast ein Todesurteil - hier sollte einem unkeuschen, jugendverderbenden Lüstling das Handwerk gelegt werden. Doch ‚bei Lichte besehen' war am mittwöchlich-einsamen Bad des Gemüsehändlers überhaupt nichts und beim kritischeren ‚Sonntags-Bad mit Knaben' nur ein vage an die Laokoon-Szene gemahnendes Bild des ‚schrecklich nackten, singenden, schreienden Greff' mit ‚zweien seiner nackten Zöglinge' zu gewinnen.

Dieser ‚Laokoon' stammt dann jedoch nicht aus Oskars sondern aus des Autors Feder. Der Leser hätte das nur über Schlüsselworte germanistischer Traditionen und entsprechend wie zufällig angesprochene Bild zu ergänzen. Er hätte sich hier zu fragen, wo denn die Schlangen-'Fesseln' zum ‚entfesselten Dreigespann' (vgl. II,360) zu suchen sind und welche ‚Fesseln' sich zu diesem Bild einer ‚Entfesselung' asketisch gebändigter und vormals institutionell aufgefangener Kleinbürgerlust am Homoerotischen wieder ergaben. Auch hier wurde ein potentiell vor dem Kriege mahnender Laokoon durch ‚Schlangen' zum Schweigen gebracht; zu den schon seit Lessing diesem Schreckensbilde zwischen ‚Schreien' und ‚Singen' anhängigen Reflexionen über die Darstellung des Schreckens in der Kunst hätte der Leser die ‚Schlangen'-Absichten zu ergänzen, mit denen dieses Bild einer kleinbürgerlich zweckfrei ‚entfesselten' Männerfreundschaft beobachtet wurde. Die Beobachter selbst sind hier ganz gewiß nicht von ‚interesselosem

Wohlgefallen' beseelt. Die ‚Schlangen' sind Teil der Darstellung geworden, die nur Wissenden waren Täter.

Das kritischere ‚Bad mit Knaben' „will" Oskar zum Beispiel selbst „nie gesehen haben". Hier gibt er einerseits, gewissermaßen rückwirkend, zu, daß er das Mittwochsbad schlechterdings „gesehen" haben könnte - mit allen Implikationen eines Aufwandes, nach dessen Motiven zu fragen ist. Die Wahrnehmungsform ist hier spezifiziert: Dies will er nicht mehr nur aus einer Art dichterischer Allwissenheit ‚gewußt' haben - es geht ums ‚Sehen' oder ‚Nichtsehen'; mit ein wenig detektivischer Pedanterie entdeckt der Leser verdächtige Indizien in dem, was vordergründig nur Selbststilisierung nach gängigen Künstler-Klischees zu sein schien. Oskar „will" nun, in der Erzählzeit, vom Sonntagsbad nichts gesehen haben - und schon ist es rückwirkend beschlossen: Er „hat es auch nicht gesehen". Die seltsame Konstruktion eines ‚Beschließens' über andere Möglichkeiten eines ‚Erlebthabens' ist - bei aller künstlerischen Kühnheit - im autobiograhischen Muster nicht eben vertrauenerweckend. Hier herrscht ein Entweder-Oder, das andere Möglichkeiten ausschließt. Angesichts solcher Willens-Entscheidungen zum Erlebt-Haben sind Grundfragen nach Erzählperspektive und Gattung zu stellen.

Oskar hat sich hier zumindest der literarischen Form nach abgesichert: Er schreibe beides, schreibe einen „Roman" (II,8) und beschreibe zugleich „sein Leben" (II,9). Was sich viele Interpreten der ‚Blechtrommel', die unhinterfragt das naheliegende Muster einer ‚fiktiven', also von Grass erfundenen ‚Autobiographie' übernehmen, mit dieser von Oskar programmatisch verkündeten Mischung der Gattungen zwischen ‚Dichtung und Wahrheit' einhandeln, wird erst an solchen ganz und gar unkünstlerischen Details klar. Oskar will keine „Autobiographie" schreiben: Er erhebt für sich den Anspruch auf das Dichter-Recht zur Lüge. Er belügt seinen ‚Pfleger Bruno' ebenso wie uns, ‚die wir außerhalb seiner Heil- und Pflegeanstalt ein verworrenes Leben führen müssen, in jenen Details, die ihn schuldig werden ließen: Diese verlogenen Intentionen einer ‚Vergangenheitsbewältigung' sind das Gegenteil jener Form der belehrenden oder unterhaltsamen ‚Lüge', die den Dichtern seit jeher diente. Das letztmögliche Kunst-Experiment hat einfache Ursachen im zeitgenössischen Mief der NS-Zeit: Ein wahnsinniger potentieller Mörder versucht sich in der Nachfolge des Genies Goethe am Formexperiment der Vereinigung der Gegensätze, an der Autobiographie, die zugleich Fiktion ist - und dies in jeweils letztgültiger, eben auch Goethe übertreffender Ausführung. Mit den weitgespannten formalen Möglichkeiten einer Autobiographie-Fiktion zwischen Wahrheit und Lüge bewegt sich das unter Verdacht gestellte ‚Genie' jedoch im Rahmen einer von Grass erfundenen Biographie, die Ausflüge ins Romaneske dem Lüge-Verdacht aussetzt. Nur scheinbar ist dies noch der vom Klassiker gesetzte formale Rahmen des Musters einer Autobiographie. Goethes „Dichtung und Wahrheit", auf die Oskar recht oft anspielt, ist ein Mischprodukt zwischen Fiktion und Tatsachenerzählung, das den Erzählerintentionen in dieser ‚Dichtung' und dieser ‚Wahrheitsorientierung' diametral widerspricht. Oskar ‚lügt' nicht dichterisch. Er erfindet nicht, um Wahrheiten zu verdeutlichen, sondern um sie zu verschleiern: Wo die Sonne aufgehen sollte, versucht jemand, Nebel verbreitend, sich am eigenen Schopf aus einem Schlamm zu ziehen. Seine fiktive, von Grass erfundene ‚Dichtung und Wahrheit' ist ein Zwitterprodukt, bei dem ‚Dichtung' meist nur als wahrheitsverschleiernde Ausfluchtsmöglichkeit mißbraucht wird. Und dieser Verdacht betrifft auch Oskars Zeitgenossen, die ihre jeweils konkrete Vergangenheit, ihr Leben in der NS-Zeit, zu beschreiben hätten und bisweilen allzuviel ‚Dichtung' einfließen lassen. Wenn man sich mit der autobiographischen Stillage auf ‚zu dünnes Eis' wagt, hilft etwa romanhaftes Allwissen weiter; wenn solches Allwissen etwa die Frage nach Konsequenzen fürs damalige Handeln aufwirft, wechselt man wieder in die Wissensbegrenzungen aus der ‚Lebensbeschreibung' hinüber. Eben noch ohnmächtig und ‚permanent dreijährig' werden Lücken im Bereich der Tatsachen-Dokumentation, die vielleicht doch auf Machtmöglichkeiten hinweisen könnten, dann wieder mit romanhaften ‚Hellhörigkeiten' überspielt. Solche Lücken und Potentiale eines Verschweigens sind nicht, was sie bei Goethe sind: zu vernachlässigende Größen eines rein Privaten. Der Geheimrat stand, als er seine ‚Dichtung und Wahrheit' verfaßte, weder unter Mordverdacht noch stand er unter dem Verdacht, an seiner Autobiographie zur ‚Bewältigung einer Vergangenheit' herumkorrigieren zu wollen. Oskar steht in beiden Verdachtsbereichen - seine ‚Dichtung und Wahrheit' sollte also beim Leser sowohl kriminalistischen Spürsinn, der die Privatperson Oskar zu betreffen hat, als auch politisches Gespür für solche ‚Wechsel ins Dichterisch-Allgemeine' freisetzen.

Greffs Lebensende-Geschichte ist in der Wendezeit des Krieges kurz vor dem Stalingrad-Fiasko angesiedelt. Die politisch brisante Zeit ist in Oskars Privatleben Höhepunktszeit eines ödipalen Vaterhasses, der zu Kurzschlußaktionen drängte: Oskar kann dergleichen wohl nur im unpolitischen weiblichen Bereich, in seinen ‚Abtreibungsversuchen', zugeben, die zudem den Vorteil haben, daß sie scheiterten. Auch diese Versuche müssen in Oskars Modell übersetzt werden: Es galt angeblich, dem ‚mutmaßlichen' Sohne Kurt zur Gnade der Nichtgeburt zu verhelfen. In der ödipalen Konstellation zwischen der Stiefmutter Maria, der ‚schlammigen' Ersatzgeliebten Lina und dem ‚mutmaßlichen' Vater Matzerath fehlt das Ersatzobjekt für den nicht mehr nur latenten Vaterhaß. Parallel zum ‚Loch' in der Darstellung der Greff-Geschichte ergibt sich ein ‚Loch' in der Darstellung von Oskars pathologischer Entwicklung. Aus politischen Endsieg-Wünschen wie aus privaten Ersatzväter-Beseitigungswünschen könnte auch ein Oskar den anonymen Denunziations-Brief geschrieben haben, der Greff dem Zugriff der Sittenpolizei auslieferte: Wenn er dies getan hat, kann er es nicht zugeben.

5. Statt eines Schlusses: Wie könnte es weitergehen?

In dem Essay „Unser Grundübel ist der Idealismus" nennt Grass drei miteinander verbundene Intentionen, die er in der Danziger Trilogie verfolgt habe. Seine Kritik habe „zuallererst der Dämonisierung des Nationalsozialismus" gegolten. Er habe sich damit gegen den Umgang einer ‚littérature engagée' mit dieser Zeit abgegrenzt, der er idealistische Tendenzen nachsagt, die auf das ‚Grundübel Idealismus' zurückzuführen seien. Er sei dann - drittens- schon zufrieden, wenn es ihm gelungen sei, „das kleinbürgerliche Detail aufzuwerten" (vgl. IX,392ff.).

Hier interessiert vor allem die Aufwertung des kleinbürgerlichen Details. Es ist recht schwierig, in der Grass-Interpretation trotz vorherrschenden Episodencharakters der Einzelgeschichten Geschichten auszugrenzen. Aus einer Charakterisierung der Greff-

Figur ergibt sich die Notwendigkeit zur Revision anderer Figuren-Charaktere; die Verbindungen gerade über die unterschiedlichsten Bildträger und die geschichtlichen Zusammenhänge werden ständig betont. Wichtige Details wie historische Daten, Briefe, ja alle ‚Bildträger'-Gegenstände widersprechen den Dämonisierungstendenzen des Erzählers ebenso, wie sie auch einer ‚littérature engagée' widersprechen, die der Wunschvorstellung einer ‚Widerstandsliteratur im nachherein' (vgl. IX,393) allzu vordergründig nachgibt. Konkreter als in solchem Pauschalvorwurf kann die Grass'sche Detail-Technik vielleicht an einer Kontroverse um Oskar und Alfred Matzerath verdeutlicht werden, die sich an Oskars Schuldmöglichkeiten in der Greff-Geschichte motivisch anbindet. Nach wie vor kommt Oskar dem heimlichen Wunsch seiner Interpreten nach einer ‚Widerstandsliteratur im nachherein' allzusehr entgegen, während man seinem Vater allzu vorschnell eine ‚typisch nationalsozialistische' Schuld aufbürden möchte.

Oskars mögliche Verantwortung für den mörderischen Denunziationsbrief ergibt eine motivische Verbindung zu jenem Brief, den sein mutmaßlicher Vater gegen Ende des Krieges doch noch - wenn auch ‚zu spät' - abschickte. Die Vermischung privater Liebe- und Haß-Gefühle mit dem Legitimationshorizont der politischen Forderungen von ‚Opfern für den Endsieg' gilt auch für seinen ‚Denunzianten', den Vater Alfred Matzerath. Maria plädierte, nicht zuletzt aus dem ‚privaten Grunde' der ‚Abtreibungsversuche' Oskars, dafür, Oskar ‚wegzugeben', ihn als ‚lebensunwertes Leben' abzutun: Es schien ihr durchaus klar, was dort mit ihm geschehen sollte (vgl. II,444). Das geschah noch vor der Stäuber-Episode um das Jesus-Maskottchen Oskar: Dort wurde die Familie in ein wiederum untersuchungsbedürftiges Gerede gebracht. Matzerath zögerte und zögerte: Bei ihm, dem Vater, überwogen auf der privaten Seite einer Liebe-Haß-Ambivalenz die Liebe-Momente. Da wollte jemand seinen Sohn aus ‚Liebe', aus politisch-moralischen Beweggründen, opfern: Dieser gegenüber einem Zeithintergrund völlig ‚verspätete' Gewissenskonflikt besetzte Matzerath in der Schlußzeit des Krieges so sehr, daß er gar nicht mehr wahrnahm, was um ihn herum passierte. Er, der in der Sekundärliteratur als der exemplarische Mitläufer gesehen wird, wurde, als er nicht mehr ‚mitlief', absurdes Opfer seines falsch gepolten Gewissens. Während er bisher immer getan hatte, was alle taten, bekam er nun, bei soviel Gewissenskampf um ‚sein' Opfer für den Endsieg, gar nicht mehr mit, daß der ‚Endsieg' nur noch Fiktion war. ‚Alle' anderen waren stillschweigend -bereits mit dem Danach beschäftigt: Die Parteiabzeichen waren lange ‚entsorgt'. Wie also konnte es geschehen, daß der bisher so ‚mitlaufend' am äußeren Verhalten der Umgebung orientierte Matzerath nun so vergeistigt-dumm war, diesen nicht mehr ‚heiligen' sondern nur noch verdächtigen Gegenstand in die Kartoffelkeller einer Flucht vor den Russen mitzunehmen?

Diese absurde Ehrenrettung eines überzeugten, wenn auch dummen Nationalsozialisten in einem innerfamiliären Verbrechen, das für ihn das größtmögliche Opfer für die Ideologie zu sein hätte, ist dennoch erschreckend wahrscheinlich. Den Grass'schen Absurditätsbegriff von Geschichte sollte man anhand solcher absurden Geschichten auflösen. Grass plaziert den höchst- und doch unmoralischen, den reiflichst überlegten und doch erschreckend dummen Matzerath'schen ‚Beitrag zum Endsieg' in die Endzeit des Krieges. Die sinnlosen Opfer des Krieges sind hier, ihres Legitimationshorizontes beraubt, gewissermaßen noch eine Stufe sinnloser. Und doch muß man es Matzerath glauben, daß er gewissenhaft im Kopfe wälzte, was ihm damals Sinn geben konnte, daß er gar an Christus-Motive Anschluß suchte. Gerade weil jener Matzerath, den man so gerne als gewissenlosen Mitläufer sehen möchte, hier ganz intensiv sein Gewissen befragte, konnte er soviel offen zutageliegenden und nunmehr andere Gewissenlosigkeiten favorisierenden ‚Zeitgeist'-Wechsel so dumm übersehen. Das bewußt herbeigeführte größtmögliche Opfer - das des eigenen Sohnes - scheiterte dann aber an einem ganz profanen Grund: Es scheiterte an einem simpel faktischen Nicht-Funktionieren der Post. Ein Brief wurde nicht zugestellt.

Eine Post ist also nicht angekommen. Diese simple - will sagen: nicht-symbolische und nicht-metaphorische - Tatsache ‚meint' der ‚gegenstandssüchtige' Autor ganz besonders, wenn in seinem Werk dann zum Beispiel im Bereich der Post- und Kommunikationsbilder wie nebenbei zu metaphorischen Gold- statt Kartoffelgräbereien eingeladen wird. Ein zufällig-notwendiges Nichtfunktionieren der Post verhinderte diese Geschichte eines ‚gottväterlichen Opfers': Doch dieser Zufall ermöglicht überhaupt erst jene anscheinend in der Familie liegende Blindheit für Kommunikationswege, die sich etwa schon darin äußert, daß Telegraphenmasten eines weltenstiftenden Anfangsbildes mit Oma und Kartoffeln nicht etwa weltenverbindende, sondern weltbegrenzende Funktion haben - hierin angeblich den Stäben eines Gitterbettes ähnelnd. Das zufällige Überlebthaben des beinahe mit messianischen Intentionen geopferten Oskar verdankt sich - in vielerlei Hinsichten - den Zufällen eines Nicht-Funktionierens der Kommunikation. Dies erst ermöglicht innerfiktional „Die Blechtrommel" als Unsinns-Botschaft, als Roman des späteren ‚Jesus Oskar'. Auch diese ‚Post', auch diese ‚Gitterbett'-Botschaft an ‚uns alle' außerhalb von Heil- und Pflegeanstalten, wird - soviel steht fest - nicht ankommen; das Selbstopfer des selbsternannten Jesus wäre sinnlos - und es ist kein Wunder, daß der wiederauferstandene Oskar in der „Rättin" von dieser Botschaft aus dem Frühwerk nichts mehr wissen will. Diese absurden Geschichten machen „Die Blechtrommel" zu einer Beispielsammlung für die These: „Geschichte ist absurd".

IV. Günter Grass „Die Rättin" und der Tod der Literatur[1]

A. Spekulative Vorüberlegungen

„In Zukunft nur Ratten noch" (S.10). „Nur wir, siehst du, in Zukunft wir Ratten nur noch." (S.504)[2]. Die Rättin, die Titelfigur des neuen Grass-Werks, wartet also am Anfang und am Ende des Buchs mit diesen fast gleichlautenden Befunden auf. Lohnt es sich überhaupt, Menschen von einer solchen Zukunft zu erzählen? Lohnt sich dieses Erzählen besonders dann, wenn selbst die 500 Seiten des Buches auf diesen antihumanen Ausgangspunkt zurückzuführen scheinen? Grass hat diese Fragen implizite bejaht, „Die Rättin" ist ein Produkt solch doppelt unsinnig scheinenden Erzählens; Überlegungen zum Form- und Inhaltsverständnis und zum Wirklichkeitsbezug dieser Kunst sollten von diesem Befund ausgehen.

Weil unsere die Zukunft vorwegnehmende Phantasie keine Grenze gesetzt sehen will, können wir darüber spekulieren, was nach dem „Großen Knall" passieren mag, können uns die vorhandenen Möglichkeiten einer Selbstzerstörung des Menschen verwirklicht vorstellen. So paradox und beschämend für unsere Vernunft es klingen mag: So entsteht eine heile Welt, entsteht das, wovon ein Schriftsteller, aus allen Träumen gefallen, wieder träumen möchte. Den Regenerationsmechanismen einer blinden Natur wird Zeit und Raum gegeben, Halbwert um Halbwert der verbleibenden Strahlung kann sich abbauen, der Staub der Atompilze schlägt sich nieder. Evolution setzt nach einer Interimszeit, in der Nachwirkungen des Menschengeschlechtes ‚bewältigt' werden, ungefähr beim Stande anpassungs- und überlebensfähiger Kleinsäuger wieder ein. Ratten erleben eine ‚Stunde Null'.

Ich sehe sich vermehrende Völker. Zu guter Letzt menschenfrei gibt ihnen die Erde Raum. Fischreich will die See wieder sein. Auf den Hügeln hinter der Stadt wachsen die Wälder dicht. Vögel nutzen den Himmel. (S.504)

Ratten hätten hier jedoch noch kein menschenähnliches Bewußtsein. Aber das liegt nahe, mit dem Gedanken eines neuen Paradieses verknüpft sich sogleich der eines neuen Sündenfalls. Wir ignorieren, daß diese Heile-Welt-Beschreibung aus den Schlußseiten des Buches stammt und fragen weiter: Wie lange dauert es, bis der fatale Webfehler, bis das animal sapiens sich wieder einschleicht, sich klammheimlich hineinevolutioniert, bis der liebe Gott also wieder mit Lehm spielt, das Apfelessen nicht verbieten kann und in einem nutzlosen Rettungsversuch seinen Sohn schickt? Konsequent schließt die kulturpessimistische Spekulation den Kreislauf der Vernunft, die an ihrer Unvernunft scheitert, auch hier: Wann inszeniert diese sich selbst bestimmende Vernunft ihr selbstbestimmtes Endspiel nach dem säkularisierten Muster von Sündenfall und Apokalypse?

Zwei derart geschlossene Teufelskreise verlangen den dritten; der eingefleischte Kulturpessimist spekuliert auch ins Prähumane hinein. Vergleichbare Konstruktionen weist in der „Rättin" zum Beispiel das Gedicht über Møns Klinten (vgl. S.158f) auf:

---

[1] Dieser Aufsatz wurde erstmals in der Zeitschrift „Wirkendes Wort", 1987, H. 6, S.382-398, veröffentlicht.

[2] Zitiert durch Angabe der Seitenzahl aus: Grass, Günter: Die Rättin, Darmstadt und Neuwied 1986.

Vielleicht bezeugen Versteinerungen einer prähumanen Intelligenz, bezeugen „die grauen und schwarzen, aus der Kreide gefallenen Steine" auf dieser dänischen „Sommer- und Kinderinsel, mit der wir älter und dänischer hätten werden können" bereits eine Vergangenheit dieses Teufelskreises, den wir, allmählich „Abschied" nehmend, auch in der Gegenwart als gegeben anerkennen. Das Kreislaufmodell der Wiederkehr des Ewig-Gleichen findet eine neue Dimension von Ewigkeit; nur noch posthuman setzen wir dem eine selbst hier vergeblich anmutende Hoffnung jenseits aller Hoffnung entgegen. „Touristen der neuen Art" mögen „in fünfundsiebzig Millionen Jahren genau" aus versteinerten „Teilchen von uns", aus „Ohr" und „Finger" lernen, dergleichen Fingerzeige - so hoffen wir, die Hoffnung aufgebend - mögen dort nicht auf taube Ohren treffen.

B. Der Teufelskreis der Vernunft und die Erzählstruktur der „Rättin"

Anknüpfungspunkte an dieses Gedankenexperiment einer posthumanen Sündenfall-Geschichte bietet vor allem die Erzählstruktur der „Rättin". Der Ich-Erzähler kommuniziert permanent mit einem posthumanem Bewußtseinswesen; die Positionen dieses Dialogs schließen einander jedoch aus. Euch gab es mal, wiederholt ständig die Rättin, uns gibt es noch, so lautet des Ich-Erzählers Litanei. Sie treffen zusammen auf der Spielwiese gemeinsamer Träume, dennoch ist auf dieser Dialogebene die Frage, wer hier wen träumt, wer Produzent und wer Produkt und wessen Welt die im Sinne einer Basisfiktion wirkliche ist, nicht zu beantworten. Es ergeben sich zwei prinzipielle Lesarten der posthumanen Geschichte, die in den Rezeptionsprozeß hineinwirken. Wo nur eine dieser gegensätzlichen Positionen ausgeführt ist, muß der Leser die andere ergänzen.

Uns gibt es noch. „Immer noch sind wir zahlreich" (S.10). Dem Ich-Erzähler ist die Rättin zunächst nur Traumfigur, unverbindlich, wie wir uns unser posthumanes Sündenfallexperiment wünschen. Der posthumane Dialogpartner ist anfangs nur metaphorisches Pendant zu der geschenkten „Weihnachtsratte", die diesem Ich Anlaß zu Spekulationen über posthumane Zeiten gibt. Die Alptraumfigur wurde geboren aus dem Wunsch, „Reizwörter für ein Gedicht" zu gewinnen, „das von der Erziehung des Menschengeschlechtes handelt" (vgl. S.7). Aber ebenso wie der nicht ernst gemeinte Wunsch dem Ich-Erzähler die Herrscherin der Müllberge ins Wohnzimmer bescherte, wird auch die als „Reizwort", als Provokation, beschworene Traumfigur immer bedrohlicher. Die Geister, die der Ich-Erzähler als unverbindlich provozierenden Redeschmuck rufen wollte, um ‚reizende Wörter' für die Zukunftsvision eines sich selbst erziehenden Menschengeschlechtes zu erhalten, kommen aus einer ganz anderen Zukunft. Der Ich-Erzähler wird sie nicht mehr los, kann sie immer weniger verdrängen: Den posthumanen Spekulationen wächst Realität zu, über Umweltschadens-, Bevölkerungsexplosions- und Rüstungsstatistiken beispielsweise, aber auch über das Mißtrauen, ob die eingeschlagenen Problemlösungsstrategien wirklich greifen. Die Gegenwart, so ließe sich dieser Vorgang ins Bild fassen, läßt posthumane Ratten wachsen und sich mehren, läßt sie sich die Erde untertan machen. Nur wenn die Ratten „selbstvergessen einzig auf Vermehrung bedacht waren", gelingt es dem Ich-Erzähler, gelingt es seinem „Traum, andere Bilder zu suchen" (vgl. S.107). Andere Bilder, Bilder aus der Gegenwart, lassen sich also nur in Traumpausen aufsuchen, in denen die Ratten sich aber gleichzeitig vermehren. Solche Bilder flüchten also in einem doppelten Sinn aus Wirklichkeiten: aus der gegenwärtigen Wirklichkeit, indem sie das, was die Rattenvermehrung begünstigt, verdrängen, aus der posthumanen Wirklichkeit, indem sie immer noch am Schönen der Gegenwart festhalten wollen. Unterschwellig vermehren sich derweil die Ratten. Wenn der Ich-Erzähler in seinen Traum zurückkehrt, ist dieser umso bedrohlicher.

„Gewesen seid ihr, erinnert als Wahn" (S.10). Aus der Perspektive der Rättin ist dieses Aufsuchen anderer Bilder etwas prinzipiell anderes. Den Menschen gibt es nur noch in ihrem Erinnerungstraum. So wie der Ich-Erzähler seinen posthumanen Partner im gezähmten Bereich des Gitterkäfigs seiner Weihnachtsratte eingesperrt und kontrolliert sehen möchte, denkt sie sich diesen erinnerten Menschen in eine Raumkapsel hinein, in deren ewiger Umlaufbahn die Rättin ein Analogon zu den Kreisbewegungen des Menschen sieht. Sie personalisiert ihre Erinnerung, der Ich-Erzähler ist ihr ein Mittel, Erinnerungskomplexitäten zu reduzieren. Wenn dieser Mensch andere Bilder aufsucht, heißt das in dieser Lesart nichts anderes, als daß ihr Erinnerungstraum andere Bilder sucht. Auch während seiner Fluchtbewegungen könnte sie ihn träumen, denn was träumen Ratten, die sich vermehren?

Sobald sie ihren erinnerten Menschen wieder anspricht, wird der ohnehin aus all seinen Träumen fallen. Die Bemühungen der Menschen, in ihrer Wirklichkeit Zukunft herzustellen, sie in hergestellten Bildern zu antizipieren oder sie in die Gegenwart, ‚hierher', zu stellen, sind aus der Sicht der Rättin nur ein Traum. In dieser Zukunft sitzt sie, das ist der archimedische Punkt, von dem aus sie unsere Welt aus den Angeln hebt.

Sie erhebt Anspruch auf Selbstbestimmung, die sie, „die Witterhaare in jede Richtung gestellt, damit nichts Fremdbestimmtes in ihr Revier dringt" (vgl. S.204), gegen die ‚Reviernahme' allen Menschlichen verteidigt. Besonders wehrt sie sich gegen Eingriffe ihres erinnerten exemplarischen Menschen: Nicht nach dessen als Wahn erinnerten und zum Großen Knall führenden Gegenwartsplänen, nach ihrem eigenen Plan will sie ihre Welt einrichten.

Wer sich von seinen Träumen, von Aberglauben und Mystischem leiten läßt, ist selbstverschuldet unmündig im Kantischen Sinne. Dieser Emanzipationsprozeß der Rättin hört also auch auf den Namen Aufklärung, ist von den Ratten als ein Ausgang aus selbstverschuldeter Unmündigkeit geplant.

Grass, der hinter diesen Konstrukten stehende Autor, präsentiert in „Die Rättin" posthumane Welt nicht als abgeschlossene Fiktion, er läßt kein spielerisches Eintauchen in eine, unter Unwirklichkeitsvorzeichen gesetzte, schaurig-schöne Untergangsphantasie zu. Die Welt der Rättin ist Folgewelt der Gegenwart.

In trivialer Science Fiction bedroht die Folgewelt das Wirklichkeitsgefühl für die Gegenwart nicht, hier jedoch, in dieser Gegenwelt mit einer Wahrscheinlichkeitsgrundlage stellt sie das Schreiben überhaupt in Frage. Typisch für Trivialartefakte ist der Sprung aus der affektarmen Grauzone unseres Alltagslebens in eine vorübergehende Entwirklichung, von der man mit Lustgewinn über ein Happy-End wieder ins alltägliche Grau des Nicht-Erzählenswerten zurückkehrt. In der Rättin steht dieser Sprung unter einem in die Fiktion aufgenommenen, mit Unlust-Gefühlen verbundenen Wiederholungszwang. Entwirklichung wird zur täglichen Übung des Ich-Erzählers, wird ausgelöst durch dessen Beobachtungen in der Gegenwart, denen die Vertreterin einer uns verneinenden Gegenwelt antwortet. Durch diesen Zwang zum Sprung in die Gegenwelt wird das unwirklich, was der Erzähler für seine Wirklichkeit hält, die Realität seiner Fiktion ist größer, als er im Interesse seiner Realität wahrhaben will.

Erst dann, wenn man dieses „Euch gab es mal" wirklich ernst nimmt, kann das in der Eingangsspekulation angeklungene Gedankenexperiment eines Vergleichs posthumaner mit menschlicher Vernunft-Wirklichkeit in einer ‚reinen' Form stattfinden. Der frühe Einsatz posthumanen Bewußtseins modifiziert die Rahmenbedingungen unseres nach posthumanen Wahrscheinlichkeiten gebastelten Teufelskreises. So wird die Rättin mit einer Erinnerung ausgestattet, deren Äquivalent unser spekulatives Posthumanbewußtsein mühsam, über die Untersuchung versteinerter Finger oder Ohren zum Beispiel, erarbeiten müßte. So ergibt sich aber auch die Konstellation, daß eine Ratte hier Ich sagt, nicht etwa ein Bewußtsein, das die posthumane Evolutionsleiter bis zum animal sapiens erklommen hat. Die Basis-Spekulation wahrscheinlichen Geschehens nach dem „Großen Knall" bleibt also in einer eigentümlichen Vermischung erhalten. Der Leser ist, neben den bereits angeführten Bewußtseinslesarten und dem dazugehörenden Perspektivenwechsel, dazu aufgefordert, Bewußtseinszutaten zumindest für die posthumane Welt auch wieder zu streichen, diese Lesarten auf der Basis einer spekulativen Posthumanwahrscheinlichkeit zu hinterfragen.

Die Rättin sieht, als Ratte mit Bewußtseinszutat, im Großen Knall die Bestätigung, daß rattentypische Verhaltensweisen und die genetische Ausstattung dieser Spezies bessere Überlebensvoraussetzungen bieten, als deren menschliche Äquivalente. Sie wird nun alles irgendwie besser machen, wird ebenso fleißig das Pronomen ‚Wir' bemühen, um den langen Weg vom ‚Ich' zum ‚Wir' abzukürzen, wird ihre Vergangenheit, die unsere Gegenwart ist, „als Wahn" erinnern und dann eine ihrem Geschlecht gemäße Gegenwart und Zukunft einrichten. Dabei wird sie - wie sollte es anders sein - Fehler machen, nicht zuletzt deshalb, weil Menschliches in diese Pläne hineinwirkt.

Die Struktur dieser Pläne verweist den Ich-Erzähler assoziativ auf die Thematik der deutschen Nachkriegszeit zurück. Die Verbesserungsintentionen der Rättin und deren Fehlerquellen lassen die Gegenwart, die Situation der Deutschen in den vierzig Jahren nach 1945, assoziieren. Es entsteht eine strukturelle Analogie, deren tertia comparationis die Bewältigung einer als Wahn erinnerten Vergangenheit und die Institutionalisierungsversuche einer besseren Welt in Gegenwart und Zukunft sind. Der Nachkriegszeitraum bildet den allgemeinsten Rahmen der Einzelgeschichten des Ich-Erzählers.

Die letzte Geschichte des Buchs, das Scheitern der Watsoncricks, läßt den Verdacht auftauchen, daß das so hochgelobte, jedoch schlicht instinktgeleitete Sozialverhalten der Ratten sich von unserm Verhalten nicht arg unterscheidet. Das Scheitern dieser Geschichte, dazu das Scheitern der deutschen Katastrophenbewältigungsversuche, das die Einstiegsvoraussetzung zum Experiment darstellt, der dadurch erfolgende Rückverweis der Gegenwart auf die Zeit der Weimarer Demokratie, die ebenfalls eine Zeit vor dem Ende war, verlagert die Teufelskreissituation des Bewußtseins aus der Sphäre der Kreisläufe vernunftbegabter Arten wieder zurück in den Bereich überschaubarer Geschichte, aus dem diese Spekulation ihr Muster entlehnt. Steuert unsere Welt wieder auf einen Abgrund zu, gibt es die ewige Wiederkehr der Vernichtung, die über Steigerungen im Vernichtungspotential zur endgültigen Vernichtung der Menschheit führen?

Auch die Ratten lernen nicht aus dem, was sie als Wahn erinnerten. So feiert beispielsweise das kritisierte Märchenmuster „Ofen auf, Hexe rein, Klappe zu, Hexe tot! Vorhang, Schluß der Vorstellung" (vgl. S. 133) fröhliche Urständ im Verfahren, mit dem die Ratten die Watsoncricks beseitigen. Diese Mordlust sucht assoziativ die Verbindung mit einer instinktgeleiteten Revolution im Prozeß der biologischen Evolution, sie knüpft an die Vernichtung der Saurier (vgl. S.26ff) an, bei der man Bewußtseinszutat getrost streichen kann. Die Watsoncricks „machen sich selbst fertig, und wir helfen nach" (Vgl. S.496): Das gleiche Verfahren in Kontexten des Instinkt- oder des intentionalen, selbstbestimmten Verhaltens ist also jeweils anders zu bewerten.

Wäre die Rattenwelt in irgendeiner Form vorbildlich, so hätte es nicht zu der Watsoncrick-Planwirtschaft kommen dürfen. Im dritten Kapitel, noch fernab einer konturierten posthumanen Handlung, überträgt die Rättin spaßeshalber „die zum Mangel führende Planwirtschaft auf den Alltag der Ratten" (vgl. S.105). Noch ist ihre gesamte Gedankenwelt rückwärtsgerichtet, mit der Analyse des Menschenwahns beschäftigt. Unvorstellbar - „Man stelle sich vor:" (vgl. S.105) - ist ihr der Gedanke einer Wiederholung solcher Zustände; dennoch wiederholen sie sich, als die Ratten ihr Wissen in die posthumane Welt einbringen wollen.

In den Wiederholungen menschlichen Verhaltens innerhalb der Rattenwelt muß früheres Wissen verloren gegangen sein. Eine Lektion der Rättin zur posthumanen Erziehung des Menschengeschlechtes hebt jedoch gerade den ‚automatischen', über das Genom vermittelten Wissenstransfer der Ratten als das hervor, was Ratten dem Menschen voraus haben.

Wir vererben das Wissen. Sein Einmaleins, der Mensch mußte es büffeln immer aufs neue, wir nicht!(S.185)

In der Watsoncrick-Geschichte ist dieser Wissenstransfer durchbrochen, der Weg vom ‚Ich' zum ‚Wir' hat eine Zwischenstation erhalten: Nicht mehr die Ratten sind gemeint, wenn die Watsoncrick-Damroka ‚wir' sagt. Zumindest für die Watsoncricks ist außer Kraft gesetzt, was die Spezies Ratte vor der Spezies Mensch auszeichnet, nämlich daß „uns euer humanes Ich und dessen Sterblichkeit unbekannt ist, weil unser Ich sich aus ungezählten Rattenleben bildet und so den Tod aufhebt" (vgl.S.228).

Die Figur der Rättin selbst ist ein „Ich", das sich „aus ungezählten Rattenleben bildet und so den Tod" aufheben will; in beiden Bewußtseinsarten der posthumanen Geschichte steht die Konstruktion eines solchen ‚Ich' zentral, sei es als Wunsch des Ich-Erzählers nach der Komplementärfigur eines „Ich das bin ich jederzeit"[3], sei es als Vor-

---

[3] Vgl. Grass, Günter: Der Butt, Darmstadt und Neuwied 1977, S.7

aussetzung im Ich-Bild der Rättin, die den Menschen als defizitäre Form der Ich-Bildung erinnert, als Gattung, die „immer aufs neue", in jedem Einzel-Ich ihr „Einmaleins" zu büffeln hatte. Wenn im Kollektiv-Ich der Rättin Trägerinnen früheren Wissens verloren gehen, geht mit ihnen auch ihr Wissen verloren; das Kollektiv-Ich bleibt bloßes Wunschbild. Die letzte Rättin, eine ehemalige Mastratte (vgl. S.503), weiß nicht, was die Rättinnen vor ihr, die für das Überleben der Art ‚den Arsch hinhielten' (vgl. S.228), als Wahn des Menschengeschlechtes analysierten.

Auf die ‚Lektion' der Rättin zum Wissenstransfer folgt das in der Einleitung angekündigte „Gedicht, das von der Erziehung des Menschengeschlechtes handelt" (vgl. S.7 und S. 188f), es folgt aber auch eine seltsame Nobelpreisrede des Ich-Erzählers. Wäre es der Nobelpreis für Literatur, der der Rättin zugesprochen werden soll, so könnte dieser Preis die Funktion haben, den Menschen Rattensozialverhalten als Lernziel zu empfehlen. Gleichzeitig wäre damit an den Weg der Wissensvermittlung in lebenslangen Lernprozessen erinnert, der dem Menschen vorgeschrieben ist, gleichzeitig wäre aber auch einem der Literatur immanenten Elitedenken, wäre der Suche nach dem ‚Übermenschen' in zeitgenössischer Verkleidung der Fluchtpunkt entzogen.

Die Rättin soll jedoch den Nobelpreis für Medizin, für „Leistungen im Bereich der Gen-Forschung und der so nachhaltig erfolgreichen Gen-Manipulation" (S.190) erhalten. Ihre Methode also, das Wissen zu vererben, soll den Menschen implantiert werden. Was die Nazis in ihren Konstrukten vom Herren- und Untermenschen verfehlten, erscheint als gentechnische Möglichkeit: „bald, bevor es zu spät ist, möge er sein: der herrliche Rattenmensch!" (S.195). Das kann nur eine Satire sein, soviel ist gewiß. Aber wer schreibt sie? Der Ich-Erzähler? Der Verlauf der weiteren Geschichte läßt eher auf einen ernstgemeinten Vorschlag schließen; Ich-Erzähler und Autoren-Ich sind an diesem Punkt völlig verschieden. Der Ich-Erzähler trägt als Traumfigur diese Idee vom Rattenmenschen in die posthumane Geschichte hinein. Und Menschen waren es auch, die - wenn man der Version der Entstehung der Watsoncricks im Labor folgt - den posthumanen Ratten diese Abstrusitäten bescherten.

Dieser Ich-Erzähler ist also ein exemplarisches Ich, er ist das, was in uns Ich sagt. Innerhalb der bitterbösen Geschichte der „Rättin" ist eine Distanzierungsbewegung festzustellen. Anfangs scheinbar identisch mit dem fiktionalen Autoren-Ich, verstrickt sich der Ich-Erzähler immer stärker in den Widersprüchen seiner Zeit[4].

C. Das Watsoncrick-Experiment und sein Resultat

Die Widersprüche der Watsoncrick-Geschichte treffen sich mit den Widersprüchen des Sündenfalls selbstbestimmter Vernunft. Diese Geschichte bildet den Rahmen aller anderen Teilgeschichten, deren Einbettung kann hier jedoch nur angedeutet werden.

---

[4] Das lyrische Ich der eingestreuten Gedichte scheint hier Korrektivfunktion zu haben, steht dem Autorenstandpunkt näher.

Lange vor dem Auftreten der Watsoncricks wird posthumane Handlung im ersten Kapitel eingeleitet. Die Ratten „üben ... den aufrechten Gang", zuerst „in einem Niemandsland", dann auf Straßen, die ... auf Kirchenportale zuliefen", dann im Innern „einer gotischen Hallenkirche". Der Ich-Erzähler ‚erkennt' „die Danziger Hauptkirche Sankt Marien", die „alte Backsteinglucke", die „immer noch, was weiß ich, brütet!?" (vgl. S. 35f). Dieses Aufrichten ist Indiz für die Suche nach einem letztlich religiösen „was weiß ich": Die Bewußtseins- und Erinnerungszutat im ‚Ich' der Rättin ist auch Bestandteil des ‚Wir'. Ratten, die nach dem Sinn suchen, träumen ebenfalls vom Raumkapsel-Menschengott, sie treffen später auf Watsoncricks, die einen Sinn stiften und damit scheitern.

Die Schlußseiten des Buchs scheinen dennoch nicht in die geschlossenen Teufelskreise unserer Ausgangsspekulation einzumünden, wenigstens für das Rattenbewußtsein scheint diese Ewigkeit außer Kraft gesetzt. „In Zukunft wir Ratten nur noch" (S.504). Dieser Befund ist das rattenhafte Korrelat zur Schlußfrage von Lessings „Erziehung des Menschengeschlechts", aus Lessings Frage „Ist nicht die ganze Ewigkeit mein?" ist jedoch schon eine Behauptung geworden.

Die Rättin glaubt, die Gefahr eines Großen Knalls des Rattengeschlechtes einfach ignorieren zu können; der Schluß des Buches setzt dem Zweifelsmomente entgegen.

Nur angenommen, es gäbe uns Menschen noch...
Gut, nehmen wir an.
...doch diesmal wollen wir füreinander und außerdem friedfertig, hörst du, in Liebe und sanft, wie wir geschaffen sind von Natur...
Ein schöner Traum, sagte die Rättin, bevor sie verging.(S.505)

Dieser Schlußsatz ist ebenso doppeldeutig, wie das abschließende ‚Wort zum Sonntag' nichts oder alles sagen kann. Die Rättin verneint die auf der Menschennatur und ihren Liebe-Fähigkeiten begründeten Zukunftshoffnungen des Ich-Erzählers, bevor sie zum letzten Male vergeht, also zunächst einmal, bevor sie sich aus den Träumen des Ich-Erzählers ausblendet. Die ganze Schlußsequenz legt indes nahe, daß auch das posthumane Bewußtsein nur ähnlich schöne Träume träumt, bevor es endgültig vergeht. Und ihrem stolzen „Nur wir, siehst du, in Zukunft wir Ratten nur noch" ist noch eine Interpretation nachzutragen, die den Vergleich mit der Schlußfrage der „Erziehung des Menschengeschlechtes" relativiert.

Ratten ‚waren' aus posthumaner Sicht bereits einmal der Nullpunkt einer dem Menschen möglichen Zerstörung, sie waren die Grenze, an der zerstörerische Radikalität endete. Das Wörtchen „wir" im optimistischen Schlußbefund, das dem neutralen Eingangsbefund „In Zukunft nur Ratten noch" Bewußtsein auch in der Formulierung hinzufügt, ist, so gelesen, auch nur ein „schöner Traum". Der Teufelskreis ist nicht prinzipiell durchbrochen. Der Baum der Evolution hat ‚Ratten zur Wurzel', er läßt sich durch die Endspiele der jeweiligen Vernunftbegabten nur bis zu dieser Wurzel kappen. Das Wortspiel mit dem Wort „radikal", mit dem die Rättin dem Ich-Erzähler das Ende seiner Welt veranschaulichen will, stellt auch ihren Schlußbefund infrage:

> Kein Leben regte sich, nein, sagen wir es nach humaner Wertung: bald regte sich kein höheres Leben mehr. Es war, um ein Wörtchen zu benutzen, das der Mensch gelegentlich scherzhaft für das Wort radikal setzte, weil es uns Ratten zur Wurzel hat, ratzekahl alles weg! (S.205)

Deutliche Unterschiede bestehen jedoch im Grad der Bedrohung und in der Zeitspanne, die diesem Bewußtsein noch zu einer Korrektur des Kurses bliebe. Die posthumane Welt ist hier erstmals völlig heil, die Rättin feiert, daß alles Menschliche überwunden, d.h. vollständig vernichtet ist. Grass scheint also gerade den Weltzustand aufsuchen zu wollen, der in unserer Teufelskreispekulation nur Zwischenschritt ist (vgl. S.504 und S.2 dieses Aufsatzes). Auch hier ist also Vorsicht geboten!

In unserer Teufelskreispekulation könnte sich Ähnliches ohne ein planendes Rattenbewußtsein bis zu diesem Punkt posthumaner Zeit zugetragen haben. ‚Beruhigend' für jeden, der Angst vor Frankensteinambitionen der Gentechniker hatte: Die Watsoncricks als letzte humangeschichtliche Abstrusität unterliegen wenigstens posthuman dem survival of the fittest, werden von den Ratten ihrer Nahrung beraubt und aufgefressen. Hier darf die unbewußte Natur siegen, „des Menschengeschlechts schlimmste(n) Gedanke(n)" und seine „letzte Ausgeburt" (vgl. S.504) ähnlich wie in der Sauriergeschichte tilgen. Vom Menschen blieben nur die kreisende Raumkapsel und ein haltbarer eiserner Schriftzug zurück. Aber gerade die Natur-Äquivalente dieser Humanzeitrelikte könnten zum erneuten Schluß des Teufelskreises führen. Äquivalent zur Raumkapsel wäre ein schlichtes Vakuum im Himmelsbereich, das die Ratten „bei Gelegenheit" (vgl. S.504), dann also, wenn sie bewußt nach Sinn suchen, wieder mit Träumen von Göttern füllen könnten. Noch gibt es nur eine unbenannte Form dessen, was die Menschen Nächstenliebe, Solidarität usw. nennen mußten, weil es auch das ebenso vage Gegenteil dazu gab. Das Ziel der „Erziehung des Menschengeschlechtes", das Gute zu tun, weil es das Gute ist, könnte hier noch in einer unbewußten, über das Genom vermittelten Form verwirklicht sein. Aus posthumaner, also eindeutiger, Perspektive wird klar: Das Menschengeschlecht hätte zu einer Vernunftform dieses tierischen Sozialverhaltens erst erzogen werden müssen.

Das tierische Äquivalent der „eisernen Schrift", deren Inhalt innerhalb der Schlußpassage ebenfalls nicht benannt wird, ist „Nächstenliebe, die Tieren geläufiger als dem Menschen ist" (vgl. S.487), oder eine Art Gattungssolidarität. Unsere Benennungsschwierigkeiten korrelieren mit der Nichtnotwendigkeit einer Benennung innerhalb der Tierwelt, die über den Sündenfall durch das Bewußtsein verloren geht, wenn die beiden Pole dieses Gebotes, Selbst- und Nächstenliebe, nicht mehr von Natur identisch sind. Im Sozialverhalten der Spezies Ratten ist dieser unbewußte, einer Benennung nicht bedürfende Zustand vor dem Sündenfall gegeben. Wir jedoch tragen Bewußtsein in diese Basisversion der posthumanen Geschichte: Nennt die Rättin dieses nicht zu Benennende?

> Und wie sie den Schlußstrich zieht, sagt die Rättin: So wurde des Menschengeschlechts schlimmster Gedanke gelöscht. Seine letzte Ausgeburt ist vertilgt. Was jene Schrift aus Eisen sagt, haben wir geübt, nicht der Mensch. Nichts zeugt von ihm, das fortleben könnte.(504)

Sie nennt das Gebot und nennt es nicht. Sie beruft sich auf die „Schrift aus Eisen", das kann auch heißen, auf den ‚Buchstaben' des nicht genannten Gebotes. Doppeldeutig wie der Schlußsatz des Buches und diese Solidaritätsbeschwörung liest sich auch der letzte Satz des obigen Zitats: Nur noch das Nichts, das der Mensch hinterließ, zeugt von ihm. Weil es nur noch Nichts ist, wird es nicht mehr wahrgenommen: Wer die „eiserne Schrift", den Buchstaben des Nächstenliebegebotes, so liest, wie die Rättin, sorgt dafür, daß dieses Nichts fortleben könnte. Nächstenliebe wurde in der Watsoncrick-Geschichte bestenfalls in dem Sinne praktiziert, daß Buchstabe und Geist des Gebotes in der vom Menschen her bekannten Form auseinanderdividiert wurden: Die Siegerin, eine „der schwarzen Jungratten, die in den Weichselniederungen selektiert und konzentriert wurden," (vgl. S.503) zelebriert die Mordtaten einer als legitim empfundenen Gegengewalt als Taten der Nächstenliebe, der Solidarität.

Es ist also alles vorhanden, womit der Leser eine Wiederholung der Watsoncrick- oder Humangeschichte in das hier entstandene Vakuum hineinschreiben könnte. Solidarnosc ist eine nur dem Buchstaben nach vorhandene Maximalsynthese im Verständnis der „eisernen Schrift", man könnte diese Synthese mit „urchristlich-kommunistisch" (vgl. S.332) übersetzen. Damit wäre man genau am Ausgangspunkt der posthumanen Handlung: Um Glaubenskriege nach dem Großen Knall in einem erträglichen Rahmen halten zu können, werden 130 „urchristlich-kommunistische Ratten" auf dem Bischofsberg gekreuzigt (vgl. S.332ff). Eine möglich scheinende Synthese wird ‚geopfert': Von nun an ist man entweder christlich oder kommunistisch. Dieser Anfang einer posthumanen Geschichte verweist auf die Situation nach 1945 zurück, als die ‚christlich-kommunistische' Kriegsallianz als mögliche Maximalsynthese sogleich vergessen war. Nur unmittelbar nach geschichtlichen Katastrophen scheinen dergleichen Synthesen möglich; diese Erfahrung gilt auch für die posthumane Rattenwelt der Schlußsequenz.

Sogar für neue Watsoncricks ist gesorgt. Das unmögliche Zwittergetier, daß sich als möglich gebärdet, ist wiedergeboren, „endlich" gibt es auch die „säugenden Schmeißfliegen" (vgl. S.504). Der CSU-Vorsitzende Strauß verglich deutsche Gegenwartsdichter des linken Spektrums mit „Ratten und Schmeißfliegen". Die säugenden Schmeißfliegen konstituieren für den Fall, daß die Ratten wiederum der Erlösung bedürfen, einen neuen Bildbereich für Göttlich-Dichterisches. Sie könnten als Synonyme der Watsoncricks neue Realisationsformen von Erlösungshoffnungen in Gang setzen - und wieder scheitern.

1. Die Watsoncrick-Geschichte als eine scheiternde gelungene Revolution

Vor allem aber das ‚Wie' dieses Überlebenskampfes läßt um die Posthumanität zittern. Hier gelingt das, was simpel revolutionär gestimmte Geister sich von der Solidarnosc-Bewegung in Polen erhoffen. Der wahre Sozialismus bricht dadurch aus, daß die Ratten, als „spiele man Räuber und Gendarm" (vgl. S.498), ihren Instinkten folgen und die Mißstände Watsoncrickscher Planwirtschaft beseitigen, indem sie die Träger dieser Ideen beseitigen.

Eine solche Revolutionsmystik will weder zu Grass noch zu der Solidarnosc-Bewegung passen. Solidarnosc ist oder war das genaue Gegenteil solcher Revolutionspläne. Das polnische System sollte unter einem strikten Verzicht auf Gewalt reformiert werden. Die Einbettung dieser politischen Bewegung in einen ungebrochenen, spezifisch polnischen Katholizismus ist eine der Hauptirritationen, die eine Vorbildwirkung auf die westliche Linke verhinderte. Und was der Ich-Erzähler in einer Geschichte, in der „Solidarnosc siegt" (vgl. S.465), auf seiner posthumanen Spielwiese im Namen dieser Bewegung veranstaltet, ist geradezu ein Hohn auf deren Ziele und deren gegenwärtigen Zustand. Solidarnosc existiert nach ihrem Verbot bestenfalls noch im Sinne der polnischen Nationalhymne, wird „noch nicht verloren" gegeben.

Aus der Erzählgegenwart mobilisiert der Revolutionstheoretiker als Lenker seiner posthumanen Geschichte Ratteninstinkte.

> Weg mit ihnen! Komm raus, Rattentier! Sag: Die schaffen wir auch noch. Die machen sich selbst fertig, und wir helfen nach. Die sind zu menschlich geraten. (S.496)

Zu dieser Version aus der Sicht des Erzählers suchen wir die anderen Lesarten auf. Die Spezies Ratte folgt ihren Instinkten wie in der Sauriergeschichte. Sie hungert die Watsoncricks aus und verschlingt sie, weil sie wehrlos sind: Dazu ist planendes Bewußtsein nicht zwingend nötig.

Oder: Ratten mit Ich-Bewußtsein träumen einen Gott, den sie in einer kreisenden Raumkapsel vermuten. Sie mobilisieren Instinkte, um eine als defizitär begriffene Welt zu verbessern. Die Aufforderung des Ich-Erzählers - „Sag: die schaffen wir auch noch" - ist so gesehen eine Art göttlicher Auftrag.

‚Gott ist ein Künstler, der Künstler ein Gott'. Der alte, auf ungebrochenen religiösen Prämissen basierende literarische Topos vom ‚Deus artifex, artifex deus' verbindet die beiden Bewußtseinsversionen. Er findet hier auf seiner religiösen Seite eine sehr merkwürdige Füllung. Gibt es eine Entsprechung zur Allmachtsphantasie des artifex deus, der auf weißem und bekanntlich geduldigem Papier tun kann, was ihm gefällt? Wie also steht es um die göttliche Kraft und den Handlungsspielraum des möglicherweise nicht bzw. nur in Träumen vorhandenen Insassen dieses nur noch uneigentlich beobachtenden Satelliten?

Wie man sich dieses Surrogat eines göttlichen Einwirkens in die Welt vorstellen kann, wird an dem Punkt deutlicher, an dem posthumane Planwirtschaft entsteht.

> Wie immer man Machtverhältnisse regelt, ohne Eigentum geht es offenbar nicht; eine nunmehr auch posthumane Erkenntnis. Könnte es sein, daß wir, von Ratten geträumt, auf jene Rattenmenschen, von denen uns träumt, konstruktiv Einfluß gewinnen? Es soll ja vormals, als Mann mit Bart, Gott allen Bildern gefällig gewesen sein, die wir uns machten von ihm. (S.471)

Der Ich-Erzähler, ein selbstherrlicher artifex deus, „könnte" demnach, auf dem Allgemeinplatz der Notwendigkeit von Eigentum aufbauend, die posthumane Planwirtschaft überhaupt erst geschaffen haben und sie dann, ähnlich wie „der Allmächtige, dieser immerfort rachsüchtige und den eigenen Pfusch verfluchende Gott" (vgl. S.12), aus der Sintflutversion der Rättin wieder zurücknehmen. In dieser Lesart präsentiert sich die Watsoncrick-Geschichte als ein um die Dimension der Göttlichkeit reduziertes theologisches Weltenmodell, in dem der Ich-Erzähler, ein Mensch also, Gottes Stelle einnimmt, die Watsoncricks die Mittlerstelle des Gottmenschen Christus und die Ratten die Stelle der Menschen besetzen; in den beiden mit dem Göttlichen vergleichbaren Positionen scheint überdeutlich die alte Idee der Hybris dessen durch, der sich an Gottes Stelle setzt.

Die Art jedoch, wie der Ich-Erzähler „konstruktiv Einfluß" genommen haben könnte, leitet über zu der anderen Lesart, die von Selbstbestimmungsabsichten der Ratten ihren Ausgang nimmt: „Einfluß" hatte er bestenfalls auf die „nunmehr auch posthumane Erkenntnis" der Rattenmenschen, die selbstbestimmt das für richtig hielten, was möglicherweise ein Mensch ihnen vorträumte. Einen vergleichbaren Einfluß übte „vormals" ein „Gott" aus, der vielleicht ebensowenig vorhanden ist, wie der geträumte Mensch in der Raumkapsel. Als „Mann mit Bart", also in einer deutlich dem Bild des Menschen nachempfundenen Bildform, wirkte er zurück auf alle Bilder, „die wir uns machten von ihm", war er diesen Bildern gefällig.

Die Rückwirkung des Bildes auf den Bildner gibt es also unabhängig davon, wessen Welt die wirkliche ist. Bereits im dritten Kapitel wird das, was die Ratten träumen, in einer materialistischen Sicht als mögliches Movens der Institutionalisierung dieser später eintretenden Mißstände exponiert. Die Rättin, die unsere Planwirtschafts-Fehler analysiert, konstatiert bereits hier einen anderen möglichen Einfluß durch „eingefleischte" Vorstellungen.

Noch nachträglich erregt rief die Rättin: Selbst heute darf, aus Angst vor Empfindlichkeit, nur halblaut gesagt werden, daß jene aus deutscher Menschensicht polnisch anmutende Wirtschaft auch der polnischen Ratte eingefleischt ist. (S.106)

In den zwei Variationen der gleichen Geschichte gelangt jeweils Verdrängtes in die Neueinrichtung dieser Welt; weder der Ich-Erzähler, als Artifex Deus-Äquivalent des Mannes mit Bart, noch die Ratten, die in den Watsoncricks die ersehnten Erlöser sehen, wollen solche Institutionen. ‚Gott' ist, unabhängig von der Prämissenfrage nach seiner Existenz, dennoch den falschen Bildern gefällig, die man sich von ihm macht: Als lebender oder toter Gott trägt ‚er' dem Ich-Erzähler, der sich an seine Stelle setzt, Fehler ins Bild, ‚er' konfrontiert die Ratten, die eine institutionalisierte Verantwortungslosigkeit für ihre Nahrungsmittelverteilung suchen, mit dem Zustand ihrer Entmündigung, das imaginierte Wort wird jeweils im falschen Sinne Fleisch.

Entsprechend widersprüchlich ist auch die Rückwirkung der selbsterfundenen Geschichte auf den Ich-Erzähler. Auch er träumt den Wunsch nach Verantwortungslosigkeit, auch er wird deshalb entmündigt. Seine Rattenmenschen-Damroka träumt ihn „immer wieder nahbei" heran (vgl. S.480), damit er ihrer - also seiner selbstgeschaffenen - schönen neuen Welt applaudiere, andererseits jedoch verdammt sie ihn dann, wenn er ihr widerspricht, wieder in seine weltenthobene Raumkapsel; das Produkt der Phantasie widerspricht seinem Schöpfer, macht ihn zum ‚Gott' im „kosmischen Lehnstuhl" (vgl. S.230). Wie diese Menschenrättin verfährt auch das Menschengeschlecht mit seinen Dichtern und Göttern.

Liebster, sagt sie, reicht es dir nicht, nur noch geträumt, einzig von mir geträumt zu werden und fortan außer Verantwortung zu sein, weil du abseits meiner Träume nicht bist?
Angenehm ist es, von ihr, die ich sagt, geträumt zu werden. Sie zeigt mir alles.(S.478)

Hier irrt sie, auch innerhalb der posthumanen Zeit. Es gibt den Raumkapsel-Gott auch „abseits ihrer Träume", in den Träumen der Ratten, denen sie ebenfalls „zwar mit Anteilnahme, aber auch distanziert" (vgl. S.480) zusieht. Sollte der Ich-Erzähler bereits hier unterschwellig seiner Damroka untreu werden und als Pendant eines Gottes, von dem die Ratten sich ein Bild machen, nun diesem Bild gefällig sein?

Damroka ‚schnallt' den Ich-Erzähler in seiner Raumkapsel ‚an', wenn er ihre Welt zugunsten seiner Gegenwart in Frage stellt (vgl. S.482).

> Manchmal lächeln wir allerdings, wenn du immer wieder behauptest, nur deiner humanen Männlichkeit und deinen öden Weibergeschichten komme Wirklichkeit zu, während ich, immerhin deine Geliebte, und alle Schwedischmanipulierten, zudem die uns anvertrauten Rattenvölker dein Traumprodukt seien, austauschbar gegen andere Träume.
> Streng plötzlich hörte ich sie: Das muß aufhören! (S.481)

Fürchtet sie wirklich nur den Austausch in den Träumen eines Menschen, den es nur noch uneigentlich gibt, und dessen Festhalten an humaner Wirklichkeit? Zu fürchten hätte sie, wie der Schluß zeigt, eher den Austausch gegen „andere Träume" der Ratten, die Rückwirkung des Bildes, das die Ratten sich von Gott machen.

2. Das Liebe-Thema in der Watsoncrick-Geschichte

An einem Wendepunkt innerhalb des Verhältnisses des Ich-Erzählers zur Menschenrättin wird aus der Geschichte einer realisierten Utopie die Geschichte einer Revolution. Dieser Wendepunkt thematisiert die Liebe, allerdings in einer sehr seltsamen Verzerrung. Der Ich-Erzähler versteigt sich zu dem seltsamen Wunsch nach der unmöglichen sexuellen Vereinigung auf der Orgelbank, nach einer Art mystischen Hochzeit.

> Ja, dich, nur noch dich will ich und will ich! Liebe, nie habe ich sie so mächtig empfunden. Alles mögliche, dein Gespons, dein Narr, dein himmlischer Bräutigam will ich sein. Zum anknabbern, auffressen, mit Haut und Haaren auffressen find ich, hab ich dich lieb...Aber hör endlich auf, Liebste, mir mein bißchen armselige Wirklichkeit abzusprechen. (S.482)

Auch wenn die Liebste der Gegenwart nun schon arg lange auf einer Forschungsreise und auf der Suche nach neuen Frauenrollen ist, könnte man sich doch bessere Kompensationsphantasien dieses Liebesentzuges vorstellen. Zudem kehrt sie gerade zurück.

Auf dieser individualpsychologischen Ebene scheint die ganze posthumane Geschichte als Ausgeburt eines Liebesentzugs, die Distanzierungsbewegung des Ich-Erzählers vom Autoren-Ich hat in der Distanz zur Geliebten, die sich in ihrer Suche nach einer neuen Rolle ihrerseits vom Manne distanziert, eine recht handfeste Grundlage.

Allzu leicht überliest man, geschockt durch diese Halbsodomie, die Konstruiertheit dieser Szene, überliest die zu dieser Vereinigung notwendige Vermischung der Welten. Wenn der jeweilige Traumproduzent sich mit seinem Traumprodukt vereinen möchte, müßten auch die beiden Welten, die sie trennen, ineinander überführt werden können. In einem unironischen Utopiedenken wäre dies der befruchtende Moment, in dem der Utopienproduzent ins eigene Bild treten, sich mit seinem Bild vereinen kann. Dieser Moment entspräche einer Verwirklichung von Utopie. In die Phantasie der Menschenrättin ist die abwesende Liebste wenigstens dem Namen nach eingegangen; der Wunsch nach Vereinigung könnte also auch symbolische Bedeutung als Vereinigungsform der geltenden Männer- und Frauen-Welt haben. Innerhalb der Zeitstruktur des Werkes und innerhalb der sich ausschließenden Welten ist diese Aufhebung der Widersprüche in beiden Versionen des Sich-Träumens unmöglich. Wenn diese Liebe auf der Orgelbank vollzogen würde, spräche der Ich-Erzähler sich selbst seine Wirklichkeit ab, weil zuvor die Wirklichkeit des Rattenmenschen anerkannt werden müßte, ebenso wie die Menschenrättin ihre Wirklichkeit verlöre, weil sie so die Wirklichkeit des Menschlichen zugäbe. Auch unter dem Gesichtspunkt der Entstehung dieses Zwitterwesens ist die Vereinigung unmöglich. Die Rattenmensch-Damroka versteht sich als vollkommenes Vereinigungsprodukt von Mensch und Ratte, sie ist bereits Produkt einer unio mystica: In eben diesem Sinne versteht sie auch ihre Welt als die beste aller möglichen. Was also gäbe es an der Nachkommenschaft dieses Monsters, das sich als Krone der Schöpfung versteht, zu verbessern?

Recht plastisch rächt sich der Ich-Erzähler später für die Weigerung der Menschenrättin, sich „mit Haut und Haaren auffressen" zu lassen: Die Phantasieliebste wird später in einer Zerstörungsphantasie gefressen. Es ist also auch ein „Rattentier" im Erzähler, das den Rattentieren posthumaner Zeiten freien Lauf läßt.

Nach der zitierten Passage schnallt die Rattendamroka ihren erinnerten Menschen an, dann darf er sich nach „einigem Betteln und Schönreden, bei dem Zeit unermeßlich verging" ... wieder abschnallen und ihr nah sein" (S.483). Nun scheint er jedoch seiner Liebsten, die er aus lauter Liebe auffressen wollte, nicht mehr so devot ergeben zu sein, wenigstens unbewußt. Denn kaum hat Damroka ihn gegen seinen an Willen an „jenes zwischen Haff und Ostsee gelegene Konzentrationslager, das Stutthof hieß" erinnert, ihm dessen Modell in einem posthumanen Museum gezeigt (vgl. S.484), so ist er auch diesem Bild gefällig, trägt es in diese Welt hinein; oder waren es wiederum ‚eingefleischte Vorstellungen', die in der unermeßlichen Zeitspanne zwischen beiden Besichtigungen der neuen Welt auch diese Institution wieder einführten. In einer Institution der posthumanen Welt erklärt sich jedenfalls nachträglich jenes „kurios anmutende Ringelschwänzchen knapp unterm Steiß" (S.460). Diese scheinbar über den Menschen hinausweisende Mischung aus Ratte und Mensch hat eine Zutat, die ihre Vollkommenheit in Frage stellt, die weder sie noch der Ich-Erzähler in ihre Ich- oder Du-Bilder aufnehmen wollten (vgl. S. 427), also projizieren sie diese Zutat auf kollektive Sündenböcke, auf Mastratten, die stellvertretend für die nicht ins Ich-Bild passende Schweinenatur gefressen werden. Die Watsoncricks „konzentrieren besonders kräftig geratene Jungtiere" bezeichnenderweise sogar am Ort ihrer „Anlandung, wo immer noch das Schiffswrack festgemacht liegt und an Feiertagen besucht werden darf" (vgl. S.486). Dieses seiner Zwitternatur nach mit Christus vergleichbare Wesen stellt seinen ‚Advent', seine Ankunft auf dieser Welt, hier selbst - oder unter Einmischung des Ich-Erzählers - in Frage, leitet selbst über zu seiner „Passion" (vgl. S.487), die genauso wenig zum christlichen Erlösungsmuster passen will.

Stutthof ist Chiffre für die grausigste Ausgeburt des Humanverhaltens, ist Chiffre einer gigantischen psychischen Projektion, der damals die Ratten im Juden-Ratten-Vergleich ihr Bild verliehen. Aus „Liebe" zu einer reinen Volksgemeinschaft - wenn wir einen Augenblick lang versuchen, „Nationalsozialismus" in idealistische Werte zu übersetzen - wurden damals die Juden ... Im Vergleich zu Auschwitz und Stutthof ist Kannibalismus schon fast wieder human. Und viele Versuche, linke oder rechte Utopien zu verwirklichen, liefen auf ähnliche Einrichtungen hinaus, wenn sich der mystische Liebesvollzug nicht so recht einstellen wollte, wenn ein Feindbild die ‚Liebe' innerhalb einer Wir-Gruppe bedroht. Der Große Knall wird, sollte er kommen, in hohem Maße eine Ausgeburt des Ost-West-Konfliktes sein: Der Vergleich mit nationalsozialistischen ‚Liebe'-Entwürfen, mit der ‚Liebe', die die Deutschen ihrem Führer entgegenbrachten, die dann zu den Judenvernichtungen führte, ist beileibe dann nicht abwegig, wenn sich die ‚Kollektivschuld' der Deutschen zu einer ‚Kollektivschuld' der gesamten Welt auswachsen kann.

Eine solche ‚Liebe' ist dann mitgemeint, wenn in scheinbar wieder harmlosen Kontext auf „der Suche nach Unterschied zum Getier ... gern als menschliches Sondervermögen die Liebe genannt" wird (vgl. S.487). Es ist eher die Fähigkeit zu solch kannibalistischer ‚Liebe' in gigantischen Dimensionen, die den Unterschied zwischen Mensch und Tier ausmacht. Diese Liebe ist ebenfalls mitgemeint im Schluß dieses Gedichts.

> Keine Nachtigall, nicht die Lerche, nur der Mensch
> liebt um jeden Preis, außerhalb der Saison, bis zum Wahn
> und über den Tod hinaus.
> Wie man weiß, möchten die Liebenden
> einander auffressen sogar.
> Das stimmt, Liebste: mit Haut und Haaren sogleich.
> Vorher jedoch - und bei Lautenmusik -
> braten wir uns ein Doppelstück
> saftig vom Schwein. (S.488)

Dieses Gedicht mit den verschiedenen Parallelen zur Handlung der Watsoncrick-Geschichte und seiner überraschenden Wendung von Sublimformen der Liebe zur Sexualität hat die Funktion eines Gegenbildes. Die Watsoncrick-Geschichte ist ein solches „Doppelstück ... vom Schwein", in dem ein Sündenbock gefressen wurde, um die eigene Schweinenatur leugnen zu können. Auch der Ich-Erzähler als Alter Ego des lyrischen Ich ‚frißt' in seinen Posthumanitätsphantasien seine rattige Damroka mit „Haut und Haaren", weil die mystische Vereinigung auf der Orgelbank, die Vereinigung des „himmlischen Bräutigam" mit diesem ‚Idealbild' eines real-existierenden Sozialismus nicht stattfinden konnte: Hier jedoch, nachdem stellvertretend ein ‚Doppelstück Schweinefleisch' das Rattentier und seine kannibalistischen Wünsche befriedigt hat, kann jenes andere Fressen „mit Haut und Haaren" sogleich losgehen, und zwar tierisch...

In „Die Rättin" kann dieses Gedicht auch als Schlußpunkt der Suche nach verschiedenen, dennoch aufeinander bezogenen Identitäten von Mann und Frau, als Abschluß der Vineta-Geschichte gesehen werden. Könnte ein Äquivalent solch harmlos schöner Erotik, die die Gedankenwelt des Partners zuläßt, ihn ganz banal als eigenständige Person akzeptiert, nicht auch die ‚Liebe' zwischen den Völkern lenken? Dazu müßte das Menschengeschlecht dieses „Doppelstück saftig vom Schwein" endlich einmal gefressen haben, müßte verstanden haben, daß jeder Versuch einer solchen ‚Liebe' zu Ausgrenzungen tendiert, die die Welt in ein ‚Wir' und die anderen spaltet.

Solidarnoeæ, das genaue Gegenteil der Revolutionspläne des Ich-Erzählers, sollte einem Sublimierungsversuch der anderen Art von Erotik als Modell dienen. Der strikte Verzicht auf Gewalt, der Verzicht auf das Ziel einer Beseitigung der Machthaber, ebenso wie der Verzicht auf programmatische Ausschlußbewegungen sind mustergültig. Das Geschlecht der Polen scheint bereits weiter gediehen in seiner Erziehung, weil „Gott" hier „einem Bild gefällig" ist, das Katholizismus und politische Veränderung nicht auseinanderdividiert, das Nächstenliebe und Solidarität in „urchristlich-kommunistischer" Symbiose miteinander vermischt. Bei den Kommunisten gibt es diesen Gott überhaupt nicht, bei den Christen müßte doch eigentlich die Idee des alleinseligmachenden atheistischen Kommunismus die Solidarität spalten. Wie halten die Polen das aus?

Schon diese Frage ist unsinnig, schafft Ausgrenzungstendenzen, wo sie vom Programm der Bewegung ausgeschlossen werden sollen. Mit dieser Art von Glaubenskrieg hätte Solidarnosc, wenn es diese Institution denn noch gäbe, wirklich die geringsten Probleme. So könnte das gemeinsame Bett einer „urchristlich-kommunistischen" Ideenverschmelzung aussehen. Ähnliche Konjunktive umranken die von Grass lange geplante Kulturstiftung, die als deutsch-deutsches Bettchen ebenfalls Glaubenskriegen durch Institutionalisierung ein unblutiges Muster geben und einen kleinen Beitrag zur Überwindung des Ost-West-Konfliktes leisten könnte. Haben die Deutschen unterschwellig eher Appetit auf das andere „Doppelstück vom Schwein"?

Lessing wäre - mutatis mutandis - wohl auch für die erotische Lösung. Wenn man die „Erziehung des Menschengeschlechtes" als theoretischen Text auf seine praktische fiktionale Einlösung im Jerusalem des „Nathan" bezieht, wird deutlich, daß die Ringparabel völlig falsch verstanden wird, wenn sie nur als religiöse Symbiose von Judentum, Christentum und Islam verstanden wird, bei der als ‚Netto' so etwas wie Lessings Deismus herauskommt. Dieses alles vermischende Märchen könnte den Glaubenskrieg im fiktionalen Jerusalem verhindern, könnte Jerusalem als den Ort aufrechterhalten, an dem die drei Religionen ihre Widersprüche auszuhalten haben, ohne sie mit Waffengewalt auszutragen. Der Bezug zum historischen Jerusalem der Glaubenskriege zeigt, daß diese Synthese schwierig war und ist: Diese Lösung war und ist eine utopische.

Die Ideensymbiose in „Die Rättin" zielt in einer Erweiterung in die gleiche Richtung. So fahren zum Beispiel die Frauen nach Vineta, einem versunkenen Frauenreich. Als sie ankommen, stellt der Ich-Erzähler fest, wie „heimisch in seinem Gassengewirr Vineta ist" (vgl. S.319). Dieses Ziel der Frauenbewegung trägt die Züge Danzigs, und später gelangen die Frauen als Watsoncricks eben dorthin. Ihre Bewegung ist zum Wrack geworden und wird in solch verstümmelter Form eingebracht in Zusammenhänge einer real existierenden Utopia-Karikatur. Hätten sie etwa gleich nach Polen reisen, sich das polnische Modell als ‚Reiseziel' setzen sollen?

Wenn „Die Rättin" dergleichen hohe Ziele allesamt im großen Suppentopf der Ethik verrührt, so hat dies seine Gegenwartsgrundlage im Ideengut der Solidarnosc-Bewegung, seinen Vergangenheitsbezug in der 1945 vorhandenen materialen Basis eines solchen Konsensdenkens. Der Rekurs auf die „Erziehung des Menschengeschlechtes" ebenso wie auf Jean Pauls „Rede des toten Christus" sowie die Einbettung dieser posthumanen Geschichte in materialistisch-evolutionäres Denken lassen das hochgesteckte Ziel dieses Werks aufscheinen: Es geht um eine zeitgemäße Formulierung des Konsensgedankens, um eine Erweiterung, eine Öffnung, die sowohl eine religiöse als auch eine materialistische Prämissensetzung zuläßt, und um seine Begründung in Institutionen. Oder besser: Darum könnte es gehen, wenn die Gegenwart in irgendeiner Form noch den Optimismus einer Erziehbarkeit des Menschengeschlechtes zuließe, wenn Lessings ‚Optimismus mit Fragezeichen' noch aufrecht zu erhalten wäre. Wenn die Märchen in die Zeit der Brüder Grimm, Lessings und Jean Pauls fliehen (vgl. S. 465ff.), weil von dieser sich immer stärker abzeichnenden Posthumanität wirklich ‚Nichts' zu erwarten ist, so ist dies nur eine weitere Flucht vor der Wirklichkeit. Unser Argumentationsmuster bleibt das alte, das seine Gründe in der Vergangenheit sucht, sie in der Gegenwart bestätigt oder falsifiziert sehen möchte, um Zukunft herstellen zu können. Grass möchte alte Zukunftsentwürfe wie die „Ewigkeit" Lessings wiederherstellen. Er sucht eine Begründung dieser Rückkehr zur ehemaligen Zukunft in einer posthumanen Zukunft, die als vergangen gedacht wird. Diese Rückkehr alter Märchen in neuen Institutionen scheint in der Gegenwart nicht in Sicht, ist nur ein weiteres Märchen in einer Welt, die die Märchen umbringt, zugunsten der Märchen vom Fortschritt ohne Müll, vom Frieden mit immer mehr Waffen usw. „Die Rättin" ist ein Märchen, das den Tod der Märchen zum Thema hat, ein Roman, der den Untertitel Roman nicht mehr führen darf, weil dieses offene, eine demokratische Zukunft in Form und Inhalt erschließende literarische Probierfeld demokratischer Offenheit und Diskursbereitschaft seine Institutionen in der Gegenwart verliert. Den wechselnden Grabgesängen für die Literatur konnte stets durch eine Öffnung in Formen und Inhalten begegnet werden, der Roman wurde so zum Synonym für offenes, nur an selbstgesetzte formale und inhaltliche Beschränkungen gebundenes Erzählen. Hier jedoch, im banalen „Gewesen seid ihr" hat die These vom Tod der Literatur ihre einzig mögliche materiale Basis: Es gibt keine Menschen mehr. Weil es sie aber immer noch gibt, muß ihnen - auch - vom Tod der Literatur erzählt werden: in einem „Gedicht" im Sinne von ‚irgendetwas Gedichtetem', das noch „von der Erziehung des Menschengeschlechtes handelt" (vgl. S.7), auch wenn das ‚Reizwort' dieses Dichtungsproduktes bereits vom Ende des Menschengeschlechtes ausgeht.

Literatur ist so tot oder lebend, wie jener seltsame Mensch am Kreuz mit seinen uralten Feindesliebe-Märchen, den wir uns in säkularisierter Form als ‚das Netto' aller Idealismen denken können. Ein Christus, der der Frauenbewegung predigt und das kommunistische Manifest verfaßte, der Parteien, Kirchen und Ideologien in toter oder lebender Form seinen Namen gibt, der selbst als toter Christus vom Weltgebäude herab redet, den wir uns nach unserem zwiespältigen Bilde basteln, in dieser Zwiespältigkeit aber nicht anhören wollen, kann jedoch nur seine uralten, weltfremden und oft verlachten Geschichten verkünden. Ob tot oder lebendig, Spott ist er gewohnt, das wissen wir: Der Lästerer gehört zum Bestand der Kreuzigungsgruppe. Ob er auf die Dauer aber auch jenen zynischen Spott verträgt, der gegen das Netto der Nächstenliebe verstößt? Die ‚Bruttoform' einer totalen Vermischung der Idealismen nennt Grass in den „Kopfgeburten" den „christlich-marxistischen Hoffnungsquark" und grenzt ihn ab gegen den „heiteren Steinewälzer", gegen sein an Camus orientiertes Bild des Sisiphos[5]; diese Form muß ständig, und sei es durch Lästerung, geläutert werden von den verschiedenen

---

[5] Grass, Günter: Kopfgeburten oder Die Deutschen sterben aus, Darmstadt und Neuwied 1980, S. 103.

Ausschlußbewegungen einzelner -ismen: Den „Ratten raus"-Rufen in den verschiedensten Variationen muß der Kampf angesagt werden[6].

---

[6] Anlaß für diesen Aufsatz ist das Unverständnis, auf das dieses Werk im Feuilleton traf. Grass reagierte recht bissig auf solche Verrisse: in einem Fernsehinterview sprach er vom Tod der Literaturkritik. Heinz Ludwig Arnold setzte unter dem Kriterium der Offenheit die Maßstäbe wieder zurecht (vgl. Arnold, Heinz-Ludwig: Literaturkritik: Hinrichtungs- oder Erkenntnisinstrument, in L 80, 39 (1986), 115-126. Anders als Arnold, der die fehlende Gattungszuordnung als Indiz einer radikal offenen Form interpretiert, verstehe ich dieses signifikante Fehlen als Indiz für einen Text, der den Tod der Literatur verhandelt. Offenheit ist das Zentralkriterium für den modernen Roman überhaupt; die Form der „Rättin" ist ‚geschlossener' als beispielsweise die des „Butt".

V. Zur Sintflutgeschichte in Günter Grass: „Die Rättin"

Bibelkritik als Basis einer gegenwartsbezogenen Kritik am Apokalypsen-Begriff

Einleitung: Das falsche Detail als Autorenstilmittel - wann schuf Gott den Regenbogen?

Die Bibel, der Grundlagentext des Abendlandes schlechthin, spielt eine große Rolle in der „Rättin" von Günter Grass. Das Werk setzt sich ironisch und kritisch mit Weltuntergangsvorstellungen und solchen vom ‚Untergang des Abendlandes' auseinander; dabei bilden die Sintflut-Geschichte und die Apokalypse des Johannes auf Patmos, auf die Grass ausgiebig anspielt, die beiden Pole eines Spektrums. Als archaische Vorstellungen eines fremdbestimmten Weltuntergangs, sozusagen als die von Gott ‚geoffenbarten' Formen eines Untergangs der Menschheit, sind diese Texte die ironischen Gegenbilder zum Haupt-Problem des Buchs. Die für die aktuellen Probleme einer gefährdeten Zukunft der Menschheit häufig verwendeten Begriffe ‚Untergang' und ‚Apokalypse' sehen von den Aktanten im Prozeß ab, nennen den nicht, der zerstört. Grass spricht in den expositorischen Texten zum Thema von der ‚Vernichtung des Menschen durch den Menschen'; explizit wendet er sich gegen den Apokalypsebegriff. So antwortete Grass zum Beispiel auf die Frage, ob er ‚alles in allem, derselben Meinung sei wie seine Rättin?'

> Ein Autor teilt sich dem ganzen Buch mit. Es wird niemals eine isolierte Meinung sein, sei es die der Rättin, sei es die anderer Erzählpositionen, die deckungsgleich mit der des Autors ist. (...) Auf ihre Frage direkt: Es handelt sich hier nicht um eine Apokalypse im Sinne des Johannes auf Patmos. Also kein dunkles Schicksal ist verhängt, kein Buch mit sieben Siegeln liegt auf. Es ist alles Menschenwerk, was an Bedrohung da ist. Darunter eben die Selbstzerstörung des Menschengeschlechts. Also kann es auch nur Menschenwerk sein, wenn man es abwenden will. Es gibt keine Ausrede. Man kann nicht sagen, das ist so von oben verhängt als Schicksal, dem können wir nicht entfliehen. Wir können ihm entfliehen, wenn wir tätig werden dagegen. (X,342)

Grass betont die Menschenverantwortung für diese Bedrohungen der Menschheit; der Apokalypse-Begriff, den er vollständig ablehnt, setzt an dieser Stelle diffuse Fremdbestimmungsvorstellungen an.

'Fälschungen' in diesem Umkreis werden hier bis in ein in die Bibel hineinreichendes Unterfutter untersucht. Ihre Konsequenzen bedeuten für Grass, der den Schwellencharakter eines ‚Schreibens nach Auschwitz' für sein Schreiben sehr oft betont hatte, eine erneute Schwellensituation in seiner Literatur. So wäre das Ziel zu beschreiben. Grass hat dieses durchaus klare Ziel, wie mir scheint, in der Literatur zum Thema jeweils nach dem Spaziergangs-Kalauer ‚Ich kenne einen Umweg!' ins Visier gefaßt. Sind solche Umwege, auch wenn sie ihre Umweg-Qualität deutlich kundtun, immer noch ‚Abkürzungen' in den Kern der Probleme?

Ich greife das Thema der Sintflutgeschichte, ihre aktuellen und zurückliegenden Fälschungen und Wahr-Fälschungen, ihren ‚Offenbarungs-' oder ‚Erziehungsgehalt', an einem Detail in einer anderen Geschichte auf. Der Ich-Erzähler - ist das noch der Autor oder ist er es nicht mehr? - beschreibt eine gefälschtes Bildnis des Malers Malskat wie folgt:

> Auch jener bis zur Genickstarre zu bestaunende Salvator Mundi im romanischen Mittelschiffgewölbe des dreischiffigen Doms ist von seiner Hand und ansehnlich bis heutzutage: eine vieldeutige, den <u>Regenbogen des sechsten Schöpfungstages</u> einbeziehende Komposition, deren widersprüchliche Stilmerkmale dennoch ein Ganzes bilden, weshalb sie den Kunsthistorikern knifflige Rätsel aufgaben. Schließlich nannten sie Malskats Salvator Mundi ein epochales Kunstwerk. (100 [1])

Von wem stammt die falsche Plazierung des Regenbogens? Es geht - fiktionsironisch - um ein literarisches Rätsel um Wahrheiten und Fälschungen, das bis in die Bibel reicht: Hinter Malskats ‚kniffligem Rätsel für Kunsthistoriker' verbirgt Grass seinerseits ein ‚kniffliges Rätsel' für seine Leser, das uns auf Umwegen ebenfalls in ein „Ganzes", das Zentrum des Werkes, führen wird. Die der Bibel entsprechende Version vom „Regenbogen nach der Sintflut" ist demnach eine Art ‚Ur-Fälschung'. Grass oder der Ich-Erzähler ergänzen in ihrer Bildinterpretation den ‚Wahr-Fälscher Malskat', dessen gefälschtes Bild im Dom zu Schleswig an der Schlei tatsächlich eine solch ‚vieldeutige Komposition' aufweist: Christus blickt durch den Regenbogen, der eben nach der Sintflut als Himmelszeichen eines ‚neuen Bundes' geschaffen worden sein soll. Die Verbindung zum sechsten Schöpfungstag geht über diese empirische Bildbasis hinaus; sie ist nicht in diesem ‚bis heutzutage ansehnlichen'- also: empirisch anzuschauenden wie dem Gehalt nach respektablen - Bilde begründet. Wer in Malskats Bild etwa typische Geschöpfe des sechsten Schöpfungstages, ‚Vieh, Gewürm und Wild des Feldes' oder eben den nach Gottes Bilde als Mann und Frau geschaffenen Menschen vermutet, liegt falsch: Die Verbindung stammt von Grass, nicht von Malskat. Doch weiß Grass, wenn er in der „Rättin" ausgiebig und ausführlich, bis in die Textvorlage der Lutherbibel hinein, auf die Sintflutgeschichte anspielt, tatsächlich nicht, daß der Regenbogen aus dieser Geschichte stammt? Kann, wenn schon die Vieldeutigkeit der Konstruktion betont wird, der von Grass oder perspektivisch vermittelt vom Ich-Erzähler stammende Verweis auf den sechsten Schöpfungstag ein Fehler in der Bildbetrachtung sein? Mit Sicherheit ‚zweckt' dieses Detail, dieses ‚widersprüchliche Stilmerkmal' und ‚Zäserchen', zu einem sehr interpretationsbedürftigen ‚Ganzen' [2].

A. Werkexterne Kritik der Sintflutgeschichte der Genesis

1. Versuch einer Kritik aus theistischer Sichtweise

Für die Annahme eines ‚kniffligen Rätsels' spricht eine Menge werkinterner Gründe. Doch auch außerhalb des Werkes - hier kennen wir also einen Umweg - hat die vorgeschlagene ‚Fälschung' zum Regenbogen als Lösungsvorschlag zu einem bibelinternen

---

[1] Zitiert durch Angabe von Band- und Seitenzahl nach Günter Grass: Werkausgabe in zehn Bänden (Hrsg. Volker Neuhaus), Bd. VII (Hrsg. Angelika Hille-Sandvoss), Darmstadt und Neuwied, 1987. Der unterstrichene Text folgt der Erstausgabe von 1986 (vgl. S.112 f.) (statt: „Regenbogen nach der Sintflut").

[2] Vgl. J.W. Goethe: Von deutscher Baukunst. In: Hamburger Ausgabe, Werke in 14 Bänden, Bd.12, München 1981, S.12.

Rätsel einen Sinn: Denn die Sintflutgeschichte ist so oder so rätselhaft und in sich widersprüchlich.

Schon aus der Sicht eines naiv bibelgläubigen Menschen ergeben sich Schwierigkeiten. Dem Wahrheitsanspruch der Fiktion der sechs Schöpfungstage folgend, wähnte er die Welt vollständig geschaffen, hielt sie wohl für ‚wohlgetan, wenn auch im einzelnen verbesserungswürdig' (vgl. VII,131) - und mußte dann, mit dem Wahrheitsanspruch der göttlich geoffenbarten Sintflutfiktion konfrontiert, feststellen, daß bis dahin eben der Regenbogen gefehlt haben soll. Die Frage, warum sein Schöpfergott dieses Detail nicht schon am sechsten Schöpfungstage geschaffen hatte, drängt sich doch ebenso auf, wie die wesentlich wichtigere Frage nach dem Sinn der Sintflut: Der Schöpfergott will die ‚gerade eben' noch wohlgetane Welt in der Sintflut schon wieder zerstören? Er hätte den Menschen, den er nun total zerstören will, von Anbeginn anders schaffen können. Oder aber: Er hätte ihn doch zumindest nach dieser Totalzerstörung durch die Sintflut neu und anders schaffen können. Kann Gott sich widersprechen?

Ja! Das geoffenbarte Wort, mit dem Gott die totale Zerstörung seiner Welt begründet, von der nur die erhaltenswerte Archebesetzung verschont blieb, ähnelt bis in den Wortlaut hinein eben der ‚Offenbarung', mit der er <u>nach</u> der Sintflut erklärt, daß die Welt noch immer nicht ‚besser' ist, als sie es nach dem sechsten Tage oder vor der Sintflut war.

DA ABER DER HERR SAHE/ DAS DER MENSCHEN BOSHEIT GROS WAR AUFF ERDEN/ UND ALLES TICHTEN UND TRACHTEN JRES HERTZEN NUR BÖSE WAR JMER DAR/ Da rewet es jn/ das er die Menschen gemacht hatte auff Erden/ (...) (Vgl. Genesis 6.6 und VII,12)

So hieß es vor der Sintflut; danach heißt es dann:

„JCH WILL HIN FURT NICHT MEHR DIE ERDE VERFLUCHEN VMB DER MENSCHEN WILLEN / DENN DAS TICHTEN DES MENSCHLICHEN HERZENS IST BÖSE VON JUGENT AUFF/" (Vgl. Genesis 8.21 und VII,10)

Die Sintflut hatte also letzten Endes wenig Sinn, wenn der Befund, daß „DAS TICHTEN DES MENSCHLICHEN HERZENS" „BÖSE VON JUGENT AUFF" ist, auch für Noah und seine gerettete Familie gilt: Auch dort, im Kern der neuen, nachsintflutlichen Welt, scheint man, „wie von Jugend an gewohnt, Böses bei sich" zu denken (vgl. VII,10). Mehr noch: Eben diese Bosheit ist nun, wie das „DENN" im Bibel-Zitat besagt, sogar Grund dafür, daß Gott die Erde <u>nicht mehr</u> „UMB DER MENSCHEN WILLEN" verfluchen will. Wenn das ‚Tichten und Trachten' von Noahs ‚Herzen' ebenfalls böse war, dann war es schlicht ungerecht, alle anderen Bösewichte ohne irgendwelche Differenzierungen zu vernichten. Der Regenbogen soll nunmehr als Himmelszeichen bestätigen, daß Gott dieses Verfahren einer Totalzerstörung mitsamt der Rettung eines erhaltenswerten Menschheitskerns, der doch nur die alte Bosheit transportiert, nicht mehr anwenden will: Hätte Gott diesen Regenbogen dann nicht tatsächlich besser schon am sechsten Schöpfungstag geschaffen? Der Allwissende hätte das wissen müssen, der Allgerechte hätte diese Zerstörung niemals begehen dürfen. Der offenbarende Gott gibt hier geradezu einen Fehler zu! Ist der nunmehr auf ewig in die Welt gesetzte Regenbogen also ein ‚ewiges Zeichen' eines solchen Fehlers? Ist er Zeichen dafür, daß Gott hier - zu spät für die Opfer seiner Sintflut - seine Lehre aus seinem Tun gezogen hat? Dann war er eindeutig nicht ‚allwissend' und er ‚war einmal', in einem fromm ‚geoffenbarten' Märchen, ungerecht!

Die Gottesbegriffe vom Allwissenden und Allgerechten stammen aus späteren Zeiten. Luther zum Beispiel scheint in seiner Bibelübersetzung, die Grass hier benutzt, diese Unstimmigkeiten in den Geschichten der Genesis wahrgenommen zu haben. Und auch er verfälscht diese Geschichte: Er beeilt sich geradezu, ein Tier ‚neu' zu interpretieren, sucht gewissermaßen die Lücke im Erzählten, die in bibeltypologischem Sinne Signifikantes für einen Zeiten übergreifenden ‚Heilsplan' verbergen oder ankündigen könnte. In diesem Sinne findet er, „nach dem Raben, der ausgesetzt wurde" endlich die „Taube" (vgl. VII,9) und ihr dann natürlich viel weitergehend symbolträchtiges „Oelblatt". Diese Taube macht er in einem ein wenig weit hergeholten Randkommentar zu etwas, was sie hier noch nicht sein kann: zur Taube des Heiligen Geistes, die das „Oelblatt" trägt, das ihm zum Symbol des Evangeliums Christi wird.

> (Oleblat) Das blat bedeut das Euangelium / das der heilige Geist in die Christenheit hat predigen lassen/ Denn Ole bedeut barmhertzigkeit vnd friede / dauon das Euangelium leret. (Kommentar zu Genesis 8.11)

Die Botschaft der Taube wird so zur ‚Vorbotschaft' des Evangeliums, der viel später formulierten „Frohen Botschaft": In seinem zeitenübergreifenden Kommentar versucht Luther also wohl gegen einen solchen Verdacht vom ‚Allmächtigen, immerfort rachsüchtigen und den eigenen Pfusch verfluchenden Gott' (vgl. VII,9) daran zu erinnern, daß die ‚Frohe Botschaft' des barmherzigen Gottes nicht nur in Gottes Verzicht auf Sintflut-Strafgerichte für die Welt sondern auch in der ‚Frohen Botschaft' von Barmherzigkeit und Frieden als Auftrag an die Menschen in dieser Sintflutgeschichte vergraben sein soll. Nur auf der Basis eines später erst so recht deutlichen göttlichen Offenbarungsplanes ist der Assoziationssprung von der Noah-Taube zur Taube des Heiligen Geistes überhaupt zu halten. Doch dies ist schon fiktionsintern nicht überzeugend: Was ist das für ein Gott, der soeben noch die Wirkung einer genau datierten Flutzeit - sie reichte ‚vom siebzehnten Tag des ersten Monats' bis zum ‚ersten Tag des ersten Monats' des Folgejahres (vgl. Genesis, 7.11 und 8.13) - nicht überblicken kann, der aber dann schon in Jahrhunderten vorausplanend ‚offenbart'. Es bleibt dabei: Dieser Gott gab einen Fehler zu! Er ist - und hier muß man die Version in der „Rättin" kritisieren - nicht ‚immerfort rachsüchtig und den eigenen Pfusch verfluchend': Doch er war es zumindest einmal! An diesem zweiten ‚Anfang der Welt' steht in Opposition zum Weltenanfang mit dem Sündenfall des Menschen ein Sündenfall Gottes. Er hat seine Allmacht mißbraucht!

Luther verschweigt den Fehler und dessen implizites Eingeständnis: Er harmonisiert und ‚fälscht' also. Doch trotz des großen Sprunges trifft der Lutherkommentar, in dessen Geist der Maler Malskat während des zweiten Weltkrieges, also während eines gerade laufenden Weltzerstörungs- oder Sintflutenprogramms, sein Bild im Dom zu Schleswig malte, den Kern einer positiven Deutungsmöglichkeit dieser Geschichte: Was die Menschen von diesem geradezu gewaltsam wieder ‚dreigeeinten' Gott, dem Schöpfer, dem Zerstörer und dem, der sich in Zukunft die Zerstörung versagt, lernen können, ist ein exemplarisches ‚Lernen aus Fehlern': Malskat setzt diesen Gedanken in seinem Bilde in eine tatsächlich vieldeutige Komposition einer ‚Gotik mit umittelbarem Zeitbezug' um. An diesem zweiten Anfang der Welt steht Gottes Verbot einer Sintfluten-Lösung für die Zukunft: Das markige Wort der Rättin am Beginn ihrer Sintflutgeschichte „Am Anfang war das Verbot" bietet also, dem reinen Wortlaut nach, auch diese Deutungsmöglichkeit einer göttlichen Absage an revolutionäres Denken. Das Problemlösungsmodell Sintflut und alles, was es bedeuten mag, ist „hinfurt" verboten: Es ‚war', mit dem Gewicht des geoffenbarten Wortes eines aus seinem Fehler gelernt habenden Gottes, grundsätzlich, von Anfang an, verboten, sich die Welt anders als ‚im einzelnen verbesserungswürdig' vorzustellen. Diese Welt war grundsätzlich nie zerstörungsbedürftig! Das Problemlösungsmodell des göttlichen Erlösers, der auf seine Macht verzichtend als Sündenbock die Schuld der Menschen auf sich nimmt, blickt tatsächlich schon durch den Regenbogen: Der zerstörende Gott nahm die Schuld an seiner Sintflut auf sich. Die Schuld der Menschen wird dadurch begreifbarer: Wer hat es, wann und wo, versäumt, diese Welt, die ‚wohlgetan', wenn auch ‚im einzelnen verbesserungswürdig' war, im einzelnen zu verbessern! (vgl. VII,131).

2. Versuch einer Kritik aus atheistischer Sicht

Dies muß man - mutatis mutandis - auch annehmen, wenn man die Geschichte von atheistischen Standpunkten her betrachtet. Es spielt für dieses Resultat eines entweder durch göttliche Offenbarung oder durch eigene Erkenntnis im Buch der Bücher festgehaltenen Verbotes einer Sintflut-Lösung tatsächlich keine Rolle, ob Gläubige sich hier einen ‚Gott nach ihrem Bilde' schufen, und so ihr eigenes Lernen in den Regenbogen des Himmels projizierten oder ob dieses Lernen tatsächlich vom ‚offenbarenden', also zumindest in seinem Zerstörungszorne sehr unvollkommenen oder vom sechsten Schöpfungstage an vergeßlichen' Lehrer vorexerziert wurde. Es muß einen Grund gehabt haben, daß die damaligen Bibelverfasser es vorzogen, sich einen unvollkommenen, noch nicht allwissenden, aber lernenden Gott vorzustellen, statt die Geschichte schlicht nicht ins Buch der Bücher aufzunehmen.

Denn diese Hauptschwierigkeit bietet die Sintflutgeschichte dem, der sie unter atheistischem Blickwinkel betrachtet. Zu dieser Geschichte einer von Gott auserwählten und wunderbar geretteten Familie könnte man etwa, sich an Thomas Mann anlehnend, „späte und zweckvolle Eintragungen" im Buch der Bücher vermuten. Ein projizierendes Denken, eine Aufteilung der Menschheit in eine kleine Wir-Gruppe der Guten und einen nicht weiter differenzierten ‚Rest' der vernichtungswürdigen Bösen ist überdeutlich. Doch dies kann nicht mehr der Absicht dienen, „politische Machtverhältnisse, die sich auf kriegerischem Wege hergestellt, in frühesten Gottesabsichten rechtlich zu befestigen"[3]: Jedes Partial-Interesse ist im Allgemeinheitsanspruch dieses zweiten Weltenanfangs aufgehoben. Die ganze Menschheit - nicht etwa eine auserwählte Sippe oder ein auserwähltes Volk - soll sich „hinfurt" von diesem Urvater Noah und seiner Familie herleiten. Patriarchalische Versuche zur Herleitung eines Auserwähltheitsstatus treffen hier eben nicht zu, weil die Urfamilie von Adam und Eva nur durch die Urfamilie Noahs ersetzt wird - mit der bekannten Schwierigkeit, daß eine vor der Sintflut anzusetzende

---

[3] Vgl. Thomas Mann: Joseph und seine Brüder. Frankfurt am Main 1983,Bd 1, S.11.

Menschenbosheit, die als Begründung der Totalzerstörung zu gelten hat, eben auch nach der Sintflut wiedererkannt werden muß, weil die Menschheit, die zweifelsfrei eben nicht nur gut ist, sich aus der anfangs so zweifelsfrei erhaltenswerten Keimzelle der Guten herleiten muß. Dieser Gedanke infiziert nachträglich die Keimzelle: Aus der erhaltenswerten Urfamilie muß auch das Böse abgeleitet werden. Die Anfangs-Rechtfertigung der Sintflut als Reinigungsprogramm eines Menschen-Gottes und der Befund einer aufgrund der Menschenbosheit zerstörungswürdigen Welt stammt dann natürlich aus den Köpfen derer, die sich dies ausdachten.

Psychoanalytisierende Erklärungen liegen nahe: Noah, der Urvater, ist Identifikationsfigur einer Wir-Gruppe, zu der sich auch der oder die ‚Erfinder' oder im Folgenden die Überlieferer der Geschichte rechnen. Sie ‚projizieren', lasten Eigenschaften, die sie für böse und vernichtenswert halten, die aber zwangsläufig auch ihnen eigen sind, den anderen, einem „verderbten Rest der Menschheit" an und fixieren sie ohne weitere Differenzierungen - auch dieses später zu untersuchende Bild liegt nahe - in ‚diesen Ratten', die zerstört werden müssen. Auf der spiegelbildlich daraus resultierenden ‚Gut-Seite' erscheint die Konstruktion eines Gottes nach dem eigenen Bilde, dessen Rachsucht über die Introjektion göttlicher Qualitäten in dieser Identifikation mit Gott zunächst nicht als solche wahrgenommen wird. Gott zerstört, was er geschaffen - er hat das Recht dazu: So kann menschliche Verantwortlichkeit für den „Pfusch", den es in der Welt gibt, abgelehnt und einem Schöpfergott angelastet werden. Der Weltenschöpfer, den seine Schöpfung reut, ist in dieser Sicht die in den Himmel projizierte Frustration menschlicher Idealismen, die in ihren Realisationsversuchen Pfusch blieben und nun anscheinend die große Sintflut fordern. Für die Rechtfertigung der Sintflutphantasie, dieser ersten Revolution mit den Polen einer Totalzerstörung des Alten und der Wiedergeburt des Neuen aus einem im Arche-'Ursprung' enthaltenen guten Kern muß also eine Gottesprojektion herhalten: Der von seiner Schöpfung enttäuschte Gott besinnt sich auf den ‚Ursprung' (griech. arche), zerstört die defizitäre Welt und erschafft eine neue, bessere.

Die Anfangsabsicht in dieser Geschichte gerät immer mehr in Kollision mit der Tatsache, daß die von Gott geschaffen zu denkende Welt eben so ist, wie sie ist: Der Gottesbegriff des zerstörenden Gottes und die darin implizierten, auf Gott projizierten Zerstörungs- und Tötungswünsche kollidieren mit der Notwendigkeit, aus der Arche auch das bestehende Böse herzuleiten - und es entsprechend zunehmend in der Wir-Gruppe und der Identifikationsfigur, dem angeblich nur reinen Menschen Noah, feststellen zu müssen. Der Anfangswunsch eines seinen Gott erfindenden Menschen, in dieser Todes- und Wiedergeburtsphantasie die neue, bessere Welt zu schaffen oder schaffen zu lassen, gerät unterschwellig in den Verdacht, es besser machen zu wollen als der Weltenschöpfer der Sieben-Tage-Schöpfung: - und im unterschwelligen Verdacht zur eigenen Erzählabsicht taucht nun auch ein anderes sehr wichtiges Motiv aus der ersten Schöpfungsgeschichte unter Umkehrvorzeichen wieder auf.

Schon dort gibt es bekanntlich zwei Schöpfungsberichte, die sich widersprechen. Der zweite Schöpfungsbericht ergänzt den doch zu optimistisch geratenen Schluß des sechsten Schöpfungstages - „und siehe, es war sehr gut" (Genesis 1,31) - um die Geschichte des Sündenfalls, die den Menschen in seine defizitäre Welt hineinführte. Der Mensch

Adam, der sein wollte wie Gott, wurde eben dieser Sünde wegen aus dem Paradies in seine Welt der ‚Dornen und Disteln' vertrieben, die doch ‚wohlgetane' Welt blieb. Die Hybris, wie Gott sein zu wollen, ist danach ‚hinfurt' die Todsünde schlechthin: Sie überhaupt brachte den Tod erst in die Welt. Schon in dieser Geschichte steckt ja ein eminentes Moment der Kontrolle einer ungezügelten Gottesprojektion: Wer sich seinen Gott nur nach seinen Wünschen und nach ‚seinem eigenen Bilde' schafft, muß sich von Anfang an diesem Hybris-Verdacht zumindest in unbewußter Form stellen. Und im Wunsch nach einer aus der Totalzerstörung entstehenden besseren Welt muß jener böse Wunsch, gottgleich den nicht weiter betrachteten ‚Rest' der Menschheit töten zu wollen, immer stärker in Kollision mit der moralischen Begründung dieser Zerstörung geraten. Immer deutlicher wird der Hybris-Gedanke, der in diesem Wunsche steckt: Die Erfinder solcher Geschichten setzen sich an ihres Gottes Stelle.

Aus dem Programm einer verbesserten Neuschöpfung durch Zerstörung wird so - schrittweise und zwangsläufig, wie gegen den Widerstand der sich an ihres Gottes Stelle setzenden ‚Erfinder' - jener Unsinn einer kompletten Wiederherstellung des Alten nach seiner sinnlosen Totalzerstörung. Zunächst könnte der oder die Sintflut-Autoren sich also an einem Programm einer Reduktion des Bösen versucht haben. Der Gedanke betrifft den Menschenbereich noch nicht; eine Differenzierung nach Gut und Böse wird in die tierische Besetzung der Arche abgedrängt: Im Verhältnis von sieben zu eins sollten die reinen Tiere gegenüber den unreinen nun ihre Fortpflanzungschancen gegenüber dem sechsten Schöpfungstage verbessern (vgl. VII,9). Doch der Gedanke, es habe zwischen der Sintflut und dem sechsten Schöpfungstage etwa sieben mal mehr unreine als reine Tiere gegeben, widerspricht nicht nur jener Naiv-Erfahrung, daß ‚Alles' bereits seit ewigen Zeiten ‚so war' - er widerspricht explizit auch dem Befund einer wohlgetanen Welt am sechsten Schöpfungstage. Für die Zeit nach der Sintflut muß bereits nach einer sehr kurzen Zeit im Tierreich die Wiederherstellung des vorsintflutlichen Zustandes angenommen werden: Die unreinen Tiere scheinen sich lediglich schneller zu vermehren. Insofern müßte auch das eigentlich gemeinte Programm einer Reduktion der Menschenbosheit hier aufgegeben werden: Die Erfinder oder Überlieferer dieser Geschichten müßten doch hier immer stärker bemerken, daß sie sich eigentlich auf verbotenem Terrain bewegen, daß sie ‚ihrem Gott' widersprechen und sich und ihre Zerstörungswünsche an seine Stelle setzen. Denn wenn diese Welt nicht oder nur wenig verändert wurde, so hat ‚ihr Gott' letztlich sinnlos zerstört und getötet: Und so beschädigt verläßt nun ‚ihr Gott' diese Geschichte. Er muß zumindest implizit eingestehen, daß er einen Fehler gemacht und eine, für Menschenverhältnisse, in den Todsündenbereich hineinreichende Sünde begangen habe. Der Todsünden-Gedanke trifft hier in einer Umkehrung zu: Dergleichen Fehler setzen wohl auch bei Gläubigen Verdachtsmomente in einer „Gott ist tot"-Richtung frei. Und ein solcher Verdacht mag bereits Luther davon abgehalten haben, die Zeitbegriffe in diesen ‚offenbarten' Geschichten zu hinterfragen: Gottes Wege sind unerforschlich!

Und immer stärker wird, im zweiten ‚Welten-Anfang' des Buches Genesis, eben dem ersten Anfang widersprochen, und es werden zwei Herleitungsgeschichten für die Entstehung der Menschen geboten, die - so betrachtet - eben nur dürftig, nur über den Regenbogen, miteinander in Einklang gebracht werden: Es macht ja wenig Sinn, vom Urvater Adam zu sprechen, wenn die Menschheitsgeschichte darüber hinaus wieder in diese Keimzelle des Urvaters Noah zurückgeführt wird. Und natürlich war auch in der Geschichte der sechs Schöpfungstage der Regenbogen in den Aufzählungen einer Welttotalität - Gott schuf dies und das und überhaupt alles - impliziert: Die, die sich diese erste der Schöpfungsgeschichten ausgedacht haben, haben ihn nur nicht ausdrücklich erwähnt. Hier wurde also bewußt und spitzfindig eine Lücke gesucht, ja konstruiert, um diese Geschichten einigermaßen harmonisieren zu können. Doch wenn die Sintflut nur aufkosten ‚ihres Gottes' zuendegedacht werden konnte, so weisen all diese Überlegungen zunächst eher darauf hin, daß die mutmaßlichen Erfinder diese durch und durch falsche Geschichte besser abgebrochen und nicht ins Buch der Bücher eingebracht hätten... Und man sollte unbedingt erwarten, daß in diesem Buch der Bücher, das so viele Generationen begleitet hatte und über das so intensiv nachgedacht wurde, nicht alles festgehalten wurde, was irgendeinem der Vorväter vielleicht einmal wichtig war: Eine Geschichte, die den Gottesbegriff derart beschädigt, hätte in der Überlieferung nicht überlebt ...wenn die Projektion eigener Sintflutwünsche der einzige Grund für diese Weltenende-Fiktion gewesen wäre.

Es liegt nahe, der vordergründigen Beschädigung des Gottesbegriffes andere Wurzeln zu graben. Solche im Grau der Urzeit angesiedelten Geschichten haben meist ein natürliches Substrat: In diesem Falle wären dies etwa Flutkatastrophen oder Ähnliches. Es wäre dabei weniger an die eine Katastrophe aus grauer Vorzeit zu denken, über die nur noch spekuliert werden kann: Wiederholungserfahrungen solcher und ähnlicher Katastrophen müssen die Überlieferungsnotwendigkeit dieser Geschichten nachhaltig beeinflußt haben. Dann aber wäre die Sintflutgeschichte primär entstanden als Bewältigungsstrategie zu einer ‚gottverhängten' Naturkatastrophe, die auf alte zwiespältige Fragen völlig anderer Natur alte zwiespältige Antworten völlig anderer Natur suchen ließ: Warum ließ Gott wieder einmal die Katastrophe zu? Veranlaßte er sie gar? Warum traf es ‚uns', ‚die Guten', Familienmitglieder etwa, an denen man vor allem in dieser Verlustsituation nichts Böses erkennen konnte und wollte? Es gab und gibt doch immer und überall soviel ‚Böse' - soviele ‚Ratten' - im Abseits der genauer differenzierten Bereiche? Warum hat Gott die nicht zerstört? In diesen ersten Versionen der Sintflutgeschichte wären die Gotteszweifel und die emotionale Situation der Erzählenden das genaue Gegenteil des späteren Sintflut-Komplexes: Der Wunsch nach Rettung eines auserwählten und guten Familien-Kerns wäre entstanden aus einer ursprünglichen Trauer über Verluste in diesem Kern; diese Verluste ließen Zweifel an einer Gerechtigkeit Gottes den Opfern gegenüber aufkommen. Die Zweifel an diesem Gerechtigkeitsbegriff wären das genaue Gegenteil zu jener Selbstgerechtigkeit, die sich am Anfang der Sintflutgeschichte göttlich ausspricht: Dort fragt der Zerstörer, der eben nur die Gerechten retten wollte, überhaupt nicht nach den Opfern seines Tuns. Sie sind ihm ‚Rest' - und deshalb mußte er aus den erörterten fiktionsimmanenten Gründen scheitern und geriet erst so in den Verdacht, den Opfern unrecht getan zu haben. Und so könnte aus der Zwiespältigkeit dieser über Generationen forterzählten und -geschriebenen Geschichte schon damals, mit dem Verlust der unmittelbaren Betroffenheit, etwas anderes geworden sein, das „mit Vorsicht aufzunehmen oder jedenfalls recht zu verstehen"[4] ist. Diese Geschichte wäre dann zuallererst eine ‚Ur'-Exempelgeschichte einer ‚wahrgefälschten' falschen Katastrophenbewältigung: Aus der am Gottesbegriff zweifelnden Frage, warum Gott Zerstörung in der kleinen Welt, im Mikrokosmos der von einer Naturkatastrophe betroffenen Menschen, zuließ, wird später - nachdem diese ursprünglichen Zweifel an einem ‚immerfurt strafenden' Gott, der willkürlich wie die blinde Natur Gute und Böse gleichermaßen bestrafte, verblaßt waren - der Versuch einer gottgewollten Totalzerstörung. Der willkürliche und ewig unverständliche Gott der Naturkatastrophen und Sterbefälle, den die Menschen einer alles in allem wohlgetanen Welt immer wieder und immer wieder anders zu erfahren haben, mag einer der Gründe dafür gewesen sein, daß die Bibelväter dieses zweiten Anfangs ‚ihren Gott' eine Ur-Sünde begehen ließen, damit er sie erkenne - und „hinfurt" mit der Garantie des Regenbogenzeichens nicht mehr begehe: Der Regenbogen erscheint bekanntlich im Übergang vom Unwetter zum schönen Wetter. Wenn er auch nicht unbedingt als das sichtbare Zeichen für diese ‚Sünde', die Gott einmal begangen hatte, verstanden wird, so garantiert er doch eines: Gott wird auch weiterhin zerstören und strafen; seine Wege sind hierin ‚unergründlich'. Doch den sinnlos die Welt zerstörenden Gott wird es „hinfurt", also vom zweiten Ur-Anfang an, nicht mehr geben - was auch soviel heißt wie: Es hat ihn eigentlich nie gegeben! Vor allem dafür hat man diese ‚falsche' Geschichte von einem Sündenfall Gottes ‚wahrfälschend' ins Buch der Bücher ‚hineingeschrieben': Man wollte sich selbst alle eigenen, nun eindeutig als böse erkannten Wünsche, sich mit einem solchen Gott zu identifizieren, „hinfurt" ‚verbieten'. Den ‚falschen Gott' ließ man nur einmal, eben ganz am ‚Anfang' auftreten, und verbannte ihn damit auch aus der Geschichte, die fortan wenigstens in diesem Bereich nicht mehr Geschichte eines göttlichen Eingreifens zu sein hätte: Hier sind ‚hinfurt' die Menschen verantwortlich. Auch auf diese Geschichte läßt sich also Lessings Strategie applizieren, einen ‚Heils-' oder einen ‚Offenbarungs-Erziehungsplan' Gottes in den ‚Heils'- oder ‚Erziehungsplänen' derer zu übersetzen, die über ihre Vernunft zu diesen angeblich ‚geoffenbarten' Ergebnissen kamen: Von Anfang an hätte man allen weiteren Weltenzerstörern mit angeblich göttlich legitimiertem oder anders ‚heilsgeschichtlichem' Auftrag den Boden entzogen und hätte eins geschaffen: „eine vieldeutige, den Regenbogen des sechsten Schöpfungstages einbeziehende Komposition, deren widersprüchliche Stilmerkmale dennoch ein Ganzes bilden" (vgl. VII,100). Luther etwa hätte besser daran getan, die Gotteszweifel und Widersprüche in diesen Geschichten nicht zu übertünchen und wegzuharmonisieren.

B. Religiös-atheistische Bezugsfelder zur ‚Bibelfälschung': Lessing, Jean Paul und Malskat

Man hätte der Sintflutgeschichte wünschen mögen, daß sie mit diesen oben skizzierten Interpretationsmöglichkeiten den Bibel-Exegeten und vor allem etwa einem Lessing aufgefallen wäre. Denn Lessing schlug doch genau diesen Umgang mit Bibeltexten in

---

[4] Ebda., S.11.

seiner „Erziehung des Menschengeschlechtes" vor. Es versteht sich, daß er dabei, als gebranntes Kind des Goeze-Streites, eine deutlich atheistische Lesart dieser Texte schon aus Rücksichtnahme auf seine Zeit umspielen muß, daß er sie nicht explizit vorführen darf: Er überläßt diesen Teil einer Konsensmöglichkeit über den Gehalt der Bibel mit sehr unterschiedlichen ästhetischen Strategien der Rekonstruktion durch seine Leser.

Das Eingangsbild ist bekannt: Lessing deutet in diesem Text bekanntlich Offenbarungsinhalte und eine Geschichte der Offenbarungen im Sinne einer ‚Erziehung des Menschengeschlechtes' - sei es durch einen ‚vernünftigen' Gott, sei es durch das ‚Offenbarungs'-Pendant der Vernunft. Die „Erziehung des Menschengeschlechtes" läßt dabei zwangsläufig auch die ins Atheistische hineinreichende Lesart einer nicht durch einen Gott gesteuerten ‚Selbsterziehung des Menschengeschlechtes' zu, die - über den Rückzug Gottes aus der Geschichte - den Schrittfolgen einer ‚Aufklärung', eines selbstbestimmten ‚Ausgangs des Menschen aus seiner selbstverschuldeten Unmündigkeit' folgen kann: Die Stelle Gottes kann eine Leerstelle sein - sie muß es jedoch nicht. Doch so, wie ein Heilsplan Gottes zu einem bestimmten Ziele hin menschlichem Wunschdenken entspringt und insofern fraglich ist, so ist auch die Erziehungsmetapher und die ihr zugrundegelegte Metapher von den individuellen Reifestufen der Menschheit zwischen Kindheit und Alter nur ein Bild, eine Erklärungskrücke, die auf ihren Ersatz drängt [5]. Lessing betont ständig - wie übrigens auch in der Ringparabel des „Nathan" [6] - die Unzulänglichkeit und den heuristischen Charakter seiner Bilder und Gleichnisse [7]: Das kontinuierliche Erwachsenwerden, das Erreichen einer Reifestufe der Menschheit als Ziel der Geschichte und Ziel eines göttlichen Erziehungsplanes wird vollständig zurückgewiesen. Das Ziel heißt und hieß: „das Gute tun (...), weil es das Gute ist" - nicht weil irgendwelche Strafen drohen oder Belohnungen im Jenseits winken oder weil irgendwelche ideologischen Paradiese im Diesseits erreicht werden sollen. Der Mensch, der es nötig hätte, sich „von dieser Zukunft gleichwohl Bewegungsgründe zu seinen Handlungen zu erborgen" [8], hat diese Erziehung des Menschengeschlechtes nicht verstanden. In der vergleichsweise optimistischen Schlußfrage „Ist nicht die ganze Ewigkeit mein?"

---

[5] Ähnliches gilt für die Aufteilung des Textes in die Paragraphen eines Lehrbuches und die darin transportierte Lernvorstellung, man könne solche ‚Lektionen', Paragraph für Paragraph durcharbeiten und gewissermaßen auf einem großen Haufen des Gelernten versammeln.

[6] Der Ring „hatte die geheime Kraft, vor Gott und Menschen angenehm zu machen, wer in dieser Zuversicht ihn trug". Der Richter der Parabel spielt nun, auf der Basis dieses Kriteriums verschiedene Fallunterscheidungen durch - und überläßt eben die anderen Fälle der Rekonstruktion der drei Brüder bzw. ihrer Nachkommenschaft: wenn zum Beispiel jeder der drei Brüder „sich selber nur am meisten" liebt, so sind alle drei Ringe nicht echt; wenn hingegen „jeder seiner um die Wette unbestochnen, von Vorurteilen freien Liebe" nacheifert, wäre denn nicht die ‚geheime Kraft' und Echtheit der drei Ringe, sondern nur die Kraft der „Zuversicht", in der der jeweilige Ring zu tragen ist, bewiesen: also ist der Ring nur Fetisch, Transportmittel solcher Zuversicht und also ein Mittel zum Zweck, das auf seine Abschaffung drängt. Auch die Ring-Parabel läßt durch diese Struktur einer eigentlich falschen Metaphorik neben den drei Brüdern, mag die die Weltreligionen des Judentums, des Islams und des Christentums bedeuten mögen, zum Beispiel die in der Erzählzeit dieses ‚dramatischen Gedichts' aufkommenden Atheisten, die in der erzählten Zeit des Stückes noch undenkbar waren, nicht außen vor: diese Gruppe träte - „über tausend tausend Jahre" - ohne jenen Ring einer religiösen Tradition vor den dann auch nicht mehr nötigen ‚weisren Mann' auf dem Richterstuhle.

[7] Vgl. Eibl, Karl, Lauter Bilder und Gleichnisse. Lessings religionsphilosophische Begründung der Poesie. In: DVJS, 59, 1985, S. 224-252.

[8] Vgl. Gotthold Ephraim Lessing: Die Erziehung des Menschengeschlechtes, § 85.

wie in der ‚Ringparabel' des „Nathan" setzte Lessing die Frage nach der ‚richtigen Offenbarung' oder der positiven Begründung einer Religion oder Ideologe aus, delegierte sie an die ‚Ewigkeit'. An ihre Stelle setzte er die Frage nach der Überprüfbarkeit der Resultate, der Taten, die im jeweiligen Hier und Heute im Namen von solchen ‚vernünftigen', wie auch immer begründeten Ethiken geschehen!

Wäre diese Geschichte Lessing aufgefallen, so ‚stünde sie' hier und heute in einem anderen Sinne ‚geschrieben': Das göttlich geoffenbarte oder von der Menschenvernunft gebotene Verbot einer Revolution wäre dann bereits schon in einer Vorfeld-Zeit zu einer tatsächlichen Revolution aufgefallen, die auch heute noch als das Muster einer geglückten Revolution gefeiert wird: im Vorfeld der Französischen Revolution. Wäre diese zentrale Lektion einer ‚Erziehung des Menschengeschlechtes' gelernt worden, so wären - von jeweils anderen ‚Anfängen' an - andere Geschichten der Menschheit denkbar. Dieser geschichtsmagisch an die Kraft des offenbarenden Wortes glaubende Wunsch scheint nun den Revolutionsgegner Grass in seiner und unserer Zeit umzutreiben - und es wäre dies vor allem die Zeit nach der völlig mißglückten nationalsozialistischen Revolution, der dieser ‚Ehrentitel' noch immer vorenthalten wird [9] und ‚vor' einer möglichen ‚revolutionären' Selbstzerstörung des Menschengeschlechtes, deren Wahrscheinlichkeit - nach wissenschaftlichen Prognosen - größer wird.

Was verbindet Grass mit Lessing? Wo liegen für die „Rättin", dieses ‚Gedichte', „das von der Erziehung des Menschengeschlechtes handelt" (vgl. VII,5), die Verbindungen und wo liegen die zentralen Unterschiede? Das Lessing'sche Ziel der „Erziehung des Menschengeschlechtes", das Ziel, ‚das Gute zu tun, weil es das Gute ist', könnte auch in einer zentralen Grass-Metapher formuliert werden: In einer Sisyphos-Arbeit ist dieses Ziel im jeweiligen Hier und Heute einzulösen - ohne die Gewähr, daß der Stein nicht immer wieder zurückrollt, ohne die Gewähr, daß man einem Paradies am Ende der Zeiten immer näher käme. Und im jeweiligen Hier und Heute kann es als Ziel des Einzelnen und als kollektives Ziel in unterschiedlichen Maßen scheitern: Es gab und gibt keine Gewähr für den Ausgang aus selbstverschuldeter Unmündigkeit und das Gelingen einer solchen Selbsterziehung durch die Vernunft zu diesem individuellen oder kollektiven Ziel. Wer die Schlußpassage der „Erziehung des Menschengeschlechtes" mit dem ironisch gegen oder für die Lehre vom ‚dreifachen Alter der Welt' bemühten Wiedergeburtsgedanken und vor allem die Schlußfrage dieses Textes - „Ist nicht die ganze Ewigkeit mein?"[10] - in dem Sinne deuten wollte, daß ein ‚wiedergeborener' Lessing dann in eine Zeit hineingeboren sei, die einer Reifezeit des Menschengeschlechtes schon näher gekommen sei, hätte den Text zutiefst mißverstanden. Ein Sisyphos Lessing fände mit seinem Ziel, das Gute zu tun, weil es das Gute ist, zu allen Zeiten nur jeweils seine Steine vor, die er in Ewigkeit mühsam und in Ewigkeit heiter wälzen könnte - nicht mehr, aber auch nicht weniger. Und hier liegt der Hauptunterschied zwischen dem Lessing-Nachfolger Grass und seinem ‚Vorgänger', dem sich Grass in diesem Text in hohem Maße verpflichtet fühlt. Gerade diese Schlußfrage der „Erziehung des Menschenge-

---

[9] Vgl. IX, S.414.
[10] Vgl. Lessing, Die Erziehung des Menschengeschlechts, §§ 84 bis 100.

schlechtes" gilt heute für die, die Lessing ‚nachfolgen' wollen, nicht mehr: Es ist gerade so, als ob man sich diese einzig mögliche Utopie eines ewig währenden Hinein- oder ‚Wiedergeborenwerdens' in eine wohl ewig defizitäre Welt nur noch für ‚jene' vorstellen könnte, die - anderen Prognosen der Vernunft oder einer anderen ‚Offenbarung' zufolge - ‚nach uns kommen': für die Ratten, die einen Atomkrieg wahrscheinlich überleben könnten.

Lessing in Frage stellend, stellt sich Grass also selbst in Frage. Dieser ‚es ist gerade so, als ob'-Gedanke, der das gesamte Grass'sche Schreiben und vor allem sein Sisyphos- bzw. Schnecken-Modell des Fortschrittes in seinem Kern hinterfragt, ist in der Schlußutopie des Buches, die nur noch für die Ratten gilt, fiktional verwirklicht: Dort gibt es sie endlich wieder, die Bewußtseinsbegabten, die die auf ewig defizitäre Welt verbessern wollen und die, die sie dabei wie auf ewig verschlimmbessern. Es sind die Ratten! Die kontinuierlichen Lernfortschritte des gesamten Rattengeschlechtes hat es auch dort, in der posthumanen Welt, nicht gegeben - wohl aber gibt es für die Ratten noch die Möglichkeiten ständiger oder befristeter Verbesserungen im Einzelnen. Dieser Befund, daß es dort noch möglich ist, ‚das Gute zu tun, weil es das Gute ist', gilt, obwohl der Ich-Erzähler die Rattenwelt nach einer augenscheinlich ‚geglückten' Revolution verläßt. In revolutionärer Manier ist gerade all das, was noch an den Menschen erinnern könnte, beseitigt worden: Der Befund läßt bei Verlängerung der bekannten Mechanismen auch für die Rattenwelt Schlimmeres befürchten. Die nicht gelernten Lektionen einer ‚Erziehung des Menschengeschlechtes' sind hier posthuman verlängert. Es sind eben die gleichen Lektionen, die auch das bewußtseinsbegabte Rattengeschlecht nicht lernt! Diese Ironie-Struktur des Buches ist überdeutlich. Auch von diesen erfundenen Ratten könnte das Menschengeschlecht immer nur eines lernen: Wie man es nicht tun sollte!

Für die Ratten der posthumanen Zeiten des Buches ist die Zerstörung des Menschengeschlechtes ausgemacht, für sie ist dieses Ende bereits Geschichte. Damit liegt eine neue Aneignung der göttlich geoffenbarten oder von Menschen erfundenen Sintflutgeschichte für sie doch sehr nahe. In einer theistischen Lesart zu den heutigen Problemkomplexen könnte dies doch aus der Sicht der Ratten heißen: Der über einen Offenbarungsplan zur Vernunft erziehende Gott ist - seinen Regenbogen vergessend - für die vernichtungswürdigen ‚bösen Menschen' eben doch wieder zum totalzerstörenden, unvernünftigen Gott der Sintflutgeschichte geworden. Nunmehr rettet er - wenigstens vorläufig - nur die Ratten als die wirklich erhaltenswerten Wesen. Und damit bliebe auch die hier vorausgesetzte Interpretation der Sintflutgeschichte als eine der wichtigsten Lektionen in einer Erziehung des Menschengeschlechtes dann aber auch in einer Erziehung des Rattengeschlechtes ‚unentdeckt': Denn die Sintflutgeschichte - so, wie sie oben interpretiert wurde - weist die aneignende Deutung einer göttlichen Begründung des Überlebens der Ratten zurück. Eine realisierte Zerstörung der Menschheit wäre reines Menschenwerk, wäre ein letztmöglicher ‚Abfall' von diesem schon am Weltenanfang göttlich ‚geoffenbarten' Verbot der Sintflutlösungen oder aber ihrem von der Menschenvernunft gebotenen Pendant. Die wichtigste Lektion in der göttlich-vernünftigen ‚Erziehung des Menschengeschlechtes' wäre dann auch in einer ja nun anschließenden

‚Erziehung des Rattengeschlechtes' nicht verstanden worden. Bei der - aus dieser Sicht vormaligen - Erziehung des Menschengeschlechtes hätte dies schon zum Teil daran gelegen, daß die Lektion, obwohl im Buch der Bücher eingeschrieben, auch einem Lessing nicht ‚aufgefallen' ist! Diesen Gedanken eines Fehlens der Sintflut-Lektion kann man dann für die bestätigte ‚Nichterziehbarkeit des Menschengeschlechtes', die Existenzgrundlage der Rattenwelt ist, im Rückblick auf die Fehler des Menschengeschlechtes weiter ausbauen: So, durch das Fehlen der Lektion begünstigt, kam es damals, daß zum Beispiel nach einer vordergründigen Bestätigung des revolutionären Veränderungsmusters in der Französischen Revolution diese falschen Muster erneut in den Köpfen etabliert wurden, in denen sie bereits - zum Beispiel in ihren religiösen Formen in der Nachfolge des Sintflutdenkens - bereits etabliert waren. Nachfolger Lessings, denen die übersehene Lektion aus der „Erziehung des Menschengeschlechtes" durchaus gutgetan hätte, wären dann etwa die Revolutionstheoretiker Hegel und Marx. Gälte Lessings Schlußfrage für die Menschen noch, so wäre das nicht weiter schlimm: Einer der vielen ‚wiedergeborenen Lessings', denen ‚die Ewigkeit' ist, ein anderer Autor und ‚Erzieher des Menschengeschlechtes' also, könnte, wenn er Zeit hätte, das Versäumte nachholen. Er könnte etwa in der Erzähleinleitung seines Werks ein „Gedicht" ankündigen, „das von der Erziehung des Menschengeschlechts handelt". Und Grass hat bekanntlich ein solches Gedicht in „Die Rättin" integriert. Doch das Wort „Gedicht" bedeutet - wie bereits oben angedeutet - hier mehr: Schon das Aufgreifen der Sintflutgeschichte in dieser engen thematischen Beziehung zu Lessings „Erziehung des Menschengeschlechtes" zeigt, daß es in der „Rättin" wesentlich mehr ‚Gedichtetes' zu diesem Thema gibt. Wenn Grass diese Geschichte also als eine übersehene Lektion zur Lessing'schen „Erziehung des Menschengeschlechtes" nachträglich hinzufügt, versteht er - von den nun überdeutlichen verheerenden Wirkungen eines Fehlens dieser eminent wichtigen Lektion in Lessings ‚wahrgefälschter Bibel' herkommend - das Wort „Gedicht" hier eben auch in der Bedeutung von ‚irgendetwas Gedichtetem'.[11] Dieses Wort bezieht sich also als eine Art allgemeinstmögliche Formbezeichnung auf den gesamten Text, dem Grass keinen Gattungsuntertitel gegeben hat - und wohl auch nicht geben konnte. Die so deutlich ausgesparte Frage nach der Form einer Dichtung für ‚jene, die nach uns kommen', ist verbunden mit jenem Verlust von Zeit, der sich ergibt, wenn die Schlußfrage nicht mehr unbezweifelbar gültig ist: Vormals, als Grass die Ewigkeit zur ‚Erziehung des Menschengeschlechtes' noch für gültig hielt, nannte er seine ‚Gedichte' zu diesen Themen etwa ‚Romane', ‚Novellen', ‚Erzählungen' etc. Wie man sie fortan nennen soll, weiß man nicht so recht.

Und noch eines weiß Grass nicht so recht: Ob es Sinn macht, solche Lessing'schen ‚Worte zum Sonntag' erneut aufzulegen, selbst wenn es ‚Worte zum Sonntag des Weltuntergangs' - denn in all seinen Versionen findet der Weltuntergang im Buch am Sonntag[12] statt - ob es also Sinn macht, Lektionen zu verdeutlichen, auf die ‚das Menschen-

---

[11] Gleiches gilt für seinen ‚Vorgänger' Lessing: auch „Nathan der Weise" ist ein ‚dramatisches Gedicht'.

[12] Die Rättin sieht Gottes oder der Menschen ‚Sonntage' in ihrer Rückschau auf das historische oder fiktive Miteinander der Menschen und Ratten gerade als Abschlüsse zum Geschaffenen als besonders verdächtig an: der siebte Tag ist ihr und ‚war' ihr über eine Firmierung ‚in frühesten Gottesabsichten' entsprechend schon immer - das Ende im Anfang: ausersehen, eine verpfuschte Schöpfung wieder aufzuheben.

geschlecht' selbst kommen muß. Nirgends im ‚Gedicht' wird diese ‚Lektion' etwa in ihrer Lösung präsentiert, so, wie ich sie hier werkextern, an der Lutherbibel, entwickelt habe. Doch überall ist sie als das Muster zu unterlegen, das auch in dem defizitären ‚Gedicht', das ein Ich-Erzähler sich ‚drauflos dichtend' zum Thema ausgedacht hat, Lösungen bringt.

1. ‚Ewigkeiten' - Das Thema der Zeitgewinne und Zeitverluste

Die Kernfrage ist ja, ob man den geradezu erdrückenden Handlungsbedarf, den die wissenschaftlich nachgewiesenen Problemlagen der Menschheit nun offenlegen, überhaupt noch bestreiten kann? Das Wissen um die Bedrohungen der Welt ist bereits Allgemeinwissen. Die simple Konsequenz, daß wir diesem ‚Menschenwerk' ‚nur entfliehen' können, wenn wir ‚tätig werden dagegen', habe - wenn ich hier von mir spreche - ich daraus nicht gezogen. Der gesellschaftliche Ist-Zustand heißt immer noch: Wir wissen zwar von den vielfältigen Bedrohungen, werden jedoch nicht tätig dagegen! Beschrieben wird also, was alles ‚anstelle' dieser einzig-möglichen ‚Erlösung' durch Tätigwerden [13] die Aufmerksamkeitsbereiche der gesellschaftlichen Wahrnehmungsfelder besetzt! Auch der Ich-Erzähler ist davon tangiert, auch er ist jemand, der - in vielfältiger Form aktiv - sich verzettelt, evadiert, sich gar in posthumanen Welten ‚verliert'... Auch er ist einer von denen, die ‚nicht tätig werden dagegen'! Ist das nun, alles in allem, die fürchterlich moralinsaure, von allen Interpreten immer so befürchtete ‚Botschaft', die Quintessenz eines unendlichen Schuldmaßstabes, den niemand tragen oder ertragen kann? Dann gab es dieses ‚unmenschliche' Maß zum Beispiel schon bei Lessing und vor allem: bei Christus. Denn genau mit diesem Bild der Liebe - genauer: mit den deformierten Bildern einer verfehlten Liebe - versucht Grass diesen positiven Bereich eines Tätigwerdens zu beschreiben.

2. Die Christus- oder ‚Anstelle von Christus'-Bilder: das Feld menschlicher Untätigkeit

Mit dem Gedanken einer ‚Erlösung durch Tätigwerden' kann in der „Rättin" der Bildkomplex der Christus-Allusionen erschlossen werden, der das Werk strukturiert. Der Komplex beginnt in der Erzähleinleitung, wenn der Käfig mit der Ratte unter dem

„Sonntage eignen sich, sagte die Rättin, von der mir träumt. Sonntage waren an sich katastrophal. Dieser siebte Tag einer verpfuschten Schöpfung war von Anbeginn ausersehen, sie wieder aufzuheben. Solange es Menschen gab, wurde jeweils am Sonntag - der konnte auch Sabbath oder sonstwie heißen - die vergangene Woche für null und nichtig erklärt."(VII,130)

Anfänge - ja selbst ‚Uranfänge' - zu setzen heißt also auch, vorherige Zeiten - und sei es hier nur die ‚Woche der Weltenschöpfung' - abzuschließen. Doch jeder Standort ist relativ - auch der ihre. Unstimmigkeiten zwischen einer als heilend intendierten Diagnose und einer letztlich totalzerstörenden Therapie sind deshalb auch bei ihr unübersehbar: ihr Wort ist auch in dieser Hinsicht wahrer als sie wahrhaben will.

[13] Natürlich wird der Bereich des Tätigwerdens zunehmend schwieriger: „Aber auf jeden Fall gehört bei mir die Einsicht dazu, daß mit dem herkömmlichen Schneckentempo, selbst wenn wir es hätten - und wir haben es nicht -, den von uns eingeleiteten Entwicklungen nicht mehr beizukommen ist" (X,362) Es gibt also mit anderen Worten einen erdrückenden Handlungsbedarf, vor dessen Hintergrund eine Fortsetzung von Untätigkeitsformen zu sehen ist. Doch selbst bei einer geradezu ‚revolutionären Steigerung' des Schneckentempos, mit einem ‚revolutionären Anstieg' jener Mitstreiter im Zeichen des Sisyphos sind immer noch Rückschritte zu erwarten. Die Beschreibung von Handlungszielen bezieht sich hier bestenfalls auf eine Hoffnung der Schadensbegrenzung.

Weihnachtsbaum „anstelle der Krippe mit dem bekannten Personal" (VII,5) ‚Platz gefunden hatte, und endet mit jenem ‚Wort zum Sonntag', mit dem der Ich-Erzähler, im Ton der Bergpredigt, den Text beschließt - bezeichnenderweise ohne zum ‚Tun' hinüberzufinden, ohne tätig zu werden:

...doch diesmal wollen wir füreinander und außerdem friedfertig, hörst du, in Liebe und sanft, wie wir geschaffen sind von Natur...(VII,456)

Was wir ‚füreinander und außerdem friedfertig' ‚tun' wollen, bleibt immer noch ausgespart: ‚Anstelle' dieses Tuns stehen die drei Punkte einer Leerstelle. Das eigentlich Gemeinte hinter diesem ‚Wort zum Sonntag'[14] fehlt in einem dreifachen Sinne in den jeweiligen ‚Schlüssen': Es fehlt bis zum Schluß der Menschengeschichte, bis zum Schluß dieser Rattengeschichte und fehlt außerdem den ‚Schlüssen', die ein exemplarisches Ich, der Ich-Erzähler eben, aus dem Vergleich dieser Geschichten ziehen müßte. Die Untätigkeit der Wissenden, die möglicherweise bis zum Ende des Menschengeschlechtes andauert, ist Beschreibungsbasis: Ein frustrierend leerlaufendes Informiertwerdenwollen ist eine Spielart davon. ‚Anstelle' dieser Lösung durch ein - lust- und liebevolles! - Tätigwerden läßt Grass anderes, im großen Ganzen die fiktionale Verlängerung jener Dummheiten, die er in den ihn umgebenden Wirklichkeiten vorfindet und satirisch überspitzt, geschehen. Und von diesen Dummheiten ist auch sein Ich-Erzähler, trotz einer vordergründig sehr großen Nähe zum Autoren-Ich, massiv betroffen: Er ist nirgendwo in ungebrochener Form das Sprachrohr des Autors.

Der Bildkomplex der Christus-Allusionen und die allegorische Verwendung der Hybrismetapher, daß etwas ‚anstelle Christi' gesetzt wird, kann hier nur in dem für das gewählte Teilthema wichtigen Bereich untersucht werden: Eine vollständige Untersuchung dieser Motive käme einer Gesamt-Interpretation des Werkes gleich. Dafür spricht bereits die in der Erzähleinleitung eingeführte Plazierung der Ratte ‚anstelle der Krippe mit dem bekannten Personal': Die Titelfigur erhält ihre Zukunft und Gegenwart, die unsere Gegenwart und Zukunft negiert, in übertragenem Sinne aus dieser Plazierung. Die Ratte, die zur „Rättin" wird und in dieser interpretationsbedürftigen Eigenschaft auch in übertragenem Sinne - ein Buch lang - ‚an die Stelle Christi' tritt, ist ein Bild für eben diesen Gedanken fehlender ‚Taten zum Wissen'. Solange wir nicht tätig werden, haben alleine die Ratten Zukunft für sich. Dafür spräche zunächst nur die im Bikini-Atoll bestätigte Tatsache, daß Ratten Atomkriege überleben könnten (vgl. VII,79f.) - und mithin eine posthumane Evolution aus dieser Wurzel eines ‚radikal' abgesägten ‚Baumes des Le-

---

[14] In der „Rättin" spielt der Motivkomplex der ‚Worte zum Sonntag', sei es zu dem der abgeschlossenen Weltenschöpfung oder zu dem der Weltenzerstörung, eine sehr große Rolle. Das ganze Buch kann, da der Weltenuntergang in seinen jeweiligen Varianten jeweils an einem Sonntag stattfindet, im übertragenen Sinne als ein ‚Wort zum Sonntag' überschrieben werden. Und gleich in der Erzähleinleitung ironisiert Grass das Motiv: „Später lagen geschenkte Schallplatten auf. Ein Rasierpinsel wurde belacht." (VII,6) Es ist der Rasierpinsel aus Otto Waalkes ‚Wort zum Montag', der - in doppeltem Sinne - aus einer ‚geschenkten Schallplatte' stammt: Waalke tröstet dort im salbungsvollen Ton der Worte zum Sonntag einen Mann, dem sein Rasierpinsel ins Klo gefallen ist, mit dem Hinweis auf Menschen, die noch viel schlimmer dran sind. Sie haben nicht einmal einen Bart! Der ‚Einfaltspinsel', der heute ‚Worte zum Sonntag' von sich gibt, sollte damit rechnen, daß er ebenfalls in dieses Klo fallen kann: die Möglichkeiten eines Spottes auf solche Absichten sind Legion, sind ewig wiederholbare Schallplatte - und ‚geschenkt'. Wer immer „durch Wörter das Ende aufschieben möchte" (vgl. VII,13), sollte dies mit einkalkulieren: Grass tut dies in solchen Motiven. Vor allem aber betont er, daß das Ende nicht durch Wörter, sondern durch Taten aufzuschieben sei!

bens' ihren Neuanfang nähme. Wenn aber dann die Rättin als eine dämonische Gegengöttin ‚an die Stelle Christi' tritt, wenn sie apokalyptisch ‚wie einst der tote Christus vom Weltgebäude herab, weithallend vom Müllgebirge' spricht (vgl. VII,11), so wird deutlich: Nur wir sind es, die die Ratten und die in ihnen verborgene Bildmöglichkeit, daß ‚die Natur' den sich selbst vernichtenden Menschen und seine Schäden in danach wieder denkbaren Unendlichkeitszeiträumen ‚überwindet', dämonisieren oder mystifizieren könnten. Ratten tragen dazu zunächst nur eines bei: die Fähigkeit, uns zu überleben. Neben Jean Pauls Traumdichtung der „Rede des toten Christus", die für die dämonisch-göttliche Seite dieses in der Realität begründeten Bildes die Grundlage abgab, stand Goyas Aquatinta-Radierung „Der Schlaf der Vernunft erzeugt Ungeheuer" mitsamt der doppelten Deutung, die Grass – darauf hinweisend, daß „das spanische Wort für Traum auch Schlaf bedeuten kann" - diesem Bilde gab (vgl. IX, 886) [15], Pate bei der fiktiven Fleischwerdung dieses Bildes. Die Ratten, die bislang als ‚Ungeziefer' oder Plage des Menschen eher zur Verbildlichung dessen, was einem Konsens nach vernichtungswürdig war, oder aber, auf der Gegenseite, als Bilder für die Opfer und die anfangs nicht hinterfragten Verluste solcher Vernichtungsabsichten taugten, werden nun zu Wesen, die ‚das Menschliche überwinden' können. Doch solche Ähnlichkeiten mit dem apokalyptischen Christus entstehen entweder nur dann, wenn die ‚Vernunft schläft' und – ohne es zu bemerken - solche ‚Ungeheuer gebiert', oder wenn die Vernunft träumt, also Ideologie-Entwürfe projiziert, deren Nachtseite sie – fixiert auf das angeblich Gute, Wahre, Schöne - nicht wahrnimmt. Wenn ausgerechnet eine Ratte die Stelle des apokalyptischen Gottes einnimmt, ‚anstelle Christi' - des dem Leben verpflichteten Christus - steht, braucht die Ironie-Struktur dieser Konstruktion nicht besonders betont zu werden. Das Christus-Bild, nicht das, was jeweils an seine Stelle tritt, steht also für diese ‚Erlösung durch Tätigwerden'.[16]

Für den Aufklärer und Atheisten Grass ist die Sintflutgeschichte und der daran zu knüpfende Bezug zur Apokalypse-Thematik also ein Muster, wie irrationalen Apoka-

---

[15] So könnte man auch die weibliche Natur der Rättin erklären: ‚die Vernunft schläft' vor allem in einem Bereich der Aufklärung, dem Grass weibliche, erotisch-liebevolle Konnotationen zuweist; er wehrte sich sehr oft gegen die Einengung des Aufklärungsbegriffs im Sinne des technisch, ökonomisch und wissenschaftlich Machbaren, das im weitesten Sinn männlich konnotiert wäre. Die Rättin ist in diesem Sinne, daß es ‚schlafende Bereiche' einer Aufklärung gibt, eine Dämonen-Figur, also eine Figur der ‚Wiederkehr verdrängter Weiblichkeits-Inhalte'. Zu weiterführenden Überlegungen zur Emblematik der Goya-Grafik und des ihr zugehörigen Zyklus vgl. das entsprechende Kapitel S.229 f. dieser Arbeit.

[16] Dieser Bildkomplex hat jedoch eher säkulären als religiösen Charakter. Es muß daran erinnert werden, daß bereits Lessing in der „Erziehung des Menschengeschlechtes" ‚seinem' Christus eine Überleitungsfunktion gibt hin zu dem Ziel, ‚das Gute zu tun, weil es das Gute ist': er ordnet ihm eine Lehrer- oder Offenbarungs- bzw. Erziehungsfunktion für ein uneigentlich zu verstehendes ‚Knabenalter des Menschengeschlechtes' (vgl. § 71) zu. Christus verkündete das ‚Erziehungsziel' - und brachte es ‚in einem zweiten großen Schritte der Erziehung' (vgl. § 54) der Menschheit über Erziehungsmittel wie ‚Wunder' und seine nicht mehr beweisbare ‚Wiederbelebung' nahe. Alle Lehren, die er und seine Jünger diesem Ziel ‚beigemischt' haben, die Lehre von der Unsterblichkeit der Seele, von der Dreieinigkeit Gottes etc. sind in ihrem Wahrheitsgehalt nicht zwingend und - als letzte Fragen - jeweils den Einzelnen überlassen: die ‚neutestamentlichen Schriften haben ‚den menschlichen Verstand mehr in Bücher zu bringen' etc. es auch nur durch das Licht sein, welches der menschliche Verstand selbst hineintrug' (vgl. § 65). Damit bedarf das an Christus gebundene Ziel ‚die Tugend um ihrer selbst willen zu lieben' (§ 80) oder ‚das Gute zu tun, weil es das Gute ist' (vgl. § 85), letztlich überhaupt keiner positiven Religion: dieses Ziel läßt atheistische wie theistische Standpunktsformen zu. Und in diesem Sinne ist auch das Christus-Bild der „Rättin" zu verstehen: es ist unabhängig von einer Prämissensetzung in solchen ‚letzten Fragen'.

lypse-Begriffen und der darin verdrängten Verschiebung der Verantwortung literarisch begegnet werden kann. Er, der die „Erziehung des Menschengeschlechtes" an dem im Lessing-Text fehlenden Bibel-Bezug weiterschreibt, befände sich nun in der Situation, einem ‚Bibel'-Vater der Aufklärung die ‚fehlende Geschichte' nachzuschreiben. Doch diese Intention des Autors ist versteckt hinter einem Flickwerk unverknüpfter Fäden, das der Ich-Erzähler und die andere Erzählerin, die aus posthumaner Sicht den Menschen erinnernde Rättin, hinterlassen. Die Ironie-Stilistik einer solch hohen Verrätselung des eigentlich Gemeinten stellt implizit, über eine Demonstration unsinnigen Schreibens am Beispiel des Ich-Erzählers und der Rättin, die Frage nach dem Sinn weiteren Schreibens: Eine Fortsetzung der „Erziehung des Menschengeschlechtes" kann heute nur noch Flickwerk und unpassender Nachtrag sein. Nicht zuletzt erinnert die Situation des Autors vordergründig an die Situation jener Bibelväter, die den Genesis-Geschichten einer ‚wohlgetanen' Welt eben jene Sintflut-Geschichte einer um der Menschenbosheit willen total zu zerstörenden Welt ‚anflicken': In diesem Sinne kann „Die Rättin" nur noch Nachtrag und Flickwerk sein. Das Fehlen von Erklärungen und Details ist ein Stilmittel des Autors, das auf eben diese Situation eines sehr bedrohten Schreibens hinweist [17]

Schon an der Stelle, an der Grass sein Regenbogen-Rätsel hinter dem des Malers Malskat stellt, geht es um ein Bild des Salvator Mundi, des Retters der Welt, und dessen Interpretation im Kontext seiner Zeit in der es als Fälschung oder eben als ‚Wahrfälschung' entstanden ist. Vermittelt über dieses Erlöserbild des ‚Wahrfälschers Malskat' und über den Bezug zu Lessings bibelkritischen Erläuterungsstrategien in der „Erziehung des Menschengeschlechtes", die man durchaus auch als ‚Wahrfälschungen' betrachten kann, versucht sich Grass also seinerseits letztlich an einer ähnlich ‚wahrgefälschten Offenbarung' oder deren säkulärem Ersatz einer ‚Erziehung des Menschengeschlechtes' durch die ‚sich selbst überlassene Vernunft'. Der Grass'sche, der Malskat'sche und auch der Lessing'sche Christus sind dabei natürlich Chiffren für jenes ethische Netto zwischen allen positiven Religionen oder Ideensystemen, das Lessing in dem Tätigkeits-Ziel - das Gute tun, weil es das Gute ist - formulierte. Auch diesem Gedanken haftet der Hybris-Geruch an, daß er sich ‚an Gottes Stelle' setze.

Doch jeder Schriftsteller tut dies; jede fiktionale Literatur ist eine Art ‚Neu-Schöpfung' einer bestehenden oder nicht bestehenden Welt. Der Gedanke wird traditionell über den alten Topos vom Deus artifex, artifex deus vermittelt: So, wie der weltenschaffende Gott ein Künstler ‚war', ist der Künstler ein weltenschaffender Gott. Doch hier kann es nur in dem Sinne um einen ‚letztmöglichen Genie-Kult' gehen, daß der Dichter-Offenbarer nur noch ‚den Ratten predigen' kann: Diese unsinnige Seite eines an

---

[17] Ausführlich erörtert Grass den Gedanken, daß die Literatur ihr ‚Vorfeld der Zukunft' verloren habe und daß der Verlust in allen folgenden Büchern mitthematisiert werden muß, in der Rede „Die Vernichtung der Menschheit hat begonnen" (IX,830-833). Dort heißt es, nach einer erneuten Ablehnung apokalyptischer Denkmuster (vgl. 830): „Sie, die Literatur, hatte immer den längeren Atem. Sie konnte auf die Zeit setzen, ihrer Nachwirkung gewiß sein; (...). So war es bis heute oder, genauer gesagt, bis gestern. Denn mit dem drohenden Verlust der Zukunft für die Menschheit ist auch die bisher gewisse >Unsterblichkeit< der Literatur zum nur noch irrealen Anspruch verkommen." (vgl. 831) Und zur „Rättin", in deren Vorfeld (November 1982) die Rede gehalten wurde, sagt Grass: „Doch weiß ich, daß jenes Buch, das zu schreiben ich vorhabe, nicht mehr so tun kann, als sei ihm Zukunft sicher. Der Abschied von den beschädigten Dingen, von der vorletzten Kreatur, von uns und unseren Köpfen, die sich alles und auch das Ende all dessen ausgedacht haben, müßte mitgeschrieben werden." (832)

den Jetzt-Zeit-Realitäten orientierten Schreibens übernimmt der Ich-Erzähler in einem Wechselspiel des ‚Sich an Gottes Stelle Setzens' zusammen mit der Rättin.

Dabei wäre - von der Erzählperspektive her gesehen - jenes „Ich", das etwa im Regenbogen-Deatil die Genesisgeschichten verändert, zumindest recht nahe am Autoren-Ich. Man darf durchaus vermuten, daß Grass tatsächlich im Dom zu Schleswig an der Schlei für seine Geschichte vom ‚Wahrfälscher' Malskat recherchierte. Doch jene Ich-Figur, die im Buch aus diesem ‚Ich'-Ausgangsmaterial geworden ist, sollte nicht mit Grass verwechselt werden. Zu dieser Zeit und gerade bei diesem Kirchenbesuch hat der Ich-Erzähler ganz anderes im Sinn. Er hat Zeit verloren, ihm fehlt in einem Werk, das in hohem Maße von fehlenden Krisenbewältigungszeiten handelt, die Rezeptions- und Produktions-Zeit zur Auflösung eines Rätsels: Er sucht den ‚herrlichen Rattenmenschen'. So schreibt er eine Sintflut-Version der Rättin, in der der Regenbogen fehlt, fort, obwohl er hier, ein wenig nachdenkend, die Lösung des ‚kniffligen Rätsels' aufbieten könnte. Mehr noch: Durch das Fortbestehen des Fehlers wird er, statt zum ‚Erzieher des Menschengeschlechtes', zum posthumanen dichtergöttlichem Schreibtisch-Täter, der eine neue ‚Sintflut' in der Rattenwelt hereinschreiben wird: ein neuer Dichter-Gott, der aus ‚kosmischem Lehnstuhl' offenbarend den Unsinn einer neuen posthumanen Sintflut geschrieben sein läßt - die eine ‚sich selbst überlassene Unvernunft' dieser erfundenen und also vom Dichtergott geschaffenen Ratten möglicherweise ebenso schlecht ohne sein Zutun zustandegebracht hat. Der Ich-Erzähler als dichtergöttlicher Erzieher des posthumanen Rattengeschlechts setzt sich also an Gottes-Stelle - und läßt seine ‚Offenbarung' als ‚Erziehung' dem Rattengeschlecht zukommen: eine posthumane Geschichte eines ‚Abfalls' die in ihrer Ironiestruktur betont, daß dergleichen Phantasien tatsächlich ‚Abfall', dichterischer Müll, sind.

Diese Frage, wo der Abfall, der dichterische Müll, ‚begraben liegt', muß dann zum Beispiel auch gestellt werden, wenn man bei Grass etwa ein ‚grundsätzlich erotisches Verhältnis zu den Dingen' hervorheben möchte: Auch bei ‚erotischen Verhältnissen' gibt es schlicht ‚Abfall'. Man sollte zum Beispiel nicht übersehen, daß das gottähnliche „Ich" der Rattenwelt, das am Ende gar eine biologische oder mystische Vereinigung mit seinem weiblichen Rattenübermenschen auf einer Orgelbank sucht (vgl. VII,435), im Auftrage des Autors dann doch allzusehr unter den biologischen Wirkungen eines fortdauernden Liebesentzugs durch ein anderes ‚Arche'-Programm leidet und dadurch an andere ‚Dinge', die an die Stelle der Liebe treten, verwiesen wird[18]: Die Kompensationsphantasien dieses „Ich", die in dieser ‚unheiligen Hochzeit' und dem in ihr vermittelten Wunsch eines ‚Eintritts ins Bild', eines Sich-Fortplanzens in die posthumane Welt hinein gipfeln, sind alles andere als vernünftig. Die ‚Liebste' ist in jenem Arche-Noah-Programm einer Frauenbewegung zu ‚ihrem' Untergang nach Vineta, der untergegangenen Stadt, unterwegs: Der Struktur nach wird dort die evasionäre Suche nach dem ‚Untergegangenen' fiktionale Untergangsrealität. Das entdeckte ‚ferne' Vineta wird bei

---

[18] Grass sagte im Interview mit Beate Pinkerneil (vgl. X, 355): „(...), natürlich ist auch in diesem Buch eine Liebesgeschichte vergraben, und die ist intensiv berichtet, so daß sich - ohne daß der Leser und auch ohne daß Sie erfahren müssen, welche reale Person dahintersteckt - das mitteilt". Er mag damit eben diese Art des ‚Vergrabens einer Liebesgeschichte' unter einem dichterischen Müll in der Relation zur Vineta-Geschichte gemeint haben.

der Entdeckung zum Danziger Zuhause. Das männliche Ich ist in dieser Spielart der Evasion, die frei nach Novalis immer das ‚nach Hause' meint, ausgeschlossen. Am Erzählanfang, auf Weihnachten, wurde ‚der Liebsten' ein „schöner Stich" (VII,7) geschenkt: Auch daraus entsteht eine ‚schöne Bescherung'. In dieser lieblosen Anstelle-Weihnachtswelt des Überflusses, dieses ‚Elends, nicht mehr zu wissen, was wünschen' (vgl.VII,6), ist auch auf dieser Ebene der zu realisierenden Liebe-Entwürfe ein Mangel entstanden: Die Evasionswünsche in untergegangene Reiche trennen sich für den Liebsten und die Liebste; das Geschenk auf einem Festhöhepunkt der Beziehung versetzt der Beziehung einen ‚Stich' [19].

Die Rättin, die später zum kruden Watsoncrick-Rattenmensch-Produkt mit dem ‚schöngelockten Haar' der ‚Liebsten' wird, ist auf dieser Ebene eine Art ironisch gezeichneter Liebesersatz. Ironisch ist in den Rattenmensch-Episoden des Buches der Gedanke umgesetzt, daß die ‚Biologie einer enttäuschten und unerfüllbaren Liebe' dem Ich-Erzähler vor allem dann ihre Streiche spielt, wenn er gottähnlich, wie es der Dichter als Schöpfergott einer ‚anderen Welt' nun einmal ist, zusammen mit seiner Rättin die neue posthumane, nunmehr weiblich-rattenhaft beherrschte Welt aufbaut. An dem einen Ende der Geschichte, im Diesseits, findet eine intensive Liebe-Feier - angedeutet im Gedicht „Auf der Suche nach Unterschied zum Getier" (vgl. VII,440) - statt, am anderen, dem posthumanen Ende der Geschichte, wird er, mitsamt seiner Watsoncrick-Zutat, von seiner Erzählerinnen-Figur quasi aus dieser Geschichte hinausbefördert; allerdings hat er dabei das gefährliche Muster der ‚geglückten Sintflut' hinterlassen.

Dieses Ende des Buches stellt nicht mehr die Frage nach der ‚gottverlassenen', ‚sich selbst überlassenen Vernunft'. Es stellt, vermittelt über den ‚Sieg' der Rättin, die Frage nach dem Fortwirken der von allem Menschlichen verlassenen, nur noch dem tierisch ‚Rattenhaften' verpflichteten Weiter so unserer Unvernunft.

Die Sintflutgeschichte ist also in einem sehr komplexen Sinne eine Expositionsgeschichte in der „Rättin". Sie hat zum Beispiel die Funktion, die Rättin als Gegengöttin zu diesem späteren Menschengott der Rattenwelt auf ihrem Müllberg in die Analogiebeziehung zu Jean Pauls ‚totem Christus' hinein zu plazieren. Dieses Muster einer Traum-Geschichte wäre im Themenkomplex einer ‚Erziehung des Menschengeschlechtes' das Gegenbild zu Lessing. Jean Pauls Traum-Dichtung wäre ein Muster, wie der von Lessing gesuchte Konsens zwischen Gläubigen und Nicht- oder Anders-Gläubigen zu jenem Ziel, das Gute zu tun, weil es das Gute ist, aus dem Alptraum einer

---

[19] Seit jener Geschichte um eine Tulla, die „uns allen" „als Splitter im Fleisch" saß (vgl. III,78), kann man auch ahnen, wohin solche ‚Stiche' bei Grass in vielen Fällen führen: in KuM führten sie dazu, daß die Männerwelt anstelle der lustvollen ‚Stiche' ins weibliche Fleisch phallusähnliche Torpedos in Schiffe als ‚festlich geschmückte Bräute' (vgl. III,67) versenkte oder - im Falle Mahlke - gar noch die ‚Jungfrau Maria' in Panzerabschüssen geschwängert werden sollte, damit sie die ‚Wunderwaffe' des schon verlorenen Krieges, den erlösenden Ritter-'Kreuzträger', gebären solle (vgl. III,134). Die Struktur dieser ‚Liebesgeschichte', in der sich die nationalsozialistische Phantasie-Welt des revolutionären ‚Neuzeugens' eines ‚dritten Reiches' durch die Zerstörungen und das Morden im Totalen Krieg ‚totläuft', läßt in hohem Maße danach suchen, was an den Phantasien denn ‚Abfall' und Müll ist: ein ganzes Volk mußte hier lernen, daß dieser Phantasien-Müll, der etwa in der nationalsozialistischen Medienwelt als ‚Realität' verkauft wurde, tatsächlich nur ‚Abfall' war! Dieses ‚Liebes-Märchen' ist anstelle von anderen, durchaus gewöhnlichen Tulla-'Liebesmärchen' mörderisch ‚verwirklicht' worden!

,offenbarungsfreien Welt' herkommend gedacht wurde: ein toter Christus, der toten Seelen den Tod Gottes offenbart.

C. Der „Anfang" zum „Ende": Noahs ‚Abfall'-Geschichte

Das Wort „Abfall" in der Sintflutgeschichte der „Rättin" ist also mehrdeutig. Nach der Sintflut-Geschichte eines ‚Abfalls', eines ‚Abfallens vom wahren Wort', verflucht Noah an dem, was ihm Ende der Sintflut-Geschichte zu sein hat, „die ratt", die er nicht auslöschen konnte: „Sie soll verflucht seyn, in unserem Schatten zu wühlen, wo abfall liegt." (VII,11) Die Rättin macht sich diesen Fluch zu eigen, kehrt ihn wider die Menschen: „denn langlebiger als der Mensch ist sein Abfall. Einzig Müll hat ihn überdauert."(VII,11). Sie spricht wahr, ohne zu überblicken, wie wahr sie spricht. Hier sieht sie nur die gegenständliche, auf den vom Menschen verbleibenden Müll bezogene Lesart dieser Sätze. Doch der etwas forcierte Überblick über Gesamtstrukturen der posthumanen Geschichte hatte auch den Sinn, den übertragenen Gehalt des Zitats zu zeigen. Noch ist die Rättin weit entfernt davon, ihre Sätze auch in dem Sinne zu bestätigen, daß der ‚Abfall des Menschen' vom ‚wahren Wort' am Ende des Werks ‚langlebiger' sein wird als der Mensch. Das wird sie oder werden die vielen Rättinen nicht erkennen. Das Rattengeschlecht wiederholt Fehler des Menschengeschlechts und ‚fällt' ebenfalls von einem ‚wahren Wort' ‚ab' - und es ist zu überprüfen, ob der Text es hergibt, an dieser Stelle das so oder so ‚offenbar' gewordene Verbot der Sintflutlösung einzusetzen. Auch die Ratten schleppen den ‚Abfall' in doppeltem Sinne mit in ihre Geschichte hinein: Noahs Fluch, „in unserem Schatten", der dunklen Seite der menschlichen Persönlichkeit leben und „wühlen" zu müssen, wird also auch in die Zeit hineinreichen, in der die Rättin sich ‚im Lichte' glaubt, sich für aufgeklärt hält. So nimmt auch sie Gottes Stelle ein, erscheint hier, ‚anstelle Christi', wie „einst der tote Christus vom Weltgebäude herab" zu ihrer ‚neuen Offenbarung'. Vom „Müllgebirge", vom Orte des ihr vom Menschen hinterlassenen ‚Weltgebäudes' des ‚Abfalls' wie vom Standorte einer nun für die Menschen eindeutig gewordenen, schon aus Noahs Zeiten rührenden Geschichte des ‚Abfallens' vom ‚wahren Wort', verkündet sie ihrem Publikum der toten Menschen wie ‚einst' der ‚tote Christus' den ‚toten', auf die Auferstehung wartenden Seelen ihr Evangelium vom Ende. „Wahrlich, ihr seid nicht mehr! höre ich sie verkünden." (VII,11). Die neue Offenbarung entspricht in ihren inhaltlichen wie in ihren erzählperspektivischen Unmöglichkeiten der paradoxen Struktur von Jean Pauls „Rede des toten Christus", ‚daß kein Gott sei'. Das hier angesprochene „ihr", der Mensch, der ‚Ohren hatte zu hören' und, wenn es um das allgegenwärtige Leid in der Welt und um ein Tätigwerden ging, ‚nicht hörte', wäre in einer Situation, in der er endlich als hörend geträumt werden könnte, nicht mehr existent, nicht mehr ‚auritus' - Ohren habend [20]. Die ‚Erlösung', die dieser Christus noch bringen könnte, ist nur noch die Erlösungsabsage eines toten Gottes für bereits tote Seelen: Denn die Tätigkeit, die allein ‚Erlösung' oder Lösungen bringen könnte, ist - so die Perspektive der Rättin - bis zum Ende ausgeblieben. Die

---

[20] ‚Aurelia aurita', die Ohrenqualle der Frauenevasion nach Vineta, verdankt ihre Auswahl also den Bildmöglichkeiten, die sich aus diesem Bibelspruch ableiten.

,Offenbarung' der wie ein ,toter Christus' realiter nicht existenten, nur im Alptraum erscheinenden Gegengöttin ist inhaltlich wie erzählperspektivisch ein Paradoxon: Doch das heißt nicht, daß dieser Alptraum zu dem, was nun ,wahrlich' zu verkünden ist, daß dieser Traum, der die Wachwelt des Ich-Erzählers erfassen und dessen gesamte Wirklichkeits- und Ichkonstitutionen besetzen wird, keinen Sinn habe.

Die in der Selbstzerstörung des Menschengeschlechtes kulminierende Menschengeschichte des ,Abfalls' fängt - wenn man der Rättin glauben darf - bei Noahs Geschichte eines ,Abfalls' an. Welche erzähltechnischen Haupt-Probleme hat sie? Die Suche nach Anfängen steht immer in der Schwierigkeit, daß es zum jeweiligen Anfang immer ein Vorher gibt. Und dann muß auch noch der liebe Gott, der in die Geschichte eingreift, in diese ,Historie' hinein, um dann an einer ,Fiktion', der Sintflut-Fiktion, kritisiert werden zu können. Und dann müssen Konsequenzen daraus gezogen, muß das ,wahre Wort' erörtert werden; es ist bereits klar, daß diese Konsequenzen nicht stimmen. Wie geschieht dies in den Hauptlinien?

Im ersten Kapitel greift die Rättin die ,Geschichte' Noahs zweimal auf, jeweils in anderem Kontext. Beim ersten Male befindet sie sich historisch rückläufig noch auf der Suche nach ihrem ,Müllberg'-Standpunkt des Jean Paul'schen ,toten Christus': Dort geht es einfach nur um ein Erzählen der neuen Sicht dieser ,offenbarenden' Gottes.Fiktionsgeschichte. Dann erst, nachdem die Rättin ihren Ende-Ort auf dem „Müllgebirge" bezogen und nachdem die Frauengeschichte ihren Anfang genommen hat, der dieser Linie vom allzu eindeutigen Anfang zum allzu eindeutigen Ende zunächst zuwider läuft, geht es um ,die Wahrheit des Wortes', die Interpretation einer im Buch der Bücher fixierten Sintflutgeschichte und den möglichen Streit über deren Interpretation. Mit ihr streiten könnte etwa der Ich-Erzähler, der hier, als Figur gewordener Autor, im Bezug zu Lessing ja ebenfalls ,seine' Anfänge als Aufklärer aufsucht und jene Suche nach Anfängen, die Lessing bereits in der ,Erziehung des Menschengeschlechtes' versuchte, nun zu einem anderen ,Ende' zu schreiben hat. Als Schriftsteller hat er das Problem des ,Anfangs' einer Geschichte sowohl im Sinne von ,historia' als auch im Sinne von ,fabula' bekanntlich bereits öfters und anders durchdekliniert; zudem galt er bisher als strikter Gegner einer wie auch immer begründeten ,Ende'- oder Ziel-Vorstellung von Geschichte im Sinne von ,historia'. Doch dieser Ich-Erzähler entschließt sich erst viel später zu einem Widerspruche, der nur noch beiläufig sein kann: Dieser Streit ist verschüttgegangen, unter die Räder gekommen. Das derart eingeleitete Erzählen wie auch die in dieser Form eingeleitete ,Geschichte' unserer Zeit gerät unter einen Zeitdruck, der sehr interpretationsbedürftig ist. Der Autor als erster Interpret ,einer' Geschichte, die zunehmend weniger die seine wird, die nicht nur in der Erzählposition eine ins Totale zielende Eigendynamik entwickelt, thematisiert an diesem Ich-Erzähler, den er zunächst ,nach dem eigenen Bilde formt', wie diese Geschichte erst einmal ,ihn' ,erschlagen' hat - und thematisiert damit auch, wie sie uns, seine Leser ,erschlagen' könnte. Die Frage, ob noch genügend Zeit zu interpretatorischem „Denkschweiß und Tintenfluß" (vgl. VII,21) vorhanden ist, ob dieses Buch in all seinen erklärungsbedürftigen Details und in seinen artifiziellen Konstruktionen überhaupt noch jene Zeit findet, die Literatur schon immer in ihrer Rezeption voraussetzte, ist so auch in die gesamte Konstruktion des Werks

‚übersetzt' worden. Der liebe Leser und Interpret, der hier zu ‚seiner' und zur ‚Erziehung des Menschengeschlechtes' nach Aufklärungsvorgaben angetreten ist, hat sein Geschäft in ähnlicher Form infragezustellen: Der Autor zelebriert ihm vor, wie jemand, zu dem er ‚Ich' sagen könnte, diese Geschichte anfangs - und nicht nur chronologisch - nicht ‚auf die Reihe bringt' und wie dieses ‚Ich' später, als andere Reihen bereits ihre Mitte erreicht haben, also an einem Erzählorte, an dem der Erzähler den Anfang endlich kritisieren könnte, in anderen und vergleichsweise viel wichtigeren Bereichen versagt, weil Wendepunkte, die Peripetien jener apokalyptischen Muster, erreicht worden sind. Der engagierte Bürger Grass: Was hat er noch mit jenem Ich zu tun, dessen Versagen von der Mitte des Buches an als Ich-Möglichkeit zelebriert wird. Dieses Ich scheint vom siebten Kapitel an in trivialapokalyptischen Endzeit-Reichen die Flucht aus den Wirklichkeiten anzutreten und sich endgültig in ‚seiner' posthumanen Dichtergott-Spielwiese einzunisten.

Es gibt also drei Lesarten der Sintflut-Geschichte: die beiden defizitären des Ich-Erzählers und der Rättin - und die des Autors, die der Leser zu rekonstruieren hätte. Diese Lesart habe ich vorausgeschickt, weil sich von dort herkommend die Widersprüche der beider defizitären Lesarten genauer bezeichnen lassen. In der Sintflut-Geschichte der „Rättin" fehlt etwa der Hinweis auf den Regenbogen. Warum?

Dieses wichtigste Detail der damals fromm erfundenen Geschichte paßt einfach nicht in ihre neue Sicht zur alten Geschichte; also ‚vergißt' sie zumindest seine Reformulierung. Auch der Ich-Erzähler weist in seiner ‚Reformulierung' Streichungsabsichten auf. Wenn er den Regenbogen derart verspätet im Erzählablauf, weit nach der Sintflut-Version der Rättin, und in der Bibel verfrüht, eben am sechsten Schöpfungstage, plaziert, fälscht er, will er fälschen: Die Sintflut ist nur Phantasie. Aber das ist auch die Sechs-Tage-Schöpfungsgeschichte, die er gegen diese Phantasie setzt: Der Ich-Erzähler will also nachträglich das tun, was sich die Bibelväter wohl auch überlegt haben. Er will die Geschichte aus dem Buch der Bücher streichen: Der Regenbogen war am sechsten Schöpfungstage geschaffen - basta! Doch der bibelfremde Zusatz paßt nicht zu einer Interpretation des Malskat-Bildes, zu einer Deutung der Malskatschen Verbindung der Sintflut- und Passionsgeschichte: Malskat benötigt gerade den Zeitbezug in dieser Geschichte. Auch die für ihn damals gegenwärtige Sintflut, die Weltenzerstörung der Nazis, wird ein Ende haben: Danach gibt es, hoffentlich, den Christus, der durch den Regenbogen blickt. Nie wieder Krieg, nie wieder ‚Sintflut'-Programme! Diesen Regenbogen hätte es in seinem Bildaufbau jedoch noch nicht ‚von Anfang an' gegeben; er hat den sechsten Schöpfungstag und das Problem der ‚zwei' Anfänge in der Bibel nicht erörtert. Die Widersprüche der Geschichte kulminieren hier - und führen zum bösen Ende, der Fiktion vom ‚herrlichen Rattenmenschen'! Die Sintflutgeschichte des aus Fehlern lernenden Gottes ist nirgends vollständig mitimpliziert.

Das gilt auch für die Rättin: Den Regenbogen als ein Himmelszeichen für den vom zweiten Anfang an ‚neuen Bund' zwischen Gott und den Menschen hat es in ihrer Sicht nie gegeben. In der Neuauflage der Sintflutgeschichte, der Zerstörung des Menschengeschlechtes und der damit verbundenen ‚wundersamen' Rettung der Ratten, gibt es erst jetzt, nach der Zerstörung des Menschengeschlechtes, eine Art neuen Bund zwischen

Gott und den Ratten: Doch dafür fehlt nunmehr bis zum Ende inmitten der posthumanen Geschichte das Himmelszeichen.

1. Die unverstandene Sintflut-Geschichte: Fehler in der Suche nach Anfängen

Widersprüche ergeben sich auch, wenn man untersucht, wie die Rättin ihren biblischen ‚Anfang vom Ende' findet und präsentiert, bzw. als Pendant des toten Christus ‚offenbart', wie sie den lieben Gott in die Historie und die Historie in die Fiktion überführt.Sie springt, was sehr deutlich gekennzeichnet wird: Von den „wärmeren Zonen" geht's „in die Iglus der Eskimos", von den „Verbannten in Sibirien" und den „Polarforschern" von „Arktis und Antarktis", den Polen im Kaltbereich, geht's wieder in Heiße, in die „Wüste Gobi". Von den religiösen Pilgerfahrten „nach Mekka und Jerusalem", geht's zu Völkerwanderungen und Eroberungszügen. Im Zeitsprung nach vorne geht's von den „Wandalen in Rom" zu Napoleons ‚Moskau'-Exkurs ins Kalte; dann geht's zurück und wir sind da, wo wir erst einmal hinwollten: einige Jahrtausende zurückversetzt in die Wüste Zin. Dieser Suppentopf der Geschichte will nicht einmal assoziativ auf eine Reihe kommen: Die Rättin ist weit entfernt von ‚gottähnlichem Allwissen'. Außerdem belegt ihre Exempelgeschichten-Reihe eher eine ‚von Anbeginn' geltende Zusammengehörigkeit von Menschen und Ratten, gegen die die Menschen verstoßen. In diesen „Rattengeschichten" (vgl. VII,8f.) sind Ratten eher das, was sie in einer Art göttlichem Zwischenbefund in ihrer Sintflutgeschichte auch sind: Sie sind „auff Erden des Menschen gesell". Daß sie dabei auch „zuträger aller verheißenen Plage seyn" (vgl. VII,10) sollen, ist dort, in der ihrer Sintflutgeschichte, schon wieder doppeldeutig: Es könnte, verstanden als göttlicher Auftrag ans ‚Rattengeschlecht', den Menschen Warnungen über ‚verheißene Plagen' zuzutragen, eine positive Funktion haben, könnte aber auch heißen, daß die Ratten den Menschen ‚die verheißenen Plagen' - von wem verheißen? - als solche ‚zuzutragen' haben. In solchen „Rattengeschichten" (vgl. VII, 8) will die Rättin zu ihrer Sintflut-Erzählung vor- und in der Geschichte ihres Geschlechtes zurückfinden: Konsequenterweise findet sie später, in der Saurier-Geschichte, auch noch einen anderen Anfang vor diesem Anfang.

In diesen „Rattengeschichten" ist mit den tierischen Kulturfolgern metaphorisch immer auch eine ‚Restgruppe' der Menschen, eine Beteiligung von nicht wahrgenommenen ‚Rattenmenschen' an den Eroberungsgeschichten der Führerfiguren angesprochen. Das „Mit" in den verschiedenen Rattengeschichten ist doppeldeutig. Neben Paraphrasen wie „die Verbannten begleitend" läßt es auch identifizierende Paraphrasen zu: Mit den Verbannten gelang es Menschen, die als Ratten gesehen oder so wie sie übersehen wurden, Sibirien zu besiedeln, den Führern der Geschichte zu folgen. Hier wird die alte Frage gestellt, wer Geschichte macht: die, die den Kulturstiftern folgen, oder die Kulturstifter selbst. Die Rättin stellt dabei zunächst die später so wichtige Frage nach einem göttlichem Eingreifen in die Geschichte nicht: Die Reihe folgt einem eher materialistisch orientierten vulgärgeschichtlichen Verständnis. Doch je weiter sie regrediert, desto ungewisser und mystischer wird die Suche nach Anfängen. Assoziierend - beigesellend - verläßt die Aufzählung die Ebene des historischen und betritt die des religiösen, des in der Bibel als Eingriff Gottes in die Geschichte beschriebenen Beispiels: Die Rättin assoziiert sich hin zur Manna-Geschichte in der Wüste Zin. Dort greift der kulturstiftende ‚Gott der Menschen' ein; dort ist also auch ein „Anbeginn". Doch noch stimmt die Absicht des Unternehmens ‚Ursprungssuche' nicht mit seinen Ergebnissen überein: Die Geschichte würde ja nur belegen, daß es von „Anbeginn Abfall genug" gab, um Mensch und Ratte gemeinsam zu ernähren. Bevor die Rättin also zu jenem „Abfall" Noahs findet, hat das Wort „Abfall" eine positive, die assoziativ anschließende Umwertung in der „Abfall"-Geschichte Noahs infragestellende Bedeutung. Zeitlich gesehen ist diese Wüste Zin natürlich viel später anzusiedeln: Auf ihrer Suche nach einem „Anbeginn" der Geschichte von Menschen und Ratten macht die Rättin hier also nur halt. Die Geschichte vom ‚Himmelsabfall', die belegen könnte, daß Gott das Miteinander von Mensch und Ratte ‚von Anbeginn' wollte, baut sie nicht aus. Auch diese Geschichte könnte ihrer später eindeutigen Sicht widersprechen.

> Mit Moses und dem Volk Israel liefen trockenen Fußes Ratten durchs Rote Meer, um in der Wüste Zin vom himmlischen Manna zu kosten; es gab von Anbeginn Abfall genug. (VII,8)

Sie übersieht noch mehr: Auch die Manna-Geschichte ist mehr als nur eine Exempelgeschichte wunderbarer Ernährung - sei es durch Gott, sei es, wie eine sich selbst überlassene, nicht unbedingt theistisch begründete Vernunft anzunehmen hätte, durch einen natürlichen himmlischen „Abfall". Die Rattenbeteiligung an dieser Geschichte eines Miteinander ist ja auch eine Zutat zur Bibel, die eine unausgesprochene zweite Seite hat. Auch dieser „Anbeginn" hat seine Vorgeschichte: Man lief „trockenen Fußes" „durchs Rote Meer", um so in der „Wüste Zin" - schon wieder - einen nachsintflutlichen „Anbeginn" zu feiern. Gerade so ist das Muster ja aus der Bibel in die Geschichte ‚hinübergekommen': Jeder kleine Konflikt ist ‚Reinigungsprogramm' zur ‚Wiedergeburt', ist Sintflut in kleinerer Ausführung, in kleinen Welten, in denen die Betroffenen nichts als die Wir-Gruppe sahen. Nicht einmal hier gab es also den ‚sintflutfreien' „Anbeginn": Hier wären die Ägypter jene ‚Ratten', die nicht so ganz auszurotten waren; die Israeliten und die Ratten waren halt nur die Sieger im Konflikt.

Auch in der Geschichte des Auszugs aus Ägypten gilt die Paraphrasemöglichkeit: „mit Mose und dem Volk Israel" liefen Menschen, die als Ratten gesehen wurden, durchs Rote Meer. Die Juden waren Ziel eines ‚Ratten'-Vernichtungsprogramms: Diese ‚Ratten' wurden als Sklaven gebraucht, ihre ‚Völkerwanderung' sollte verhindert werden. Und doch liefen sie, die Ratten, die sich später als das auserwählte Volk verstanden, „trockenen Fußes" durchs Rote Meer, während die Ägypter durch ein angebliches Eingreifen Gottes, durch eine Flut vernichtet worden sein sollen. Auch hier stehen also, obwohl nicht explizit erwähnt, Sintflut-Phantasien im Raume. Diese ‚Sintflut' rettete also gerade die vermeintlichen ‚Ratten; sie durften auf ‚wundersame' Weise überleben und sind in einer nachfolgenden Krisenzeit von himmlischem Abfall ernährt worden.

Dann aber ist diese Geschichte auch ‚himmlischer Abfall' in dem oben skizzierten Sinne, ist Abfall vom ‚Regenbogen'-Bunde: Hier steht etwas ‚geschrieben' oder hier ließ man etwas geschrieben stehen, das, wenn die Sintflut-Lektion ernstgenommen worden wäre, so nicht mehr geschrieben stehen dürfte. Dieses ‚erste' ‚auserwählte Volk' durfte also so, wie später oder früher das Volk der Ratten, das erst in posthumanen Eindeutigkeiten zum letzten ‚auserwählten Volk' wird, bereits in der Sintflut auf „Gottes Hand" überlebte, ebenfalls ‚auf Gottes Hand' weiterleben. Oder aber: Die Juden verdankten - materialistisch gesehen - dieses Weiterleben eigenen Aktivitäten. Die Sichtweise der Opfer, die wie nebenbei ihre eigenen Opfer vergessen, wird jedoch nicht an den „Anbeginn" einer Legitimation des eigenen Handelns gesetzt. Schon die Reihung der Eroberer-Geschichten ist unterschwellig eine Reihung ‚absurder Geschichten'; schon hier ist die Rättin auf einem Auge blind. Dies ist sie auch, wenn sie kurzzeitig bei einem Eingreifen des einseitig barmherzigen und einseitig gerechten Gottes der Juden stehen bleibt: Sie problematisiert diesen ‚Eingriff' nicht weiter unter dem Gesichtspunkt eines projizierten oder existenten Gottes.

Für die Rättin ist diese Geschichte nur eine Zwischenstation im Regreß, in der Suche nach dem ‚Anfang' vom Ende: Das mögliche ‚Miteinander' und der himmlisch nährende „Abfall" scheinen vergessen, wenn sie rückläufig vom ‚Anbeginn' aus der Wüste Zin zum Ur-"Anfang" der Genesis hinüberassoziiert, an dem dann aber - statt des ‚Wortes' - „das Verbot" aus späteren Zeiten gestanden haben soll: Sie ist also erneut gesprungen - und dieses Mal vom zeitlich früheren ‚Uranfang' zum späteren ‚Neuanfang'. Nun ‚endlich' ist sie - ‚Advent' und ‚Weihnacht' eines gewissermaßen gerade ‚totgeborenen Rattenchristus', der auch in übertragenem Sinn ‚anstelle der Krippe und ihrem bekannten Personal' steht (vgl. VII,5) - auf dem ‚Müllgebirge' und bei ihrer grundlegend ‚neuen' Offenbarung zur Sintflut ‚angekommen'. Nun endlich kann sie ihren ‚Anfang vom Ende' offenbaren.

Dort, in der ‚unwahrscheinlichen' Geschichte der von Noah mit Hilfe ‚seines' Gottes beherrschbaren Sintflut, schlägt dann sofort auch der bis dahin noch gar nicht explizit genannte Gott, der gewissermaßen nur über Quantitätssteigerungen in die Reihe der Geschichten hineingekommen ist, sofort in sein Gegenteil um. Die Rättin springt: Ihre Begriffe ‚Anbeginn' und ‚Abfall' kippen ebenso wie ihr Begriff vom Gott der Menschen und Ratten. Insgesamt wäre dies eher eine Dialektik des Rückschritts vom historischen zum religiös-magischen Erklärungsmuster. Die tatsächliche Existenz des ‚Gottes der Menschen' stellt die Rättin dabei nur jeweils implizit in Frage: Wenn die Rättin diesen Gott noch in der Beispielgeschichte aus der Wüste Zin als wunderbaren Erretter mit unbestimmten Uneigentlichkeitsgraden benötigte, so benötigt sie ihn hier als den großen uneigentlichen Angeklagten der Weltgeschichte, als den ‚immerfort strafenden Gott', der eben auch als eine Projektionsfläche zur Verschiebung von Verantwortung herzuhalten hat; die Frage, ob die Menschen sich ihn ‚nach ihrem Bilde' schufen, ist - schon darüber, daß hier einer dann einfach nur erfundenen Geschichte so breiter Raum eingeräumt wird - in einem merkwürdigen Sinne[21] ausgesetzt.

Beide biblischen Beispielgeschichten dokumentieren in unmittelbarem Zusammenhang gewissermaßen das Eingreifen von zweierlei Göttern in die Geschichte; sie thematisieren das Eingreifen eines ‚zweieinigen Gottes' in zweierlei Geschichten eines zwie-

---

[21] Grass läßt hier zu diesen Geschichten eines ‚von Anbeginn' gültigen Denkmusters wie nebenbei in diesem Götterzwiespalt zwischen dem idealisierten wunderbaren Retter und dem dämonisierten ewigen Zerstörer sein Wechselspiel zwischen Idealisierung und Dämonisierung von Geschichte entstehen, daß er in der Danziger Trilogie eben besonders bekämpft haben will (vgl. „Unser Grundübel ist der Idealismus", IX, 392 ff.). Welt- und Geschichtsgeist-Konstruktionen im Sinne von Hegel und Marx sind ihm im Kern Derivate solcher Übertragungen religiöser Denkmuster.

spältigen Anfangs. Doch wenn die Rättin nach dem ‚Anbeginn' der ‚Wüste Zin' an ihrem zweiten ‚Anfang' - statt des ‚Wortes' - „das Verbot" findet, so ist auch der dritte Anfang, die Schöpfungsgeschichte, mitbedacht, an deren Anfang eben „das Wort" steht: Doch bis dahin geht sie in ihren rückläufigen ‚Rattengeschichten' nicht zurück. Sie hat in ihrer Gegenposition, ihrer Antithese zur traditionellen Sicht, ‚ihren Anfang' endlich gefunden: Den ‚dritten' Anfang, die Möglichkeiten einer Synthesis zwischen dem ‚Wort' und dem ‚Verbot der Totalzerstörung', untersucht sie nicht. ‚Sie weiß nun genug' - es ist an der Zeit, ‚zu rufen, daß es hallt'.

„So viel weiß meine Rättin. Sie ruft, daß es hallt:" (VII,8)

Die Bewunderung des Ich-Erzählers für das weltumspannend-‚allwissende' Halb- und Unwissen der Rättin scheint nicht ganz ironiefrei [22]. Auch sie weiß noch lange nicht genug vom ‚wahren Wort': Auch sie macht in ihren rückläufigen Sprüngen von dem einen Menschengott zum anderen zu früh halt, um vorschnell - gewissermaßen eine ‚Erlöserfrühgeburt' im ‚totgeborenen Christus des Müllbergs' - ‚Neues' zu verkünden.

2. Prähumane Vor- und posthumane Nachwirkungen der nichtverstandenen Sintflutgeschichte

Das nicht gelöste Rätsel wirkt ‚vor'. Als die Rättin einen noch früherem ‚Anfang' sucht, der zugleich ein „Wir waren immer schon da" (VII, 22) bedeuten soll, will sie auch einen Beitrag zur Sauriervernichtung als Basis einer Evolutionsgeschichte gewürdigt sehen, die den Menschen, das Miteinander von Menschen und Ratten, überhaupt erst ermöglicht habe. Auch diese Geschichte ist ein schönes Beispiel für eine Geschichtsklitterung mit Wahrscheinlichkeitspotentialen. Doch die Art, wie die Rättin oder ihr Erfinder hier die Ratten in das nach wie vor bestehende Saurier-Rätsel aus der Geschichte einbringen, ist alles andere als unilinear zu interpretieren. Dem Miteinander hat die Rättin als Erzählerin, die unsere Geschichte rück-erfindet, doch längst abgeschworen: Sie und ihr Geschlecht hätten - wenn die Zerstörung der Menschheit eben nicht Menschenwerk wäre - hier längst auch die Menschen-Monster beseitigt, hätten schon wieder einmal „Platz geschaffen für neues, nicht mehr monströses Leben". In dieser posthumanen Sicht hätten die Menschen als Saurier-Pendant herzuhalten [23]. Und so mi-

---

[22] Diese Stelle läßt den „Mund des Rufers, der sein Echo kennt,"(vgl. VII,37) assoziieren und verweist auf den damit verbundenen Komplex einer vermeintlichen Berechenbarkeit ‚hergestellter Zukunft', den Grass am wiederauferstandenen Genie Oskar zum Beispiel in der Geschichte des genau antizipierten großmütterlichen Geburtstages scheitern und in die posthumane Geschichte einmünden läßt. Auch die Rättin glaubt hier, ihr Echo zu kennen.

[23] Es versteht sich von selbst, daß die Rättin in einer solchen metaphorischen Pauschalierung der Vernichtungswürdigkeit des Menschengeschlechtes eben auch nicht genügend differenziert: die hier bildspendenden Saurier ‚schleppten sich, nach Verlust ihrer Rieseneier, zukünftiger Babymonstren beraubt, in die Sümpfe, um klaglos und äußerlich unbeschadet zu versacken'; nur ihre Gerippe und einige Rieseneier mit Kratzspuren blieben als so oder so deutbare Indizien für diese oder jene Theorie zu ihrer Vernichtung zurück (vgl. VII, 23 f.). Malskat, von dem die Rättin im gesamten Traum-Dialog mit dem Ich-Erzähler nichts wissen will, ist in diesem Sinne situiert: er wohnt auf „seiner Insel im Deepenmoor", auf der er ‚klaglos und äußerlich unbeschadet' zukünftiger Baby-Ideen, also einer Art geistigen Nachkommenschaft beraubt, aufs ‚Versacken' wartet. Mit ihm geht jedoch zum Beispiel auch jenes ‚knifflige Rätsel' zum verfälschten Bibelwort ‚Am Anfang war das Verbot' unter. Oskar Matzerath, der im Grass-Werk eben exemplarisch dafür steht, daß er auch in übertragenem Sinne ‚den Schwindel auf sich, auf seiner Person, beruhen läßt', daß er die Nazi-Vergangenheit mit einem Schwindel-Gemisch aus ‚Dichtung und Wahrheit' verkleistert, besucht ihn dort. Dabei entsteht nur eines: das Gespräch von zwei „älteren Herren auf der Moorinsel", die -

schen sich der in Ansätzen naturwissenschaftlichen Erklärungsform dann auch wieder Rachegelüste aus der eigenen oder vorgefundenen Fiktion bei: Der Undank „seit Noahs Zeiten, als Ratz und Rättlin in seinen Kasten nicht durften" (vgl. VII,24) wirkt gewissermaßen in ein Vorher ‚nach': Aus einem Survival of the fittest, einem Überleben der angepaßteren Art, wird dann später ein Überleben des Stärkeren auch gegenüber dem Menschengeschlecht. Beide sich widersprechenden Geschichten scheinen dann den Ausschlag zu einer der vielen widersprüchlichen Versionen zum Großen Knall zu geben, in der die Ratten aktiv mit den Menschen ‚Schluß machen', aktive ‚zuträger der letzten verheißenen Plage' sind:

> Deshalb schien uns der Tag des Herrn geeignet. Deshalb geschah es an einem frühsommerlichen Sonntag. Im Juni, während der sportlichen Hochsaison. Wir nutzten, wie gewohnt, die Kanalisation, fanden durch die im Fundament der Großbunker verlegten Versorgungswege, nahmen die Zentralcomputer von unten an, hatten mit dem Leichtmetall keine Mühe, kannten uns aus, wußten auf den ersten Blick, wo was zu wem, fingerten mit winzigen Niedlichkeiten, gaben an entscheidender Stelle unseren Code ein, der sogleich alle angeschlossenen Sicherheitssysteme infizierte, ließen aber zum Schein die üblichen Kontrollprogramme laufen und begannen in beiden Schaltstellen, sobald hüben wie drüben unser Codewort „Noah" alle Impulse freigesetzt hatte, gleichzeitig zeitverschoben mit dem Countdown.
>
> Wir, sagte die Rättin, lösten nur aus, was der Mensch sich zugedacht hatte: Vorrat genug, um, mit seines rächenden Gottes Wort, alles Fleisch zu verderben, darin ein lebendiger Odem ist. (VII,132f.)

Wahrscheinlich ist dies alles ja nun wirklich nicht: Heutige Ratten haben kein solches Bewußtsein. Und selbst bei Bewußtseinsbegabung hätte man seine Schwierigkeiten: Welche ‚allwissende Ratte' wüßte denn schon als Computerspezialistin „auf den ersten Blick, wo was zu wem"? Wer maßt sich hier geradezu ‚Allwissen' an? Das ‚rattige Allwissen' steht hier in ironischer Oppositionsbeziehung zu einem menschlichen ‚Allwissen': Soviel Übersicht in jenem Menschenwerk, das Sicherheit stiften sollte, haben nicht einmal mehr die, die diese Zentren gebaut und damit zugleich jene neue Unberechenbarkeiten gestiftet haben, die nun in einer Kippfigur den Ansatzpunkt für die rattige Allwissensanmaßung bilden. Denn es bedarf eines geradezu göttlichen Allwissens, daß dieses Modell einer Übertragung von Verantwortung ans Göttersurrogat Computer in fehlerfreier Ewigkeit funktionieren könnte. Die Sintflut, das Wort des ‚rächenden Gottes', „alles Fleisch zu verderben, darin ein lebendiger Odem ist", stammt als Phantasieprodukt noch aus Zeiten, als Menschen sich Weltuntergänge fremdbestimmt, von ‚oben' verhängt, vorstellten: Diese Phantasie birgt ‚Vorrat genug', um als ein selbstbestimmter Weltuntergang Realität werden zu können.

Deshalb spiegelt die Dramaturgie dieser Version eines ‚großen Plans' zum Großen Knall auch im weiteren Verlauf den allzu menschlichen Hybrisgedanken: Wo Menschen sich an eines Gottes Stelle setzen, die eine ‚Leerstelle' sein mag, ist ‚Abfall' - so oder so ‚fällt man ab' vom ‚wahren Wort'. Wo Ratten mutatis mutandis das Gleiche tun, ist ebenfalls - hinter jener Basis-Wahrscheinlichkeit eines simplen unbewußten Überlebens der Überlebenden, die im Bikini-Atoll bestätigt wurde - jener ‚Abfall derer, die nach uns

---

wie weiland Grass mit seiner Figur Oskar - miteinander verwechselt werden können. Als Oskar Malskat gewissermaßen sein erfolgreiches Lebenskonzept - „Mein lieber Malskat, Sie hätten den Schwindel auf sich beruhen lassen sollen" - nahelegt, meint der Maler: „Mag sein, daß sie recht haben. Aber ich bin nun mal eine ehrliche Haut." (vgl. VII,430)

kommen', zu erwarten: Vom menschlich begrenzten Wissen geht es zur immer mit Fehlern behafteten Tat; vom angemaßten, nur den Göttern zustehenden Allwissen springt man zu der nur den Göttern zukommenden Allmacht in der Tat. Die Rattenanmaßung vollzieht diesen Doppelschritt spiegelbildlich nach. Das Codewort „Noah" und der angeblich eingegebene Code korrelieren - über die Beziehung zu den später gefundenen Rattenkötteln - eher mit einem ‚Abfall' oder Kot, der auch in der Sintflutgeschichte signifikant ist: Auch hier setzt sich jemand ‚an Gottes Stelle', auch hier eignet sich die Rättin etwa im Wortspiel zwischen Kot und Code Indizien an. Anfangs meinte sie, die Menschen hätten ihren ‚Mist' selbst gemacht, selbst ihren ‚Kot eingegeben': Doch nun wollen die Ratten ‚Zuträger der verheißenen Plage' gewesen sein, nun ‚will sie es gemacht haben' - und schon ‚hat sie es gemacht': Allmacht liegt bekanntlich auf der Straße. Indizien, die für Rattenabsichten sprechen könnten, läßt sie sich deshalb gar - was ein dem Regenbogen vergleichbares, jedoch nunmehr apokalyptisches „Himmelszeichen" angeht - aus einem Hörensagen zu den Nachrichten eines noch bestehenden Alltags anliefern:

> Es hieß, man habe über der westlichen Ostsee lockere Wolkenverbände in bildhafter Formation gesehen. Es seien nicht einzelne Wolken von Nordwest nach Südost gezogen, vielmehr habe ein nichtendenwollender Zug von hunderttausend und mehr Kleinwolken den Himmel über Südschweden, dann über Gotland bezogen: laufende Wolkenratten, wolkig laufende Rattenvölker, nein, keine Schäfchenwolken, eindeutig Wolken in grauer Rattengestalt, gestreckt, eilig, die langen Schwänze wie Bindestriche zwischen Ratte und Ratte gesetzt. (VII,134)

Noch hat man eher Ängste vor einer ‚himmlischen' ‚Völkerwanderung der Ratten' als vor ihrer irdischen Basis, der Bevölkerungsexplosion; noch befürchtet man nicht nicht so recht, daß dieses „Himmelszeichen" mit irdischen Grundlagen „in die humanen Programme ‚Frieden machen' und ‚Völkerfriede'" mit einwirken könnte. Und auch die Rättin scheint diese ‚Zeichen' erst einmal zu übersehen: Erst konnte man sich nicht „selbst zum Himmelszeichen erheben" (vgl. VII,134) - dann aber will man auch das gekonnt haben. Die Rättin entdeckt gewissermaßen nachträglich eine Verbindungsmöglichkeit dieser zwei ‚verheißenen Plagen' und eignet sich auch dieses Indiz an: Nun will sie als letztes apokalyptisches Warnzeichen, das den ‚Regenbogen' als Zeichen göttlichen Verzichtes auf die Totalzerstörung aufhebt und den uralten ‚neuen Bund' aufkündigt, „grauschwarze Wolken in flüchtiger Rattengestalt" produziert haben (vgl. VII,152). Doch der ‚Himmelszeichen' bedarf es nicht: Diese Version planvoller Rattenzerstörung entspräche natürlich eher dem ‚Zuendedenken' einer der zufälligen Zerstörungsmöglichkeiten, dem Zuendedenken einer der immer gegebenen und immer übersehenen ‚Fehlerquellen' - hierfür muß im Buch dann auch der Ich-Erzähler herhalten. Eine derart durch den Mist von ‚Ratten im Computer' herbeigeführte Vernichtung wäre eher vergleichbar mit den unbewußten Aktionen um den ‚nagenden Zahn' aus der Sauriergeschichte, der zufällig auch zur Vernichtung der heutigen ‚Monstren' benutzt wird, als zu einer Komplementärgeschichte zur Sintfluten-Phantasie. Diese und alle anderen Geschichten vom Großen Knall sind bewußt nur ‚Stückwerk': Ihre Fiktionszusätze werden so betont, daß auch von hierher Fiktionszusätze in der Sintflut-Geschichte erneut unterstrichen werden.

3. Das Motiv der nachträglich verfälschbaren Lücke in den Aufzählungen der Bibel: der „Regenbogen", die „Ratten" und die „Taube"

Auch die Rättin hat ihre Aufzählungslücke gesucht und gefunden. Ratten sind als unreine Tiere eindeutig in den Aufzählungen zum tierischen Bestand der Arche impliziert: Wenn die Rättin - und ihr Erfinder Grass - hier die Tatsache, daß dieses Getier tatsächlich nicht explizit genannt wurde, zum Kriterium dafür machen, es sei ‚verboten' gewesen, so entspricht dieses Hineininterpretieren eines Widerspruchs in eine Aufzählungslücke dem bewußt gesuchten Ausklammern des ‚Regenbogens des sechsten Schöpfungstages' aus den Aufzählungen der früheren Bibelautoren. Grass intendiert dabei jedoch eher, wie sich an der Weltuntergangsvariante unter dem Signum des ‚Codewortes Noah' ergibt, die zweite Lesart von „Am Anfang war das Verbot": Er meint das Verbot der Sintflutlösung.

'Das Verbot' heißt in der Lesart der Rättin: Die Ratten, die in der Bibel zu den unreinen Tieren gehörten, durften nicht mit in die Arche. Warum?

> Wir sollten draufgehen wie der verderbten Menschheit zahlreicher Rest, von dem der Allmächtige, dieser immerfort rachsüchtige und den eigenen Pfusch verfluchende Gott, abschließend gesagt hatte: Des Menschen Bosheit war gros auff Erden und ihrer Hertzen Tichten und Trachten war böse imer dar. (VII,12)

Wo in der Bibel die Reinigungsintention im bösen Menschenbereich ins Tierreich verlagert wurde, wird hier eine Verbindung zu den zunächst sehr pauschalen Aussagen des präsintflutlichen Gottes über die Bosheit des Restes und die Reinheit der Erhaltenswerten geschaffen. Und genau an dieser Stelle, in diesem Vergleich mit ‚verderbten Rest der Menschheit', bringt die Rättin nun einen Verstoß Noahs gegen das andere Gebot dieses strengen Gottes ein.

Doch halt: Es hat sich in diesem Versuch einer Interpretation ein Fehler eingeschlichen, der typisch für diesen Komplex ist. Es war die Rede vom ‚verderbten Rest der Menschheit', doch im Zitat hieß es: ‚der verderbten Menschheit zahlreicher Rest'. In dieser Formulierung wird deutlich: Die ganze Menschheit - einschließlich der Familie Noahs - ist ‚verderbt'; vom ‚Rest' wird dann nur noch eines gesagt: Er ist ‚zahlreich'! Diese exakte, wenn auch in ihrer Diffenzierung nicht eben ‚überdeutliche' Formulierung spiegelt die Undeutlichkeiten in den Gottesbegriffen der Sintflutgeschichten. Dort, wo Noahs „immerfort strafender Gott, vor dem er Gnade gefunden hatte, von oben herab deutlich geworden" ist, während er bei ‚der verderbten Menschheit zahlreichem Rest' durchaus undeutlich blieb, setzt die Rättin ihre kleine Fälschung, das ‚Verbot der Ratten', ein: Gegen die ‚von oben herab' gegebene ‚Weisung' setzte sich ‚von unten herauf', im Menschen Noah, ein ‚eingefleischtes', ein wiederum ‚von oben herab' gegebenes, ein ‚ins Fleisch eingesetztes' Vorurteil durch. Hierin ist auch die Rättin nicht gerade ‚deutlich' geworden: Die Formulierung „Am Anfang war das Verbot" impliziert doch, daß eben dieses Verbot der Ratten von ‚der Menschen Gott' gekommen sei.

> Rein oder unrein, wir waren ihm weder noch. So früh war das Vorurteil eingefleischt. Von Anbeginn Haß und der Wunsch, vertilgt zu sehen, was würgt und Brechreiz macht. Dem Menschen eingeborener Ekel hinderte Noah, nach seines strengen Gottes Wort zu handeln. Er verneinte uns, strich uns aus seiner Liste, die alles nannte, was Atem hat. (S.11f)

Auch dies ist undeutlich: Hier redet sie davon, daß „Noah tat, was sein Gott ihm befohlen" - und dann, bei den Ratten eben dies nicht tat. Der eingeborene Ekel soll's gewesen sein. Doch auf die Passage folgt eine Aufzählung ausgesprochener Ekeltiere, die dennoch in die Arche dürfen. Nur bei den Ratten scheint die Grenze oder umgekehrt: das nunmehr gefundene Ziel des diffusen ‚eingeborenen Ekels' zu liegen. Sie sind ‚weder noch': Gerade deshalb kann an ihnen des ‚strengen Gottes Wort' unterlaufen werden. Aus diesem Zusatz zur Bibel spricht metaphorisch weniger ein natürlicher ‚eingeborener' Ekel, denn der müßte auch die andern Ekeltiere der Arche meinen. Transportiert über das ‚Wie' des Vergleiches mit ‚der Menschheit Rest' wird Noahs Fehler hier mit jenen außen vor bleibenden Mitmenschen verbunden, die in der „Liste, die alles nannte, was Atem hat", eigentlich an erster Stelle stehen müßten: In der Arche sind vor allem menschliche ‚Ekeltiere'. Der ‚von oben herab' dokumentierte Verzicht auf eine genaue Benennung und Differenzierung des vernichtenswerten Bösen äußert sich - von unten herauf - in diesem Verstoß gegen Noahs nunmehr in ganz anderem Sinne ‚strengen Gottes Wort'. Sollte vorher noch ‚alles Fleisch, darin ein lebendiger Odem ist', verdorben werden, so sollen nun Exemplare aus ‚allerley Vieh' aufgenommen werden: Die Rättin spricht hier von einer „Liste, die alles nannte, was Atem hat". Wie im Bosheits-Widerspruch der Bibel verwendet sie also für den göttlich-menschlichen Widerspruch, daß einerseits alles, was Atem hat, zu verderben ist, andererseits alles, was Atem hat, reduziert zu erhalten sei, die gleiche Formulierung. Der Gottesbegriff ist hier in sein Gegenteil umgeschlagen: Streng ist dieser Gott nicht mehr deshalb, weil er die Sintflut über ‚der Menschheit Rest' verhängte, sondern weil er die Toleranz verlangt, alle Ekeltiere zuzulassen - und sie selbst der verderbten Menschheit gegenüber nicht aufbringt. An dieser Stelle wird ‚von unten herauf' das ‚eingefleischte Vorurteil' differenziert, der undifferenzierte ‚Wunsch, vertilgt zu sehen, was würgt und Brechreiz macht', bekommt nun ein genau benanntes Ziel solcher Projektionen: Der Menschenfehler spiegelt den Fehler des zerstörenden Gottes oder derer, die sich an seine Stelle setzten. Die Rättin macht also aus undifferenziertem ‚eingeborenen Ekel' eben dieses ‚Verbot': Es ist in diesem Fall ja nicht so, daß die Vorurteile bequemer seien, weil sie die Besetzung des erhaltenswerten Kerns der Arche vereinfachten. Vielmehr ist ein Sündenbock gefunden, ein diffuser Haß, den ‚die Guten' der Arche nicht in sich wahrhaben wollten, da sie ‚nach Gottes Wort' zu handeln vorgaben, hat nun - im Verstoß gegen Gottes Wort - ein Objekt gefunden: Nicht nur gegenüber den Ratten verhalten sich diese Menschen als ausgesprochene Ekeltiere.

Erst spät, genauer: zu spät widerspricht der Ich-Erzähler der Rättin in diesem Punkt. Die ‚wahrfälschende' Argumentation, daß es Noah und seine Söhne ‚gewesen' seien, daß dieser Ausschluß also selbst in der wohl erfundenen Sintflutgeschichte ‚Menschenwerk' gewesen wäre, greift er dabei ebensowenig auf wie eine dann anhängige Kritik an diesem fälschenden Aufsuchen einer Lücke in den Bibelaufzählungen. Ratten waren „nicht ausgeschlossen, wie es das erste Buch Mose bezeugt".

> Aber zu Recht hat Vorrang die Ratte. Seit Menschengedenken gehört sie uns an. Lange vor uns war sie säugend schon da, als wäre es ihre Aufgabe gewesen, nach anderem Getier den Menschen möglich zu machen. Deshalb wurde, als Gott die Sintflut auf die Erde kommen ließ und seinem

Knecht Noah befahl, für alles, was kreucht und fleucht, eine rettende Arche zu bauen, die Ratte nicht ausgeschlossen, wie es das erste Buch Mose bezeugt. (VII,172)

Der ‚Saurier'-Anfang und die uneigentliche Evolutionslogik, daß Ratten das Miteinander von Mensch und Tier überhaupt erst - „als wäre es ihre Aufgabe gewesen..." - ermöglicht hätten, wird hier in einer recht seltsamen Form mit dem biblischen Sintfluten-Anfang verbunden. Während die Uneigentlichkeit und das ‚Gerade so, als ob' in der vermeintlichen Evolutionslogik betont wird, ist das Eingreifen Gottes in der Sintflut-Geschichte eine historische Tatsache, die durch keinerlei Konjunktive oder Bildstrukturen infragegestellt scheint. Die Ratten ‚waren' damals nicht ausgeschlossen. Doch das ‚erste Buch Mose bezeugt' dies nur dadurch, daß sie impliziert sind in den Oberbegriffen von reinen oder unreinen Tieren: Der Ich-Erzähler widerspricht hier der Sintflut-Version der Rättin also mit der Absicht, ihr nun gar einen Vorrang einräumen zu können. Aus diesem Pfusch entsteht neuer Pfusch: An der Stelle, an der der Ich-Erzähler das Miteinander von Mensch und Ratte auch in der Sintflutgeschichte betonen will, geht es dann um ein ganz anderes Miteinander, das so bereits in die Arche Noah rückdatiert wird. Nur scheinbar ist ein einigermaßen klärendes Wort gesprochen: Der Ich-Erzähler sucht nun die ganz andere Synthese für das Miteinander von Ratte und Mensch und wird sie - in posthumaner Fiktion - unter einem anderen ‚Vorrang der Ratte' auch finden. Denn diese Rede dient nur noch dem letzten ‚Abfall', dient jener letzten Scheinlösung, die das ‚anstelle Christi' einer gescheiterten Erziehung des Menschengeschlechtes ins Posthumane verlängert: Nun „möge er sein: der herrliche Rattenmensch" (vgl. VII,176) - bis zu seinem ersten vorläufigen Ende in einer ersten posthumanen Revolution (VII,454), bis dann - Jahrhunderte später - das vom ‚Menschengott' Franz-Josef Strauß inspirierte krude Wort von den herrlichen ‚säugenden Schmeißfliegen' (vgl. VII,455) über die Ratten kommen und Fleisch werden mag. Das ‚wahre Wort' bot noch nie die Gewähr dafür, daß ‚falsche Worte' nicht ‚Fleisch werden'.

Luther hatte - wie bereits zitiert - das Evangelium Christi in einem Randkommentar an der Ölblattbotschaft der Taube erkennen und festmachen wollen. (vgl. VII,9f und Genesis 8.11).

(Oleblatt) Das blat bedeut das Euangelium / das der heilige Geist in die Christenheit hat predigen lassen/ Denn Ole bedeut barmhertzigkeit vnd friede / dauon das Euangelium leret. (Kommentar zu Genesis 8.11)

Die Rättin setzt hier noch eins drauf. Wo Luther das weithergeholte Symbol ‚sprechen' ließ, läßt die Rättin darüber hinaus das Tier selbst sprechen.

Sie kam zu ihm umb die Vesperzeit und sihe, ein Oelblatt hatte sie abgebrochen und trugs in ihrem Munde. Doch nicht nur mit Grünzeug, mit verblüffender Botschaft auch flog die Taube Noah zu: Sie habe, wo sonst nichts mehr kreuche und fleuche, Rattenköttel, frische Rattenköttel gesehen. (VII,10)

Das Evangelium, die ‚frohe Botschaft' der Taube, wäre ja zunächst einmal nur die ‚Oelblatt'-Botschaft von der Möglichkeit eines ‚immergrünen' Weiterlebens, aus der Luther das Evangelium der Nächstenliebe ableitet: Gerade ‚barmhertzigkeit vnd friede' wurde den Opfern der Sintflut eben nicht zuteil. Das Ölblatt als ein Symbol des Weiterlebens wäre eher ein Relikt aus dem natürlichen Substrat zu dieser Sintflut-Phantasie: Auf der Basis eines Katastrophenerlebnisses muß es nicht das Paradies sein, das Gott neuerschafft, es genügt bereits, wenn er die ‚alte Welt' wiederherstellt. Grass läßt die wörtlich aus der Bibel zitierte ‚frohe Botschaft' deshalb darüber hinaus noch zu einer „verblüffenden Botschaft" werden, die - nicht nur im zum Sprechen gebrachten Tier - Rätsel aufgibt.

Es liegt nahe, diese Ergänzung zur stummen, nur im Emblem sprechenden Ölzweigbotschaft der Taube, als eine Ergänzung jener ‚frohen Botschaft' zu verstehen, die einem Menschen Noah ‚zufliegt', die der jedoch nicht versteht, die ihn nur ‚verblüfft': Die Botschaft, die Noah weniger wundersam durch simple Beobachtung ‚zufliegen' könnte, wird hier durch ein leibhaftiges Wunder bekräftigt. Ein Tier - wenn man so will: ein Wesen des Unbewußten - sprach zu Noah; doch leider hatte dies nur einen ‚verblüffenden' Effekt, den zu untersuchen er vermeidet. Er übersieht, ja verdrängt, was nunmehr ‚auf der Straße liegt'. Das rattenhafte Evangelium, die andere „Frohe Botschaft" oder Allerweltsbotschaft nach dieser Katastrophe, lautet: Die Ratten, die vorher in eine Analogie-Beziehung zu der ‚Menschheit verdorbenem Rest' gestellt worden sind, sind nicht ausgestorben. Es wird bereits wieder fleißig ‚Abfall' - Rattenmüll, Rattenmist - produziert: Gerade der ‚Mist', das was vorher eher Grund der Totalzerstörung war, ist nun die Frohe Botschaft. Es ist trotz aller totalzerstörenden ‚Reiniger' wieder möglich, ‚rattenhaft' im Sinne eines Lebens als Selbstzweck zu leben: Einem Sisyphos der ‚Abfallberge' könnte dies Sinn geben.[24]

Auch der Gott der Bibel hat - mutatis mutandis, ohne einer Freude über den Fortbestand des Abfalls einen unmißverständlichen Ausdruck zu geben - diese Frohe Botschaft nach der Sintflut geoffenbart: Er wird die Menschheit nun eben wegen ihrer fortdauernden ‚Mistproduktion', eben wegen der vormaligen Begründung für die Totalzerstörung in Zukunft nicht mehr zerstören. Diese ‚verblüffende Botschaft' des Mistes, die als Zusatz zur Ölzweig-Botschaft vom ‚immergrünen' Leben in der Tat in der Bibel enthalten ist, steckt in dem ‚denn', mit dem der nachsintflutliche Gott dem vorsintflutlichen widerspricht: „das Tichten des menschlichen Herzen ist böse von Jugent auff", der Mensch wird, wie diese überlebenden Ratten, ‚immer' Abfall, immer Mist produzieren; diese Eigenschaft gehört zur conditio humana, wie die Verdauung zum Essen. Die Sintflut war

---

[24] In der „Blechtrommel" gibt es gegen Ende des Krieges ein vergleichbares ‚Wunder': es ist die Szene, in der Jesus trommelt und eine ‚verblüffende Botschaft' offenbart, die dennoch eine ‚frohe Botschaft' zu sein hätte. Jesus trommelt „unter anderem, was damals in aller Leute Mund war, ‚Es geht alles vorüber', natürlich auch ‚Lili Marleen'": wer immer den blasphemischen Gehalt vor allem des darauf folgenden Aufrufs zur Nachfolge Christi kritisiert, sollte auch wahrnehmen, daß Grass hier ein leibhaftiges Wunder bemüht. Über dieses Offenbarungswunder wird die ebenfalls auf der Straße liegende Schlagerbotschaft, daß auch der Krieg vorübergeht und ‚Lili Marleen' auf die heimkehrenden Krieger wartet, zu einer ‚frohen Botschaft' aufgewertet. Und auch der Aufruf zur Nachfolge Christi ist ernster gemeint, als Oskar es wahrhaben will: er, der an dieser Stelle „vielmehr die Ohnmacht plastisch sehen wollte", erhält ‚merkwürdigerweise' den Auftrag, als der neue Fels zu einer neuen Kirche seinen ‚Haß' auf ‚das Bürschchen und seinen ganzen Klimbim' gerade als Grundlage dieser neuen Nachfolge Christi einzubringen. Daß er diese Nachfolge verweigert und seinerseits als eine Art falscher Messias die Stäuber in einem Krippenspiel mit recht viel ‚Klimbim' an seiner Stelle sinnlos ‚opfert', an seiner Stelle sterben läßt, wäre also aus dieser Sicht ein Verstoß gegen den geradezu göttlichen Auftrag, die sinnlosen Opfer für den falschen Messias Hitler zu beenden.

Diese Szene hätte also ihre Verwandtschaften mit Malskats neuem und altem Bilde des Salvator Mundi, der durch den Regenbogen blickt: gerade in der Zeit nach dieser von Menschen zu verantwortenden Zerstörung wäre dieses Versprechen des Regenbogens eine Basis, die kommende Nie-wieder-Krieg-Stimmung gewissermaßen in eine neue Kirche des Konsenses einzubringen.

der eigentliche Fehler. Im Regenbogen verspricht er den Menschen „hinfurt" den Verzicht auf die Sintflutlösung.

Steht diese ‚Erkenntnis' eines lernenden Gottes oder derer, die sich ihn erfanden, so auch in der Sintflut-Version der Rättin?

Da lachte der seiner Stümperei überdrüssige Gott, weil Noahs Ungehorsam an unsrer Zählebigkeit zunichte geworden war. Er sagte wie immer von oben herab: Fortan sollen Ratz und Rättlin auff Erden des Menschen gesell und zuträger aller verheißenen Plage seyn...
Er sagte noch mehr voraus, was nicht geschrieben steht, trug uns die Pest auf und schwindelte sich, nach Art des Allmächtigen, weitere Allmacht zusammen. Er persönlich habe uns der Sintflut enthoben. Auf seiner Gotteshand sei von unreiner Art ein Paar sicher gewesen. Auf göttlicher Hand habe Noahs ausgesetzte Taube frische Rattenköttel gesehen. (VII,10)

Gott lachte; war das Überleben der Ratten und die Botschaft der Rattenköttel also auch für ihn eine ‚frohe Botschaft'? Doch das wäre nur eine Lesart; sie ist nicht eindeutig: Nicht nur ‚Noahs Ungehorsam' ist zunichte geworden, auch der göttliche Plan, alles Fleisch zu verderben, darin ein lebendiger Odem ist, ist „Stümperei" geblieben. Dieses Lachen könnte also ebensogut das zynisch-verlegene Lachen eines Täters sein, der die Folgen seiner Tat herunterspielt - und seinen Fehler weder einsieht, noch eingesteht! Er - oder die, die sich an seine Stelle setzten - war(en) gerade alles andere als allmächtig - und schon wieder ‚schwindelte er sich, nach Art des Allmächtigen, weitere Allmacht zusammen'?

In der Bibel fehlt, um die Geschichte wirklich deutlich werden zu lassen, tatsächlich etwas: Gott ‚offenbarte' zwar im Vorfeld der Sintflut, daß ihn seine Schöpfung reute; er offenbarte jedoch nach der Sintflut nicht, daß ihn seine Sintflut reute. Was er hier ‚wie immer von oben herab' sagte oder ‚offenbarte', steht so eindeutig nicht in der Bibel: Diesem Gott fällt ein Schuldeingeständnis genau so schwer wie denen, die ihn sich, sich an seine Stelle setzend, immer wieder erfinden. Wenn in der „Rättin" der Bogen etwa über Malskats Regenbogen-Christus aus nationalsozialistischen Zeiten gespannt wird, so gilt auch dort: Die Schuldeingeständnisse waren nicht gerade überdeutlich. Zur gegenwärtigen Problematik der Zerstörung des Menschen durch den Menschen gehört es, daß die unbewußt apokalyoptischen Denkmuster genau dies verhindern: Die Menschen, die hier einem Gott oder seinem Surrogat die uneigentlich gewordene Verantwortung antragen, gestehen sich ‚ihre' Schuld, ihren Anteil am Menschenwerk und ihre Inaktivität nicht ein.

So wird hier eine ‚Göttin' gefunden, die „gesell und zuträger aller verheißenen Plage" sein soll: Das kann bedeuten, daß die Menschen die plagenden ‚Gesellen' - seien es Ratten, sei es der jeweils ‚verderbten Menschheit zahlreicher Rest' - nicht los werden konnten und daß die ihnen die Plagen brachten; genausogut kann damit aber auch gemeint sein, daß Menschen diese ‚Gesellen' anzunehmen und zu beobachten hätten, da sie ihnen die ‚verheißene Plage' zutrugen, sie über diese Plage informierten: Wenn immer eine Menschengruppe als der Menschheit verderbter Rest betrachtet wird, ist die nächste Plage verheißen, die nächste Sintflut angesagt. Wie oft hören wir dies, ohne es zu hören! Die Unentschiedenheit des erfundenen göttlichen Wortes entspräche dem Spektrum von Deutungsmöglichkeiten einer Sintflutgeschichte ohne das Zeichen des Regenbogens: Sie impliziert deren Wiederholbarkeit. Die Ratten ebenso wie der

‚verderbten Menschheit zahlreicher Rest' bleiben in diesem Sinne in jenem Status des ‚Weder noch'. Doch der Gott der Bibel schloß den Bund im Zeichen des Regenbogens ausdrücklich mit Noah und seinen Nachkommen und mit allen Lebewesen, die auf der Arche waren (vgl. Genesis, 9.8-10): Das, was Gott an dieser Stelle voraussagte, nämlich das ewige Erscheinen des Regenbogens als Zeichen eines Verzichtes auf die Totalzerstörung steht hier, bei der Rättin, nicht geschrieben!

Doch auch in einer anderen Hinsicht ist der unscheinbare Satz „Er sagte noch mehr voraus, was nicht geschrieben steht" im Zusammenhang der Fälschungen zur Bibel und der Frage, wo Gott oder die, die sich ihn nach ihrem Bilde formten, ‚von oben herab' oder ‚von unten herauf' ‚deutlich' wurden, sehr signifikant. Was Gott dort sagte, weiß man nicht, weil es - wo auch immer, in der Bibel oder im Buch „Die Rättin" - ‚nicht geschrieben steht'. Es ist möglich, daß es deswegen nicht geschrieben steht, weil es sozusagen der übliche ‚Abfall' und Allmachtsschwindel des an dieser Stelle eben nicht allmächtigen Gottes und derer, die sich an seine Stelle setzten, sein kann: Von der Pest ist die Rede, die ‚uns' - also entweder der ‚verderbten Menschheit' oder ‚den Ratten', dem jeweils ‚zahlreichen Rest' - ‚aufgetragen wurde'. Dies wäre ein Beispiel für einen anderen ‚göttlichen Auftrag' im Umfeld jener fremdbestimmten Katastrophen, die Weltenuntergangsphantasien nähren: Der Gott der Naturkatastrophen trug uns, der ‚verderbten Menschheit' die Auseinandersetzung mit diesen Formen anscheinend gottgewollter Vernichtung auf. Oder er lud ‚uns', den Ratten und einem jeweils anders zu sehenden ‚zahlreichen Rest', sozusagen prophylaktisch, in diesem Blick nach vorne aus einem Blick zurück, in diesem Blick vom ‚erfundenen' oder geoffenbarten Ursprung auf eine zu erklärende Folge-Geschichte des göttlichen Eingreifens oder Nicht-Eingreifens, die Verantwortung für und die Schuld an dieser Katastrophe auf: Sündenböcke werden sozusagen auch in der Folge immer wieder benötigt.

Was aber steht an dieser Stelle, über den Regenbogen hinausgehend, tatsächlich in der Genesis? Es ist zunächst mutatis mutandis die gleiche Übergabe der Erde an die Menschen, der Auftrag, ‚fruchtbar zu sein und sich zu mehren' (vgl. Genesis, 9.1, 9.7 und VII,22), der schon am sechsten Schöpfungstage erschien (vgl. Genesis 1.28). Dann aber folgen Worte, die mittlerweile in einem anderen Sinne ‚nicht mehr geschrieben stehen', obwohl sie geschrieben stehen: Nur Fleisch, in dem kein Blut mehr ist, darf gegessen werden - wer, außer orthodoxen Juden, nimmt das noch ernst? Gott fordere Rechenschaft für vergossenes Blut, vom Tier und vom Menschen; er fordere Rechenschaft für das Leben des Menschen von jedem seiner Brüder: Solche Bibelsprüche eigneten sich etwa für eine göttliche Begründung der Sippenhaft. Vor allem aber: Wer Menschenblut vergießt, dessen Blut werde auch durch Menschen vergossen! All diese ‚Worte Gottes' sind als Versuche, im Anschluß an eine ‚Neuschöpfung' eine überzeitliche, allgemeine menschliche Gesetzgebung von ‚unten herauf' im geoffenbarten ‚Wort Gottes' ‚von oben herab' fixieren zu lassen, überholt. Sie stehen dem Geiste nach ‚nicht mehr geschrieben': Sie hatten allzuoft für Grausamkeiten im Namen Gottes herhalten müssen; und eine menschliche Justiz hat hier, in einem Lernen aus historischen Fehlern, durchaus partielle Fortschritte erreicht! Es ist also folgerichtig, daß die Rättin hier, in dem, „was nicht geschrieben steht", ‚obwohl es geschrieben steht', etwa die für uns zurückliegenden, für die Bibelväter noch zukünftigen ‚Fehlinterpretationen' des Gotteswortes einsetzt: Die ‚Zuträgerschaft' zur Pest wäre hier ein Beispiel.

Die Rättin läßt den Regenbogen weg, da er ihrer Version vom Ende im Anfang zuwiderläuft. Der immerfort strafende Gott oder Weltuntergangsstümper könnte noch gebraucht werden: Später soll er, im Weltuntergang der Menschen, das Überleben der Ratten ‚auf Gottes Hand' gewährleistet haben[25]; oder: Er sandte, wissend oder nichtwissend, diese erste Sintflut. In ihrer Interpretation wäre sie ein (semi-)fiktionales Probierfeld von Weltuntergangsphantasien, ein Probierfeld für die Ratten, sein letztlich ‚auserwähltes Volk'[26].

Unentschieden wie diese ‚von oben herab' geoffenbarten, so oder so deutbaren Voraussagen sind auch die Geschichten, in denen die Rättin ‚von unten herauf' das Überleben der Ratten in dieser Katastrophe erklären will: An dieser Stelle erklärt sie deutlich, daß die Gottes-Version eines ‚Überlebens und Sich-Vermehrens auf Gottes Hand' nur jener übliche Allmachtsschwindel des Menschengottes gewesen sei. Richtig sei vielmehr die Version ihres Überleben „in unterirdischen Gängen, die wir mit Alttieren gepropft und in Nistkammern zu rettenden Luftblasen gemacht hatten" (vgl. VII,10). Später, im Zusammenhang des Streites um das ‚wahre Wort' widerspricht sie sich explizit:

Und hätte nicht (...) Gottes Hand uns aufgehoben, nein, noch sicherer: hätten wir uns nicht eingegraben, (...) - es gäbe uns heute nicht. Nennenswert wäre niemand zur Stelle, dem es gelingen könnte, das Menschengeschlecht zu überleben. (vgl. VII,22f.)

'Gottes Hand' - möglicherweise also der simple Zufall - hat die Ratten ‚aufgehoben' - neben der basisfiktionalen Bedeutung, daß die Ratten in die Höhe gehoben wurden, kann dieser Satz auch bedeuten, daß die Ratten dem Menschen gegenüber auf eine höhere Stufe gestellt, aufgewertet worden sind und daß sie ‚aufgespart' wurden, ‚aufgehoben' als eine Art Menschenersatz für die Neuschöpfung in posthumaner Zeit. Doch das menschenähnliche Ich- oder Wir-Bewußtsein dieser Ratten ist fiktionale Zugabe zur Überlebensmöglichkeit instinktgeleiteter Tiere: Es ist tatsächlich so, daß niemand zur Stelle ist, der einem Schriftsteller etwa ‚nennenswert' sein könnte, um die Leerstelle ‚derer, die nach uns kommen,' wieder zu füllen. Und weil ‚nennen' bei dem Gott-Künstler wie beim Künstler-Gott auch ‚erschaffen' bedeutet, wird hier die paradoxe Erzählsituation in einem Satz versammelt: Der weibliche Niemand macht sich an-

---

[25] Es sind dies - übersetzt im Topos vom Deus artifex, artifex deus - vor allem jene Versionen des Großen Knalls, in denen der Erzähler als Dichter-Gott und ‚dummer alter Paps' mit seiner ‚Schöpfungsphantasie' die posthumane Welt der Ratten bestückte und eben auch ‚als Fehlerquelle vonnöten war' (vgl. etwa VII,207 ff.). Der auf Dichterallmacht bedachte Ich-Erzähler verhält sich hier mutatis mutandis wie der postsintflutliche Gott der Zerstörung, der seinen Fehler nicht zugibt und ‚alles wie gewohnt laufen läßt': „Nichts wird von einer Fehlerquelle geschrieben stehen. Im Gegenteil: alles läuft wie gewohnt. Natürlich gibt es Gefahren, aber wann gab es keine? Noch nie war der Friedenswille so groß!" (VII,209)

[26] „Wir gruben uns ein, ahnten wir doch. Während die Menschen, als hätten sie anders nicht können, wieder einmal, doch diesmal endgültig über sich hinauswollten, gruben wir uns tief ein. Reden wir nicht vom Instinkt; überliefertes Wissen, seit Noahs Zeiten für solche Fälle gewitztes Gedächtnis empfahl uns den Untergrund, das Überleben in Luftblasen dank Pfropfensystem." (VII,61) Dieses „Anti-Noah-Prinzip mit Hilfe opferbereiter Altratten", die für das Überleben der Art buchstäblich ‚den Arsch hinhalten' (vgl. VII,79 und 206), ist so gesehen eine Art Arche-Noah-Prinzip der Ratten: ihr ‚Gott' gestattete es ihnen, an dieser Geschichte zu lernen.

hand einer erfundenen Geschichte ihrer möglichen Vernichtung nun gar noch Gedanken darüber, was passieren könnte, wenn es sie ‚nicht gäbe'.

Noch später, im Vorfeld jenes doppeldeutigen ‚Mistes' im Computer, der den Großen Knall ausgelöst haben soll, als die gefundenen ‚Rattenköttel' noch bezweifelt werden und noch weit entfernt von jener Version, in der der Rattenkot zum von den Ratten eingegebenen Code wird, ist die Version eines ‚Überlebens auf Gottes Hand' dann vollends eine Tatsache:

> Die Rättin kicherte. Das Wort machte sie kicherig. Sie wiederholte es verschieden betont, sprach auf Rattenwelsch von kaporesch Rottamosch [27] und vergnügte sich sprachspielerisch, indem sie die fatale Fundsache albern variierte: Kattenröttel, Tarrentöckel, Lettöknettar und so weiter. Schließlich erinnerte sie mich, immer wieder von Lachanfällen unterbrochen, an biblische Zeiten, als zu Noahs Verblüffung schon einmal Rattenköttel... Auf Gottes Handteller! rief sie (...) (vgl. VII,120)

Die ‚verblüffende' Botschaft vom Rattenmist auf Gottes Handteller ist auch bei der Rättin nicht so recht angekommen: Es wäre ja die ‚frohe' Botschaft, daß die, die auf Gottes Hand oder in der jeweiligen Arche überlebten, eben selbst die ‚Mistproduktion' fortsetzen. Das Wort macht sie ‚kicherig' - warum sie hier lacht, weiß man ebensowenig, wie im Falle des nach der Sintflut lachenden Gottes: Ist es nur der Spaß am kindischen Witz, weil mit den Verdauungsvorgängen ein Tabu berührt ist? Ist es, weil sie eine Übertragungsmöglichkeit der damaligen ‚frohen Botschaft' des Überlebens erkennt? Wie auch immer: Später wird wieder einmal aus einem spielerischen und umspielten Wort Fleisch werden. Die Rättin wiederholt einen geradezu typischen ‚Menschenmist' in den folgenden Geschichten, in denen sie die - nunmehr fatale - Fundsache in einer anderen Form ‚albern variierte': Gegen diesen im Rattendreck versammelten Erklärungs-Dreck einer zionistischen Weltverschwörung mit ‚spezialtrainierten Ratten' setzt die Rättin ihre ähnlich albernen Varianten. Mäusedreck sollte und könnte es gewesen sein, dann ein bewußt eingegebener ‚Ratten-Code', der zur Vernichtung der Menschen geführt haben soll... Die ‚frohe Botschaft', daß sie nur zufällig, ‚auf Gottes Hand' eben, überlebte und daß sich aus diesem Überleben kein Überleben nach irgendeinem Plan, einer Logik, einer Moral ableiten läßt, kann sie, wie viele Überlebende von Katastrophen und Kriegen, nicht so recht akzeptieren. Das alles ist posthuman: Könnten wir daraus noch etwas lernen?

Betrachten wir also die Version des rattenhaften Überlebens in unterirdischen Gangsystemen. Das Motiv taucht häufiger auf, etwa in der widersprüchlichen Geschichte des

---

[27] Ein Übersetzungsversuch: ‚ein dem Hahnenopfer ähnelnder Rattenmist'. Im Jiddischen kennt man die Wendung „phutze cappore", anstelle des Hahnenopfers: Mit diesem frommen Wunsch drückten arme Juden, die es sich nicht leisten konnten, am cappores-Opfertage einen Hahn zu schlachten, einem Christen ein Geldstück in die Hand: dieser Christ sei ‚ihr Hahn'; der Herr möge ihn ‚anstelle des Hahns' bald zu sich nehmen!

Das zu dieser Wendung gehörende „phutze" taucht andernorts und in einem anderen Zusammenhang auf: „Futze Iwril" schimpft die Rättin, als das Indiz der Rattenköttel in einer der Untergangsversionen eben darauf hinweisen soll, daß ‚spezialtrainierte' Ratten eben die Täterschaft in einer zionistischen Untergangsversion übernommen hätten. „Anstelle des Hebräers, anstelle des Juden" hieße das in diesem Fall - und wäre doppeldeutig. Es könnte heißen: die Ratten haben - anstelle der Juden - diesen Plan durchgeführt; oder: dieser erneute Versuch, den Juden eine Schuld aufzubürden, tritt - zum Beispiel bei Christen - an ‚die Stelle des exemplarischen Juden', die Stelle Christi. So sucht also auch dieses Motiv Anschluß an die ‚Anstelle Christi'-Bilder (vgl. VII, 123).

Rattenfängers von Hameln [28] oder - mutatis mutandis - dann, wenn die Frauen in ihrer Arche, ihrer Evasions-Form einer Flucht aus den Wirklichkeiten ‚Vineta besetzen' wollen, ‚nach unten' gehen wollen, während dort nur ‚untergehen' möglich ist. Das Motiv hat eine sehr wichtige Aussparung - von jener Schnapsidee der privaten Schutzbunkersysteme etwa, die als eine Art Arche-Noah-Ersatz einzelnen Menschen ein Überleben im Atomkrieg gewährleisten sollen, ist nirgends die Rede, obwohl diese Idee quasi der direkten Lehre entspräche, die man diesem Muster abgewinnen könnte. Dies macht deutlich: Die Übertragung dieser ‚von Anbeginn' praktizierten, auf dem Bikini-Atoll wiederholten und nunmehr auch posthuman bestätigten tierisch-instinkthaften Problemlösung auf die menschlichen Verhältnisse ist weniger eine Lösung als der Kern des gemeinten Problems! Die Rättin taugt als letzte ‚tierische Erzieherin des Menschengeschlechtes' überhaupt nicht: Dieses Sich-Eingraben ist vor allem instinkt- und eben nicht vernunftgeleitetes Rückzugsverhalten; in seiner übertragenen Form verhindert dieses Verhalten, daß Menschen in unserer von Menschen gemachten Problemsituation ‚tätig werden dagegen'. Der Versuch der ‚Alttiere', ihre Jungen in den ‚Nistkammern' vor dem Kontakt mit der komplexen Problemsituation zu schützen, ist zutiefst zwiespältig: Man lebt quasi eingeschlossen in einem ‚Wohlstandsberg', in dem man sich - wie im Schlaraffenland - ‚immer nur durchzubeißen' hat; doch auf der Gegenseite ist dies eben der ‚Müllberg', der Berg eines ‚Abfallens von wahren Worten', von dem aus die Rättin grüßen läßt. Wer in solchen instinktgeleiteten Mustern ‚Zukunft herstellen' will, leistet eben einer der ‚Zukünfte' dieser ‚Lehrerin der Instinkte' Zuträgerdienste: Die Rättin ist keine ‚Aufklärerin'; sie ist das Gegenteil, ist ein Sprachrohr der ‚selbstverschuldeten Unmündigkeiten' in unserer Problemlage.

Ähnlich krude sind auch ihre anderen „Lektionen" aus posthumaner Zeit und das, was jeweils im Buch daraus wird: So wird etwa eine Lektion zum Komplex „Wir vererben das Wissen" vollends zum Irrationalismus-Programm. [29] In dieser Lektion der Rättin läßt ihr Erfinder eben diese ‚Preiswürdigkeit des Vorurteils' - etwa im ironischen Plädoyer für den Ratten-Nobelpreis ausgerechnet „für Verdienste auf dem Gebiet der Gen-

---

[28] Es ist auch nicht gerade sehr sinnvoll, wenn der Ich-Erzähler in dieser Geschichte, in der „die Nebenbeschäftigung Rattenfängerei" (VII,370) augenscheinlich Zutat ist, erst einmal Ost-Besiedlungsgeschichte mit einem ‚Werber' anbietet, die die Brüder Grimm für wahrscheinlich hielten, dann der Leibniz'schen Deutung eines verspäteten Kinderkreuzzuges widerspricht, und sich schließlich - aus Anlaß eines Punker-Zwischenfalls anläßlich der 700-Jahr-Feier in Hameln - zu einer Art Ur-Geschichte der Punk-Bewegung versteigt, in der er die Ratten in Analogie zu heutigen Punks in diese bereits anderweitig besetzte Lücke ‚einfügt'. Vor allem das Ziel dieser Zutat sollte suspekt sein: der Ich-Erzähler gewinnt hier eine zusätzliche sozusagen spätgotische Genealogie des ‚herrlichen Rattenmenschen' (vgl. VII, 398ff.), der er dabei - quasi doppelt gefälscht - auf Malskats Bildern zu und aus dieser Zeit - etwa den „Drolerien der Fabelfenster" nachgehen kann (vgl. VII,400).

[29] In einem Satz wie „Wir wissen schon, kaum geworfen, was wissenswert ist und geben Wissensgut weiter von Wurf zu Wurf." (vgl. VII,167) kann man zum Beispiel jene mystische Qualität der ‚Hellhörigkeit von Geburt an' wiedererkennen, die Oskar Matzerath sich selbst zuschrieb - und die sein Erfinder von seinen eigenen Anfängen an in ihm bekämpfen wollte. Oskar ist - im umgekehrten Sinne ein Wunsch-Produkt schmerzfreier ‚Vergangenheitsbewältigung', ein Zwitterprodukt aus dem Wunsch nach Machtlosigkeit - gegen Hitler etwa konnte man wie ein permanent Dreijähriger nichts tun - und dem Wunsch nach absoluter Kritikfähigkeit auch in einem Alter, in dem ‚man' von der nationalsozialistischen Idee begeistert und ‚verführt' war.

Forschung"[30] - in eine deutliche Spottgeburt, die der ‚herrlichen Rattenmenschen' einmünden.

4. Noahs Wort und das „wahre Wort"

Zugleich ist sie jedoch eine Projektionsfigur für ein ‚auktoriales Wissen', also ein Wissen des Autors, das über solche Filterfiguren einschließlich des Ich-Erzählers einige ironische Brüche erfährt. In diesem Sinne wird - bevor es ‚um das wahre Wort' gehen kann - eine Allwissensanmaßung dieser Göttin des Müllbergs, des Berges des ‚Abfallens vom wahren Wort', vorausgeschickt, die in Sätzen wie den folgenden gipfelt:

> Klugscheißerei und Kirchenlatein. Unsereins ist fett davon, hat sich durchgefressen bis zur Gelehrsamkeit. (...) Von d'Alembert bis Diderot, es ist uns alles bekannt: die heilige Aufklärung und der Erkenntnisekel danach. Jede Ausscheidung menschlicher Vernunft. (...) Von Anbeginn aufgeklärt, waren uns Abhandlungen und Traktate, Exkurse und Thesen neunmalklug kurzweilig. (vgl. VII,21)

Es ist schon eine seltsame Art von ‚Gelehrsamkeit', die durch das simple Fressen von Büchern entsteht! Das hier auch am Wort „Leseratte" propagierte Gegenbild zu einer universalen ‚Gelehrsamkeit' und die ihm zugrundegelegte Metapher, daß die tierische Gattung den Mist, ‚die Klugscheißerei' und die ‚Vernunft-Ausscheidungen' der höheren frißt und dadurch paradoxerweise sogar ‚klüger' geworden sein soll als die Vernunftbegabten, hat eine echt einfache Basis: Was Menschen der Erde und der Natur antun, was sie ihr hinterlassen, ist ihr Mist, ihr Abfall; die Ratten beißen sich seit eh und je dort durch. Die Übertragung dieses Bildes auf den Vernunftmüll basiert eben auf der einfachen Tatsache: Dieser Gattung wird ihr Nicht-Wissen und ihre Instinkte ausreichen, um zu überleben. Wenn man so will, wäre dieses Müll-Bild des Lesens und der Wissensaneignung die letzte Stufe einer Dialektik der Aufklärung, jenes Wechselspiels zwischen der ‚heiligen Aufklärung und dem Erkenntnisekel danach'.

Für die Rättin selbst jedoch ist dieses Bild völlig falsch: In ihrem Allwissensanspruch durch Bücherfressen entsteht lediglich eine weitere Hybris-Variante. Sie setzt sich, als es ihr um „das wahre Wort" geht, als es um ihre am Ende des Buches zu potentiellem Scheitern verurteilte Lehre aus der Sintflutgeschichte geht, an Gottes Stelle. Und auch von der „Erziehung des Menschengeschlechtes" ist wieder die Rede:

> Ach, euer Denkschweiß und Tintenfluß! Wieviel Papier wurde geschwärzt, die Erziehung des Menschengeschlechtes zu fördern! Streitschriften und Manifeste. (...) So viel Besserwissen. Nichts war dem Menschen zweifelsfrei. Jedem Wort sieben dagegengesetzt. (...) Besonders liebten wir ihren theologischen Hader. Man konnte die Bibel ja in der Tat so oder so lesen. (VII,21)

Man kann auch Lessings „Erziehung des Menschengeschlechtes" ‚in der Tat so oder so lesen': Wer ausgerechnet bei diesem Text bedauert, daß ‚nichts dem Menschen zweifelsfrei' und ‚jedem Wort sieben dagegengesetzt' werden, hat ihn nicht verstanden. Eben weil Zweifel an einer positiven Begründung von Religionen und Ideologien nicht ausgeräumt werden können, weil die Suche nach den Anfängen jeweils zu einem Begründungsregreß führt, versuchte Lessing doch, einen Konsens ‚in der Tat' herbeizuführen, alle möglichen Moral- und Ethik-Systeme an den Taten zu messen, die in ihrem Namen

---

[30] Die Rede im Buch scheint geboren aus dem Ärger über den Titanic-Spruch - „Gebt dem Mann den Nobelpreis, damit er endlich die Schnauze hält!" - und dem Gedanken, daß eher eine Ratte den Nobelpreis für Gen-Technik erhält als Grass den für Literatur.

ausgeübt werden: Das Ziel heißt bekanntlich „Das Gute tun, weil es das Gute ist." Wenn man die Bibel ‚tatsächlich' ‚so oder so lesen kann', kann es nicht darum gehen, welche Lesart denn die richtige sei: Es kommt darauf an, wie man sie jeweils ‚in der Tat', in den eigenen Aktionen, liest. Dieser Satz gilt also mutatis mutandis für unsere neue ‚nüchterne Offenbarung', etwa für die Prognosen des Club of Rome oder anderer: Wie werden sie als Basis von Taten gelesen?

Dieser Satz ist also doppeldeutig; genau darum, um ein Muster, wie die Sintflutgeschichte ‚von Anbeginn' in der jeweiligen Tat gelesen wird, geht es der Rättin in ihren widersprüchlichen Verfahren ihrer Bibelfälschung. Denn „in der Tat", in einer Legitimationsfunktion für Sintfluten und Revolutionen einer Geschichte der ‚Täter', scheint die „So oder So"-Lesart zu dieser Geschichte eines göttlichen Ur-Fehlers nur zu einem Wiederholungszwang zu führen: Die Menschen „machten wahr ihres Vaters Wort" (vgl. VII,22); es ist gerade so, als ob es den göttlichen Auftrag gäbe, den Allmachts-Fehler in der jeweils verbleibenden Ewigkeit auf ewig zu wiederholen, gerade so, als stünde dies als ‚wahres Wort' in der Bibel. Es gibt also jeweils eine ‚Lesart vor der Tat' mit Allmachtsansprüchen strafender Gottmenschen und eine ‚Lesart nach der Tat', in der ein barmherziger Gottmensch immer nur als Schadensbegrenzer zum vorigen Allmachtsstümper entdeckt wird: Er soll verhindert haben, daß eine gelingende Sintflut den totalen ‚Abfall' vom Nächstenliebeprogramm erreicht hätte. Alle Zweifel in den jeweiligen Versuchen, einen erhaltenswerten ‚Anfang' zu finden scheinen ausgesetzt: Nur ‚das Nichts', das ‚der verderbten Menschheit zahlreichem Rest' damit jeweils verordnet wurde, schien den jeweiligen ‚Besserwissern in der Tat' ‚zweifelsfrei'. Es ist gerade so, als stünde ‚in der Tat' nicht geschrieben, daß schon ‚am Anfang das Verbot' der Sintflut-Lösungen stand – und daß wir ‚tätig werden müssen dagegen'.

Auch die Rättin, die alles Wissen gefressen haben will, wird diese dialektisch-'dreistöckige' Lesart der Bibel, die wohl als Verlängerung der Lessing'schen Muster tatsächlich neu ist, nicht entdecken; sie ‚schiebt sie nur in den Traum' des Ich-Erzählers, der sie ebenfalls nicht so recht in die Wachwelt hinüberretten kann: ein Fehler mit Folgen.

Und immer ging es um das wahre Wort. Natürlich war bald und schon wieder von Noah die Rede; sie schob mir die Arche dreistöckig, wie Gott sie gefordert hatte, in meinen Traum. (VII,21)

Zunächst einmal nimmt dieser Hinweis auf die „Dreistöckigkeit" der Arche lediglich Bezug auf die Bauvorschriften Gottes zur Arche (vgl. Genesis 6.16), die in der Bibel wohl nur Kolorit-Charakter haben. Doch weil es andererseits eine Fülle solcher ‚dreistöckigen Bilder' in der „Rättin" gibt [31] und weil das ‚wahre Wort' in der Formel

---

[31] Als Beispiele seien hier nur genannt: die falsche Trinität aus der ‚ledern geschrumpften Anna Koljaiczek' mit dem ‚Enkelsohn Oskar' und dem ‚überm Altar hängenden Kreuz', das ‚von schwellenden Fruchtkörben dergestalt überwuchert war, daß der genagelte Menschensohn nur noch geahnt werden konnte' (vgl. VII,345) und die Passagen, in den „Ratte, Vogel und Sonnenblume ein Bild ergeben" (vgl. VII,304 ff). Es ist in diesem Kontext nicht möglich, diese Bilder etwa im Hinblick auf das Christus-Bild einer ‚Erlösung durch Tätigwerden' aufzulösen. Die Erklärung solcher Bilder muß hier schon aus Platzgründen im Zustand der Paraphrase verbleiben: sie hat lediglich die Funktion, diesen goldgräbernden Umgang mit Grass-Texten zu rechtfertigen. Das Wort von der ‚Dreistöckigkeit der Arche' ist ebensowenig bloßes Kolorit wie etwa jene den Tatsachen entsprechende Situierung des Regenbogen-Erlöserbildes, des Ausgangspunktes unserer Überlegungen, im „romanischen Mittelschiffgewölbe des dreischiffigen Doms" zu Schleswig an der Schlei, des Ausgangspunktes dieser Interpretation.

„Am Anfang war das Verbot" als eine Forderung an die Menschen verborgen ist, kann auch diese ‚geoffenbarte' Forderung als Stilmittel interpretiert werden.

Der hier nun schon häufiger angesprochene Bezug zum griechischen Wort „arche" ist nicht etymologisch zu sehen. Das biblische Wort Arche kommt von lat. „arca", der Kasten. Luther verwendet in seiner Übersetzung nur das Wort Kasten; in der „Rättin" werden beide Bezeichnungen betont voneinander abgesetzt. Verschiedene plump wirkende Verbindungen wie „unterm Kastentor" (Vgl. VII,22) legen hier stilistische Absichten nahe. Ein Wechsel zwischen beiden Bezeichnungen erklärt sich nicht aus einem sprachlichen Variationsprinzip. Dabei bestimmt eine Konnotation der ‚Rückbesinnung auf den Ursprung' die Wahl der Bezeichnung Arche, während das Wort Kasten die Konnotation ‚von Menschen hergestellt' aufweist, eine Konnotation, die in den Zusammenhängen eines menschlichen ‚Abfalls' von einem wahren Wort, von einem ‚dreistöckigen Programm' der Suche nach dem Ursprung und dem daraus gefolgerten Lernen aus Fehlern der Geschichte(n) recht wichtig wird. Noah macht „seine Arche", seine Suche nach dem Ursprung, „zum Zoo" (vgl. VII,9); wie „ein Zirkusdirektor genoß er seine Menagerie", (VII,22). Dabei wollte er ‚von unsereins Wesen kein Paar, nicht Ratz und Rättlin in seinen Kasten nehmen' (VII,9). Dieses Grundmuster, dieser ‚Arche'-typ, der wie beim ‚eingeborenen Ekel' ‚eingeborenen Suche nach dem Ursprung', wird abgesetzt von dem, was Menschen daraus machen, vom Kasten des Verbots. Doch Grass verwendet das Wort Arche auch in Sätzen wie:

> Worauf er Regen machte, der vierzig Tage und Nächte fiel, bis alles mit Wasser bedeckt war, das einzig die Arche und deren Inhalt trug. (VII,9)

oder:

> Doch als die Arche breit und platt auf dem Gebirge Ararat Grund gefunden hatte, war das Gelände ringsum schon eingenommen von uns; denn nicht in Gottes Hand, wohl aber in unterirdischen Gängen, die wir (...) (VII,10)

Müßte er hier nicht vom Kasten, von jener Suche nach dem Ursprung, die Noah zum persönlichen Zoo gemacht hatte, sprechen. In beiden Fällen geht es um das Überleben der Ratten trotz Noahs Zoo, in beiden Fällen ist der erhaltenswerte Ursprungskern nicht von Menschen ‚herstellbar', nicht in einen „Kasten" zu sperren: Das „Wasser, das die Arche und deren Inhalt trug", entspricht der „Gotteshand", die neben der Arche-Besatzung auch die Ratten wundersam rettete, hier geht der Begriff Arche deutlich über den selbstgezimmerten Kasten hinaus; im zweiten Falle geht es um ein ‚Überleben durch Grund finden', das ebenfalls Noahs Grund findenden Kasten übersteigt: Die Ratten, die in unterirdischen Gängen graben, ‚suchen Grund', suchen ihren Ursprung. Insofern ist die in den luftigen Höhen des Ararat Grund findende Arche Noah eine Parallele zum Überleben in Gottes Hand. Nach der Sintflut kann Noah nicht verhindern, daß auch

---

Auch der Dialektik-Begriff, der hier zur Bild-Erklärung heranzuziehen wäre, ist nicht ganz unproblematisch: man sollte sich stets vor Augen halten, daß dieser Begriff mit einem ‚absurden Geschichtsbild' und den Taten eines ‚Sisyphos' kompatibel zu halten wäre: eine ‚Dialektik in der Tat', etwa im Sinne jener Konstruktionen um eine ‚dialektischen und einen historischen Materialismus' Marxscher Prägung wird man bei Grass vergeblich suchen; die im Dreischritt stattfindende kontinuierliche Entwicklung hin zur ‚Diktatur des Proletariats' ist in diesem Sinne ein Denkfehler, der daraus resultiert, daß eine individuelle Dialektik oder einfach formuliert: ein individuelles Lernen aus Fehlern, auf den Geschichtsverlauf projiziert wurde.

Ratten seinen „Kasten" besetzen: Der „von Jugend an" böse Noah ist schließlich auch darin (vgl. VII,10).

Deutlicher wird dieser Bezeichnungswechsel im Wiederaufgreifen der Geschichte: Gott fordert „die Arche dreistöckig". Noah jedoch besetzt nur einen „Kasten aus Tannenholz". Ausdrücklich beruft sich die Rättin hier darauf, daß ihr Geschlecht in einer ‚dreistöckigen Arche' nach Gottes Forderung hätte vertreten sein müssen.

> Ja! rief sie, er hätte uns aufnehmen müssen in seinen Kasten aus Tannenholz. Im ersten Buch Moses stand nichts geschrieben von: Ratten raus! Es durfte sogar die Schlange, von der gedruckt zu lesen stand, sie sei verflucht (...) in den hölzernen Kasten. Warum wir nicht? Beschiß war das! Wir legten Einspruch ein, immer wieder. (VII,22)

Die seltsamen Zeitverhältnisse in dieser Offenbarungs- oder Projektionsgeschichte lassen sich auflösen durch den Rekurs auf eine überzeitliche Gültigkeit des ‚dreistöckigen Wortes', das - anstelle des von Noah ausgesprochenen „Verbots" als ein eingeborenes Verbot der von Menschen gemachten Sintflut-Lösung bereits „am Anfang" war. Die ‚allwissende' Rättin argumentiert hier zumindest auf zwei zeitlichen Ebenen. Noah konnte das Buch Moses natürlich nicht kennen, erst recht nicht in einer gedruckten Form. Wenn die Ratten „Einspruch einlegten", so suggeriert die Wortwahl, daß sie sich Noah gegenüber auf eine gedruckte Offenbarung, ein schriftlich fixiertes „wahres Wort" berufen haben wollen, daß es ‚damals' nicht gegeben haben kann. Wenn sie diesen Einspruch „immer wieder" eingelegt haben wollen, der Ich-Erzähler dann aber in „traumgerecht fließenden Bildern" (vgl. VII,22) einlöst, daß dieser Einspruch jeweils in sprachloser Form erhoben wurde, daß er sich nur in den vielen vergeblichen Versuchen der in einem „Ratten raus"-Programm ausgeschlossenen, auch zu diesem erhaltenswerten Ursprungskern der Arche zu gehören, einlösen läßt, dann wechselt auch die Zeitebene „traumgerecht fließend" zu einer überzeitlichen Gültigkeit, zu einer Ebene des „Immer wieder": Es sind die stummbleibenden Appelle an das Mitleid, die Barmherzigkeit der harthörigen und unbarmherzigen Arche-Verwalter. ‚Gute Menschen' - und als solche verstanden sich diese einzig erhaltenswerten Ekeltiere dieser Arche - hätten diesen ‚Einspruch' verstanden, auch ohne daß er geoffenbart als „wahres Wort" vorlag, auch ohne daß er sprachlich gefaßt war. All dies war als Formulierung einer ‚eingeborenen Suche nach dem Ursprung' ebenso unnötig, wie die abenteuerliche zeitenübergreifende Allwissenheitskonstruktion durch Bücher-Fressen, die es der Rättin hier gestattet, ‚ihren Einspruch', ihren wenn schon, dann instinktgeleiteten Appell an den Liebe-Geist eines noch nicht formulierten ‚wahren Wortes' als eine Berufung auf den ‚Buchstaben' des noch nicht fixierten Wortes zu deuten.

Nicht einmal diese Fixierung und die Berufung auf den Buchstaben des wahren Worte hätten hier - in dieser natürlich erfundenen Geschichte - helfen können: Denn „es gab von Anbeginn Abfall genug". Auch die Bezugnahme aufs geschriebene Wort hat ihre zwei Seiten. Die Negativseite erscheint hier in einem noch hausbackenen Reflex einer Bürokratisierung solcher „Ratten raus"-Bewegungen, in denen durch Schriftlichkeit nur größere Dimensionen des Zerstörungspotentials solcher Bewegungen erreicht werden. Diese Seite ergänzt komplementär die Bemühungen, durch ‚geschwärztes Papier' „die Erziehung des Menschengeschlechtes zu fördern" (vgl. VII,21). „Traumgerecht fließend" erscheint Noah dann als die ‚Tontafelversion' (vgl. VII,22) der Schreibtischtäter, die sich ihre angeblich von Gott umfassend geforderten „Strichliste" selbst schrieben [32]. Seine Söhne sind in dieser Sichtweise der Verantwortungsteilung erste Befehlsempfänger, sind in diesem Verbrechen gegen Ratten die ‚Tontafelversion' etwa jener sich aufs ‚geschriebene Befehlswort' berufenden SS-Schergen, die in ihren Strichlisten das Wort von der Vernichtungswürdigkeit der Juden ‚in der Tat' ‚wahr machten'. Auch sie „machten wahr ihres Vaters Wort"; nicht das ihres ‚göttlichen Vaters', sondern das Wort, das in einer menschlichen Vaterfigur mit Allmachtsanspruch ‚an seine Stelle' trat.

Wenn Gott die „dreistöckige Arche" wollte, so sollte die „Suche nach dem Ursprung", die immer im Zusammenhang mit der Jetztzeit und der Zukunft steht, auch „dreistöckig" sein. Noahs „Abfall" manifestiert sich auch im Zeitenmodell seines Sintflutdenkens: Eine zeitlich rückwärts gerichtete „Fälschung", eine Idealisierung des Ursprungs, läßt die Jetztzeit als eine „abgefallene" Zeit sehen, um in der Zukunft diesen idealisierten Ursprung wiederherstellen zu können. Für die Gegenwart eines solchen Denkens gilt das „Verbot", Ratten raus! Noah macht aus einer „dreistöckigen Arche" einen „Kasten" des Verbotes.

> Worauf ich auf traumgerecht fließenden Bildern ansehen mußte, wie Noah sieben Paare (..) in die mehrstöckige Arche führen ließ. (...) Alles stampfte, trabte, (...) ringelte sich hinein. (VII,22)

Diese Stelle im Kontext des „Einspruchs", den die Ratten gegen Noahs Besetzung des hölzernen Kastens eingelegt haben wollen, läßt sich unter solchen Zeitverhältnissen einer ‚Vergegenkunft' genauer untersuchen. Noah „ließ" Tiere in „die mehrstöckige Arche" führen, er veranlaßte „wie ein Zirkusdirektor", daß sich diese Arche füllte. Durch den Kontext, vor allem durch die Überlebensversionen der Rättin, wird jedoch nahegelegt, daß dieses ‚Veranlassen' eher ein ‚Zulassen' ist. Diese Arten folgen einer Dynamik des Selbsterhaltungstriebs, den Noah einschränkt: Er nimmt den „Einspruch" der Ratten nicht wahr, merkt nicht, daß die „Arche" sich einer eigenen Dynamik entsprechend füllen würde, weil er als „Zoodirektor" nur eine Auslese treffen will, und „stumm und verkniffen unterm Kastentor seine Strichliste" führte. Auch der letzte Beleg des Wortes „Arche" weist diese Bedeutung auf:

> Und hätte nicht, sagte die Rättin, während die Arche sich zusehends füllte, Gottes Hand uns aufgehoben, nein, noch sicherer: hätten wir uns nicht eingegraben, unsere Tiefgänge gepfropft und die Nistkammern zu rettenden Luftblasen gemacht - es gäbe uns heute nicht. Nennenswert wäre niemand zur Stelle, dem es gelingen könnte, das Menschengeschlecht zu überleben. (VII,23)

Weil die Arche sich der Eigendynamik der Selbsterhaltung des Lebens folgend füllt, passiert gleichzeitig die Rettung auf Gottes Hand - passiert dieses Wunder des Überlebens der Opfer, ganz gleich ob in ‚himmlischer' oder in ‚unterirdischer' Form. Dieses Überleben läßt sich im basisfiktionalen Teil vergleichsweise eindeutig auf ein Funktionieren sozialerRatteninstinkte zurückführen, durch die Doppeldeutigkeit des Wortes ‚Tiefgang' erhält diese Passage aber auch eine metaphorische, auf den Menschen bezogene Bedeutung.

---

[32] Wie fern lag mir diese Geschichte, als es in jüngster Vergangenheit auch hier hieß: „Das Boot ist voll!" - und die ‚Strichlisten' entsprechend umgeschrieben wurden.

Was die Ratten im buchstäblichen müßten die Menschen im übertragenen Sinne leisten; wenn man so will, schlug bereits Lessing dies vor. Die Suche nach der ‚Arche', die Begründung einer Ethik in den Traditionen der Vorzeit, hatte Legitimationsfunktion in diversen Glaubenskriegen, Legitimationsfunktion für jene Aufteilung in einen erhaltenswerten ‚Kern' und jenen ‚zahlreichen Rest der verderbten Menschheit': Diese Art der „Tiefgänge" muß „gepfropft" werden. Das muß ‚gesperrt', verhindert werden: „Nistkammern", - wenn man so will, das, was von der Erde als Lebensraum für die Menschen noch übrig ist - sind „zu rettenden Luftblasen" zu machen. Lessing schlug genau dies vor: Der ‚Gang in die Tiefe', die Suche nach dem Ursprung trägt in diesem Ziel, „das Gute zu tun, weil es das Gute ist", nunmehr ein ‚veredelndes Pfropfreis'. Auch in diesem ‚Vor-Wort zum Sonntag der Weltzerstörung' ist ja ein ‚Wort zum Sonntag' wie vergraben: Das Wort heißt „tun"!

VI. Fontys Antwort

Interpretationsskizzen zu „Ein weites Feld" als meinem Schlüsselroman

1. Für alle und einen? Ein Leser als direkter Ko-Produzent?

Wir nennen uns einen Grass-Experten; doch leider sind da nur wenige, die unser antiquiertes akademisches Wir zu einem zeitgemäß wirklichen machen könnten. Ist das ein erster Satz für eine literaturwissenschaftliche Untersuchung, so vorläufig sie auch sein mag? Für diese wohl schon: Es geht um entfernte Ähnlichkeiten dieses Erstsatzes mit dem ersten Satz in „Ein weites Feld". Dieser Roman ist - neben dem, was er für andere Leser ist - mein Schlüsselroman. Was heißt das?

Im recht üppig geratenen Vorwort, der interpretatorischen Standortbestimmung zu dieser Aufsatzsammlung, wurde jene vom Autor behauptete Tendenz erörtert, daß das Sekundäre sich vor das Primäre geschoben habe und Verkörperung eines Problemverdrängungszeitgeistes der neunziger Jahre sei. Die daraus abgeleitete Konsequenz, daß dieses Thema nach der ihm zukommenden Literatur verlange, wurde – weitgehend theoretisch – postuliert. Hier soll nun „Ein weites Feld" unter dem Aspekt untersucht werden, daß dieser Roman ein Problemformulierungsmuster für eben dieses Problem ist.

Vor diesem Problemhintergrund läßt sich eine ironisch gemeinte Kernstruktur von „Ein weites Feld" in einem Satz zusammenfassen: Der Autor Grass erfand – hauptsächlich - einen Fonty zu Fontane, doch er meint – ebenso hauptsächlich - einen Grassy zu Grass. Im Sinne dieser Viererkonstellation, die an Goethes ‚Wahlverwandtschaften' erinnert, ist der Roman ‚aufzuschließen'; zwei dieser Positionen sind Leerstellen. Gespiegelt wird diese Viererkonstellation in der basisfiktionalen Frage, wer wen und warum verfolgt, und was dies mit dem Komplex Literatur und Leben in der Fontane-Geschichte und der Geschichte des 19. Jahrhunderts wie mit der Geschichte der deutschen Einheit aus der Gegenwart zu tun hat: Wo ein Tallhover Fontane verfolgt haben soll, verfolgt dessen Nachlebender Hoftaller dessen Double Fonty, einen politisch doch recht uninteressanten Aktenboten; wo Fontanes Leben als Grundlage seiner Literatur und eben auch als partielles Resultat solcher Verfolgungen oder Verfolgungsängste dem ‚Wir vom Archiv' zum historischen Gegenstand wird, wird Fontys Leben diesem Wir zu einem direkt beobachtbaren Spiegel dieser vorgegebenen Beziehung zwischen Literatur und Leben. Was Fonty dazu an – sekundärer – Literatur (oder Äußerung) produziert, wird über diese Verschachtelung der Verfolger-Positionen und die Beziehung zur Gegenwart, in der Literatur und Leben aus anderen Gründen, doch durchaus vergleichbar divergieren, eher Fehlerquelle als Aufklärungsmittel. Zwar gibt es, als By-Product, das zu verbergen Fonty ebenso bemüht war, wie Fontane und seine Familie es in seiner Zeit verbergen mußte und wollte, neue Erkenntnisse zur Fontane'schen Biographie und ihrer Rolle in seinem Schreiben: Doch diese Erkenntnisse verdanken sich vor allem Hoftaller und dessen Recherchen und Spitzeleien. Andererseits sind Fontys ‚bewußte' Reproduktionen Fontanes beinahe das Letzte, was man diesem Schriftsteller in diesem Felde antun dürfte, etwa dann, wenn der Nachlebende im Fieberwahn die Fontanesche Literatur in eigene Geschichten mit den bisweilen so nahe liegenden Happy-Endings verfälscht.

Im ‚weiten Feld' ist - wie gewohnt - die Position des Autors eine Leerstelle; Grass ‚verkrümelt' sein Ich, ‚den vorlauten Burschen', in seinen Figuren. Er läßt, indem er die Fonty-Fiktion mit einem fiktionalen Umfeld von Figuren, Zeiten und Orten der Erzählgegenwart ausstattet, eine ‚Summe von Figuren' entstehen, die das Autoren-Ich in seiner Gesellschaft meint. Doch die Fonty-Fiktion ist eben zuvörderst ein Sekundärphänomen zu Fontane; und diese Fiktion will in der Prämisse, daß der Produzent Grass ein Rezipient Fontanes ist, nicht aufgehen. Auf der Sekundärseite zu seiner Autorenposition schafft Grass hier eine andere Leerstelle, eine Leerstelle für ‚den Leser', eine auch mit einem –h zu schreibende Lehrstelle, in die ein anderes Ich, das einstweilen den allzu ‚vorlauten Burschen' abgeben müßte, sich hineinschreiben kann – und soll.

Die direkte Beobachtbarkeit, ja Verfolgung, des Nachlebenden wäre hier eben auch direkt einzusetzen: Diesem Ich – mir also - sind ‚Krümel' eingestreut, Realitätspartikel aus seinem – meinem - Leben, in denen es sich – ich mich -‚verkrümelt' hat, ‚verkrümelt' habe. Als verkrachter Grass-Spezialist, dessen Leben zunächst wie zufällig an solche Erzählverhältnisse heranreicht, stehe ich hier vor einer Grundsatz-Entscheidung. Da ich das in dieser oder jener Form im ‚weiten Feld' als gegeben zu betrachtende Problem vom ‚Verlust' der Lesekultur oder das Problem, daß das Sekundäre sich vor das Primäre geschoben habe, einstweilen noch fern vom Text und theoretisch als Hintergrund betrachte, sind die Parallelen zu meinem Leben zunächst ja eher nur mögliche Parallelen: Doch sobald ich in den Text hineingehe, wird diese heuristische Struktur, die Annahme, daß solche Parallelen jeweils von Partikel zu Partikel, aber auch von einer Text-Hauptstruktur zu nächsten, immer nur Zufall seien, für mich in einem Maße unwahrscheinlich, daß ich die andere heuristische Struktur, die Annahme, daß die Leerstelle zum ‚Nachleben' des Autors selbst, allzu konkret gefüllt ist, für des Rätsels einfachere Lösung halte. Basis meiner Argumentation ist der Text: Wer immer diese Kernthese vom Schlüsselroman für den einen Interpreten bezweifelt, möge mir – am Text – die anderen Deutungsmöglichkeiten für die jeweiligen Passagen oder Strukturen zeigen. Es genügt hier nicht, die Argumentationsform Interpretation, die ja stets ‚Übersetzungsversuch' poetisch formulierter Texte ist, etwa über Pauschalkritiken wie die einer pauschal ‚willkürlich' zu sein habenden Allegorese abzutun: Natürlich übersetze ich etwa Bilder, die auch eine andere Bedeutung haben können, etwa das des Haubentauchers: Die Frage ist dann aber, welche Bedeutung sie in diesem Kontext haben – und wie sie anders aufgehen können.

Ich gehe also davon aus, daß zunächst einmal mir, dem Stellvertreter-Leser mit dem Schlüssel für die anderen Leser, dem möglichen Vermittler solcher Komplexitäten, solche Partikel eingestreut, solche Haupt-Strukturen für einen Ich-Bildungs- oder –Rekonstruktionsprozeß vorgegeben sind. Dergleichen darf ich nun wieder zusammensetzen, am Text wie an meinem Leben orientiert, um eben das ‚Vorlaute' in diesem Prozeß einer sekundären Ergänzung des Primären, im Falle, daß dieses bestimmte Ich sich zu Wort meldet, in Grenzen zu halten: Zuallererst ist der so beschworene ‚Zauberlehrling' jemand der, bevor er ‚die Nachlebenden' – jene allgemeine Adresse einer Kunst - ‚belehren' könnte, zu lernen hätte, wie er denn nicht ‚nachlebte', wie er jene in Rilkes Gedicht vom ‚Archaischen Torso Apolls' gefaßte allgemeine Botschaft einer jeden Kunst verfehlte: „Du mußt dein Leben ändern!". Diese zweite Lücke, diese Leer- und Lehrstelle, ist das, was diese Aufsatzsammlung unmittelbar beeinflußte; das ‚weite Feld' interpretierend, komme ich nicht mehr umhin, meine unmittelbaren Motive auch für diese Arbeiten zu erklären.

„Ein weites Feld" ist demnach zumindest in einer auf mich hin konzipierten, die Leser-Leerstelle engführenden Lesart ein erneutes Grass'sches Erzählexperiment mit dem real existierenden Musterleser. Grass hat mir in diesem Buch eine direkte Wiedererkennbarkeit, ein mich direkt ansprechendes Tua res agitur, vorstrukturiert. In diesem Sinne sind die in dieser Aufsatzsammlung beschriebenen Experimente mit dem Sekundärbereich ‚Vorfeld'.

Ist all dies unwahrscheinlich? Einen vergleichbaren Versuch gab es ja schon in der Partisanenepisode der *Blechtrommel* – und wenn diese These als leidlich gesichert und einigermaßen wissenschaftlich belegt gelten kann, datiert der Komplex einer Literatur für den einen Schlüssel-Leser sozusagen ab ovo, von den Anfängen des Grass'schen Schreibens her: So neu wäre dieser Versuch mit einem bis dahin unbekannten Leser dann nicht mehr. Grass hatte dort – einer Laune folgend, einen Witz erwidernd – Reich-Ranicki in einer solch zusätzlichen Lesart direkt als Leser angesprochen. Daß eben dieser Leser später in den Augen vieler Zeitgenossen zum bundesdeutschen Musterleser schlechthin avancieren sollte, war eher Zufall. In „Aus dem Tagebuch einer Schnecke" hatte Grass sein Erzählexperiment unter mittlerweile veränderten Rahmenbedingungen wiederholt: Sowohl der Autor als auch sein Musterleser waren zu dieser Zeit bekannt und anerkannt. An recht zentraler Stelle, in den Bezügen der Geschichte Reich-Ranickis zur Hauptfigur Hermann Ott alias Zweifel könnte - und sollte - dieser angesprochene und mittlerweile in hohem Maße repräsentative ‚Musterleser' das Buch ergänzen. Reich-Ranicki lehnte diese Form einer Ko-Produktion bisher jedoch ab. Daß nun aber ausgerechnet dieser Kritiker in den neunziger Jahren auch in hohem Maße für die Literaturbetriebsanteile an jenem Zeitgeiste steht, demzufolge das Sekundäre sich vor das Primäre geschoben habe, konnte Grass in beiden Bezugnahmeversuchen nicht wissen. Mittlerweile bezeichnet er ihn nur noch als ‚Westentaschenausgabe von Lukács, die sich sogar im Fernsehen breitmacht'[1]: Denn gerade in Reich-Ranickis Lesen haben jene frühen Ansätze, von denen Grass wünschte, daß sie ‚Schule' machten, eben nicht Schule gemacht. Weder kann die Rede davon sein, daß er sich ständig selbst unterwandere, noch davon, daß Reich-Ranicki ein Grass'scher ‚Parteigänger' sei. Die direkte Wiedererkennbarkeit hatte Grass in der *Blechtrommel* auf eine Episode begrenzt und erst von dieser Episode her auf eine Interpretationstheorie hin konzipiert; im ‚Tagebuch' hatte er sie ausgeweitet und den Betreffenden wie die anderen Leser direkt darauf aufmerksam gemacht: Reich-Ranicki als Opfer deutscher Verfolgung hätte durchaus das besondere Gespür für diesen Zugang zu den Schuld- und Schamgefühlen der Opfer finden können, die die Täter und ihre Lügen in sehr viel höherem Maße bloßstellen.

---

[1] Vgl. Grass-Zimmermann: Vom Abenteuer der Aufklärung. Göttingen 1999, S.11.

In „Ein weites Feld" geschah, meiner Kernthese vom Schlüsselroman für den einen Interpreten nach, Ähnliches: Es gibt ein eigens für mich, den unbekannten und weitgehend nur in seinem still gebliebenen Kämmerlein werkelnden Grass-Forscher angelegtes Zentrum dieses Buchs, eine indirekte, nicht explizit Bezug auf mich nehmende Wiedererkennbarkeit in diesem Buch. Dieses Zentrum ist ohne meine Antwort kaum verstehbar; und es mutet mir, sozusagen: dem neuen Partisanen oder Nicht-Partisanen, auch einiges an Selbstunterwanderungsfähigkeiten zu. Der ‚Zauberlehrling', den er so rief, ist – des erwartbaren Geister-Chaos wegen, daß der Betreffende in seinem Größenwahn anstiften könnte – allerdings auch zu fürchten; für den Fall, daß er sich eine Karriere als erneute Westentaschenausgabe jener Westentaschenausgabe von Lukács erträumt, eine Karriere, die das Problem, daß das Sekundäre sich vor das Primäre geschoben hat, verstärkt, statt es zu verdeutlichen, streut das Buch ihm – warnend – einen ersten Krümel hin, den zu übersehen er sich fortan hüten sollte:

> Und als ihm sicher zu sein schien, daß er uns zum Modell wurde, rief er:»Wäre ridikül, mich als >heiter darüberstehend< zu porträtieren!« (WF, S.10)

Neu ist dieses Erzählexperiment wohl schon – wenn auch nicht ganz neu! Verrückt klingt es, riecht nach dem Größenwahn eines sich in seiner monomanen Beschäftigung mit dem einen Autor verstiegen habenden Interpreten: Ich hoffe, es klingt auf dieser Basis nicht mehr ganz so verrückt! Der Leser war schon immer ein Re-Produzent und ein Ko-Produzent des Autors; der Autor stiftet im Buch sozusagen nur das Formular, in das der Leser im Akt des Lesens seine Vorstellungen - etwa zu den erfundenen Figuren, Orten und Zeiten - ebenso ‚einschreibt', wie er sein Wissen um die Wirklichkeiten, auf die der Autor sich in seiner Fiktion bezieht, einbringt[2]. Grass betonte diese Ko-Produzenten-Rolle gerade im Umfeld des Erscheinens des ‚weiten Feldes'[3].

Eine Schlüssel-Literatur in einem allgemeinen Sinne kehrt dieses Verhältnis von Wirklichkeitswissen und Fiktion partiell um: Effi Briest, Fontanes ‚Tochter der Lüfte', bleibt zwar auch dann ein ‚Luftprodukt', eine fiktionale Figur, wenn man den im Hintergrund stehenden Fall der Elisabeth von Ardenne kennt, der für diese Figur als Modell herangezogen wurde; doch mit einem solchen Wirklichkeitswissen wird der Fiktionalisierungsprozeß teilweise stärker mit Wirklichkeit beschwert: Was zugrundelag, war

---

[2] Meine – wenigen - Erfahrungen mit einer Verleger-Suche für dieses Buch sind in dieser Form bezeichnend: Einerseits, sozusagen solange ein Mißverstehen dieses Ansetzens in der Form bestand, daß ich als Interpret eine Art ‚allgemeine Koproduktion', ein allgemeines Sich-Einbringen des Lesers und seiner Erfahrungen versuchte, war man durchaus geneigt zuzuhören, da ein solch ‚applizierendes' Textverständnis – das ich für eher unwissenschaftlich halte – durchaus ein stets vorhandenes Bedürfnis nach einem Ins Leben Bringen von Literatur bedient. Doch Aussagen zur Literatur müssen falsifizierbar sein und bleiben: Mit meinen Mutmaßungen bin ich in diesem Felde eben vielleicht allzu leicht falsifizierbar – etwa dann, wenn der Autor sagte, daß all dies so nicht gemeint, daß all dies tatsächlich nur Zufall gewesen sei. Das kann mir ja auch blühen; und an dieser Stelle wird das Autorenrisiko zum Teil eben auch das Risiko des Verlages, der diese potentielle Lachnummer publiziert: Sei' s drum!

[3] „Literaturkritik als >Information< könne doch nur heißen, dem >unverbildeten< Leser auch eine Lektüre >außer Rand und Band< zu ermöglichen. Das Schmökern, die Lust, der Leser als Ko-Produzent des Autors - solche Prozesse müsse die Literaturkritik sachkundig unterstützen. Sie muß vergleichen, einordnen, nach Wirkungszusammenhängen fragen zwischen Realität, literarischem Ensemble und Einzelwerk." (Grass in einem von Harro Zimmermann geführten und zusammengefaßten Interview, in: Oskar Negt (Hg.): Der Fall Fonty, l.c., S.410)

nicht nur Erfindung, sondern ein wirkliches Leben, das ‚Es war einmal' der Fiktion reproduzierte partiell das, was wirklich war. Der nach wirklichem Modell arbeitende Autor war hier, wo er ‚Produzent' schien, teilweise ‚Re-Produzent'. Und schon in Fontanes Musterfall eines Schlüsselromans geht die Schlüsselbeziehung weiter, weist in die hier eingeschlagene Richtung einer Interpretenantwort auf das verschlüsselt Dargestellte: Elisabeth von Ardenne hätte sich – zumal die Tatsache, daß sie nicht nur die fiktionale Effi, sondern auch ihren Erfinder überlebte, so betont wird - hier zu Wort melden können. Das hier anvisierte Experiment hätte insofern schon eine – nicht ausgeführte – Tradition: Schon Elisabeth von Ardenne hätte aus dieser ‚Schlüsselliteratur' den hier interessierenden, weitergehenden Sonderfall einer Schlüsselliteratur für Interpreten machen können. Sie war nicht Effi, war in einem sehr wichtigen Bereich auch nicht ‚wie Effi': Ihr ‚happy ending' als ‚starke Frau', die sich über solche irrsinnigen, von männlichem Denken geprägten Kodierungsformen einer Geschlechterbeziehungswelt in dieser Zeit hinwegsetzte, gehörte durchaus zu jenem Thema, das eine verhinderte Emanzipation der Frau – in Effi – von ihrer Gegenseite her beleuchtet und Effis Gespenster- und Konventionen-Welt aufbricht; jenes selbstbewußte Sich-zu-Wort-Melden dieser Frau wäre in diesem Themenbereich eine Krönung, eine Art ‚gesamtkunstwerkliche' Ergänzung gewesen.

Diese Sonderform verlangt dann gewissermaßen die direkte Form einer solchen Ko-Produktion: Das Modell selbst hätte zu antworten, hätte in dem, was Erfindung ist und bleibt, durch ein Wirklichkeitswissen, das nur ihm zugänglich ist, eben solche weiterführenden Bezugnahmen zu einer Wirklichkeit erklären können oder sollen. Der vormals auf Reich-Ranicki zielende Kurzschluß im Tua res agitur der Partisanen-Episode wies diesem Schlüssel-Leser innerhalb dieser Rolle des Lesers als Ko-Produzent eben diese besondere Ko-Produzenten-Rolle zu. Ohne es zu bemerken, hatte er den ‚Schlüssel', das Hintergrundwissen, zu einer besonderen Applikation und einem besonderen Referenzanspruch dieser Episode; erst seine Antwort hätte diese Kunst en detail komplettieren, den literarischen Abstraktionsprozeß verdeutlichen können. In meinem Fall sucht Grass über einen solchen Leser mit dem Schlüssel einen besonderen Zugangsweg zu den sich wissend gebenden Problemverdrängungsformen der Wissenden; ich bin nur deren neueste ‚aparte' Variante: Wieso? Und wieso und worin soll ich dann dieses Buch fortschreiben?

Nun gut: Ich kann mir einbilden, mich am intensivsten mit Grass' Werk auseinandergesetzt zu haben; andere, ein Personenkreis, der vor allem aus dem Bereich der Institutionalisierungsformen einer Grass-Forschung stammt – jener Professor Dr. Volker Neuhaus etwa, dessen Veröffentlichungen ich hier verschiedentlich, anderen Grass-Interpreten Unrecht tuend, als ‚Stand der Forschung' betrachtete, der in Köln eine Art ideelles ‚internationales Zentrum der Grass-Forschung' aufgebaut hat und sich in diesem Felde redlich bemüht - mögen mir dies bestreiten. In „Ein weites Feld" jedoch ist eine Konstruktion in höchstem Maße erklärungsbedürftig, die – so oder so - nur ironisch gemeint sein kann. Der ‚institutionalisierte' Fontane-Forschungskreis, das kleine, redlich arbeitende, von ständigen Mittelkürzungen bedrohte Fontane-Archiv geht seiner eigentlichen Arbeit nicht nach; das Archiv untersucht stattdessen einen außerhalb der Forschung stehenden Fontane-Nachlebenden und Fontane-Geheimnisträger. Man untersucht sein Leben bisweilen seinerseits mit Stasi-, Hoftaller- oder Geheimdienst-Methoden. All dies mag zwar mit dem „gewissen Detektiv-Charakter des Metiers" der Schriftstellerei (vgl. WF, S.597) zu tun haben, und solche Methoden mögen, rückgewendet auf den ‚Schriftsteller'-Detektiv Fontane auch dessen biographische ‚Leerstellen' als Motive eigenen ‚detektivischen' Schaffens beleuchten können: Hier jedoch erfolgt diese Detektiv-Arbeit zum Detektiv in jener Brechung, die über eine ‚Nachlebens-Mystik', eine geheime Wahlverwandtschaftsbeziehung zwischen dem Nachlebenden und seinem Unsterblichen als Erzählbasis gesetzt ist. In jedem Fall ist, was dieses Archiv platterdings tut, Arbeit an einer mystischen Beziehung zwischen Literatur und Leben: Zugleich jedoch ergibt diese im Kern mystisch-irrationale Beobachtung des ‚Nur-Nachlebenden' den durchaus großen Gewinn für die Wissenschaft dieser ‚irrationalen Wissenschaftler'. Fonty beobachtend, kommt man den Fontane-Geheimnissen auf die Schliche; Grass, als der im Hintergrund arbeitende Autor und Fontane-Interpret, setzt seine eigenen Interpretations-Erkenntnisse zu Fontanes Romanen auf diese fragwürdige, aus einer doppelten Negation gewonnene Basis.

Andererseits ist dieses neue Wissen zu Fontane nunmehr durchaus durch eine traditionelle Fontane-Forschung einzuholen, mit traditionellen Mitteln abzuklären: Daß es dabei gerade ein Schriftsteller war, der diese Übersetzungsform ‚aufspürte', daß gerade Grass dieses ‚Wissen' um Fontanes Umgang mit eigenen Schuld- und Scham-Motiven in dieser Übersetzung in den dazugehörenden Fiktionen aufschloß, ist dabei Resultat einer – bis dato durchaus noch geheimen – Seelenverwandtschaft: Gerade weil Grass seinerseits aus Schuld- und Schammotiven eben zum Komplex des Todes seiner Mutter heraus geschrieben hat, gerade weil dieses ‚Geheimnis' das Herz seines gesamten Schreibens ausmacht, hatte er ein Gespür dafür, wo denn Fontanes verschwiegene Motive gelegen haben könnten. Dort erst beginnt die hier eingesetzte ‚Nachlebenden'-Mystik Sinn zu machen: Denn ich träte hier als der dazugehörige Grass-Geheimnisträger auf.

Denn immerhin kenne ich – nunmehr - sein Werk bis in jenes private ‚Geheimnis' hinein, das dem ersten Aufsatz dieser Sammlung zugrundeliegt. Wie weit sich dieser Aufsatz – als eine Art Probe aufs Exempel – dann bereits wieder dem ‚weiten Feld' verdankt, werde ich unten ausführen: Dieser ‚Wissenschaftsfortschritt', den ich wiederum für einigermaßen gesichert halte, verdankt sich im Kern einem ins Blaue hinein operierenden Verdacht. Wenn Grass so sensibel für die ‚Leerstelle' im Schaffen Fontanes, für dessen Schuld- und Scham-Motive war, lag es nahe, daß auch in seinem Falle Ähnliches vorlag – und eingelöst werden mußte.

In beiden Fällen dieses Ansetzens zu zwei seelenverwandten Schriftstellern stimmt jedoch vordergründig die Richtung nicht: Der Interpret sucht dort das Private auf, wo er eigentlich das Öffentliche im Blick haben sollte. Deshalb will hier andererseits eben eine allgemeine, auf ‚das Gesellschaftliche' zielende Kernfrage in den Erzählverhältnissen des ‚weiten Feldes' beantwortet werden: Die Fonty-Fontane-Fiktion ist von der Vergangenheit, von Fontane, herkommend im ‚Modell', in Fonty, in die Erzählgegenwart verpflanzt worden; nur so gestattet sie, das ‚weite Feld' von beinahe zweihundert Jahren deutscher Geschichte ‚auszuleuchten', in übereinander gelegten Folien zu betrachten.

Das literaturwissenschaftliche Thema Fontane und das den Sekundärbereich reflektierende Thema einer in dieser Konstruktion umgesetzten ‚Selbstbeobachtung der Sekundärphänomene' ist ja jeweils nur ein Teil-Thema. Doch diese Fiktion läßt ihren wichtigsten Bezugsbereich beinahe offen, läßt hier, im ‚weiten Felde' eines Zeitbildes der Gegenwart auch die Leerstelle: Das verläßliche Bild zu dieser gegenwärtigen Zeit gibt es nicht; was ‚wir vom Archiv', die Erzählinstanz zuvörderst, was dann die Einzelfiguren, was Fonty, was Hoftaller, was das gesamte Personal des Romans zu dieser Gegenwart zu sagen hat, ist von einer sich hinter Fontane'schem Plauderton verstecken den Unzuverlässigkeit eingetrübt, die allenthalben die Widersprüche, die sich in den Einzelsichtweisen ergeben, vernebelt.

Das Gegenwärtige wird – mal so, mal so – ‚verplaudert': Doch daß da keine Widersprüche seien, ist ein ganz zentrales Mißverständnis zu diesem Plauderton, der eben diese Widersprüche benebelt. Dieses zentrale Mißverständnis zu einem ‚Plaudern nach Vorbild' muß man jener Verreißer-Kritik, die überall, in den sich nur plaudernd widersprechenden, die Widersprüche nicht ausdiskutierenden Figuren, nur das Grass'sche Sprachrohr zu seinen expositorischen Äußerungen zur deutschen Vereinigung ansetzt, entgegenhalten. Ein Nicht-Lesen-Können wird hier sozusagen zurückdatiert, wird schon zu einem Fontane-Nicht-Lesen-Können: Das eben war – sozusagen – Fontanes Masche. Ein Problem wird ‚angeplaudert', wird auf den Punkt gebracht, an dem es heikel und kontrovers werden könnte, an dem es dem, was im Gesellschaftskontext gesagt werden darf, widerspricht – und dann wird es, etwa mit „Ach, Luise, laß... Es ist ein weites Feld", liegengelassen! Briest, der exemplarische Problemverdränger in einer Gesellschaft, die sich in ihren Plaudereien die Problemverdrängungsformen einrichtete, sie zum Zeitvertreib, zum Plaudern, benutzte, hinterließ und verließ in „Effi Briest", als er mit „Ach, Luise, laß ... Das ist ein *zu* weites Feld" den Roman verließ, jenes ‚zu weite Feld', in dem nun ‚der Vorhang zu, und alle Fragen offen' sind, mit allen Anzeichen einer sehr viel tiefergehenden Betroffenheit: Der Spruch ist – in konzentrierter Form – seine Lebenslüge. Meines Wissens wird dieser Aspekt vom exemplarischen Problemverdränger in einer Gesellschaft der Problemverdrängung, den Grass im Titel hervorhob, in dieser schon von seinem ‚Modell' her ins Auge springenden Form, in den Rezensionen zu „Ein weites Feld" nirgends erklärt: Dort sieht man jeweils nur die Grass'sche Absicht, - sozusagen: wie ein vor sich hinplaudernder Briest - jenes ‚weite Feld' von zweihundert Jahren deutscher Geschichte – sozusagen: heiter darüberstehend – auszumessen und zu kommentieren; die hinter solcher Absicht vermutete auktoriale Anmaßung läßt sich, mal so, mal so, mal am dummen Hoftaller-Spruch, mal am dummen Fonty-Spruch festgemacht, dem Autor Grass, von dem sie nur auf Umwegen, die ihre Dummheit deutlich kundtun, um die Ohren schlagen... Wenn Fonty oder seine Martha der DDR heimlich ‚Tränen nachweint', dann wollen heiter darüberstehende Problemverplauderer mit deutlicher Sehnsucht nach der einfach erklärbaren Gegenwart, daß auch ein Grass dies tue, weil das jenen Punktum-Schlußsatz „Das war ihm ein zu weites Feld" deutlich erleichtert, dem die am Ende von ‚Effi Briest' angetippte Frage nach eigenen Verschuldungen wie zu einer anderen Welt gehört...

Was also hat dieses schon damals unzuverlässige Erzählen mit jenem von Reich-Ranicki so gerne beschworenen Leben oder Nicht-Leben im Hier und Heute zu tun? Diese nach Modell, etwa nach Fontane'schen Wirklichkeiten, aber auch in hohem Maße mit Wirklichkeitsbezügen zur Wendezeit, zur Zeit der Einheit arbeitende Fiktion erhebt eben in diesen Bereichen den Anspruch darauf, ‚realistisch' zu sein, vom Leser nach Maßen gemessen zu werden, die Bezüge zu seinem Wissen über Wirklichkeiten herstellen: Doch diese Fiktion ist andererseits in hohem Maße mit ‚Wundern', einem in diesem Zusammenhang sehr suspekten Fiktionenbaustoff, angereichert, bisweilen sogar betont plump angereichert: Da ‚war dann einmal', vom Autor oder den vorgeschobenen Erzählern mit der Willkür des ‚Es war einmal' eines ‚Märchenerzählers' eingefügt, etwas, von dem der Leser nicht nur weiß, daß es nicht war, sondern sogar, daß es so, in dieser plumpen Wunderform, gar nicht gewesen sein kann: Die verschiedenen Versionen der Auftritte des Aktenboten Wuttke am 4. November 1989 sind in diesem Sinne gestaltet; ohne daß die Frage erörtert wird, wer aus diesem ‚Wir vom Archiv' nun seine Version zum besten gibt, wer welcher Vorgänger- oder Nachfolgerversion widerspricht, ist das Plumpe in einem Fiktionen-Einbau in ‚die' Wirklichkeit in jeder einzelnen Version betont. Ist das, was so betont nicht war, dann das, was damals, in dieser Wirklichkeit – so oder so – fehlte? Wird der Aktenbote zum nachträglich gerufenen Götterboten des demokratischen Aufbruchs in der dann nur noch fünf Tage, bis zum Mauerfall am ominösen 9. November bestehenden DDR, zu einem ‚Hermes' mit mal so, mal so gelagerten ‚Botschaften' seines ‚Unsterblichen'? Oder wird nur wieder betont: Wäre ridikül, mich als ‚heiter darüberstehend' porträtieren zu wollen? Nun gut, Fonty mag da, wo er – wie wir wissen - nicht aufgetreten ist, per Fiktion aufgetreten sein: Doch daß die Menge ihn, den kleinen Aktenboten, forderte, daß sie ihn, den Fontane-Experten, hier stellvertretend für seinen ‚Unsterblichen', den in dieser Menge, soweit sie real ist, wohl auch kaum jemand kannte, ist – gelinde gesagt – sehr dick aufgetragen, ist – genau genommen – zumindest eine Erzählerdummheit, die als Ironiesignal – sie sollten es, bitte Herr Karasek, nicht wörtlich nehmen: So dumm kann nicht einmal ‚ihr' Grass sein! – auf Anderes, auf ‚Leergebliebenes' verweist: Dieses ‚Märchen' paßt nicht zu dieser Wirklichkeit – und eben dies wird betont. Was hat all dies mit einem Schreiben ‚gegen die verstreichende Zeit' zu tun? Wo ist der Autor eines solchen gegenwartsbezogenen Schreibens in diesem Buch?

2. Ein sekundäres Denkmal ersteigen? Vom Denkmal herab sprechen!

Direkte auktoriale Bezüge, den im Buch direkt wiedererkennbaren Autor, gibt es nur in einem ‚aparten', einem abseitig-reizvollen Detail: In einem denk- und merkwürdigen Zwischenspiel, „sozusagen ein Intermezzo lang" (vgl. WF, S.591), tritt der Autor zusammen mit seiner Frau auf! Doch gerade diese Episode von Fontys Denkmalbesteigung verweist besonders deutlich auf „die Lücke" in der Autoren-Ich- oder Autoren-Wir-Fiktion: Die beiden treten auf als „ungleiches Paar, das einen ganz anderen Roman lebte", als Paar, das die hier agierenden Figuren schlicht nicht sieht; sie sind ihm ,Luft' (vgl. WF, 591 f.). Kurzzeitig, sozusagen ,ein Intermezzo lang', werden die fiktionalen Referenzansprüche des Autors, der ja noch hinter seinem Erzählerkollektiv steht, das im

Rahmen dieser erfundenen Welt von dieser ihm eigenen Welt erzählt, mit Referenzansprüchen eines expositorischen Textes konfrontiert: Irgendwann einmal, vielleicht sogar tatsächlich in den ersten Märztagen des Jahres 1991 (vgl. WF, S.575), besichtigte das Autoren-Ehepaar dieses Denkmal; im Rahmen eines solchen Textes wäre es natürlich nicht verwunderlich, daß sie neben ‚der sitzenden Bronze' eben nichts als Luft ausmachen konnten. Verwunderlich ist jedoch, daß die Fiktion dieses Autors es nun will, daß ausgerechnet zu diesem dann ja realen Zeitpunkt seine Figur dort oben, an diesem dann ja realen Ort, gesessen haben soll.

Luft ist andererseits eben ein Hauptbaumaterial der Fiktionen. Grass läßt im Vorfeld dieser Episode daran erinnern, „daß Effi von ihrer Mutter, in Anspielung auf das gleichnamige Schauspiel Wildenbruchs,»Tochter der Lüfte« genannt" (vgl. WF, S.576) worden sei, wobei jedoch – wiederum nach Fontane-Zitat – „an diesem Wildenbruch alles Willkür" (vgl. WF, S.576) gewesen sei: Nicht nur über diese Verbindung[4] ist die ‚Luft' in der Lücke des Denkmals, in der jene Figur sitzt, die ihr Autor eventuell gerade verleugnet, sozusagen ‚geschwängert', dazu bestimmt, mit „Kindern seiner Laune" (vgl. WF, S.592) gefüllt zu werden. Das dort oben sitzende ‚Kind seiner Laune' ignoriert an diesem Zeitpunkt den hinzukommenden ‚Touristen', seinen Erfinder also. Andererseits jedoch ist gerade Fontanes Effi, die Tochter der Lüfte, ja eher nicht ‚aus der Luft gegriffen', ist nicht Kind reiner ‚Autorenwillkür': Grass läßt seine ‚aus der Luft' zu einer anderen Lücke gegriffene Figur, seine Nathalie oder Madeleine Aubron, die, auf weitesten Umwegen, aus der realen Archivlücke zu Fontanes unehelichen Kindern ‚geboren' wurde, darauf hinweisen. Grass läßt diese ‚Tochter der Lüfte' so „unmittelbar beteiligt" (vgl. WF, 439) an Effis Schicksal Anteil nehmen, „als habe ihr erst kürzlich der Unsterbliche vom Fall jener Elisabeth von Ardenne erzählt, die zum Modell getaugt, aber die Veröffentlichung des Effi-Romans bis in die fünfziger Jahre des folgenden Jahrhunderts überlebt hatte" (vgl. WF, S.440). Effi, die Tochter der Lüfte, ist sowohl ‚aus der Luft gegriffen', als auch jenem realen Modell der Elisabeth von Ardenne nachempfunden; Nathalie, die Grass'sche ‚Tochter der Lüfte', ist in umgekehrtem Sinne eine Fiktion zu einer Lücke, von der nur eins feststeht: Nur ‚Luft' gab es dort nicht; die unehelichen Kinder Fontanes sind ein Faktum! Soll in diesem Intermezzo, in dem der Autor ja direkt erkennbar ist, ein reales Modell sich ebenfalls als ‚Kind dieser Luft', als ‚Modell', nach dem gearbeitet wurde, wiedererkennen?

Möglichkeiten zu solchen Bezügen zu mir erkenne ich in Fonty, in Madeleine, in Hoftaller, in ich weiß nicht wem noch: Das Beziehungsgeflecht zu solchen ‚Wiedererkennbarkeiten' ist auch für die, die nicht „unmittelbar beteiligt" am Leben der Figuren

---

[4] Die Ahnenreihe dieser ‚Töchter der Lüfte' könnte etwa – auch im Bezug auf Fontanes Roman – um Semiramis, die legendäre assyrische Königin, erweitert werden, die ein historisch gesichertes ‚Modell' in der assyrischen Königin Sammuramat hat. Der Legende nach – und womöglich zu Elisabeth von Ardenne, jener nicht von den Männern abhängigen ‚starken Frau' der Fontane'schen Arbeit nach Modell passend – soll sie nach dem Tod ihres Gatten alleine regiert haben und Kriegszüge bis Ägypten und Indien unternommen haben. Ihr wird auch das ‚Luftgebilde' und ‚Weltwunder' der ‚hängenden Gärten' in Babylon zugeschrieben. Nach einem Attentatsversuch ihres Sohnes Ninyas soll sie abgedankt haben, sei zu den Göttern entrückt bzw. in eine Taube verwandelt worden – dergleichen könnte wiederum zu Fontanes ‚Effi' und ihrer Form einer Unsterblichkeit passen!

,Anteil nehmen', so weit angelegt, daß eine Ko-Produktion auch des unbeteiligten Lesers hier ein sehr ‚weites Feld' vorfindet, in das er seine Vorstellungen, seine Erfahrungen, sein ‚Besonderes' zu diesem ‚Allgemeinen' einschreiben könnte. Zumindest gewöhnungsbedürftig im Bezug auf meinen Ansatz eines ‚unmittelbaren Beteiligtseins' ist dann der Gedanke, daß nicht nur der Autor die ‚Summe seiner Figuren' zu sein habe, sondern auch der ihm zugehörige Musterleser: Nur so kann ich mir dies erklären, nur unter dieser Konstruktion bringe ich die Anspielungen auf mein Leben unter. Dieser Gedanke, auf den ich noch zurückkommen werde, reicht indes arg nahe an eine Kippfigur zur bloßen Interpretenwillkür heran, an den Verdacht einer ‚koproduzierenden' Willkür, die sich die verschlüsselten Parallelen zu meinem Leben aus der Luft greift. Doch wie auch immer die Luft neben der ‚sitzenden Bronze' mit Kindern einer Laune zu füllen ist: Feststeht, daß sie gefüllt werden sollte; in eben dieser Eigenschaft wird diese Lücke auf dem Fontane-Denkmal vorgestellt! Diese Lücke bezieht sich eben auf die Leer- oder Lehrstelle in der Wahlverwandtschafts-Viererkonstellation zwischen einem zu Fontane gehörenden Fonty und einem zu Grass gehörenden Grassy: Dieser Autoren-Auftritt verdeutlicht nicht nur dem ‚Wir'-Kollektiv vom Archiv, daß man „noch lange über Fiktion und Wirklichkeit nachdenken müssen" wird.

Letztendlich muß sich der Autor dabei auch noch von seiner Figur Hoftaller als einer jener Touristen beschimpfen lassen, die – als „Landplage" - ‚alles photographieren müssen' und es doch nicht schaffen, ‚genau hinzusehen' (vgl. WF, 593): Daß ‚die Fiktion' es will, daß ihr Autor seine auf dem Fontane-Denkmal stehende Fonty-Figur nicht sieht, daß er nur die Lücke sieht, wo sie steht oder stehen könnte, ist hinreichend rätselhaft. Wie aber ist die ‚Wirklichkeit' zu dieser Fiktion, über die man ja auch noch lange ‚nachdenken müssen' wird, als ‚meine Wirklichkeit' beschaffen? Soll ich zwar nicht auf ein Fontane-, wohl aber – sozusagen – auf ein Grass-Denkmal, das es in dieser Form noch nicht gibt, hinaufkraxeln? Bin ich vielleicht gar schon einmal hinaufgekraxelt – und kein Mensch sah zu? Kam der Autor nebst Gattin dazu, sah, wie ich mich dem nach falschen Mustern konzipierten Denkmal des Unsterblichen sozusagen stumm danebensitzend in Vergleich gebracht hatte? Doch wie ginge es weiter? Wollte man dann nichts sehen - oder sah man tatsächlich nichts? So oder so: Man sah eine Lücke, die nach einem ‚Kind der Laune' verlangte. Immerhin machte man einige Photos, auf denen dann späterhin feststellbar wäre, daß da jemand saß – oder nicht saß. Wo ist die Verbindung zwischen diesem Romangeschehen und dem ‚ganz anderen Roman', den die beiden Autoren-Ich-Figuren leben?

Ein ‚Tagundnachtschatten', jemand, der mich – vor allem seit dem Erscheinen des ‚weiten Feldes' – bis in meine Tag- und Nachtträume hinein – dem Vernehmen nach: wohlwollend - verfolgt, so, wie auch ich, sein Musterleser, ihn wohlwollend ‚verfolgt' habe, könnte mich wohl schon zwingen, da wieder einmal heraufzukraxeln. Zumal er, in einer für mich so deutlichen, für andere Leser jedoch beinahe schon hirnrissigen Assoziation betonen läßt, wie ich - oder etwas - ihm dieses ‚Konzept' zu seinem Schlüsselroman hätte ‚versauen' können: Ich habe es ihm nicht ‚versaut', denn platterdings

> (...) geschah, was Hoftaller geplant und sich als Krönung der Reise mit dem Trabi nach Neuruppin ausgedacht hatte. Ach, hätte ihm doch ein Platzregen das Konzept versaut. Ach, wäre doch eine

Sintflut dazwischengekommen. Aber auf seiten des Tagundnachtschattens stand parteiisch die Sonne. (WF, S.586)

Der ‚Trabant' ist, dem Wortsinn nach, so etwas wie ein ‚ergebener Gefolgsmann'; daß unsereins sich hier – von Anfang an (vgl. WF, S.9) - nicht nur Spitznamen auf –y oder –i anhören muß, sondern sich auch noch – damit Konzepte aufgehen – in ein solches ‚mobiles Emblem des Mangels' hineindenken, ‚dem Spott feil' gar ‚bundesdeutsch' als ‚Stinker' verschreien lassen (vgl. WF, S.487) soll, gehört vielleicht zu einem solch rätselhaft forcierten Hinaufkraxeln-Wollen dazu: Dort oben ist nicht viel Anderes zu erwarten, als das, was dem Vorbild zum Gefolgsmanne so oft wiederfuhr. Das muß nicht unbedingt, es könnte qua Formulierung auch aufgehen: Doch wie weit geht es ansonsten auf?

Mir bleibt ja geradezu die Hoffnung, daß auch diesem Text, in dem ‚wir' gemeinsam ‚Dummerjungenstreiche' in der Altmännerversion aufführen, ein Publikum ausbleibt: „Gott, wer liest Novellen in dieser Hitze?" (vgl. WF, S.400) – und wer liest dann schon Novellen-Interpretationen? Das Stichwort von einer erwartbaren „Zirkusnummer" (vgl. WF, S.594) etwa erinnert mich fatal an einen Kerngedanken aus meinem Dissertationsthema „Katz und Maus", an den Diebstahl des Ritterkreuzes, einen ‚Dummerjungenstreich', aus dem ein gar nicht so dummer Junge seine Kritik an der nationalsozialistischen Endsieg-Blauäugikeit herleitete und in einer im Privaten verbleibenden „Zirkusnummer" aufführte, bevor ein Studiendirektor ihm dieses Konzept verdarb. Und dieser ‚Dummerjungenstreich' mit seinen so weitreichenden Implikationen ist wohl ein Hauptgrund dafür, daß Grass, der alte Mann, als ‚Tagundnachtschatten', seinen wesentlich jüngeren Nachlebenden, der ihm – seiner fehlenden Energie wegen – so uralt und klapprig vorkommen mag, nun – sozusagen - auf dieses falsche Denkmal ‚hinaufbefiehlt'.

In Lichtverhältnisse übertragen, entsteht doch eine paradoxe Formulierung: Auf seiten des ‚Schattens' stand die Sonne, die Licht-Wahrheit; ‚auf seiten' meiner Tagundnachtschatten-Welt half eine Wahrheit zur Denkmalbesteigung sehr ‚parteiisch' mit, die ich nicht leugnen kann: Diesem ‚Konzept' kam kein Platzregen – und vor allem: keine Sintflut! – dazwischen. Meine ‚Sintflut' habe ich – in jenem Aufsatz zur Rättin, der sich mit diesem Thema beschäftigt – einem ‚Wir vom Archiv' in eben dieser Aufsatzsammlung nachträglich dazwischen – geschoben; vormals hatte ich den Aufsatz an Grass geschickt – ohne daß der darauf anders als ‚nur' literarisch, in eben jener sehr weit hergeholten Assoziation seines Erzählerkollektivs darauf reagiert hätte. Auch der Platzregen will passen: Zur Tribünen-Episode der *Blechtrommel* hätte schon seit längerem jenes Etwas, ein Aufsatz zu einem Thema etwa, ‚dazwischenkommen' können, das ich hier im Aufsatz zu Reich-Ranicki angeschnitten habe (vgl. S.73 f. dieses Textes). Wahr indes ist: Nichts kam, warum auch immer (ein wenig versucht hab' ich es immerhin)!

Doch was soll dieses Spiel mit der Lücke, in der entweder der ‚Nachlebende' bereits sitzt und dann vom Autorenpaar übersehen wird, oder in der tatsächlich nichts zu sehen ist, in der man bestenfalls ein ‚Kind seiner Laune' plazieren könnte? Ich, der nicht Nachlebende, war einmal beinahe in einem Zeitplan eines ‚Schreibens gegen die verstreichende Zeit', in eben jenem Aufsatz zur „Rättin", den ich im Jahr 1987 publiziert hatte: „Wirkendes Wort" hieß die Zeitschrift, in der letzten Fußnote wurde auch ein

,Wirkenwollen' angesprochen; von einem ‚Gewirkthaben' kann jedoch – nicht einmal innerhalb der Grass-Forschung – die Rede sein.

Da sitzt er also nun als Miniaturausgabe eines Erziehers des Menschengeschlechtes – und in diesem Bereich wirkt dieses Bild wirklich als „Anmaßung", ist „ridikül", wirkt die „verkleinerte Ausgabe wie ein geschrumpftes Modell" (vgl. WF, S.590). Andererseits aber hat sich hier der ‚Nachlebende' in Vergleich gebracht zu einem Dichtervorbild, das in dieser Form noch nie gestimmt hat: Hinreichend wird in dieser Episode ein Hintergrundwissen zum Fontane-Denkmal ausgebreitet, wird erörtert, daß der Sohn das Modell abgab und daß so nicht der alte Fontane, sondern bestenfalls der Fontane der ‚Wanderungen' hier abgebildet wurde. Hier sitzt überlebensgroß nur der ‚Heimatdichter', hier wurde – wie schon die Inschrift besagt - nur dem ‚Dichter der Mark', der ins Überlebensgroße geschönten Miniaturausgabe des Großen und vorgeblich Unsterblichen gehuldigt. Und vor diesem Hintergrund gewinnt die ‚Miniaturausgabe':

> Weil aber der Guß den noch nicht sechzigjährigen Wanderer wiedergab, der bis dahin keine Romane geschrieben und „Vor dem Sturm", kaum begonnen, wieder beiseite gelegt hatte, wirkte Fonty neben der Bronze greisenhaft vergeistigt, sozusagen mit „Effi Briest" im Kopf und nach längerer Nervenschwäche. (WF, S.593)

Die fiktional lebende oder als ‚Luft' existierende Miniaturausgabe zu dieser Riesen-Miniaturausgabe ist, weil älter, in diesem Sich-in-Vergleich-Bringen also treffender, in einer Dichtungskonzeption nicht gerade unwesentlich weiter vorangekommen: Sie hat, als ‚Luft' wie als bewußt übersehenes ‚Kind der Laune', sozusagen bereits „Effi Briest" im Kopf, während der Bronze einstweilen nur ‚Wanderungsabsichten' – etwa von „Friesack" nach „Rheinsberg" – unterstellt werden können (vgl. S.592); der ‚sitzenden Bronze' fehlt also bei aller Überlebensgröße das Wichtigste, das Spätwerk. Die daneben Platz habende ‚Luft' hat dagegen bereits im Kopf, daß es ‚Töchter der Lüfte' gibt, die nun bald nach Modell bearbeitet werden können.

Wie paßt dies zu mir? Der ‚Rättin' liegt eine Grass'sche Interpretation der Lessing'schen „Erziehung des Menschengeschlechtes" zugrunde, die einen ‚touristischen Umgang' mit diesem kanonischen Aufklärungstext übersteigt: Das hatte ich in meinem Aufsatz angesprochen – und muß mir nun, sozusagen von ‚meinem' Tagundnachtschatten anhören: „Fabelhaft, wie sie diese Touristen ignoriert haben." (WF, S.593) – was hieße: Gesehen, wahrgenommen, hat man meinen Versuch, hier nachzuvollziehen, wie Grass die literarische Tradition mit dem gegenwartsbezogenen Thema eines Verlustes der literarischen ‚Ewigkeit' verbindet, wohl schon; man hat wohl auch wahrgenommen, daß ich hier – mit Grass – eine neue Schwellensituation im menschlichen Denken zu beschreiben versucht habe. Die wissenschaftlich prognostizierte Zerstörung des Menschen durch den Menschen, von der alle wissen, stellt eben – nach dem Maßstab Auschwitz – einen neuen, von der Zukunft herkommenden Maßstab allen Denkens und Handelns auf. Das Hauptproblem in diesem Denken nach neuen Maßen ist seine Konsequenzenlosigkeit: Was alle wissen, wird von allen ignoriert, taugt für die immer weniger kühn werdende Rede, von der beinahe gilt: Es ist alles gesagt! – und reicht nirgends in den Alltag eines Handelns hinein. Das auf das Individuum hin formulierte, kollektive Ziel jenes großen Projektes einer ‚Erziehung des Menschengeschlechtes', das Gute zu tun, weil es das Gute ist, verliert an dieser Schwelle des Denkens mit seiner Zukunft auch seine Gegenwart und Vergangenheit: Auf das Individuum hin formuliert, tut man das Schlechte, von dem man weiß, daß es nunmehr das Schlechte ist, folgt scheinbar unbeirrt Mustern eines politischen, wirtschaftlichen, kulturellen und individuell beruflichen Handelns folgt, die einem jeden wie die Schienen eines Zuges, von dem es heißt, er sei abgefahren, ins Leben ‚eingeschrieben' scheinen. Dieses Handeln wider besseres Wissen wirkt ‚erzieherisch' im negativen Sinne, stiftet nur die falschen Vorbilder: Immer weniger wird eine Kindergeneration auf die beständig wachsende Bedrohungssituation hin ‚erzogen', immer weniger will eine Kopie unseres im Kern resignativen Verhaltens dazu taugen, dieses katastrophale Gefälle im Menschenwerk Geschichte als entgegengesetztes Menschenwerk aufhalten oder gar stoppen zu können. Solche Gedanken bestimmen das Spätwerk meines nun auch im Sinne des Projektes einer ‚Erziehung des Menschengeschlechtes' sehr sterblich gewordenen ‚Unsterblichen'; dem Denken zum Denkmal vom politisch engagierten Schriftsteller, das man aus ihm machte, sind sie noch so fremd, wie es das Spätwerk dem überlebensgroß verewigten Heimatdichter und ‚im Guß wiedergegebnenen, noch nicht sechzigjährigen Wanderer' (vgl. WF, S.593) gewesen sein mag.

Dem verkürzt wahrgenommenen Nur-Wanderer auf dem Podest entsprechen die nur verkürzt wahrgenommenen ‚Touristen' davor. Dem kollektivem Resignationsverhalten folgend, das Thema des Spätwerks ist, soll ich, das andere ‚Kind der Laune', das Autorenpaar, das wohl doch genauer hinschaut, als bloße Touristen ignoriert haben, soll ‚die gesellschaftliche Stellung' der Schriftsteller in diesem neuen Kontext nicht wahrgenommen haben: Deshalb hat man dann auch mich ignoriert – es gab ja nichts zu sehen, da diesem ‚stummen' und wirkungslosen Sich-In-Vergleich-Bringen das Publikum fehlte!

Bezeichnenderweise sind die ‚Touristen' fort, blieb – sozusagen – von ihnen nur noch der ‚Tagundnachtschatten', die fiktionale Figur zu einem Bedrohungsgefühl, übrig, als dann auf dem Denkmal Gewichtiges passiert, als das ‚Kind der Laune' spricht: Das können sie nicht sehen, das können sie bestenfalls träumen. Entsprechend kippt das Muster der Bezugnahme zur literarischen Tradition: Fontys Rede vom Denkmal herab wird, in Anlehnung an Jean Pauls Traumrede des toten Christus, des zweiten Basisbezugstextes der ‚Rättin', zur Rede eines ‚toten' oder irrealen ‚Offenbarenden' vom Denkmal als Pendant zum Jean Paul'schen ‚Weltgebäude' herab, daß ‚Offenbarung nicht sei'. Das könnte etwa auf meine Interpretation des der ‚Rättin' fehlenden Untertitels „Roman" passen, den ich in diesem Aufsatz als einen „Roman, der den Untertitel Roman nicht mehr führen darf, weil dieses offene, eine demokratische Zukunft in Inhalt und Form erschließende Probierfeld demokratischer Offenheit und Diskursbereitschaft seine Institutionen in der Gegenwart verliert." (vgl. S.132 dieser Aufsatzsammlung). Der ‚Tod der Literatur', der mir in den Titel dieses Essays geraten ist, hat Platz, weil unsereins – in oder außerhalb seiner Institutionen – ihm bewußt oder unbewußt Raum gibt, seiner Literatur nicht nachlebt oder bestenfalls noch falsch nachlebt. Dem Aufsatz fehlte eben, was ihm hier nachgereicht wird, ihm fehlten sozusagen die Reflektionen über „Die gesellschaftliche Stellung der Schriftsteller" oder über die ‚gesellschaftliche Stellung beschatteter Schriftsteller': Hier hätte, mit dem Kippen des ‚Verkündigungsmuster', also so etwas wie ein Austausch im Personal stattgefunden. Fonty, der Fontane-Nachlebende auf dem Denkmal, wäre nun eher ‚in Vergleich gebracht' mit dem Autor Grass, dem Nachfolger eines Fontane, der ‚seinem Tagundnachtschatten' da unten, der seinem ihn ‚zensierenden' Musterleser einiges nachzutragen hätte. Auch solche Kippbewegungen im Schlüssel-Bezugspersonal sind noch erörterungsbedürftig.

Das Konstruktionsprinzip der gesamten Episode folgt dem Kerngedanken eines Riesenaufwandes für ein Nichts an Wirkung: Das Kapitel „Vom Denkmal herab gesprochen" beginnt mit einem wiederum geradezu hirnrissigen Rätselraten des ‚Wir vom Archiv', dessen Unsinn Grass anzulasten man sich hüten sollte: Deutlicher kann man Unsinn nicht als Unsinn kennzeichnen, deutlicher kann man seine Ironiesignale, die Signale, daß anderes gemeint als gesagt ist, nicht setzen. Eine ganze ‚geheime Welt der Dienste', vom ‚zu hoch gegriffenen CIA', bis zu ‚Köln und Pullach', sicher aber ‚die Normannenstraße' soll ein Interesse an diesem ‚Dummerjungenstreich' zweier älterer Herren gehabt haben. Wie könnte ein solches Interesse aussehen? Soll der Nachlebende dort hinauf, damit das ins Überlebensgroße verschandelte Miniaturbild vom Heimatdichter, vom Dichter der Mark, auch sekundär aufgeht? Damit nun auch von oben herab zu hören ist, was man ohnehin kennt – und was insofern kein oder nur ein touristisches Publikum anzieht, das sich nach dem ‚Ausflug' wieder ins „Weiter so!" seines Alltags verliert? Innerhalb der Romanhandlung scheint einzig die ‚übrig gebliebene Frage' „Könnte es sein, daß Hoftaller sein Objekt aus verehrender Zuneigung so prominent erhöht sehen wollte?" (WF, S.589) als Erklärung einigermaßen einleuchtend; offen bleibt dabei aber, wie er dies schaffte – und wozu.

Diesem Geschehen wird später heimlich ein veritables Wunder nachgereicht, das ich im nächsten Kapitel besprechen werde. Vorher jedoch wird diese Welt, wenn sich das Geschehen denn auf meinen kleinen Aufsatz von 1987 bezöge – nebenbei: Es dauerte fast ein Jahr, bis ich diesen lange vorher fertigen Aufsatz in dieser Zeitschrift veröffentlichen konnte - sozusagen im Schnelldurchgang aktualisiert. Als das Autorenpaar zurückkehrt, hat Fonty seine Rede gehalten – und das Erzählerkollektiv hat sie ergänzt:

> Und hätte ihn nicht ein Schwächezustand vom Denkmalpodest geholt, wäre Fonty gewiß zum Abschluß der letzte Satz des Artikels vom 26. Dezember 1891 eingefallen. Nach dessen Wortlaut wird geraten, zum Wohle der Schriftsteller von jeglicher Staatsfürsorge abzusehen. Und danach steht geschrieben: „Das bessere Mittel heißt: größere Achtung vor uns selber."
> Ein wohlmeinender Rat; doch kann es sein, daß Fonty in jenen Tagen der Wendezeit wenig Anlaß für Selbstachtung sah. In Ost wie West stellten Schriftsteller andere Schriftsteller an den Pranger. Um nicht beschuldigt zu werden, beschuldigten sie. Wer gestern noch hochgefeiert war, sah sich heute in den Staub geworfen. Gesagtes ließ sich mit Nichtgesagtem verrechnen. Eine Heilige wurde zur Staatshure erklärt, und jenem einst vor Schmerz schluchzenden Sänger glückte nur noch des Selbstgerechten Geschrei. Kleingeister spielten sich richterlich auf. Ein jeglicher stand unter Verdacht. Und da Himmelsrichtungen weiterhin die politische Richtung vorgaben, sollte östliche Literatur nur noch nach westlichem Schrottwert gehandelt werden. Nein, das war keine Zeit für „größere Achtung vor uns selber". Fonty muß das gespürt haben, als er zitternd an Hoftaller hing, angewiesen auf dessen Umarmung. (WF, S.600)

In jenen Jahren der Wendezeit, in denen sich Grass in hohem Maße engagierte, blieb der reichlich vorhandene Platz auf dem falschen Denkmal neben dem ‚Original' dann auch so leer, wie ihn das zurückkehrende Autorenpaar dann auf seinem Ausflug „an einem der ersten Märztage" (vgl. WF, S.575) des Jahres 1991 vorfindet. Auch mir läßt sich das wenige Gesagte mit dem vielen Nichtgesagten verrechnen: Da ist noch nicht alles geknipst worden, zu der Aufnahme von 1987, als da oben womöglich jemand stand, den man übersah, gehört das Photo aus den Jahren der Wendezeit, als da oben in der Tat nur Nichts war, dazu: „Irgendwas fehlt!" konstatiert er nun – ziemlich mürrisch; ihr, der ‚Schöngelockten', die eher vom Schönen angelockt wird, fällt solches Lockenhaar „vor die Optik", wenn sie meine Partei ergreift: „Seh ich nicht. Du bildest dir wieder was ein." (vgl. WF, S. 600 f.).

In der Tat wäre in dieser Zeit eine Neufassung des Fontane'schen Aufsatzes „Über die gesellschaftliche Stellung der Schriftsteller" in der Version zur ‚gesellschaftlichen Stellung beschatteter Schriftsteller' angesagt gewesen: Doch ein „Torquato", ein ‚wirklich Gequälter', der sowohl Biermann, dem vormals wirklich ‚Gequälten', dem „vor Schmerz schluchzenden Sänger", in seinen Selbstgerechtigkeiten widersprochen, als auch für Christa Wolf, die „Heilige, die „zur Staatshure erklärt wurde", Partei ergriffen hätte, war nicht in Sicht: Ich erinnere mich, daß ich in dieser Zeit – meine Stelle an der Uni war ausgelaufen, Anderes nicht in Sicht – einen Brief an Grass geschrieben hatte, den ich nicht mehr habe: Es war wohl nicht ganz das ‚Schluchzen' eines ‚vor Schmerz gequälten', der, sich mit dem Aufstieg aufs Demkmal verausgabt habend, nun bei seinem ‚Tagundnachtschatten', „angewiesen auf dessen Umarmung" (vgl. WF, S.600), Trost und Zuspruch – etwa zu den per Lorbeerkranz versengten Haaren - suchte.

Diese Torquato-Anspielungen, die so zumindest in meiner Lesart auch heimlich auf mich zielen, fügt Grass dem Erzählten aufkosten einer Ungenauigkeit im Umgang mit Fontane ein: Fontane hatte den Artikel zur ‚gesellschaftlichen Stellung der Schriftsteller' am 26. 12. 1891 unter einem unbenannt bleibenden Inkognito, das in einer Vorbemerkung erklärt wurde, veröffentlicht: Fontane ließ diesen Aufsatz als „einer der ersten unter ihnen (den Schriftstellern) ... mit der Bedingung, ihn nicht zu nennen, eine Bedingung, die wir lieber vermißten"[5], publizieren. Den hier also fälschlich dem Aufsatz zugeschriebenen Decknamen „Torquato" versuchte er dann erst am 1.3.1895 zu einem anderen Artikel, der nicht gedruckt wurde:

„Meinen Namen, so relativ harmlos die Geschichte ist, möchte ich nicht drüber oder drunter setzen. So habe ich, als wirklich ‚Gequälter', Torquato gewählt."[6]

Der Artikel, in dem sich Fontane gegen die Unsitte wandte, „jeden Tag um einen beliebigen Quark oder Blödsinn feierlich befragt zu werden," erschien jedoch nicht: Hier könnte sich dergleichen also auch auf meinen Brief – und die darin wohl als ein solcher ‚Quark oder Blödsinn' empfundenen ‚feierlichen Befragungen' nach den alten Mustern des ‚Umgangs mit Unsterblichen' beziehen. Nach der ach so kühnen ‚Denkmalbesteigung' war all das wohl recht ‚kleingeistig': Nicht ihm hätte ich schreiben, den Kleingeistern, die sich ‚richterlich aufspielten', hätte ich – beispielsweise – widersprechen sollen. Denn das schriftstellerische Hauptthema der Zerstörung des Menschen durch den Men-

---

[5] Theodor Fontane: Die gesellschaftliche Stellung der Schriftsteller. In: ders., Schriften zur Literatur, Berlin 1960, Anmerkungen S.416.

[6] Vgl. Fontane, Gesellschaftliche Stellung, l.c., Anmerkungen, S.417.

schen ging hier, im sekundären Kleinkrieg zur ‚gesellschaftlichen Stellung der Schriftsteller', vollends verloren.

Doch: „Wer will in diesen Zeiten, da alles mehr oder weniger aus den Fugen gerät, den Richter spielen." (vgl. III, S.97). Die Stelle zu den sich richterlich aufspielenden Kleingeistern erinnert mich fatal an die Themen meiner Dissertation und – darüber vermittelt - an eine Anspielung auf die Schlußsentenz des ersten Aufzugs von Shakespeares Hamlet: „Die Zeit ist aus den Fugen: Weh mir, zu denken, / Daß ich geboren ward, sie einzurenken". In „Katz und Maus" ging es eben um das kleingeistige Zögern eines Miniatur-Hamlet, das ich – hier wohl nicht so richtig gelesen habend – schlicht nur wiederholte. Und es ging auch dort darum, daß das Maximalziel vom ‚Einrenken' einer ‚aus den Fugen geratenen Zeit' in einer Demokratie andere Klein-Groß-Rahmenbedingungen vorfindet, daß die Ständeklausel abgeschafft und das ‚große Zögern' vor der zu großen Aufgabe auch nur Ausflucht ist. Ein jeder – so klein er sich auch vorkommen mag – kann das Wort ergreifen: nicht unbedingt ‚vom Denkmal herab' – sondern einfach so, als Bürger unter Bürgern! Zumal die ‚aus den Fugen geratene Zeit' in ihrer neuesten Version der Zerstörung des Menschen durch den Menschen den einem großen Einzelnen Angst machenden Satz, „daß ich geboren ward, sie einzurenken", auf der Basis der ‚nüchternen Offenbarung' der sich kreuzenden Problemlagen in der Welt zunehmend zu einer neuen Formulierung der allen Menschen zukommenden Erbsünde macht: Was heute versäumt wird, macht es den nachfolgenden Generationen zunehmend schwerer, diese Welt noch einmal ‚einzurenken'; die Kinder erben zunehmend die Welt der Sünden und Unterlassungssünden ihrer Eltern, die weitere Schulden auf Kosten der allgemeinen Zukunft machen – und werden immer ‚unerzogener', erben zugleich eben dieses Muster, Schulden auf Kosten der Zukunft zu machen. Die Alten verderben die Kinder, statt sie zu erziehen: Dieser Gedanke wird unten im Zartbitter-Motiv erneut angesprochen.

Ich suchte damals eine Stelle: Es war wohl nicht so, daß ich mich verkaufen, mich meinerseits zu einer Art ‚Staatshure' machen wollte. Allein, auch diese Strukturen sind – etwa in Fontanes Verkrachungsformen - wiederkehrend; die fleißige Studentin, die Grass sich hier als Kind seiner Laune erfindet, wäre – neben einer ‚zartbittren Person' - eine Madeleine, eine Magdalenenfigur.

3. Mißlungene England-Reisen, türkische Mädchen und der Haubentaucher

Als eine ‚Grassy'-Grass-Realität käme ich jener Fonty-Fontane-Fiktion abseits aller Fiktionswunder recht nahe. Das schließe ich aus sehr vielen Strukturen, die auf diese ‚Kurzschluß'-Lesart hin konzipiert sind, die ich mir anders überhaupt nicht oder zumindest nicht ausreichend erklären kann. Er meint mich als den exemplarischsten seiner Nicht-Leser, als exemplarischer Problemverdränger.

Die sich auf Grass und mein Grass-Wissen beziehenden Daten zu meiner Person sind einigermaßen schnell aufgelistet: Ich bin 44 Jahre alt, habe - erst - 1991 über Günter Grass „Katz und Maus" promoviert und dies - erst - 1995 veröffentlicht: Seit dieser Zeit darf ich die Buchstaben Dr. vor meinem Namen führen - und weiß nicht recht, ob ich das soll. Meine Beschäftigung mit Grass begann im Jahre 1978 und war - alles in allem, mit Unterbrechungen - sehr intensiv. Doch veröffentlicht habe ich außer der Dissertation im Jahre 1995, kurz vor dem Erscheinen des ‚weiten Feldes', nur im Jahre 1987 jenen Aufsatz „Die Rättin" oder: Der ‚Tod der Literatur'. Direkte Kontakte zu Grass gab es bis zum ‚weiten Feld' keine: Ich habe Briefe geschrieben und Texte geschickt, auf die er nicht direkt antwortete – indirekt, auf dem Weg über seine Literatur erhielt ich jedoch Antwort. Doch davon später! Nach dem Erscheinen des ‚weiten Feldes' versuchte ich ebenfalls Kontakt aufzunehmen, kam jedoch nicht durch, bis auf eine - nicht zählende – Ausnahme. Nach einer Lesung in Saarbrücken sprach ich, in einer Traube von Lesern, die ihre Bücher signieren lassen wollten, kurz mit ihm, fragte ihn, ob er mit Fonty mich gemeint habe: Ob ich aus der ehemaligen DDR stamme, fragte er zurück – und sagte, als ich verneinte und weiter fragte, ob denn die Beziehung zwischen einem Schriftsteller und seinem Nachlebenden denn nicht direkt auch jene Beziehung zwischen ihm und mir als einem seiner Interpreten meine, schlicht: Nein! Und das war's!

Wer also immer mein Ansetzen zu diesem Roman bezweifelt, hat mit diesem „Nein!" des Autors, das ich der Redlichkeit halber nicht verschweigen will, einen sehr gewichtigen Trumpf in der Hand, einen Trumpf, der schlicht besagt, daß Grass mich überhaupt nicht kenne, mich in der Fülle dessen, was ihm an Post ins Haus schneit, nie wahrgenommen hätte. Ich bin ihm demnach schlicht: Luft, sozusagen: ‚nichtssagende' oder nichts gesagt habende Luft neben einem Autorenbild! Diese Szene ist - sozusagen in erneut wiederholter, banaler Form - ein reales Pendant zum fiktionalen Geschehen auf dem Denkmal. Ich glaube ihm das nicht, ich kann es nicht glauben, weil ich im Gegenzug, bei der Annahme, all diese Anspielungen seien nur Zufall, lägen in der Luft zu diesem Thema, an literarische Wunder mit sehr viel größeren Ausmaßen glauben müßte. – Hier wird mir auch diese Einseitigkeit, diese geradezu die Normalkommunikation verweigernde Haltung, zum Interpretandum: Sie ist eine der Voraussetzungen dieses Experiments! Hier, in einer Veröffentlichung, habe ich zu antworten!

Ein erstes wichtiges Adjektiv ist hervorzuheben: Wenn Fontane und Fonty „verkrachte Existenzen" sind, bin ich der verkrachte Grass-Experte! Seit sieben Jahren arbeite ich nicht mehr als Literaturwissenschaftler. Das zweite Adjektiv kann mir, nach allem, was ich nicht tat, nicht mehr so wichtig sein: Ich bin auf diesem Felde ‚der beste', stehe zu dem, was ich, die Bibelstelle vom Einäugigen unter den Blinden bemühend, an Grass geschrieben habe. Wer auch immer sich bemüßigt fühlt, solchen ‚Wettkampf' anzutreten, sollte dann auch wahrnehmen, daß, nach den ‚jüngsten Gerichten', den zuletzt erschienenen Werken des Autors eine gewisse Angst vor dem ‚überhöhten Preis'[7]

---

[7] Vgl. die Schlußzeilen des ersten Gedichtes „Das Unsre" aus dem Zyklus „Novemberland": „Still liegt Novemberland, verflucht zum tugendhaften Fleiß, / In Angst vorm Jüngstgericht, dem überhöhten Preis." – Auch dort setze ich hinter einer allgemeinen Lesart, die sich auf das ‚unheilsschwangere Novemberland' Deutschland, das Land der vielen ‚neunten November', und das Lied „Kein schöner Land in dieser Zeit" bezieht, eine Schlüssellesart für mich, den Grass-Experten, an. Bevor ich, der schon so lange mit dem anderen ‚Neunmonatsland' schwanger geht, ‚das Unsre', das schöne Land der Grass-‚Lieder' beschreiben, ermessen kann, wäre der ‚überhöhte Preis' dafür, die Angst vor diesen ‚jüngsten Gerichten', die der Autor mir – und natürlich auch anderen – ‚tischte', erst einmal zu zahlen, wäre dieser ‚Fluch' zu einem anders gelagertem ‚tugendhaften Fleiß' eben – per Fleiß – aufzuheben.

angesagt ist, zu dem diese Position vergeben wird. Dieses zweite zum Experiment gehörende Adjektiv wäre in Bezug zu setzen zu Fontys herausragendem und doch vergleichsweise brachliegendem Wissen um Fontane, das auch das Wissen einer Expertenschaft des fiktionalen und doch der Wirklichkeit abgeschauten Fontane-Archivs übersteigt: Erst durch diese Konstruktion bekommt die Basisfiktion von den Fontane-Experten, die ein fehlendes Wissen zu ihrem „Unsterblichen" nicht etwa in einer Arbeit am Primären, an Fontanes Büchern ergänzen, sondern ein apartes Sekundärphänomen anderer Natur, den Nachlebenden, beobachten und so zu neuem und tieferen Fontane-Wissen kommen, Hand und Fuß. Daß gerade diese Basisfiktion des Buches – auch unabhängig von meiner Person und also unabhängig von ‚meiner' Lösung, die auf Leserseite wohl massiv unter dem Kurzschlußverdacht steht - Anlaß zu einer Selbstbeobachtung der Sekundärbereiche sein sollte, versteht sich.

Meine direkten – und wie ich nun vermute: bewußt einseitig gehaltenen - Kontakte zu Grass seien vorweg, soweit ich sie noch zusammenbekomme, genannt: Im Jahre 1986, nach dem Erscheinen der „Rättin" habe ich Grass geschrieben, wollte ihn zu einer Lesung nach Trier einladen, aus der dann nichts wurde. In dem Brief beschrieb ich meinen Ansatz und datierte meine Dissertation auf demnächst. Ob dieser Brief bereits schon Balladenhaftes zu vorweggenommenen siebzigsten Geburtstagen und zur Frage enthielt, wer wann und wo Balladen vortrug, weiß ich nicht mehr genau: Ich habe keine Kopie davon. Das „Ich hab's getragen sieben Jahr", seit 1978, könnte schon dort passen - und es wird wohl auch so sein, weil es in dieser Form, im ‚weiten Feld', zurückkommt, etwa unter dem Thema ‚türkische Mädchen, die nach der Uhrzeit fragen' und dann „davonliefen, so schnell, als müßten sie die verratene Zeit eilig in Sicherheit bringen" (WF,122).

In ihrem Bezug zu Fontane gehört diese Tiergarten-Szene zu jener grandiosen Erfindung im Buch, zur Re-Konstruktion der biographisierenden Gerade-So-Als-Ob-Geschichte zu den Romanen Fontanes: Diese Szene, in der Fonty „plötzlich alles fremd" wurde, in der ‚aus anderer Welt Kinder' vor ihm standen, hat etwas von jener Wiederkehr des Verdrängten, deren ‚Abarbeitungsformen' Grass vor allem dem weiblichen Personal in den Romanen Fontanes abliest. Wenn im ‚weiten Feld' nach dieser Szene von ‚Dresden und den Folgen' die Rede ist, so sind mit diesen Folgen - neben den unehelichen Kindern - eben auch die Romane des Spätwerks gemeint. Sie stehen in einer Folgebeziehung zu diesem dunklen Teil einer Fontane'schen Lebensgeschichte. Diese ‚Kinder aus anderer Welt' sind auf der Zeitfolie des neunzehnten Jahrhunderts eines ‚Nachlebens' des Ungelebten so etwas wie Fontanes uneheliche Kinder, die hier Chiffrencharakter für Fontanes ungelebtes Leben hinter dem ‚verkrachten Leben' haben.

Eins dieser Kinder starb; das andere setzte - so die Grass-Fiktion - untergründig eine Linie fort, die bis ins literarische Wunder hineinreicht: Fonty soll angeblich von dieser erfundenen Mathilde Strehlenow abstammen. Ich weiß nicht, wieviel Lebenswunder, aus dem Literatur wurde, man wie begründet in eine Fontane-Biographie hineinspekulieren darf: Gab es im Alter eine Wiederbegegnung mit diesem frühen Liebes-Leben, eine Wiederbegegnung, wenn nicht mit seiner frühen Geliebten, dann mit seiner Tochter oder Enkelin?

Im ‚weiten Feld' gibt es eine Stelle, die - zumal es sich da um ein authentisches Briefdokument handelt[8] - darauf hinweisen könnte:

> Ein einziges Mal nur hieß es: „Die Honorarabrechnung für >Irrungen, Wirrungen< machte dreitausendundfünfzig Mark." Und gleich darauf, eher beiseite gesprochen: „Schrieb damals an Schlenther: >Eben war eine Dame hier von etwa sechsundvierzig, die mir sagte, sie sei Lene, ich hätte ihre Geschichte geschrieben...<, Mehr, außer „Sie muß mal sehr hübsch gewesen sein", kam nicht über Lene Nimptsch. (WF, 750 f.)

Dieses Zitat aus dem Brief an Paul Schlenther vom 20. September 1887 lautet genauer:

> ...Eben, während ich diese Zeilen schrieb, war eine Dame von sechsundvierzig bei mir, die mir sagte, „sie sei Lene; ich hätte ihre Geschichte geschrieben". Es war eine furchtbare Szene mit Massenheulerei. Ob sie verrückt oder unglücklich oder eine Schwindlerin ist, ist mir nicht klar geworden.

Wenn die ganze Untergrund-Geschichte um Lene Nimptsch in dieser Form stimmt, dann wäre dies in einem anderen Sinne gerade so, ‚als hätte sich Fontane mit der alles möglich machenden Treuhand', im Entschluß, der verratene Liebe seiner Jugend literarisch ‚treu zu werden', ‚das Stichwort gegeben' (vgl. WF, S.751): Diese Dame wäre, wenn sie etwas mit der Geschichte der unehelichen Kinder zu tun hätte, schon vom Alter her eher seine Tochter. Sie sei „etwa sechsundvierzig": Grass übernimmt die genaue Altersangabe von Fontane; das eingefügte „etwa" ist dann ein zwischen dem Original und seinem Zitat bewußt gesetzter Stilbruch. Entweder schätzt man ein Alter ungefähr oder man weiß es genau: Der Leser soll hier zum Nachrechnen gebracht werden. „Irrungen, Wirrungen" ist 1888 erschienen. Diese Dame müßte also um 1842 herum geboren worden sein: Als direktes Vorbild für Lene Nimptsch scheidet sie damit aus. Hat Fontane hier nur eine halbe Wahrheit beschrieben, um den Bezug zu den eigenen Dresdner Geschichten nicht mitbeschreiben zu müssen? Denn wieso gab es in dieser offenbar auf zwei Personen beschränkten Szene die nachträglich von Fontane ironisierte „Massenheulerei" - die Grass wegläßt? Es wären ja dann nur Fontane und diese Frau gewesen, die - als ‚Masse' - hätten heulen können. Oder muß man sich diese Szene zusammen mit weiteren Familienangehörigen - und das hieße möglicherweise auch: weiteren Motiven einer nachträglichen Verdunkelung - vorstellen? Ist dieser Brief dann - bezogen auf eine uneheliche Tochter - ein möglicherweise authentischer Hinweis in diese Richtung? Das wäre ein Grund dafür, daß zum Beispiel in Fontys Nachkommenschafts-Geschichte die Begegnung in die Enkel-Generation verlagert wurde: Es könnte - ähnlich wie in der Fonty-Madeleine-Geschichte - sein, daß das Vorbild der Lene, also die Mutter dieser Dame zu diesem Zeitpunkt bereits tot war! Oder daß sie - wie dies in der Fonty-Tochtergeneration in einer verlagerten Form geschieht - nichts mehr von ihm wissen wollte, keine Kontakte wünschte! Daß hier, in diesem Roman, in dem soviel zu Lene Nimptsch kam, nun, im Vortrag, nur noch dieses ‚mehr nicht' kommt, ist auch auffallend.

Dieser Gedanke einer ‚Rückkehr des Verdrängten' wäre ja, den Linien des ‚weiten Feldes' folgend, aus der Nachlebens-Beziehung in die Dunkelzonen des Fontane'schen Vorlebens zu implantieren; dort sei er, ganz gleich, ob diese Begegnung Wirklichkeit

---

[8] Den Hinweis auf diesen Brief verdanke ich Herrn Peter Schäfer vom Fontane-Archiv in Potsdam.

war oder nur Alterswunsch blieb, in der Form seines ‚Abarbeitens' in den Romanen schon immer ablesbar gewesen. Gab es dort - nur zum Beispiel - so etwas wie das uneheliche Mädchen, das dem alten Stechlin das Sterben erleichtert, in einer biographischen Variante: eine Geschichte, die das Leben schrieb, als Keim, als Anstoß zu einem großen Roman? Denn aus diesen Romanen hat Grass wohl die Idee; er legt ihnen diese erfundenen oder ‚nacherfundenen' Grundlagen zu, die auch Grundlagen zu seinen Fiktionen sind, zu der Begegnung Fontys mit seiner illegitimen Enkelin etwa. Diese Linie führt ja aus der Vergangenheit zu einem ‚Wunder' in der Gegenwart und wieder zurück zu einem Gegenwarts-Wunder aus der Vergangenheit: Fonty sei Fontanes illegitimer Ururenkel.

Doch ‚wir' waren irgendwo bei harmlosen ‚türkischen Mädchen' ins harmlos intertextuelle Plaudern geraten. Mir will in diesem Zusammenhang, in dem es später - im Plauderton - um eine ‚verratene Zeit' geht, eine Widmung von Grass, ein anderer Intertext, nicht mehr aus dem Kopf: Seine „Rede vom Verlust" widmete er dem „Andenken der drei in Mölln ermordeten Türkinnen", Yéliz Arslan, Ayshe Yilmaz und Bahide Arslan. Diese zuoberst liegende Folie zu unserer, zu meiner Gegenwart, trübt und vergällt mir eine Rückerinnerung an das, was mein oben genannter erster Brief, mein erster Versuch einer Kontaktaufnahme wohl auch war: unschuldig.

Die Begegnung mit diesen Mädchen findet für die Figur Fonty am Schnittpunkt zweier Träume statt: Er erinnert sich, in Bildern, an die „Notjahre" nach dem Krieg, nimmt, nach seinen „Ausflügen in die Vergangenheit", ‚erstaunt' war, daß gegenwärtig

> des Großgärtners Peter Josef Lenné Traum, (...), nun endlich und nach immer neuen Pflanzstufen, Wegeplänen und Wasserregulierungen in Erfüllung gegangen war: Um ihn stand alles in Maigrün, zusehends gingen Millionen Knospen auf, Vogelstimmen, so reich gemischt, daß selbst die Amsel Mühe hatte, für ihre Strophen Gehör zu finden. Hinter ihm begann der Holunder in Fächern aufzublühen. Und weil das Wasser um Rousseaus Insel gleichfalls und anregend belebt war, sah Fonty sich versucht, den Lennéschen Traum abermals in Fortsetzungen zu träumen, als wäre nichts geschehen, als hätte es weder Krieg noch Verwüstung gegeben, als werde der Landschaftspark so ungekränkt in Schönheit verharren, wie er ihm immer schon Augenweide und Zuflucht gewesen war; da wurde ihm plötzlich alles fremd: Aus anderer Welt standen Kinder, zwei Türkenmädchen (...), vor ihm und der Tiergartenbank, auf der er glaubte, seit frühesten Apothekerjahren zu sitzen. (WF, 121)

In dieses Paradies, in diese als ‚real existierend' gezeichneten ‚blühenden Landschaften', in diesen ‚Freizeit'- und ‚Landschaftspark', in dem, nach anderen Notjahren, der Traum eines längst gestorbenen „Großgärtners" wie von selbst und doch nach ‚immer neuen Pflanzstufen, Wegeplänen und Wasserregulierungen' in Erfüllung gegangen war, ‚wird plötzlich alles fremd', bricht eine ‚andere Welt' ein, die nur nach der Zeit fragt. Ist das, bezogen auf die deutsche Einheit, auf die Kanzlerworte von den ‚blühenden Landschaften' und dem ‚Freizeitpark' Deutschland, eine Art Modell, das nach den ‚immer neuen' Plänen des jetzigen ‚Großgärtners' fragen läßt? Die Kinder von Mölln - sie könnten hier tatsächlich nach der Zeit fragen - und eine ‚verratene Zeit' eilig in Sicherheit bringen!

Wie sah mein ‚Tiergarten' in dieser Zeit aus? Er hieß - wie Sie wissen - „Katz und Maus"; und eine Gegen-Szene, die hier auch passen kann, allerdings zu weiteren Plaudereien führen würde, gibt es auch: Es ist eine Szene, in der sich Erzähler und Held in einer alles andere als ‚blühenden Landschaft', in einem ‚februargrauen Dornentunnel' ‚zwischen wie unter Dornen dünnhäutig' gegenüberstanden[9]. Ich beschrieb in meinem Brief meine Arbeit an Details in diesem ‚Tiergarten': Das sei so etwas wie der ‚maigrüne' Zustand, daß ‚Millionen Knospen aufgingen'. Die „Hundejahre" müßten leider - und das bis heutzutage - eher außen vor bleiben, weil ‚Vogelstimmen' ohnehin schon so reich gemischt waren, daß die (oder der) Amsel „Mühe hatte, für seine Strophen Gehör zu finden". Wäre das sein ‚Großgärtner'-Traum gewesen?

Grass hatte auch andere ‚Großgärtner'-Träume. Gerade für die Gestaltung der deutschen Einheit hatte er andere Vorschläge, die sich von den Träumen anderer Großgärtner herleiten: Er versuchte zum Beispiel in diesem Umfeld, den Begriff der Herderschen Kulturnation in die Diskussion zu bringen. Im Mai 1990 schrieb er eine Art Programm zu „Ein weites Feld", eben unter dem Titel „Was rede ich. Wer hört noch zu":

> Und dennoch ließe sich von hier [der Leipziger Nicolaikirche] aus - Bonn und Berlin beiseite lassend - der bislang fehlende Gedanke erproben; denn zöge man von der Leipziger Nicolaikirche zur Frankfurter Paulskirche einen imaginären Faden und folgte dieser gedachten Linie...
> Aber was rede ich. Wer hört noch zu[10]

Der Gedanke, daß Schriftsteller in diesem ‚weiten Feld' von zweihundert Jahren Deutschland-Vorstellungen über ein besseres, ein tieferes und auch ein sehr entscheidungsrelevantes Wissen verfügen, lag außerhalb aller Vorstellungskraft: Solche anderen Vorschläge wurden überhaupt nicht diskutiert.[11] Wenigstens das hätte ich in dieser Nicht-Diskussion leisten können und müssen: den Nachweis einer eminenten künstlerischen Substanz.

Auch deshalb möchte ich ein anderes Detail-Motiv aus dieser Szene hier herausgreifen: So wie ein Romananfang an den themenverwandten anderen Anfang erinnert, erinnert die eine Szene unter einem aufblühenden Holunderbusch an eine themenverwandte andere. In Kleists „Käthchen von Heilbronn" - bekanntlich auch eine Geschichte um eine ‚wundersame' illegitime Herkunft - spielt ein Holunderbusch eine große Rolle. Es ist ein Ort, an dem etwas bewußt wird, an dem sich in der Traum- und der Wachwelt des Stückes zwei Träume treffen, ein Ort, an dem beiden Beteiligten ‚plötzlich alles fremd' wird. Käthchen wird dort, schlafend, von ihrem ‚hohen Herrn', nach den Motiven befragt, warum sie ihm nachläuft. Sie erzählt ihm in aller Unschuld, daß er sie ‚heuern', heiraten, werde und erzählt ihm ihre Version des Engeltraumes, den der Graf deckungsgleich zur gleichen Zeit und bezogen auf den gleichen Ort genauso träumte. Hier, unter dem Holunderbaum, wird ihm alles fremd, wendet sich seine Einstellung zu Käthchen: Diese Traumgeschichte ist die Grundlage dafür, daß das Wunder, Käthchen sei die uneheliche Tochter des Kaisers, am Ende aufgeklärt werden kann und daß dieses Paar sich findet.

---

[9] Vgl. das Kapitel: „Gepiekste Seelen: Vom ‚Dornentunnel' zum ‚Duell in den Rosen' in Rainer Scherf: „Katz und Maus" von Günter Grass. Marburg, 1995, S.226 ff.

[10] Günter Grass: *„Einige Ausblicke vom Platz der Angeschmierten",* in: Gegen die verstreichende Zeit, l. c., S.86.

[11] Es ist bezeichnend, wie weit die dümmliche und diskussionstötende Vorstellung, Grass sei ein Gegner der deutschen Vereinigung, er weine der DDR Tränen nach, noch in den Kritiken zum ‚weiten Feld' um sich griff: Wer nicht für diese Form der Vereinigung ist, der muß gegen das ganze Projekt sein!

Die Geschichten, die das Leben schreibt, sind dann - leider - doch nicht so schön. Mein erster Brief hatte unterschwellig etwas von diesem ‚Ja, mein hoher Herr'; und es war auch so etwas wie der mal eben nach der Uhrzeit fragende Versuch, zwei Träume zusammenzubringen. Das Weiblichkeitsbild, das hier mitunterlegt und später, in einer fleißigen Studentin, Nathalie oder Madeleine Aubron, ausgebaut wird, streift natürlich jene Tabu-Grenzen, die sich so herrlich zur Karikatur eignen: Bei Käthchen war es nicht Unterwürfigkeit, sondern ein beharrliches, selbst solche Demütigungen in Kauf nehmendes Eintreten für das, was ihr ‚vorgeschrieben', von einem Engel diktiert, war. Doch es ist so: Das hätte ich gerne immer weiter betrieben, Grass interpretieren, auch: ihm nachleben! Weil ich das - wenigstens soweit es das Interpretieren betrifft - kann, weil das das Ziel in meinem Leben war - und ich drauf und dran bin, es zu verfehlen. Und weil er der beste ist! Ja, mein hoher Herr!

Unsere Wissenschaft hat etwas von einer solchen Weiblichkeit: Dieses Verstehenwollen, dieses Sichhineinfühlen in die in Literatur ausgedrückten Gedanken und Gefühle eines anderen, der sich, der die ‚Dimension des Autors', seinerseits zu einem Spiegel des Gesellschaftlichen, einer ‚Summe seiner Figuren', macht, setzt etwas Weibliches voraus. Dieses Buch verdeutlicht mir vor allem den anderen ‚zartbittren' Schluß meines Umgangs damit. Mit dem Autor als solchem hat das wenig - in meinem Fall vielleicht sogar zu wenig - zu tun: Die Bücher sind ‚mehr als ihre Autoren'. Goethe dachte sich zeit seines Lebens das Ideal in weiblicher Form: Ein Interpret, der sich zeit seines Lebens mit Goethe beschäftigte, wird Schwierigkeiten haben, ‚seinem Meister' in diesen substantiellen Bereichen seines Denkens zu widersprechen.

In meinem Fall jedoch kommt etwas hinzu: Es geht ja nicht um verlorene, es geht um verratene Zeit; die Wortwahl, daß die beiden ‚türkischen Mädchen' „davongingen, nein, nach wenigen Schritten davonliefen, so schnell, als müßten sie die verratene Zeit eilig in Sicherheit bringen" (vgl. WF, 122), ist eben mit Bedacht auf diese Doppeldeutigkeit hin getroffen worden! Theoretisch war mir das alles klar: Wenn vor dem Hintergrund einer Zerstörung des Menschen durch den Menschen Literatur ‚ihre Ewigkeit', ihr immer vorhandenes Vorfeld, die Zukunft, verliert, schleichend verliert, dann ist die Zeit des Interpreten in Zukunft genauso knapp bemessen wie die des Autors. Da könnte man also in etwa zehn Jahre an ‚verratener Zeit' ‚in Sicherheit bringen'!

Weiche ich aus, wenn ich versuche, von der privaten zur öffentlich nachvollziehbaren Geschichte zurückzufinden? Es war gerade dieser Bezug zu Auschwitz, der Grass ins Leben wie ins Schreiben unlöschbar eingeprägt ist, der ihm in einer nur ansatzweise stattgefunden habenden Debatte um Modelle einer Vereinigung der beiden deutschen Staaten immer wieder vorgeworfen wurde. Grass funktionalisiere Auschwitz, hieß es zum Beispiel: Wenn man so will, tat er dies - nach jener ‚Selbstanklage', die „Die Blechtrommel" heißt - zeit seines Lebens; doch allgemein tut das ein jeder, der die Notwendigkeit, aus dieser Geschichte zu lernen, betont, der diese Geschichte eben in dieser ‚Funktion' betrachtet. Schon dann, wenn es alleine darum ginge, die nicht wahrgenommenen Schattenseiten des politischen Vereinigungs-Idealismus in einer direkten Vergleichbarkeit zu den latenten oder offenen Suchen nach den Sündenböcken der Nazi-Zeit zu betrachten, muß man Grass in den damaligen Prognosen zu einem zunehmenden

Rechtsradikalismus, die - auch mir - bei weitem überzogen schienen, nachträglich recht geben: Die Ereignisse in Hoyerswerda, Rostock und Leverkusen haben diese Prognosen bei weitem überholt.

Diesen Aspekt einer Funktionalisierung oder Instrumentalisierung von Auschwitz erörtert Grass in einem Rückblick auf die Debatte zwischen Martin Walser und Ignaz Bubis aus dem Jahre 1998:

> Es gab und gibt viele Versuche, diese Schule der Aufklärung zu schließen. Oft ist es bloßer Mutwille, der da meint, neuen Aberglauben stiften zu müssen. Aber es gibt auch Gründe, an der Wirkung mündig machender Aufklärung zu zweifeln. Den gravierendsten Grund will ich nennen.
> Ist es nicht so, daß Auschwitz in einem Land ermöglicht wurde, das sich zu den aufgeklärten Ländern zählte? Und war es bis dahin nicht so, daß die Bürger dieses Landes von ihren Nachbarn als derart illuminiert gesehen wurden und - im Sinn der Aufklärung - als zivilisiert gegolten haben? Ist es nicht die in Deutschland vollzogene Aufkündigung der Zivilisation gewesen, die bis in die gegenwärtigen Tage alle aufklärenden Bemühungen grundsätzlich in Frage stellt?
> Im letzten Jahr lief landauf, landab eine Debatte, die sich an einer Rede, gehalten in der Paulskirche, entzündet hatte. Es ging vor allem um das Recht aufs Wegsehen, gegen das Schwingen der Moralkeule, um die Rückkehr zur Normalität und gegen die Instrumentalisierung von Auschwitz. Ich habe mich an dieser Debatte nicht mit einem ausführlichen Beitrag beteiligen wollen, weil sie müßig war, nichts geklärt hat, klären konnte und allenfalls schlafende Hunde zu wecken vermochte. Denn, lieber Martin Walser, wir können uns insgeheim noch so sehr ums Wegsehen bemühen, es mag ein Verlangen geben, dem die endliche Einkehr der Normalität - was immer Schreckliches das sein wird - als sehnlichstes Ziel gilt, es ist gewiß scheußlich, wenn eingeforderte Schuldbekenntnisse, besonders an Feiertagen, wohlfeil und nichtssagend zu haben sind, doch all diese privat empfundenen Ärgernisse, Wünsche und Bedürfnisse, die nicht nur erlaubt, sondern auch erklärbar sind, werden Mal um Mal nebensächlich oder zur Karikatur ihrer selbst, sobald uns Nachwirkungen von Auschwitz einholen, wenn also das von der Degussa eingeschmolzene Gold, das die Deutsche Bank gelagert und transferiert hat, seine Herkunft preisgibt oder wenn der seit Jahren anhaltende Streit um das zentrale Denkmal zum Gezänk wird oder sobald sich, wie es tagtäglich geschieht, der nachgeborenen, der schuldfreien Generation die Frage stellt: Wie wurde Auschwitz möglich?
> Weil wir mit dieser Frage, die nach Wissen ruft, leben müssen, wird weder das insgeheime noch das öffentliche Wegsehen von Dauer sein. Kein Denkmal, es mag ästhetisch noch so gelingen, wird uns Antwort geben. Nein, es muß das Denkmal ein Haus werden, das all jenen offensteht, die gegenwärtig und lange über die Jahrhundertwende hinweg wissen wollen, wie es einst zu dem immer noch unbegreiflichen Verbrechen, genannt Völkermord, gekommen ist. Auch wäre in einem solchen Haus, das zugleich Denkmal ist, zu erforschen, warum der Völkermord, systematisch vollstreckt an Juden und Zigeunern, dennoch - und obgleich alle Welt sich geschworen hatte: Nie wieder Auschwitz! - beim wiederholten Vollzug „ethnischer Säuberungen« Schule gemacht hat. Das ist zu wissen und also zu lehren. Selbst das Unerklärliche im Verhalten der Menschen wird, weil es bedrohlich ist und bleibt, Teil dieser Lehre sein müssen, die uns die Geschichte auferlegt hat.[12]

Der Umgang mit dem Komplex Auschwitz im Sinne einer ‚mündig machenden Aufklärung' ist – und bleibt – ein gesellschaftliches Problem: Im Widerstand gegen die ‚wohlfeilen', weil ich-fernen, von der ‚Gnade der späten Geburt' infizierten Formen einer Funktionalisierung von Auschwitz, darf diese ‚Hauptfunktion' von Auschwitz als „Lehre", „die uns die Geschichte auferlegt hat", nicht in einem generellen, auf solchen Verfehlungsformen einer ‚Instrumentalisierung' begründeten Funktionalisierungsverbot verloren gehen. Auschwitz muß ein öffentliches Thema bleiben!

---

[12] Günter Grass: Der lernende Lehrer. In: Die Zeit, Nr. 21, 20. Mai 1999, S.43.

Diese Schwierigkeiten eines Umganges mit Auschwitz als einer geschichtlichen Schwellensituation, die die vorhandenen Formen einer Aufklärung, eines Lernens aus der Geschichte, ganz grundsätzlich in Frage stellt, bestehen auch in der Literaturwissenschaft. Es gibt sehr viele Literaturwissenschaftler, die sich intensiv mit Schriftstellern der Vergangenheit beschäftigen und sehr wenige, die das so intensiv bei Gegenwartsschriftstellern tun. Man ist zu nah an der Literaturkritik; man steht in der Gefahr, Moden aufzusitzen - und die Grass-Forschung in der Nachfolge der achtundsechziger Jahre zeigt eindeutige Symptome eines solchen Verhaltens. Es fehlt ein Stück aufbereitete Literaturgeschichte: Schon wenn es darum geht, ein ‚Schreiben nach Auschwitz' von den Formen einer modernen Literatur vor dieser Schwelle konstruktiv zu unterscheiden, fehlen die Muster. Es gibt so etwas wie ein heimliches Warten auf die Distanz zum Thema, auf das ‚heitere Darüberstehen': Ich habe jetzt noch sehr große Schwierigkeiten, einen so unfertigen Text wie diesen ‚loszulassen'. Da ist noch nichts so recht überprüft, ‚wasserdicht'. Doch meine ‚verratene Zeit' drängt! Ich hatte den Satz von Grass, daß er als Schriftsteller immer ‚gegen die verstreichende Zeit' schrieb, heimlich wohl nie so wichtig genommen!

Als im Gegensatz zu Fontane sehr ermüdlicher Briefe- und noch ermüdlicherer Interpretationenschreiber schrieb ich ihm dann auch noch 1990. Ich hatte gerade meinen Zeitvertrag an der Uni zu Ende gebummelt, suchte, genervt von erfolglosen Bewerbungen, eine Anstellung. Ich fand etwas: Sprachunterricht für Aussiedler und Asylsuchende. Was ich Grass dazu schrieb, weiß ich nicht mehr genau, weiß nur noch, daß ich ihm schrieb; jedenfalls paßt es wohl in eine Parallele zu Fontanes Verkrachungen.

„Alles furchtbar richtig, Tallhover! Habe mich verkauft, damit ein Wunsch in Erfüllung ging. Endlich mal raus aus den ledernen Zwängen. Über Köln, Brüssel, Gent und Ostende nach London, wenn auch mit ministeriellem Knüppel am Bein. War meine erste richtige Englandreise, denn die allererste, diese zwei Wochen auf Pump, zählt nicht. Mußte mir allerdings, trotz Auftragskorrespondenzen, ein Zubrot verdienen, gab Sprachunterricht! So schlecht bezahlt war ich. So elend lohnte Preußen meinen kleinen Verrat. Was wollen Sie noch, Tallhover! Sie ewiger Kriminalkommissar. Verduften Sie endlich. Wir sitzen hier nicht auf dem Verhörsofa. (WF, S. 125f.)

Fontane reiste vom 25. Mai bis zum 10. Juni 1844 zum ersten Mal nach London; sein Freund Bernhard von Lepel lieh ihm das Geld dazu: Diese Reise zählte also nicht.

Was indes in einem hohen Maß bei der Beurteilung einer ‚verkrachten Existenz' Fontanes zählt, ist sein mehrjähriger Aufenthalt in London im Auftrag der „Zentralstelle" vom 10. September 1855 bis zu seiner Rückkehr am 17. Januar 1859. Fontane war dort mit dem Aufbau und der Leitung einer „Deutsch-Englischen Pressekorrespondenz" befaßt, war Berichterstatter unter anderem für die „Vossische Zeitung", die „Neue Preußische (Kreuz-)Zeitung" und die „Zeit". Nach der Einstellung der „Pressekonferenz" Ende März 1856 war er als halbamtlicher Presseagent der „Zentralstelle" und als literarischer Berichterstatter des preußischen Gesandten Albrecht Graf von Bernstorff in London tätig: Diese Tätigkeit ist sehr zwielichtig. Am 3. November 1856 wurde sein zweiter Sohnes Theodor in Berlin geboren; erst am 27. Juli 1857 übersiedelte Emilie Fontane mit den zwei Söhnen nach London. Am 2. Dezember 1859 erfolgte die Kündigung der Londoner Stellung nach dem Sturz des Ministeriums von Otto Theodor Manteuffel am 6. November und am 17. Januar 1859 kehrte Fontane nach Berlin zurück; seine Familie folgte am 5. Februar.

Wie läßt sich das auf mich applizieren? Ich habe mein ‚enges Land' nie verlassen: Und doch hieß das bei mir, was es letzten Endes auch bei Fontane hieß. Nach einer ‚allerersten Englandreise', die nicht zählte, einer literarischen ‚Englandreise auf Pump', ging es endlich mal rein in die ledernen Zwänge, rein ins ‚enge Land'. Der Wunsch, der in Erfüllung ging, war wohl - im Gegensatz zu einer veritablen ‚England-Reise' - ein Hausbau, der Seßhaftigkeit firmierte (und dergleichen gibt es im Grass- wie im Fontane-Roman unter dem Titelstichwort „Unwiederbringlich"). Die England-Reise jedenfalls und den gesamten Motiv-Komplex der sich hier wiederholenden, jeweils im Keim erstickten England-Reisen kann ich auf „Katz und Maus" und meine Dissertation, genauer: auf eine heimliche Nachhilfe dazu, beziehen. Das war die England-Reise, die nicht zählte, die England-Reise auf Pump: Grass hat das ‚England'-Bild in „Katz und Maus" mit einer Suche nach dem ‚Engel'-Land, dem ‚englischen Vaterland' etwa des England-Lieds von Hermann Löns, verknüpft und in einer faszinierenden Form in das religiös-ideologische Evasionsdenken dieser Zeit eingebettet: Ich zitiere hier eins von vielen denkbaren Partikelchen daraus. Auf der Basis eines Kalauers - etwa: Der ‚englische Gruß Mariens' sei so etwas wie ‚Hi, Mary' - geht es hier um ein Motiv, um Mahlkes unzerbrechlichen englischen Schraubenzieher, den der später zum Ritterkreuzträger hin verbogene Junge als ein frühes Bild eines Auserwähltheitsstatus ansieht: Er sei ‚englisches Werkzeug'!

Der Kalauer hat sein Vorbild im ‚Englandliede': Dessen Autor Hermann Löns meinte es ernst mit dem „Engelland". In diesem „Liedlein" trank man „den kühlen Wein", ließ ‚die Gläser klingen' und fuhr - weil nun einmal ‚geschieden sein mußte' - nach „Engelland". Dieses „Engelland" mußte nicht von dieser Welt sein; es kann auch in der „Kunde, daß ich bin gefallen,/ daß ich schlafe in der Meeresflut" erreicht werden. Die Liebste, für die der ‚minnende Ritter' ins Feld zog, möge dann nicht weinen, sondern denken: „für das Vaterland, da floß sein Blut". Solche Todessehnsucht der ‚Engellandfahrer' wird indirekt auch in einem kühnen Vergleich des zweiten Ritterkreuzträgers in seinen ‚peinlichen' Sonnenuntergangsszenarien umgesetzt: „‚So mögen Vögel und Engel verbluten!' sagte er wörtlich mit seinem Sprechmund," (vgl. III, 68). ‚Engelland' und ein Wallhall auf dem Meeresgrund sind in diesem Untergangsszenario ineinander übersetzbar: Der Meeresgrund ist das ‚Jenseitsland' in seiner billigsten Version. Im ‚Englandlied' ist über diesen assoziativen Kalauer ein recht befremdlicher Grund für die große Feindfahrt gesetzt: Mit dem wirklichen England hat das Reich, für das man kämpft, eigentlich recht wenig zu tun: „Unsere Flagge und die wehet auf dem Maste,/ sie verkündet unsres Reiches Macht". Man fährt nicht etwa aus imperialistischen Gründen in diesen Ersten Weltkrieg: Man kann es einfach „nur nicht länger leiden,/ daß der Englischmann darüber lacht", über die hehre Liebe zum Vaterland nämlich, die einer Liebe zum „Engelland" gleichzusetzen ist. Der „Englischmann" - so der Tenor des kruden Liedes - kommt nicht aus „Engelland": Soviel überirdische Begründung gibt es nur für „unseres Reiches Macht".

Die vaterländische Trauer der ‚Liebsten' um den ‚verbluteten Engel' ist in der Novelle dann mit weiteren religiösen Motiven verbunden, weil die Rolle dieser ‚Kreuzträger-Engel' sich erst durch den Bezug auf ihr nicht wahrgenommenes Christus-Vorbild bewerten läßt. Diese krude Trauer ist auch auf das ‚Urbild' der Trauer um den Erlöser zu beziehen: ‚Stabat Mater Dolorosa' ist auch Mahlkes Lieblingssequenz. In der Novelle taucht dieses Motiv mitsamt seinen Bezugsmöglichkeiten zur Trauer von ‚Mutter und Tante' um das Opfer des ‚Verhüters von Schlimmerem' jedoch vor allem in Verbindung mit der Clown-Rolle Mahlkes auf: Dort gehört dieses Motiv eines heldischen Selbstmitleides zu jener ‚englischen' ‚Rolle aus einem Guß', dort wäre Mahlke - ohne es recht zu wissen - ‚englisches Werkzeug'.[13]

Und so weiter... Doch bei all diesen Überlegungen ums ‚englische' Vaterland habe ich eine grundlegende Bedeutung des Motivs übersehen: die des ‚Aufbruchs aus dem zu engen Lande', die dieses ‚Volk ohne Raum' in einem Massephänomen eines ‚überirdisch-englischen Heldentums' für Hitler und das ‚Tausendjährige Reich' aus dem engen Lande der Reihenhäuser usw. in die ganz anders engen ‚Länder der Engel', in die Gräber, trieb. Hat der selbst in ‚engem Lande' aufgewachsene Interpret hier so etwas wie einen blinden Punkt? Dann könnte jemand, der ‚genauere Fakten' erfinden kann, als die ihm gelieferten, sich und ihm daraus einen neuen Reim basteln. So oder so: Hier, im ‚weiten Feld', werde ich - unter dem ‚Zubrot' „Sprachunterricht" ‚trotz Auftragskorrespondenzen' - daran erinnert, daß es hier, bei meiner Fahrt ins ‚enge Land', die nicht von der Stelle kam, notwendig gewesen wäre, gewisse ‚Korrespondenzen' zum ‚Auftrag' aufzuarbeiten. Es gab ja den ‚Auftrag', Grass zu vermitteln und die ‚Korrespondenz' dazu zu veröffentlichen. Stattdessen gab ich Sprachunterricht für Aussiedler und Asylsuchende und schrieb ihm auch davon. Es kam keine Antwort.

War ich eigentlich enttäuscht? War mir bewußt, was ich hier getan hatte? Ich erinnere mich nur undeutlich und glaube, daß ich gar keine Zeit dazu hatte, mir intensiver Gedanken darüber zu machen. Die deutsche Vereinigung wurde realisiert, mit dieser Dynamik des vielfach beschworenen ‚abgefahrenen Zuges'; bei mir aber gab's Hausbau, Arbeitssuche und die Vorbereitung der Abschlußprüfung an der Uni: Und das lief ungefähr auch so ab, als wären mir Eisenbahnschienen ins Leben gelegt. Und das, diese Befangenheit in meinen Privatproblemen, diese Gefühllosigkeit, ist, gerade weil es der Umkreis der deutschen Einheit ist und ein gewisser Herr Grass bei allem, was er in diesem Umfeld versuchte, noch weniger Zeit hatte, auch das Thema, um das es im ‚Weiten Feld' geht, auch der Punkt, um den es hier geht! Das, dieser Brief, war wohl in einer Serie von Enttäuschungs- und Verlust-Erlebnissen auch ein erstes Verlust-Erlebnis, aus dem das ‚weite Feld' in dieser Form des Romans für ‚Einen und alle' geschrieben wurde. Greift sie auch hier, die „Rede vom Verlust": Gab's hier den Verlust einer Hoffnung auf das, was eine andere Einheit hätte werden können? Deshalb diese Doppellesarten, etwa um den kopfinternen Mauerbau, die literaturbezogene Lesart zu einer Treuhand, die ‚ein literarisches Volksvermögen' unters Volk zu bringen, statt es zu ‚privatisieren' gehabt hätte: Doppellesarten, von denen noch zu sprechen wäre...

Und dann schrieb ich ihm 1993, nach „Unkenrufe", noch einmal: ein sehr beschämender Brief, mein Verkrachungshöhepunkt. Ich lieferte die glorreiche Idee, mal bei meinen persönlichen Konsequenzen nachzuschauen oder sie zu erfinden, sozusagen frei Haus. Er hat's von mir! Ich kann - wie hieß es noch auf Seite 9 - auch hier, in eigener Sache, „als Urheber auftreten":

> Mein ‚Fall' - wenn es denn einer ist - hat dabei vielleicht auch etwas damit zu tun, daß die ewig unausgesprochene Hauptforderung Ihrer Bücher, die argumentativ aus der Darstellung von In- und Scheinaktivitäten gewonnene Forderung nach einem selbstverständlichen Engagement ‚verkannt' wird. Im Gegenzug läßt sich ‚deutscher Idealismus' dann in den Strategien wiedererkennen, mit de-

---

[13] Rainer Scherf: „Katz und Maus" von Günter Grass. l.c., S.101 f.

nen man Ihr Werk weginterpretiert: Die Grass-Forschung wird geradezu kontraproduktiv, solange sie - auch von den akademischen Strukturen her - sich nicht mit dieser Hauptforderung auseinandersetzt, (nur weil das persönliche Konsequenzen eben für den Forscher haben müßte).

Das war wohl, verbunden mit Geschimpfe auf die Forschung und mit Ironieversuchen rund um eine Midlife-Crisis des vom ‚Verkrachen' bedrohten (und schon deshalb nicht mehr an Rücksichten gebundenen?) Grass-Forschers wohl der Geburtsort des eingangs des Buches demnächst siebzigjährigen Fonty. Es eröffnete die Frage, wer hier - literarisch rückdatierbar - wie alt ist und wer sich hier wie alt macht? Es eröffnete die Frage, in welche Staatsformen das zu erfindende Nachlebenden-Ich denn zu plazieren sei: Da ist gerade etwas passiert, Herr Scherf, zu dem ich recht viel zu sagen gehabt hätte, doch man hörte nicht so recht zu. Ich hätte hier vielleicht einen ‚Vermittler' gebraucht: Jedenfalls kam mir jemand, der - recht blind auf dem Auge ‚DDR-Kenntnisse' und ‚Möglichkeiten einer Vereinigung', immer nur die anderen und ‚die Strukturen' für seine eigenen Bummeleien verantwortlich macht, ein wenig ungelegen... also: Wieviel ‚kommode Diktatur' hätten Sie denn gerne - oder darf's doch noch ein bißchen Demokratie sein? Und als dann am Ende, verschämt unter, „weiß nicht so recht, was ich tun soll", das dann doch nicht so recht ‚verschämte', eher ‚unverschämte' Stichwort „Protektion" auftauchte, war auch die Frage nach dem Kontraproduktiven in der Grass-Forschung irgendwie anders gestellt: Wenn's das gewesen sein soll, liegt die „Katz und Maus"-Idee, daß die ganze Schreiberei doch nur ‚für die Katz' war, in der Luft... Ich erhielt keine Antwort und vermutete wohl zu recht, daß das die Antwort sein sollte. Wo gab's dergleichen bei Fontane, wo steht's im ‚weiten Feld'?

> Ab September wurden Sie als Lektor im ›Literarischen Kabinett‹ von der Regierung bezahlt. Wurde Zeit, daß Sie unter die Fittiche kamen. In jeder Beziehung. Privat sorgte Ihre gestrenge Emilie, offiziell standen Sie unter Aufsicht des Herrn von Merckel; Ihr Gönner, gewiß, aber auch unser Mann. Ein Zensor höchster Güte, wie es ihn heute in unserer Branche kaum noch gibt. Wußte ne Menge, war rundum gebildet, ist mir unerreichtes Vorbild gewesen. Der konnte nicht nur Soldaten gegen Demokraten reimen, der hatte mehr auf dem Kasten. Sein Fürsorgeprinzip, knapp, aber regelmäßig zu zahlen, wirkte beispielhaft. (...)"
> Inzwischen bot, zwischen Enten, der Haubentaucher ein Gegenprogramm. „Laß ihn quasseln!" mag Fonty sich gesagt haben. „Immerhin erschienen meine gesammelten Gedichte. Und was Merckel betrifft, bahnte sich freundschaftlich kollegialer Umgang an..."
> „Aber ja doch. Von Familie zu Familie, später mit Briefwechsel hin und her. Niemand hat sich so liebevoll um Ihren armen, vom Vater vernachlässigten Sohn Theo gekümmert wie die Merckels. Kein Wunder, wenn bei solcher Protektion nicht ein Posten frei gewesen wäre, und zwar in der ›Centralstelle für Presseangelegenheiten‹, dem sich unsere verkrachte Existenz - bei all dem Gejammer zu Haus - fügen mußte (...) (WF, 125)

Ach ja: der Haubentaucher! All das, was ich bisher an Parallelen zwischen solchen Zitaten, meinem Leben und den Fontane'schen ‚Verkrachungsformen' im ‚weiten' England aufgestellt habe, wäre ohne dieses Motiv einstweilen sehr weit hergeholt: Dieses Motiv jedoch zielt so deutlich auf mich, daß ich eine andere, eine allgemeine oder eine sich auf Fontane beziehende Interpretation dazu zunächst nicht sehe. Der Haubentaucher gibt diesem Kapitel immerhin seine Überschrift: „Zwischen Enten ein Haubentaucher".

Auch dieses Motiv, das sich zu Mehrfach-Lesarten ausbauen läßt, die ich reiße hier nur anreiße, hat seine „Katz und Maus"-Vorgeschichte. Dieser Vogel wäre, ins

Menschliche übersetzt, einerseits der ‚Taucher mit der Haube', der es in den Unterwasser- oder Unbewußtheitswelten einer sogenannten ‚Vergangenheitsbewältigung' länger aushielt, andererseits wäre es jemand, der ‚unter die Haube' kam, der sich auf seine kleinen Welt beschränkte, sich dort - möglicherweise auch - eine neue Form der Pickelhaube, der Haube des Untertans, ertauchte. (Vor allem weil es anscheinend erst ein Wunder braucht, bis solche ‚Viecher' sprechen...) „Katz und Maus" ist eine Novelle über ein solches Tauchen, mit einem desertierenden Ritterkreuzträger, der am Ende - dort hat es dann auch den Haubentaucher als Vogel wie als Taucher mit der Haube - ‚nicht auftauchen wollte', der ‚untertauchte', vielleicht auch ‚unter die Haube kam' - und in seinem Schweigen dem Tönen der ‚Übriggebliebenen', der Ritterkreuzträgerverbände, das Feld überließ... Auch Mahlke, der desertierende Ritterkreuzträger, ist ein seltener oder seltsamer Vogel, der nicht sprechen wollte.

Hier wird also auch meine Existenz verlängert, vorwärts und rückwärts, gespiegelt in Fontanes ‚Verkrachungen', der sie hinter sich hat, vorwärts in Verkrachungsformen, in denen ich ihn hätte kopieren können, so wie Fonty ihn kopiert: Beides, Fontane wie Fonty, blende ich einmal aus, beziehe das Zitat in seiner tiermetaphorischen, in der Haubentaucherform, auf mich. Erst einmal bot ich, zwischen ‚Enten', zwischen schlicht falschen Interpretionen nicht nur auf dem ‚Ententeich' der Literaturkritik, das ‚Gegenprogramm' - und die Verlängerung „Laß ihn quasseln!" (das dann in zweiter Lesart nicht mehr auf Hoftaller sondern eben auf den ‚Haubentaucher', der endlich ‚quasseln' soll, zu beziehen ist) zielt dann darauf, daß es arg lange gedauert hat, bis ein ‚Gequassel' zum brieflich angekündigten Programm, meine Dissertation etwa, herauskam (noch gerade so vor dem Roman: Das konnte Grass wohl noch nicht wissen!). Doch nicht nur dort macht das Wort ‚Gegenprogramm' Sinn: Es ist später von der ‚Lektion des Haubentauchers' die Rede. Der Autor will hier etwas lernen, von mir, seinem ‚Haubentaucher' lernen: Wie schafft man es, das, was man an „Katz und Maus", an der ‚Lektion des Haubentauchers' Mahlke, der nicht mehr auftauchen will, gelernt hat, so schnell wieder zu verlernen, das ‚Gegenprogramm' zum Gelernten zu leben? Bei all den vielen Leuten, die ihrer Arbeit nicht so recht nachgehen: War auch ich als ein Spezialist, der mit „Katz und Maus" gerade einmal die Tür zum Grass-Werk geöffnet haben könnte, schon so sehr an die Grenzen meiner Möglichkeiten gelangt, daß ich mir anderweitig ‚Mehrerträge', in welcher Hinsicht auch immer, in einer finanziellen Absicherung etwa, versprechen hätte müssen?

Daß ‚immerhin meine gesammelten Gedichte' erschienen, wäre dann - neben dem Fontane-Bezug, daß 1851 seine Gedichte bei Carl Reimarus in Berlin erschienen - auch ein Insider-Wortspiel: Grass betonte sein ‚Herkommen von der Lyrik'; (nicht nur) die Novelle „Katz und Maus" ist auf dieser Ebene eine Art Gedicht-Sammlung. Das gilt vor allem für Passagen, die vordergründig regelrecht ‚abstoßen': Etwa wenn in dieser Geschichte um den wahren und die vielen falschen Kreuzträger in den Stadtplan Danzigs ein Kreuzigungsbild mit dem Erzähler als dem linken Schächer und dem falschen Kreuzträger als dem rechten, dem reuigen, ‚hineingedichtet' wird. Dieses poetische ‚Juwel' erscheint im Müll, in einem Erzähler-Gezappel um bereits gelegte Eier, um die vorweg vom Autor entschiedene Frage: Wo wohnten die beiden in Danzig? Oder, noch'n Gedicht: In einem vom Erzähler gehackten Loch auf der Latrine wurde einerseits das ‚Loch im Kopf' zur ‚Kriegsscheiße' - da, in diesem Loch, gab es einmal ‚die Madonna der Latrine', das beschissene Ideal zum Krieg, zur höchsten aller Frauen - rekonstruiert. Andererseits wurde in diesem Gedicht die Form dieser Novelle ‚verdichtet': In der Novelle muß eben dieses ‚Loch' zu den Moralvorstellungen aus ‚Spänen', aus Puzzle-Teilchen, rekonstruiert werden. (Ach ja, Tallhovers Puzzle-Künste! Und „Späne" nannte man im „Tunnel über der Spree" die eigenen Gedichte) Schön war das, schlicht schön! Doch ich merke schon: Ich tauche ab! Es interessiert ja, wo dies, die ‚Scheiße im Kopf', in meiner ‚Novelle' sein soll?

Was wäre dann wohl jenseits der Fontane-Folie das >Literarische Kabinett<, das wie von ‚der Regierung bezahlt' sein könnte? Und wer ist nur dieser Herr Merckel, der so gut reimen konnte: Gegen Demokraten helfen nur Soldaten? Bei diesen Soldaten des Literaturbetriebs, gegen die in der Umkehrung wohl nur die Demokraten helfen, sollte man auch die Fußnotensklaven der Gegenseite nicht vergessen. Wollte ich durch „Protektion" da hinein, in diese >Centralstelle für Presseangelegenheiten< und müßte mich - des Gejammers zuhause wegen - fügen? Ist das denkbar, die Stelle ‚bei Merckels', ‚mit Familienanschluß'?

Die Frage ist doch: Hätte ich es ausgeschlagen? Wie lange hätte ich es ausgehalten? Welche Anpassungs-, Konflikt- oder Nachlebe-Bereitschaften setze ich an? Dieses Schnellbewertungslesen ist nicht meine Art zu lesen.

4. Das Wunder des Stechlin-Sees

Daß auch der Autor „sein Objekt" - womöglich „aus verehrender Zuneigung so prominent erhöht sehen" wollen könnte, wird erst sehr viel später deutlich, wenn der Autor Grass den Mutmaßungen des Erzählerkollektivs über Tätigkeiten und Motive der geheimen Welt der Dienste heimlich eine andere ‚geheime Welt', die geheime Welt der Literatur, entgegensetzt: Dort soll dann ein leibhaftiges Wunder geschehen sein.

> Dann verriet er uns Neuestes vom Stechlinsee: „Sie wissen ja, wenn es draußen in der Welt, sei's auf Island, sei's auf Java, zu rollen und zu grollen beginnt, dann regt er sich, und ein Wasserstrahl springt auf und sinkt wieder in die Tiefe. So kürzlich noch, als auf der Philippineninsel Luzon der Vulkan Pinatubo ausbrach. Zufällig befand ich mich in der Hauptstadt der Grafschaft Ruppin, um nach der Besichtigung einiger Denkmäler – Schinkel, Marx und so weiter - dem nun wieder zugänglichen Stechlinsee einen Besuch abzustatten. Da fing er zu sprudeln an. Mein Begleiter – nicht gerade ein Held – erschrak ordentlich, als nicht nur der Wasserstrahl stieg, wie er es häufig tut, sondern nun auch ein roter Hahn über den aufgewühlten Wassern mit den Flügeln schlug und in die Lande hinein krähte."
> (WF, S.668 f.)
>
> Das ist, wenn es weit draußen in der Welt, sei's auf Island, sei's auf Java zu rollen und zu grollen beginnt oder gar der Aschenregen der hawaiischen Vulkane bis weit auf die Südsee hinausgetrieben wird. Dann regt sich's auch hier, und ein Wasserstrahl springt auf und sinkt wieder in die Tiefe. Das wissen alle, die den Stechlin umwohnen, und wenn sie davon sprechen, so setzen sie wohl auch hinzu: „Das mit dem Wasserstrahl, das ist das Kleine, das beinahe Alltägliche; wenn's aber draußen was Großes gibt, wie vor hundert Jahren in Lissabon, dann brodelt's hier nicht bloß und sprudelt und sprudelt, dann steigt statt des Wasserstrahls ein roter Hahn auf und kräht laut in die Lande hinein."[14]

Der Hauptunterschied zwischen dem Original und seiner Fälschung besteht doch darin, daß Fontane diese sagenhafte Fähigkeit des Sees, mit dem ‚roten Hahn' das Große anzukündigen, am weit entlegenen Beispiel belegt – und so im Bereich des lokal sagenhaften Hörensagens beläßt. Das Erdbeben von Lissabon, dessen Auswirkungen „in ganz Europa bemerkt"[15] wurden, war weiland Auslöser einer geistig-literarischen Revolution: Voltaire etwa schrieb angesichts dieses Ereignisses, das der Leibniz-Wolff'schen Philosophie von der ‚besten aller möglichen Welten' widersprach, etwa seinen „Candide". Fontane weist dem ‚Stechlin'-See und den sich um ihn rankenden lokalen Sagen also eine heimliche Verbindung zur ‚großen Welt' zu; im provinziellen Irrationalismus ist so – ironisch – eine aufklärerische Komponente mitangesprochen: Das angebliche lokale Wunder zeugte von einer ‚Revolution des Denkens' – und einer literarischen Revolution; als ein lokaler Mystik folgendes Bild vom ‚roten Hahn', dem Feuerbild, über den Wassern, hat dieses Bild unterschwellige Verbindungen zu anderen Revolutionsbildern. Auch für die Fähigkeit, das ‚beinahe Alltägliche' anzukündigen, die – als Wunderphänomen – eben auf alltäglicheren Beobachtungen zu Sprudel- und Wasserstrahl-Phänomenen beruhen könnte, nennt Fontane innerhalb seiner Fiktion keine direkt ‚haftbaren' Zeugen: Die ironische ‚Gewißheit', daß diese Phänomene keine Erfindung seien, ist sozusagen proportional zur Nähe des Wohnorts zum See. ‚Das wissen alle, die den Stechlin umwohnen', einschließlich des auktorialen Erzählers, der – sozusagen[16] - ‚wohl' auch in der Nähe dieses Sees wohnt. Vermutlich jedoch will auch er, zumal zu jenem Hören-Sagen-‚Wissen' um den roten Hahn, das die Einheimischen den noch

---

[14] Theodor Fontane: Der Stechlin. Frankfurt / M – Berlin 1991, S. 7.

[15] S. Anmerkungen zum Stechlin, l.c., S.456.

[16] Fontane selbst hat die Sagen um den Stechlin verändert, etwa indem er dem ‚auf dem Grunde sitzenden Hahn', der als Sage möglicherweise auf Sumpfgas-Explosionen beim Fischen beruht, die Bedeutung zuweist, das Große in der Welt anzukündigen: In den ‚Wanderungen' ist zum Beispiel im Bezug auf das Lissabonner Erdbeben nur von Sprudelphänomenen die Rede. Vgl. Stechlin, l.c., „Zur Entstehung", S.404 – 410.

leidlich erklärlichen Sprudelphänomenen ‚wohl auch noch hinzusetzen', so genau nicht befragt werden. Fragen könnten hier sozusagen nur Outsider, Leute von außerhalb, die wissen, daß es diese Wunder nicht gibt; doch deren aufgeklärte ‚Wissensvorstellungen' reichen an dieses Insider-Wissen der nahe am See Wohnenden nicht heran. Umgekehrt betreffen die unaufgeklärten und provinziellen ‚Wissensformen' zur großen ‚Welterschütterung durch die Aufklärung' dann aber ein rätselhaftes Miteinanderkorrespondieren der kleinen mit der großen Welt: Gerade das irrationale Ereignis, das Erdbeben, war ja Anlaß, bestehende Rationalitäten zutiefst in Frage zu stellen.

Grass hingegen nennt, vermittelt über Fonty, gleich zwei Zeugen – und verbindet das sagenhafte Geschehen mit aktuellen Ereignissen sowohl aus der Wirklichkeit der neunziger Jahre als auch aus seiner Fiktion zu dem Geschehen zu Beginn der neunziger Jahre. Der Pinatubo ist am 15. Juni 1991 ausgebrochen. Durch diesen großen Ausbruch gelangte sehr viel Staub in die Erdatmosphäre; Fernsehbilder des verdunkelten Himmels über dieser Region gingen rund um den Globus. Es gab Befürchtungen, daß diese durch die Naturkatastrophe hervorgerufene Belastung der Erdatmosphäre den Treibhauseffekt verstärken werde, so wie es vorher, bei den Fernsehbildern der brennenden Ölfelder des Golfkriegs im Januar und Februar 1991 ähnlich gelagerte Befürchtungen gab. Das ‚Feuerwerk vor nachtschwarzem Himmel', die Fernsehbilder vom Vereinigungstaumel der Deutschen, stehen in Bezügen zu diesen Feuerwerken vor nachtschwarzem Himmel. Datierungsfragen spielen in dieser Fonty'schen Schwarzseherei eine untergeordnete Rolle: Die hier im ‚und so weiter' angesprochene Denkmäler-Besichtigung datiert ja aus ‚den ersten Märztagen' des Jahres 1991, der Vulkanausbruch, den er damit verbindet, fand erst im Juni statt.

Nach dem Marx- und dem Schinkeldenkmal besichtigten Fonty und Hoftaller eben das Fontane-Denkmal. Hier wird doch, nachdem das Kapitel „Vom Denkmal herabgesprochen" mit „Aber sonst war in Neuruppin nicht viel los" (vgl. WF, S.601) endet, dem Sprechen vom Denkmal herab, das ‚Wunder' zugeordnet oder nachgetragen. Anders als im Fontane-Text, in dem der Hahn „statt" des Strahls erscheint, treten hier beide Phänomene zusammen auf: Was dort, auf dem Denkmal, geschah, war also nicht nur „das Kleine, das beinahe Alltägliche", sondern auch und zugleich das Große.

Doch Fonty verschweigt dem Erzählerkollektiv, das, ihn bespitzelnd und von ihm nicht bemerkt, bei der Denkmalbesichtigung zugegen war, den Anlaß dieses Jahrhundert-Ereignisses, eben seine Rede vom Denkmal herab: Vielleicht sieht auch er selbst diese Verbindung nicht. Er deutet das Wunder so:

> Fonty wartete die Wirkung seiner Anekdote ab. Dann nahm er uns einzeln in den Blick und sagte: „Das ist ein Fingerzeig, meine Herren! Sehe zwar das zur Zeit verrückt spielende Klima für bloßen Zufall an - aber dennoch: Unser alter Erdball beginnt zu rumoren, als möchte er uns abschütteln, als seien wir Menschen ihm lästig geworden. Na, wenn nicht die Herren, dann haben Sie, mein verehrtes Fräulein, mich gewiß richtig verstanden. Kassensturz! Es ist hohe Zeit, Abschied zu nehmen."
> (WF, S.669)

Fonty spricht hier das Hauptthema der „Rättin", die Zerstörung des Menschen durch den Menschen, an; doch er tut dies in einer ‚als ob'-Form, die das Subjekt der Zerstörung nicht nennt: Subjekt der Zerstörung ist hier ‚unser alter Erdball' – und damit wird das Problem der Tendenz nach zu einer Naturkatastrophe, unabweisbar, wie weiland das

Erdbeben von Lissabon, unabweisbar wie der Ausbruch des Pinatubo. Grass verweist hier auch auf sein Traum-Gedicht „Mir träumte, ich müßte Abschied nehmen (...)" (vgl. VII, S.103), das diese Umkehrung eines Denkens zum Thema hat, dem die Zukunft fehlt, das aus dieser wissenschaftlich prognostizierten Zukunft sich die Beweggründe weiteren Handelns gegen ein an der Vergangenheit orientiertes ‚Weiter so' ableiten müßte. Der hier angesprochene „Fingerzeig" eröffnet wohl auch Bezüge zu dem Gedicht zu Møns Klinten (vgl. VII, 142), in dem man „in fünfundziebig Millionen Jahren genau", für uns also viel zu spät, „mein Ohr, deinen deutenden Finger" versteinert finden könne: Dieses Gedicht hatte ich in meinem Aufsatz kurz angesprochen (vgl. S.121 f. dieser Arbeit).

Die Art jedoch, in der Fonty dieses Thema anspricht, entspricht dem – leider - üblichen Umgang der Wissenden mit diesem Problem: Fern von einer Sicht, daß diesem Menschenwerk auch nur durch ein entgegengesetztes Menschenwerk begegnet werden kann, resigniert Fonty. Dem Kontext nach, ist er dabei, Abschied zu nehmen; es ist einer seiner vielen Anläufe zum Ausbruch aus seiner engen Welt, die zunächst mit diesem Thema wenig zu tun haben, wie ja auch das Thema nur im Nebenbei einer „Anekdote" angesprochen wird: Ein Befangensein in anderen Problemen, etwa dem, das dem Archiv Geld fehlt, will vor diesem Hintergrund nicht zum Thema gehören. So, wie sich ‚das zur Zeit verrückt spielende Klima' nicht unbedingt einem ‚Fingerzeige' austeilenden ‚alten Erdball' zuschlagen läßt, der als Subjekt diese Menschen loswerden möchte, sondern eher dem Zufallsprinzip der Naturkatastrophen folgt, läßt sich auch Fontys ‚Flucht' und sein „Abschied" nur vage mit diesem Thema in Verbindung setzen.

Die Fehler in der Datierung zwischen dem Ausflug Anfang März und dem Vulkanausbruch Mitte Juni und das simple Wissen darum, daß über einem See krähende rote Hähne dem Reich der Fiktionen angehören, legen nahe, daß Fonty sich seinen Fingerzeig schlicht nur erfunden hat; das Erzählerkollektiv versäumt es, den anderen Zeugen der Szene, Hoftaller, zu diesem Punkte zu befragen. Doch gesetzt, es stimmt, was er hier erzählt, gesetzt, der „alte Erdball" hat gerade ihm ein leibhaftiges Wunder, den roten Hahn über dem Stechlin-See, als „Fingerzeig" beschert: Dann wäre doch gerade er, von dessen Alter wir in diesem Kontext ja absehen müssen, aufgerufen, im Sinne jener ‚Revolution des Denkens', die das Problem verlangt, tätig zu werden – und nicht zu fliehen, seinen Fluchtabsichten jenen apokalyptischen Anstrich zu verleihen, den das ‚verehrte Fräulein' im Erzählerkollektiv, auf den Punkt bringt:

> Und zugegeben, ich teilte seine Befürchtungen und sagte: „Aber was sollen wir machen, Fonty? Den Krempel hinschmeißen? Einfach abhauen? Und wohin, bitte?"
> Er ging. (WF, S.669)

Vorher jedoch, noch bevor er seine Wunder-Anekdote erzählte, verstieg er sich ‚ins weite Feld' eines anderen Idealismus, der – bei Ausblendung des Problems der Zerstörung des Menschen durch den Menschen – dieser ‚Katastrophen'-Sicht der Welt, die Menschenverantwortung der Tendenz nach negiert, auch nicht entspricht:

> „Dubslav hat, weil er an Preußen hing, seinem Engelke verboten, an die schwarzweiße Flagge auf dem Aussichtsturm einen roten Streifen zu nähen; doch ich möchte überall die Europafahne hissen: Weg mit den Grenzpfosten! Runter mit den nationalen Lappen! Europa kommt - und sei es als Mißgeburt!" (WF, S. 668)

Ja, Europa kommt: Und Grass befürchtet, daß das Kernthema des ‚weiten Feldes', das solchen Einigungsprozessen die Dreinrede und Mitgestaltung mündiger, politisch engagierter Bürger fehlt, sich hier fortsetzt.

Ich bin sehr für ein geeintes Europa, aber dieses Europa muß mehrere tragende Säulen haben. Wahrscheinlich ist es in einer derart auf Konsum und Merkantiles ausgerichteten Welt so, daß die Währungsfrage und die Wirtschaft die Schrittmacher sind. Aber wenn nicht in kürzester Zeit die Sozialcharta in Europa wirklich zum Tragen kommt und ein soziales Gleichgewicht geschaffen wird, läuft das schief. Und wenn es nicht gelingt, ein europäisches Gespräch im kulturellen Bereich zu eröffnen, werden wir, wie es bis jetzt geschieht, aneinander vorbeireden. Da ist es mit Forderungen allein nicht getan.[17]

Diesen direkten Appell zu einem politischen Engagement umspielt Grass in dieser Passage: Bei Fonty bleibt es bei den Forderungen; seine Dreinrede und Mitgestaltung wird in diesem Prozeß fehlen. Er wird seine durch einen ‚Fingerzeig der Natur', durch das Stechlinsee-Wunder, aufgewertete Sicht der Zerstörung des Menschen durch den Menschen nicht in solche Gespräche einbringen; er wird auch seinen ‚unsterblichen Europäer', dessen Liebe zu Frankreich, England und Schottland er teilt, nicht in ein solches ‚europäisches Gespräch im kulturellen Bereich' einbringen. Dieser Besuch des Archivs ist ein Beispiel dafür, wie man in diesem ‚weiten Felde' plaudernd aneinander und am Kern der Themen vorbeiredet: Auf Flucht gestimmt, scheint der ‚fragile Greis', der später seine Europa-Forderung einbringt, „den klischeehaften Begriff vom »heiteren Darüberstehen« zumindest versuchsweise erproben" (vgl. WF, S.666) zu wollen.

Vorher wurde das Thema einer europäischen Fontane-Fördergesellschaft nach dem Muster der trading posts des British Empire erörtert; das könnte ja in diesen Bereich einer europäischen Annäherung in kulturellen Fragen hineinpassen. Die Passage stützt sich auf einen Vortrag von Charlotte Jolles zum Thema (vgl. WF, 666 ff.); und prompt gerät die ‚Geburt' einer Schutzpatronin dieser Gesellschaft zu einer ‚Mißgeburt': Ausgerechnet Frau Jenny Treibel habe es geschafft, „Geld und Poesie zu verbinden" (WF, S.668): Daß diese Verbindung in höchstem Maße der Poesie abträglich war, scheint vergessen.

Zu beachten ist hierbei, daß dieses Aussparen des Appells im fiktionalen Text den Appell eher noch verstärkt: In Fontys Fall ist ein ‚Abtauchen-Wollen' in viel höherem Maße gerechtfertigt als im Falle des jeweiligen geneigten Lesers. Fonty ist ein alter Mann; er hat seinen Freund Freundlich verloren und hat in zwei Diktaturen gelebt: Er hat keine Erfahrungen mit demokratischen Freiräumen. Eine Interpretation dieser Stelle steht im Geruch, ihm aufhalsen zu wollen, was ich oder wir vom Archiv nicht leisten. Und wer in diesem Felde eine erneute Vorreiter-Rolle von Grass erwartet, sollte auch dessen Lebensalter in Rechnung ziehen. Allein: Was soll ich, der es nicht einmal schaffte, ‚seinen Unsterblichen' hierzulande besser zu vermitteln, mit solchem Großauftrag anfangen...

Auch das Erzählerkollektiv spielt hier eine sehr seltsame Rolle.

---

[17] Günter Grass, Harro Zimmermann: Vom Abenteuer der Aufklärung, Göttingen, 1999, S.277

Diesmal stellte sich nicht, wie beim letzten Abtauchen, die Frage: Wohin geht die Reise? Frankreich oder England war kein Thema mehr. Nur spaßeshalber spekulierten wir auf eine Ansichtspostkarte vom Empire State Building, denn er zitierte immer wieder aus „Quitt" und belebte dabei den Wilden Westen im Breitwandformat: „Dort die Mennonitensiedlung, benachbart den Indian territories, ach, das Land der unbegrenzten Möglichkeiten..." (WF, S.666)

Die Frage nach England oder Frankreich stellt sich also nicht: Wieso? Und warum spekuliert man, wenn diese Frage sich nicht stellt, ‚spaßeshalber' auf ein Reiseziel ins Land der unbegrenzten Möglichkeiten? Der Leser wird hier, bei der ‚sich nicht stellenden' Frage, wohin Fonty nun abtauchen will, einstweilen im Zweifel gelassen; er wird sogar auf eine falsche Fährte gesetzt, da hier die Lesart, für Fonty sei weder Frankreich noch England ein in Frage kommendes Ziel, sehr naheliegt. Dann aber, sehr viel später, stellt sich heraus, daß das Archiv den Flug nach London gebucht hatte (vgl. WF, S.677) – und daß deswegen die Antwort auf die Frage „England oder Frankreich" eindeutig England hieß. Und dann soll möglicherweise einer im Archiv nicht dichtgehalten haben, sodaß Hoftaller den Greis an seiner Flucht nach England hindern und zu einem Bleiben in dem ihm zu ‚engen Land' überreden konnte, indem er ihn – unter anderem - mit einer erneuten Wundergeschichte köderte. Zu allem Überfluß mußte er ihn dabei auch noch regelrecht ‚abschleppen' (vgl. WF, S.687) Diese erneute Wundergeschichte hat dann etwas mit einem ‚verbummelten Studenten' zu tun..

5. Verbummelte Studenten

Wer also hat sie, die große Brille, den Durchblick zu Grass, und geht doch seiner Arbeit nicht nach? Da hat es, in blinden Motiven und an einer Schlüsselstelle des Romans, den oder die ‚verbummelten Studenten' - und das war ich wohl in hohem Maße. Meine simplen Zeitverlustformen lassen sich nicht vor dem hier im Vorwort skizzierten Hintergrund der Zukunftsverluste einer Literaturaneignung auf einen heimlichen Perfektionismus oder ein thematisch begründetes Nichtendenkönnen hinausführen! Und schon deshalb fiel mir eine Stelle im Roman ganz besonders auf, wurde mir beim ganz nebenbei plazierten Thema ‚Student mit Brille', deutlich, daß ich gemeint war. Dort wurde erstmals jenes allgemeine Tua res agitur zum speziellen, das mich seither nicht mehr losließ, das einem Eifer, der glaubte, ohne Selbstkritik nun, anläßlich eines neuen Grass-Werks und der dazu erwartbaren Verrisse, auf einen Sekundärbereich schimpfen zu können – ich hatte mir diesmal einiges vorgenommen und drang wieder einmal nicht durch - die Spitze brach, ihm, neben sehr viel anderer Lektüre, Fontane- und Grass-Lektüre – vor allem die Reden, Interviews und Aufsätze der neunziger Jahre – als Hintergrund verordnete. Das war mein Einstieg in diesen Komplex der Selbstbeobachtung des Sekundären. Damals allerdings glaubte ich noch, das sei begrenzt, sei - in der Form des ‚blinden Motivs' - ein kleiner ironischer Seitenhieb:

> Da uns dieses Bild als Tanz auf der Stelle vertraut war, hielten wir uns vom Ufer aus an andere Boote. Wir hörten Lärm und Gelächter, das weithallend über der Wasserfläche lag, sahen das Schwanenpaar fern, nahbei mehrere Enten. Und dann vergnügten wir uns an einem einzelnen Ruderer, den auch Fonty apart gefunden hätte, denn der junge Mann - er trug Brille, war vielleicht Student - hatte auf der Heckbank seines Kahns eine Kamera mit Selbstauslöser in Anschlag gebracht. Vor wechselndem Hintergrund war er sich, als rudernder Brillenträger, einen und noch einen Schnappschuß wert. Wir glaubten, das Klicken zu hören. (WF, 411f.)

Eine solche Textstelle aufgreifend ist man wiederum mittendrin, in Grass'schen Komplexitäten, in einem ‚weiten Feld'. Auffällig ist etwa die Situierung des Bildes: Das Erzählerkollektiv ‚Wir vom Archiv' beobachtete zuvor einen ‚Tanz auf der Stelle', einen Austausch der Ruderer zwischen einem ‚Nachlebenden' und einem ‚Tagundnachtschatten': Der hier einleitende Satz - „Da uns dieses Bild als Tanz auf der Stelle vertraut war, hielten wir uns vom Ufer aus an andere Boote" - verweist auf eine Vergleichbarkeit der beiden Szenen: ‚Weil wir dieses Bild schon kannten, schauten wir woanders hin - und entdeckten einen ‚neuen Tanz auf der Stelle' in einem anderen Gewande. Die Bezüge dieses Vergleichs muß ich, da sie mit der wechselseitigen Beziehung zwischen einem Nachlebenden und ‚seinem' Tagundnachtschatten das ‚sekundäre' Kernthema des Buchs eröffnen, in dem man sich verlieren könnte, einstweilen ausblenden...

Die hier beschriebenen Teiche mit „Lärm und Gelächter, das weithallend über der Wasserfläche lag", wollen auch und gerade zu den gegenwartsnäheren Teichen einer Grass-Lektüre passen. Diese See-Landschaft ist nicht nur ihrer Entstehung nach ein ‚Kunstsee'; sie ist als eine Kunst-Landschaft auch eine Landschaft zur Grass'schen Kunst:

> Von anderen Booten kam in Salven verzerrtes Gelächter. Sobald ein Lüftchen wehte, roch es nach Schaschlik. Auf der Liegewiese hatte ein Paar oder ein Vereinzelter sein Transistorradio flächendeckend auf laut gestellt. Dazu schwiegen die beiden im Kahn. (WF, S. 406)

Zu Grass gab es häufiger ‚von anderen Booten in Salven verzerrtes Gelächter'; sobald er ‚ein Lüftchen wehen' lassen wollte, „roch es nach Schaschlik", gab es ‚Kleingehacktes'. Oder: „Auf der Liegewiese", einem Ort der Kontemplation, der Beobachtung des Treibens vom Ufer aus, „hatte ein Paar oder ein Vereinzelter sein Transistorradio flächendeckend auf laut gestellt" (vgl. WF, S.406) - wer auch immer das, als Paar, Vereinzelter oder Quartett sein mag! Das „Schwanenpaar" - auch hier wieder ein im Motiv angesprochenes Thema, in dem man sich in Vorgeschichten verlieren könnte - ist fern: Zuallererst sind dies Teichlandschaften mit ‚Enten' - etwa denen der Zeitungen, des Feuilletons, des „Literarischen Quartetts" mit Paaren oder Vereinzelten - und bisweilen stellt sich jemand – ein zum Werk befragter Autor etwa - ans Ufer und füttert diese Viecher mit Brotkrumen aus der Manteltasche. Meine Position zu diesen ‚Teichlandschaften mit Enten' war die des verbummelten Studenten mit ‚Durchblick' oder Brille: die narzißtische Position eines Literaturwissenschaftlers, der halt nichts veröffentlichte. Als ein solches ‚Detail' auf den Wassern hätte ich mich wohl - als Fonty, als Nachlebender - selbst ‚apart', irgendwo angesiedelt zwischen ‚abgelegen' und ‚sonderlich', ‚reizvoll' und gerade deshalb erklärungsbedürftig - befunden. Da sitzt, einsam in seinem Boot, jemand seinem Computer, dem Photoapparat für Kunstlandschaften, gegenüber und ist sich ‚vor wechselndem Zeit- und Grass-Kunstsee-Hintergrund' „einen und noch einen Schnappschuß wert": Er ist sie sich wert – anderen zeigt er sie nicht. Ich habe die damals noch nicht veröffentlichten Aufsätze zur Sintflut-Thematik der „Rättin" und zum Grass'schen Metapherngebrauch, die beide ins ‚weite Feld' hineingefunden haben und über die noch zu reden ist, an Grass geschickt: ‚Schnappschüsse', Momentaufnahmen, die ‚ich mir wert war'. Eine neue Lesart entsteht adhoc: Was ein Bild dieses Sees, die Momentaufnahme eines Zeitgenossen gegen die verstreichende Zeit, hätte sein können, fiel auf mich zurück, wurde nur ‚Selbstporträt'. Und dann passiert eben, im Detail, jenes Unwahrscheinliche, das mich auf die Spur setzte: Es ist ja unwahrscheinlich, daß bei einem solchen Lärm über den Wassern der Kunstlandschaft das Klicken eines Fotoapparates gehört werden kann. Am Ufer müßte ein ‚Wir vom Archiv', von welchem auch immer, ein wir, das mich, den ‚verbummelten Studenten' beobachtete, sich dieses Klikken geradezu einreden. Man hatte also, zumal bei allem unwidersprochenen Lärm und Gelächter über den Wassern bisher keine Bilder gezeigt wurden, bestenfalls die Chance, ‚glauben' zu können, daß es bei jemandem ‚klick' macht - und ein neues Bild zu dieser Kunstlandschaft entstand. Was man nicht sehen konnte, war jenes Bild, in dem der ‚Aufnehmende', ich etwa, als ich diese Stelle im Buch las, nunmehr sich selbst entdecken konnte: Er oder ich hatte ja alles so arrangiert, daß er oder ich nur sich selbst entdecken kann! Auf dem Kunstsee macht es nunmehr in einer ‚Selbstauslöser'-Aufnahme ‚klick', in der das sekundäre ‚Wir' vom Ufer aus mutmaßen kann, daß nun bald ein ‚sekundäres Ich' sich als ‚sekundäres Ich' entdecken kann.

Dieser verbummelte Student, der bei solchen Kunstsee-Aufnahmen narzißhaft nur sich selbst bespiegelt, ist nur ein blindes Motiv: Als Figur ist er genannt, um nie wieder genannt zu werden. Doch gerade die blinden Motive haben es in sich, auch in der Form, in der Grass zusammen mit seiner Frau Ute ‚seinen' und ‚ihren' Fontane interpretiert und in der Form, in der Grass diese Fontane-Interpretation ins Buch finden läßt: Die blinden Motive sind ihm – so oder so - Zugang zu Fontanes biographischem Geheimnis, zur Archivlücke etwa um die unehelichen Dresdner Kinder, die in hohem Maße in Fontanes Bücher hineingefunden habe.

Im Gefolge des ‚weiten Feldes' und dieser spekulativen Füllung der Archivlücke ging Bernd Seiler[18] dieser Geschichte hinterher. Im Unterschied zu Grass und in einem vielleicht zu forcierten Bemühen, ihm zu widersprechen[19], geht Seiler – hierin auch einer nicht hinterfragten Annahme einiger Fontane-Forscher widersprechend - von zwei unterschiedlichen Müttern dieser unehelichen Kinder aus (vgl. Seiler, S.216); die Mutter des zweiten Kindes, eine Witwe Auguste Klein, geborene Freygang, glaubt er, in den Dresdner Kirchenbüchern ausgemacht zu haben: Dieser Teil seiner Argumentation bie-

---

[18] Vgl. Bernd Seiler: Theodor Fontanes uneheliche Kinder und ihre Spuren in seinem Werk. In: Wirkendes Wort 2/98, S.215 – 233.

[19] Die Daten bleiben auch in der Seiler'schen Version der Geschichte die gleichen: Der junge und mittellose Fontane hat einer mutmaßlich jungen Frau dann eben ‚ein Kind gemacht' und sich dann, zwei Jahre später, „mit der mittellosen Emilie Rouanet-Kummer verlobt, die er fünf Jahre auf eine Heirat warten lassen mußte" (vgl. S.216). Daß ‚abgesehen davon' die Details nicht stimmen, mag in dem Falle zutreffen, daß sich ein „Herumrudern auf der Elbe" wegen der Strömung bis heute nicht erlaubt, und daß es jenen ‚stillen Seitenarm der Elbe', auf dem ‚ganz zu Anfang' ‚zu zweit gerudert wurde' (vgl. WF, S.115) in der Tat nicht gibt – wenn auch mit der Einschränkung, daß sich das Paar Lene und Botho in „Irrungen Wirrungen", also in der laut Grass von Fontane an die Spree und nach Berlin verlegten Szenerie, eben bei einem Beinahe-Unfall kennenlernt. Für die Grass'sche Lebertran-Geschichte indes trifft Seilers Kritik eindeutig nicht zu: „Eine Gärtnerstochter aus der Neustadt" kaufte ihren Lebertran wohl nur dann auch „in einer Apotheke in der Neustadt" und nicht in der „Altstädter Salomonis-Apotheke", an der Fontane arbeitete, (vgl. Seiler, Anmerkung 8, S.231), wenn sie ihn für skrofulöse Kinder und nicht als Lampenöl verwenden wollte; dann ging sie, des schlechten Gewissens wegen, wohl schon in die Altstadt, wo man sie nicht kannte: Grass hat hier – jener Fontane'schen Beobachtung zum Lebertran und der Bemerkung „Freiheit kann sein, Lebertran muß sein" folgend – sehr gut recherchiert und den dazugehörigen Umweg vom Wohn- zum Lebertran-Bezugsort auch sehr gut integriert.

tet, trotz einiger sehr spekulativer Behauptungen, ein recht hohes Maß an Wahrscheinlichkeit, auch wenn Vorbehalte und Zweifel wohl aufrechterhalten werden müssen – etwa, wenn Seiler eine ‚assoziative Verwandschaft' zwischen den Namen Auguste Klein, geborene Freygang, und Pauline Pittelkow, geborene Rehbein, herbeispekuliert. Die Tatsache, daß „überhaupt das ‚geb. Rehbein' in diesem Roman so deutlich ausgewiesen wird" (vgl. Seiler, S. 220), hat auch den simplen Grund, daß eine Witwe mit Kindern vor dem Hintergrund der Sexualmoral dieser Zeit ein sehr großes Interesse daran haben muß, sich von einer alleinstehenden, unverheirateten Frau mit Kindern zu unterscheiden – und Fontane dieses soziologisch relevante Detail darstellt. Der Seiler'schen Argumentation folgend ist zumindest in Fontanes Beziehung zu dieser Frau eine Beziehungsromantik nach Lenau'schem Muster sehr unwahrscheinlich; ein Modell für eine ‚proletarische Geliebte' à la Lene Nimptsch gibt sie nicht her; doch Seilers These, sie, eine Witwe mit wechselnden Partnern, zehn Kindern, von denen fünf unehelich waren, habe in der emotional-pragmatischen Witwe Pittelkow ihr literarisches Gegenstück gefunden, hat in der Tat ein recht großes Wahrscheinlichkeitspotential. Allerdings sollte man dann die Tatsache unterstreichen, daß die Mutter des ersten – und mutmaßlich überlebenden Kindes – die große Unbekannte aus wahrscheinlich gefühligeren Zeiten Fontanes bleibt. Eindeutig nicht folgen kann man Seiler jedoch, wenn er – im Bemühen, Grass zu widersprechen – den zweiten, den politischen Gesellschaftsbereich zu diesen Mutmaßungs-Geschichten mit „abwegig" vom Tisch fegt: Abwegig sei „die Vorstellung, Fontane sei damals wegen seiner Vormärz-Verse politisch bespitzelt worden und die beiden verheimlichten Kinder hätten ihn politisch erpreßbar gemacht" (vgl. Seiler, Anm. 8, S. 231). Es waren nicht unbedingt die Vormärz-Verse, wohl aber die beinahe zeitgleich oder im unmittelbaren Vorfeld zu dem Brief Fontanes an Lepel vom 1. März 1849 erscheinenden Reportagen in der ‚Dresdner Zeitung', Fontanes unglaublich radikale Invektiven etwa gegen den Polizeipräsidenten Hinkeldey, die Verdachtsmomente in dieser Richtung mehr als nahe legen. Gerade dieser Polizeipräsident hatte wohl ein sehr großes Interesse daran, einen Journalisten Theodor Fontane durch solche ihn belastenden Geschichten mundtot zu machen – und wenn es, wie Seiler ja behauptet, heute noch möglich ist, die entsprechende Frau zu einem Fontane'schen ‚Sündenfall' auszumachen, war das damals wohl schon durch Kürzestrecherchen in Fontanes Umfeld in Dresden möglich. Und das Grass'sche Hauptargument, die ohne eine solche Annahme von Erpreßbarkeit beinahe unerklärliche Wende Fontanes vom radikalen Reporter (mehr noch als vom radikalen Schriftsteller) zum Kreuzzeitungsmann bleibt – auch wenn eine Fontane-Forschung in diesem Felde abschwächende Kontinuitäten entdeckte, bestehen. Und weiterhin bliebe auch das Rätsel der Wende zur Wende, Fontanes Absage an eine späte Karriere als ständiger Sekretär der Preußischen Akademie der Künste im Sommer 1876, nach ‚drei Monate lang gehäuften Mißlichkeiten, Pannen und zänkisch ausgetragenen Intrigen' (vgl. WF, S.201), zugunsten seiner pekuniär recht unsicheren Existenz als freier Schriftsteller bestehen: Grass nimmt hier eben Schuld- und Schamgefühle Fontanes für diese späten Entdeckungen des Leidens der Frauen in und an ihrer Gesellschaft an; er weiß, als gebranntes Kind und als Autor, um Scham- und Schuld-Motive eines solchen Schreibens und um deren Verstecken im Text vielleicht besser Bescheid weiß als ein Interpret. Fontanes später Bruch mit einer gesellschaftlichen Karrierremöglichkeit war ja auch eine Absage an gesellschaftlich akzeptierte bis institutionalisierte Formen einer „Beziehungswillkür" (vgl. S.217), von der ‚der mittlere', der eher harthörige Fontane nicht ganz frei war, während der junge, sozusagen der Lenau-Fontane das wohl vergleichsweise eindeutig war: Grass' Hoftaller geht hier in seinen Vorwürfen noch weiter, etwa wenn er dem in England von seiner Frau getrennt lebenden Fontane, vermittelt über Fonty, vorwirft: „Kaum geboren, starb ihr [Fontanes Emilie] das Kind weg, während Sie in London weiß nicht was alles trieben. In Hafenspelunken... Bei Nutten womöglich...." (WF, S.170f.) Seilers Beitrag zu dieser Untergrundgeschichte berührt so eine von Grass angenommene ‚Haupt-Lebenslinie' Fontanes nicht so sehr, wie Seiler glaubt: Schon zur Witwe Pittelkow gibt es – auch wenn sie eine heimliche Hauptfigur sein mag – die tatsächliche Hauptfigur der ‚blassen Stine'! Daß die Stelle jener unbekannten Kindesmutter, die zur Lenau-, Herwegh- und Arbeiterdichtung Fontanes passen könnte, ebenso frei ist, wie die der ‚Stine'- und ‚Lene Nimptsch'-Vorbilder, ja, daß abseits der realen ‚starken Frau' Elisabeth von Ardenne Fontane das Opfer Effi Briest und seine Tragödie ins Zentrum rückt, will hier, im Sinne eines von Schuld- und Schamgefühlen geschärften Blickes auf das Leid der Frauen bedeutsam bleiben! Seiler selbst trägt seinen Berechnungen des Zeugungszeitpunktes dieses Kindes anläßlich eines Osterausflugs Fontanes nach Dresden im Jahre 1848 – zu dieser Zeit war Fontane auch eindeutig mit Emilie verlobt - eben eine „Irrungen Wirrungen"-Parallelstelle nach:

„Wozu gibt es auch zwei Feiertage?" seufzt Botho in *Irrungen Wirrungen* einmal wegen der weit weniger zeitpünktlich zu verstehenden Sorgen, die sich aus der ersten Begegnung mit Lene entwickelt haben, „es wäre uns beiden besser gewesen, der Ostertag wäre diesmal ausgefallen." Fontane mit seinem Dresdner Malheur könnte – und mit mehr Recht - gut vor ihm auf diesen Seufzer verfallen sein. (Seiler, S.220)

Lenes Geschichte scheint also doch mit dieser – zweiten - Zeugungsgeschichte verbunden, und dies eben nicht auf der Basis der oben postulierten „Beziehungswillkür": Der hier in der Fiktion gemeinte Ostertag ist der Tag, an dem sich das Paar auf der Spree kennenlernte – und dieser Seufzer Bothos sagt nicht mehr und nicht weniger, als daß es für beide besser gewesen wäre, sie hätten sich nie kennengelernt, da ihr Glück, ihre Liebe, - wie Lene unmittelbar vorher, in einem Anflug von Eifersucht auf eine ihr fremde Frau feststellt - keine Zukunft habe – und beide dies heimlich wissen. Der hier im Detail verborgene, nur in ironischer Form ‚beziehungswillkürliche' Stoßseufzer Fontanes zur Überflüssigkeit der Doppelfeiertage und der damit verbundenen zweiten Zeugungsgeschichte, die ihm wohl in der Tat weniger ausgemacht haben mag, als die erste, scheint hier rückverlagert in eine erste, in der es wohl doch die proletarische Geliebte gegeben hat, die zu verlieren ein Lebensverlust war: Das besagt seine Fiktion!

Eine von Seiler nicht weiter hinterfragte Parallele zwischen den Ergebnissen seiner Recherchen und der Grass'schen Fiktion bleibt sehr erstaunlich: Fontanes zweite illegitime Tochter ist, wenn sie tatsächlich diese nach dem zweiten Mann der Witwe benannte „Emilie Henriette Machold" (vgl. Seiler, S.219) gewesen ist, tatsächlich sehr früh gestorben; ihr Tod ist am 27. Juni 1849 im Kirchenbuch der Kreuzkirche verzeichnet. Auch Grass nimmt an, daß das zweite Kind früh starb: Wie aber kam er dazu?

Grass kannte diese nach dem Erscheinen des ‚weiten Feldes' erschienene Veränderung in einer Ausgangssituation zur Archivlücke vermutlich nicht. Er legt sich indes, in seinen Versuchen, „tatsächliche Lücken mit den Kindern seiner Laune aufzufüllen", (vgl. WF, S.592) nicht fest: Das ist zu betonen, um einer hier erwartbaren Kritik von Seiten der Fontane-Experten zu begegnen! Zu der einen Version, wie dieser biographische Umgang mit Schuld- und Schamgefühlen Fontanes in dessen Romane hineingefunden haben könnte, zu der Version, Fontane habe das ihn beschämende Leben seiner standhaft gebliebenen Dresdner Geliebten Magdalena Strehlenow in einer Geschichte der Sozialdemokratie nachverfolgen können, erfindet er zeitversetzt, in der Version von Fontys Geheimnis um seine französische Geliebte, das glatte Gegenteil: Eine Frau, die sich zurückzog, die ihrer Liebe wegen einem sehr rüden politischen Kontakt ausgesetzt war, der ihr ‚für ein Leben reichte'. Aus dieser Linie entstand dann die sehr fleißige Studentin Nathalie Aubron.

Was hat das, diese an sich schon spannende Geschichte, die durch Seilers Beitrag noch spannender geworden ist, denn die Grass'sche Mutmaßungen sind hier – bis auf die Annahme, daß es sich um zwei illegitime Kinder der gleichen Mutter handle - eher bestätigt, als widerlegt worden, mit mir zu tun? Der verbummelte Student der Kunstsee-Szene hat dann, neben einigen untersuchungsbedürftigen Parallelen zu Fontane-Romanen, etwa zu „Mathilde Möhring", eben auch ein Pendant an einer Kernstelle der Handlung des ‚weiten Feldes', an einer Stelle, die eine Wende in der Substruktur dieses Romans einleitet. Das völlig blinde Motiv verbindet sich mit einer eminent wichtigen Stelle in der Handlung: Gerade diese Wende wird - über das hier eingeleitete wundersame Hinzukommen von Fontys illegitimer Enkelin - im Kontext dieser Studenten-Szene vorbereitet. Da gibt es eben eine Figur zwischen Fontane und Fonty, die in den gedoppelten Untergrundgeschichten die ‚Wunder'-Leerstelle einnimmt. Grass sucht in zwei miteinander gekoppelten Fiktionen zu Fontanes Dresdener Geliebten und zu Fontys Kriegsbekanntschaft Anschluß an eine Faktensituation aus Fontanes Biographie. Fontys Geschichte ist dabei zunächst die einer Wahlverwandtschaft: Durch Zufälle wie das um einhundert Jahre versetzte Geburtsdatum und den gleichen Geburtsort wurde dieses Nachleben sein ‚Schicksal', wählte er sich diese Verwandtschaft zu Fontane. Ein verbummelter Student macht dann aus dieser Wahlverwandtschaft eine reale Verwandtschaft. Die Fiktion will es so: Fonty ‚ist' ein Ururenkel Fontanes, weil es da einen verbummelten Studenten August Wuttke gegeben habe (WF, 685)! Durch ein Wunder – also mit dem dümmsten Trick trivialer Fiktionen, mit der kaum faßbaren Tatsache, daß Grass zwar Goethe[20] an den Anfang, doch die Mittel einer Courths-Mahler oder einer Marlitt an seine Schaltstellen setzt – wird aus der gewählten die tatsächliche Verwandtschaft.

Die wundersame Verwandtschaft schließt dann auch die ebenfalls wundersam hinzugekommene Enkelin Fontys mit ein. Das noch einigermaßen wahrscheinliche, das sozu-

---

[20] In den „Wahlverwandtschaften" hat der vom Autor gestaltete Zufall geradezu die umgekehrte Funktion: Als das Kind ertrinkt, das zufällig über seine Ähnlichkeit zum Hauptmann und zu Ottilie die Züge jener ‚ätherischen Nebenzeugungs-Szene' trägt, in der beide Beteiligten an ihre jeweils verbotene Liebe dachten, nimmt das Geschehen seine Wende hin zur Katastrophe.

sagen ‚dosierte' Wunder um Nathalie Aubron wird ergänzt und ausgeweitet durch das völlig unwahrscheinliche Wunder. Die Studentin ist damit die Enkelin des Ururenkels. Der verbummelte Student hat - als erfundener illegitimer Schwiegersohn Fontanes - sein Herkommen aus einem Fontane-Roman; sein Herkommen aus Dresdner Ruderszenarien, aus der dunklen Seite des Lebens Fontanes, wurde, den Linien verschiedener ‚blinder Motive' aus den Fiktionen zwischen „Irrungen Wirrungen" und „Mathilde Möhring" folgend, hinzuerfunden: Grass ist in diesem Bereich Fontane-Interpret. Darüber hinaus aber kommt er, als ein ‚verbummelter Student' mit einem, dem Fontane-Fonty-Verhältnis vergleichbaren Verhältnis zu einem anderen Autor, nämlich zu Grass, aus der Erzählgegenwart. Dort wurde ich, als der erwartbar den ‚blinden Motiven' hinterhergehende Leser, ‚zum Modell'. Hätte ich denn hier auch ‚ein Wunder', ein heimliches Wissen um dunkle Stellen der Grass-Biographie etwa, zu bieten?

Eben dies habe ich ja im ersten Aufsatz dieser Aufsatzsammlung versucht: Das kunstvolle Gespinst um die ‚Archivlücke' zu Fontane, die Geschichten, die Grass im Umfeld dieser unbekannten Geschichte von dessen unehelichen Kindern und seiner Dresdner Geliebten aus und zu den Romanen Fontanes erfindet, die Tatsache, daß er dabei Schuld- und Schamgefühle Fontanes im Alter in hohem Maße für interpretatorische Mutmaßungen zu den Fontane-Romanen fruchtbar gemacht hat, war auch geeignet, einen andere verkrachte Existenz ‚einzufangen': Grass hat ja keine Fontane-Interpretation geschrieben, sondern hat all dies auf die Erzählgegenwart hin orientiert. Die beiden dunklen Punkte zwischen Fontane und Fonty, dessen kleines Geheimnis mit der Enkelin ans Tageslicht kam, waren insofern eine Art Arbeitsauftrag: Dazu müßte es, so folgerte ich, wechselseitig auch so etwas wie die ‚Archivlücke' zu Günter Grass geben, die – im Bezug auf mich – die geheime Basis dieser Interpretationsumwege ausmachen kann. Ich leitete mir an dieser Stelle den Arbeitsauftrag ab, das private Unterfutter zur „Blechtrommel" zu interpretieren: In Form einer Fußnote führte dieser Komplex in dem Aufsatz zur Metaphorik, den ich an Grass geschickt hatte, ein Schattendasein (vgl. S.107 dieser Arbeit). War Grass hier – sozusagen – mein Fußnoten-Sklave? Die Ahnung, daß da, gerade in dieser Fußnote, mehr enthalten sei, war auch bei mir vorhanden – allein, ich traute mich nicht so recht, dem nachzugehen.

6. Der erste Satz: „Wahlverwandtschaften" – und ihr Ende!

Die beiden Details, der verbummelte Student als ‚blindes Motiv' und als trivialliterarisches Wendepunkt-Motiv, lassen sich also ausweiten. Das heimliche, am Schluß des Romans wie nebenbei angeschnittene Thema eines grundsätzlichen, wundersamen Wandels in einem ‚Wahlverwandtschafts'-Verhältnis kann vordergründig erklären, warum Grass etwa das Erscheinungsdatum des ‚weiten Feldes' auf den 28. August, auf Goethes Geburtstag, verlegen ließ. Es geht im ganzen Roman um ‚Wahlverwandtschaften', es geht auch um Goethes Roman als eine heimliche, sozusagen dem skeptischen Grundgefühl zum politischen Geschehen intuitiv die Richtung weisende Vorlage: In diesem Roman ‚wächst eben nicht zusammen, was zusammen gehört', obwohl es sehr lange danach aussieht. Vordergründig bleibt diese Erklärung einstweilen, weil auf dieser Ebene das eine Rätsel, das von Fontys wundersamem Herkommen, nur durch ein anderes, größeres Rätsel, das der Bezugnahme des Grass-Romans zum Vorbild von Goethes „Wahlverwandschaften" ersetzt wird. Der Bezug zu Goethes Roman kann dann - einstweilen immer noch vordergründig - auch erklären, warum Grass seiner Frau recht aufgeregt mitteilte[21], daß er seinen so schlicht scheinenden ersten Satz gefunden hatte.

> Wir vom Archiv nannten ihn Fonty; nein, viele, die ihm über den Weg liefen, sagten: „Na, Fonty, wieder mal Post von Friedländer? (...)" (S.9)

Nur kurz, einen Halbsatz lang, hat es hier so etwas wie den ‚auktorialen' Erzähler, den lieben Gott der Erzählung, der eine Figur ‚benennend' ins Leben setzt. Dieser auktoriale Erzähler ist - wie der Gott der Schöpfungsgeschichte, der seinen Menschen Adam ‚nannte' und ihm per Benennung Leben gab, - mit der Dichtermacht des ‚benennenden Wortes' ausgestattet. Doch das bleibt nicht so: Hinter einem Strichpunkt und einem ‚nein', die beide eine Kippsituation signalisieren, ‚antwortet' bereits die erfundene Welt. Viele sagten ‚Fonty' zu dem eben erst ‚Benannten', dem eben erst Geschaffenen! Wir befinden uns ‚medias in res': Aus dem Veranlassen im Schöpfungsprozeß wird ein Zulassen dessen, was ‚wir' vorfinden.

Genauso schlicht, mit ähnlichen Worten, ähnlichen ‚Hintergedanken' und einem ähnlichen Einbruch in ‚medias res' in einem zweiten Halbsatz, leitete Goethe seinen Roman um gewählte und elementare Verwandtschaften, seinen großen Vergleich zwischen den Affinitäten und Nichtaffinitäten der chemischen und der Menschen-Natur ein:

> Eduard - so nennen wir einen reichen Baron im besten Mannesalter - Eduard hatte in seiner Baumschule (...)

Den ‚lieben Gott' der Erzählung, der eine Welt ab ovo, aus einem Partikel, von einer Figur her denkend und ‚benennend' erschafft, gibt es auch hier eine Parenthese lang. Er nennt sich ‚wir': Das könnte, einem akademischen Sprachgebrauch entnommen, eher das Ich des Autors meinen, es kann aber auch eine Einheit von Autor und Leser bezeichnen, kann den Leser in eine Ko-Produzentenbeziehung zum Autor setzen. Dann aber, schon beim ‚zweitbenannten' „Eduard", ist der Leser wie der Autor mitten in der erfundenen Welt, einer Welt der „Wahlverwandtschaften", die anders abläuft, als ihr der zeitgenössischen Naturwissenschaft als Bildspender entlehntes Muster, nach dem sich findet, was zueinander gehört. Am Ende der ‚Wahlverwandtschaften' steht – dunkel - das Gegenteil zu jenen Erwartungen nach dem chemischen Muster; am Ende des ‚weiten Feldes' stehen dagegen sehr rätselhafte, in sich brüchige Happy Endings, die im letzten Buch des ‚weiten Feldes' aufgesetzt werden.

---

[21] Vgl. etwa: „Der Leser verlangt nach Zumutungen" (STERN-Interview vom 17.8.95). In: Oskar Negt (HG): Der Fall Fonty, Göttingen 1996, S.413

Ein erster Satz ist - sozusagen - immer ein Arbeitsauftrag: Ein Autor muß eigentlich nicht besonders betonen, daß da mehr ist, als was da steht. Es ist ein wenig typisch für den Umgang mit Grass, daß dieses vordergründige Nebeneinander zweier sich widersprechender Sachverhalte, daß diese irritierende Schlichtheit des ersten Satzes verbunden mit der im Interview bekanntgegebenen Aufregung über seine Entdeckung, eher seinen prominenten Arbeitsverweigerer als seinen Arbeitnehmer findet Vgl. etwa Hellmuth Karasek, „Ein zweites Feld": „(...) - mit diesem inzwischen berühmten Satz, an dem er, nach eigenem stolzen Bekunden, Jahre gewerkelt und formuliert hat, beginnt der neue Roman von Günter Grass". Karaseks „kolossal zeitsparende Version" aus Emmi Wuttkes Sicht beginnt dann mit: „Die vom Archiv nannten mich Fontäne." In: Der Fall Fonty, S.277.

Ist meine Schlüsselroman-Lesart auch eine mögliche Lösung für das grundsätzlichere Rätsel, das Rätsel der Bezugnahme zu den „Wahlverwandtschaften"? Ist der Leser, enggeführt hin zum ‚wahlverwandten' Musterleser, als den ich mich hier begreife, eine Art Ko-Produzent des Autors?[22] Wer sollte ich denn alles ‚sein' in diesem Roman? Fonty, der ‚seinem Autor' nachlebt? Der verbummelte Student im blinden Motiv? Das allzu simple Identifikations- oder Wiedererkennungsangebot kann hier nicht hingehen: Es entspräche dem Grass'schen Kunstverständnis nicht. Die oben genannte Stelle lese ich ja im Bezug auf mich bereits in einer Dopplung: Ich, als ein Fonty-Pendant, als ein ‚Nachlebender', hätte mich, mit mir selbst als verbummeltem Studenten konfrontiert, apart gefunden. Das ‚Aparte' ist ein Schlüsselwort in der Fontane-Interpretation; es meint das scheinbar Nebensächliche, das sowohl als verfeinerte als auch als abstruse Ausprägung eines Problems dieses Problem eben am deutlichsten darstellen kann: Der Schritt vom Besonderen zum Allgemeinen wird am ‚Aparten', an dem was ‚zur Seite' liegt, eben besonders deutlich. Und natürlich hätte ich ‚mich' apart gefunden - und das nicht zu knapp: Hätte ich einen solch narzißtischen ‚Studenten', jemanden wie mich, in meiner wie von mir selbst losgelösten Rolle als Interpret - zweckfrei, theoretisch und ‚heiter darüberstehend' - etwa in der Grass-Sekundärliteratur ausmachen können, so hätte des Interpreten Lieblingssport, die jeweils anderen Arbeiter im Weinberg des Herrn nur als die ‚ridikülen' Vorläufer zu betrachten, reichlich Futter gefunden. Es werden sich noch viele anders ähnliche Bezüge einer solch heimlichen Nachhilfe im ‚weiten Felde' der Selbst-Ironie auftun, in anderen Figuren, auch in Motiven, etwa in dem des Haubentauchers: Gilt hier, für diese Art einer Leser-Persönlichkeitskonstruktion oder - Rekonstruktion eine Vergleichbarkeit zu den „Wahlverwandtschaften", in denen die vier Hauptfiguren bei aller Verschiedenheit ihrer Charaktere ein Ganzes bilden, in dem jeweils Persönlichkeitsteile miteinander korrespondieren, die eine Figur die Ergänzung der anderen und jeweils auch das Ganze der Menschennatur in einer bestimmten Ausformung ist?

Grass konzipierte seine Romane jeweils so, daß der Autor die ‚Summe seiner Figuren'[23] zu sein habe; vor allem im „Butt" werden solche Muster in einer männlichen „Ich, das bin ich jederzeit"-Konstruktion und in dem ‚Austragen' der weiblichen Komponenten, der „Köchinnen in mir", zum Thema gemacht. Für diese Formen einer Ich-Konstruktion im Rahmen der vielfältigen fiktionalen ‚Gesellschaften'-Konstruktionen bietet sich das Adjektiv „selbstironisch" in einem hohen Maße an. ‚Eine' Gesellschaft ist für einen Schriftsteller ja ebenfalls immer eine ‚Summe von Figuren'; wenn das eigene

---

[22] Im Umfeld der Rezensionen zum ‚weiten Feld' betonte Grass gerade diese Rolle des Lesers als Koproduzenten des Autors. Vgl. dazu das folgende in indirekter Rede wiedergebene Interview:
„Literaturkritik als >Information< könne doch nur heißen, dem >unverbildeten< Leser auch eine Lektüre >außer Rand und Band< zu ermöglichen. Das Schmökern, die Lust, der Leser als Ko-Produzent des Autors - solche Prozesse müsse die Literaturkritik sachkundig unterstützen. Sie muß vergleichen, einordnen, nach Wirkungszusammenhängen fragen zwischen Realität, literarischem Ensemble und Einzelwerk. Harro Zimmermann, Süddeutsche Zeitung vom 7.1.95 in: Oskar Negt (HG): Der Fall Fonty, Göttingen 1996, S.410.

[23] Arnold, Heinz Ludwig (Hg.): Günter Grass. Text + Kritik, Erweiterte Auflage Heft 1/1a. [5]1978. Vgl. das Grass-Arnold Interview, S.30

Ich dies im fiktionalen Prozeß ebenfalls ist, entsteht eben ein Schnittbereich zwischen der ironischen Darstellung ‚einer' Gesellschaft in bestimmten Zeitrahmen und in einem bestimmten ‚Ausschnitt' und der eigenen, selbstironischen Ich-Bildung im Rahmen dieser Gesellschaft.

Die ko- oder reproduzierende Konstruktion eines Leser-Ichs entlang einer solchen ‚Summe von Figuren', die das Ich des Autors wie ‚die Gesellschaft' meint, bewegt sich in diesem Sinne im Rahmen eines ‚normalen' Leseprozesses. Doch wie sähe der Zugang zu jener Gesellschaft der neunziger Jahre, in der „sich das Sekundäre vor das Primäre geschoben hat" und in der die „permanente Selbstfeier des Sekundären" ‚den Zeitgeist nicht nur bestimmt, sondern verkörpert'? In meiner These vom Schlüsselroman für den einen Leser, den Musterleser, der sich dann selbst als Modell vorfindet, wird diese Methode eingeführt. Das hat - natürlich auch methodisch - seine Tücken: Ohne eine Figurenauswahl zum Beispiel wird diese Parallelaktion kaum zu realisieren sein! Ob das letztlich klappt, ob eine solche Interpretation letztlich bis in alle Einzelheiten ‚aufgeht', weiß ich nicht: Es gibt viele Figuren und Motive des ‚weiten Feldes', in denen ich bestenfalls Ansätze zu ‚meiner' Schlüsselroman-Lesart habe; bisweilen fehlt mir auch schlicht der Zugangsgedanke. Ich bin hier noch weit entfernt davon, ein solches ‚Aufgehen' meiner Schlüsselroman-These in allen Einzelheiten nachvollziehen zu können: Wichtig wäre hierbei, daß dieses ‚Zwecken der Zäserchen' zum genannten Ganzen dann tatsächlich in allen Bereichen zu erwarten wäre: Es entspräche jenem Kunstverständnis, daß ich an der Novelle „Katz und Maus" eingelöst zu haben glaube. Und deshalb kann ich einstweilen mein - in diesen Bereichen eben noch heuristisches - Schlüsselroman-Muster nicht zugunsten der ja zunächst näherliegenden These, daß solche Parallelen reiner Zufall seien und in der Natur des Themas lägen, aufgeben: Es wäre mir beinahe lieber, es wäre so, da es - angefangen beim Spion Hoftaller - eine Menge von Figuren gibt, in die ich mich eher nicht hineindenken möchte, zu denen ich keine ‚gewählte Verwandtschaft' entdecken möchte. Und es gibt - da es eben um eine Selbsterkenntnis geht - Bereiche, die mir inzwischen klar sind - und die ich gerade deswegen lieber verschweigen möchte!

7. *Der onanierende Mann am dunklen Seitenarm des Kunstsees*

Das für den ‚Normalleser' beinahe nur ‚blinde', für mich jedoch durchaus kompromittierende Motiv vom narzißtisch verbummelten Studenten mit Brille ist beispielsweise eng mit einem anderen Motiv verhakt, das ebenfalls nur für andre Leser ein beinahe ‚blindes' ist. Und wenn die These, daß gerade blinde Motive eng mit den Strukturen des Romans verbunden sind, einmal aufgestellt ist, läßt sie ein Aussparen andrer blinder Motive eben nicht mehr zu. Das hier zu besprechende blinde Motiv taucht dreimal - und beim zweitenmal eben unmittelbar nach dem ‚Studenten-Motiv' - auf.

Es geht um einen onanierenden Mann an einem Seitenarm dieses Kunstsees. Das Motiv taucht erstmals in einer Wasserpartie auf, in der Fonty alleine rudert.

> Dann tauchte er wieder die Riemen ein und gab sich mit mattem Schlag neue Richtung. Auf einem der Seitenarme, der nach längerem, von Biege zu Biege verzögertem Umweg wieder zur Mitte des Sees führte, ruderte er vorbei an dichtem Gestrüpp und knorrig verwachsenen Bäumen, die mit ih-

rem Wurzelwerk im Wasser standen. Ein wenig unheimlich dunkelte es. Auf Ufersteinen gaben die Reste eines Kleides scharlachrot ein Signal. Plötzlich auf einer Bank, verschattet, ein onanierender Mann. Das stehende Wasser roch. Entengrütze. Kein Boot kam entgegen. Hinterhältige Stille... Nichts erfreute... Ohne hilfreiches Zitat... Erst als Fonty wieder ins Freie ruderte, hatte er Wasserpartien im Kielwasser, die bei günstigem Licht verliefen und auf Papier gedruckt stehen. (WF, 395)

So viele ‚Signale', die - allgemein genommen: - zumindest Interpretationsbedürftigkeit signalisieren, die - in meiner Lesart - jedoch vor allem eins bedeuten: Grass tut's nicht ohne. Das war nicht nur die ‚Selbstbefriedigung' im Lesen und die ‚Sofortbildaufnahme' des verbummelten Studenten zum Hausgebrauch. Eine ‚Stille' zu diesem Thema ist als ‚hinterhältig' signalisiert; und doch möchte ich dieses Thema - weit davon entfernt, ‚ins Freie' gerudert zu sein, und ‚Wasserpartien', auch im Sinne der oben angesprochenen, für Fontanes wie Fontys dunkle Geschichte so wichtigen ‚Ruderpartien', „im Kielwasser", also hinter mir, zu haben - verdrängen, auslassen... Erst über Texte wie diesen ist dergleichen ‚ins Freie rudern' wohl möglich...

Denn Auslassungen werden hier eben als Auslassungen markiert, dick markiert, für mich unübersehbar markiert. Das folgende zweite Auftauchen dieses Motivs vom onanierenden Mann am Seitenarm schließt unmittelbar an den ‚Studenten mit Brille' an: Fonty rudert zusammen mit Hoftaller - und läßt hier wiederum etwas aus, läßt eben den Weg in den Seitenarm weg:

Ich hatte gehofft, er werde einen der verschwiegenen Seitenarme des Sees anrudern und dort die verschattete Stelle finden, an der gestern noch ein zerrissenes und obendrein scharlachrotes Kleid von einer Gewalttat, womöglich von einem Mord gezeugt hatte; doch Fonty wollte seinem Tagundnachtschatten um dieses Geheimnis vorausbleiben. (WF, 412)

Wenn wir versuchen, diese Geschichte fiktionsintern zu erklären, so ist sie sehr widersprüchlich. Fonty will seinem Tagundnachtschatten hier um ein ‚Geheimnis vorausbleiben', mit dem er - der alte Mann selbst - im Sinne einer Schuld doch wohl nichts zu tun hat, das für ihn ‚düster, hinterhältig still' und ‚verschattet' nur in dem Sinne ist, daß dieses ‚Nebenarm'-Thema einer sexuell motivierten ‚Womöglich'-Gewalttat in einem allgemeinen Sinne sinister ist. Es wäre ja umgekehrt eher wünschenswert, daß Fonty seinem „Tagundnachtschatten" mit den vielfältigen Beziehungen zu einem Spitzel- und eben auch Polizeiapparat hierzu einen Hinweis gäbe: Fonty könnte doch so an der Aufdeckung eines ‚womöglichen Verbrechens' mitarbeiten. Diese Detail-Geschichte, die ja auf die absurde Konsequenz hinausläuft, daß Fonty und das Archiv einen ‚womöglichen' Triebtäter, der sich eben auch noch weitere Opfer suchen könnte, schützen, läßt die Frage, wer wem ‚um ein Geheimnis vorausbleiben' will, das mit einer ‚Gewalttat, womöglich einem Mord' zu tun hat, hier unter der anderen Voraussetzung, daß Figuren und blinde Motive eben zu einer ‚Summe von Figuren' beizutragen haben, in einem anderen Licht erscheinen. Wo ‚Geheimnisse' so dick auftragend als solche signalisiert werden, rücken - angefangen bei Fontane- und Fonty-Geheimnissen - andere Geheimnisse ins Zentrum.

Der Roman „*Die Blechtrommel*" ist – in der Motivierung der Einweisung des Erzählers in die berühmte „Heil- und Pflegeanstalt", in der ja auch das biographische Unterfutter betreffenden Frage, ob Oskar die ‚Krankenschwester' ermordet hat oder nicht, so etwas wie die „Reste eines Kleides", die „scharlachrot ein Signal" gaben, wie jener

,mordverdächtige Fetzen', der erst einmal aus dem Wege zu räumen wäre... In der *Blechtrommel* ausgebreitet, also „gestern noch", lag „ein zerrissenes und obendrein scharlachrotes Kleid", das „von einer Gewalttat, womöglich von einem Mord gezeugt hatte" – und es stimmt auch, daß Fonty – in diesem Falle wäre das Grass - seinem Tag- undnachtschatten – in diesem Falle wäre ich das – „um dieses Geheimnis vorausbleiben" möchte: Ich konnte Oskar diesen Mord bis jetzt nicht nachweisen – und fand in meinem 781-Seiten-Spickzettel, dem ‚weiten Feld' auch keine weiteren Tips dazu.

Sehr viel wichtiger jedoch ist hier: Eine Parallele dieser ‚Geheimnisse' in sexualibus entsteht für mich beschämenderweise bestenfalls unter der Annahme einer Koinzidenz der Gegensätze: Die Untergrundgeschichte der „Blechtrommel" könnte als ein solches ‚Wegräumen' eines ‚scharlachroten Kleides', eines ‚mordverdächtigen Fetzens' gedeutet werden, weil es nicht möglich war, daß Grass sich dieses Kleid zu dieser Zeit sozusagen angezogen hätte: Ein ‚scarlett letter' als Stigma auf einem Kleide reicht ja bekanntlich schon. Überall dort, wo ich in der Untergrund-Geschichte der „Blechtrommel", der von Oskar Matzerath nicht ‚zugegebenen' Beteiligung an der Geschichte des Mordes an einer ‚Krankenschwester' oder einer ‚kranken Schwester' und den ihm so freizügig aus der Feder fließenden Mordgeständnissen an der Mutter, den beiden Vätern, ja sogar dem vor seiner Geburt ‚abgetauchten' Großvater ein ‚Ins-Freie-Rudern' des Autors aus einem ‚Seitenarm' hätte entdecken können, überall dort also, wo diese Geschichte auch die einer sexuellen Emanzipation ist, wo der potentielle Mörder und Frauen- und Liebefeind Oskar Matzerath in seiner Oppositions- wie in seiner biographischen Beziehung zum Autor die Figur einer sehr schmerzhaften Selbstanklage und jenes Ungeheuer ist, das entsteht, wenn die Vernunft schläft, wählte ich den umgekehrten Weg, den Weg in den Seitenarm zum Kunstsee. Grass hat seine ‚oskarzenie', seine ‚Selbstanklage', hinter sich, hat sich mit dem ‚Oskar' in sich auseinandergesetzt: Ich, der neue ‚Gitterbett'- Bewohner, habe das eben hier noch vor mir! Es ist bezeichnend, daß gerade an der Stelle, an der der Interpret oder der Nachlebende eine ‚dunkle Geschichte' seines Autors hätte entdecken können, ein verbummelter Student eingesetzt wird, der die Wahlverwandtschaft zur Verwandtschaft werden läßt: Da zumindest habe ich auch inhaltlich etwas ‚verbummelt', das meine Deutungsansätze zu Grass in ein anderes Licht rückt.

Es hilft also nichts: Mein ‚Geheimnis', die Frage nach dem, was ich „Anstelle von..." getan habe, durch welche ‚Gewalttat' bis hin zum ‚womöglichen Mord' an irgendwelchen weiblichen Seelenteilen es denn bei all dem ‚Geheimnisträger-Wissen', das unter die Leute sollte, zu soviel Resignation oder ‚hinterhältiger Stille' kam, will hier zuerst benannt sein, bevor - im Figurenkonglomerat, das ich sein könnte - irgendein Mädel auftaucht, das von solchen Geschichten scheinbar nichts zu wissen braucht und sich auch vom allgemein Düsteren des Ortes nicht berühren lassen muß. Der onanierende Mann am nach Entengrütze stinkenden Seitenarm über trüben Wasser: Das war ich genauso, wie ich dieser verbummelte Student mit Brille war.

Was soll das? Was interessieren ihn meine Fingerspiele, was haben sie ihn zu interessieren? Fragen nach den Formen einer dazu gehörigen Recherche will ich hier erst gar nicht stellen; belassen wir's bei der Formel, daß hier wohl nur der allzu gründlich getroffene Hund jault. Denn wieso sollte nun ausgerechnet Grass zu einer Art Moral-Apostel werden?

Gerade im Umfeld des Erscheinens von ein ‚weites Feld' betonte Grass in verschiedenen Interviews das Gegenteil:

> Zu mir kommen 50- und 60-jährige, die Bücher von mir unter der Bettdecke gelesen haben, weil sie verboten waren im Elternhaus. Die haben, seit sie „Katz und Maus" gelesen haben, fröhlicher und unbeschwerter onaniert. Das war ein großes bildendes Erlebnis. Es galt als Tabuverletzung, daß ich das Onanieren als etwas gänzlich Ungefährliches und zum Leben Gehörendes dargestellt habe.[24]

Unbeschwert zu onanieren als ‚großes bildendes Erlebnis': Das hört sich an dieser Stelle platterdings platt an. In „Katz und Maus" läßt sich nachvollziehen, wie dieses scheinbar so einfache Ergebnis auf sehr komplizierten Wegen erreicht wird. Die Onanieszene des dritten Kapitels steht in vielfältigen Bezügen etwa zum Selbstbefriedigungszirkus der Ritterkreuzträger-Verbände, zu den sexuellen Zeugungsphantasien, die sich etwa in den Vorträgen der drei Ritterkreuzträger aussprechen: Das psychologisch-psychoanalytische Bildmaterial zu solchen sexuellen Befreiungserlebnissen ist nicht zuletzt in hohem Maße Bestandteil einer Religions- und Ideologienkritik in dieser Novelle; diese Befreiung setzt eine Auseinandersetzung mit den ideologischen und auch religiösen Formen einer Unfreiheit voraus, die auch dieses private Feld besetzt haben.

Im ersten Aufsatz dieser Sammlung habe ich dargelegt, daß einer sexuellen Emanzipation des Autors Grass in der Auseinandersetzung mit seiner Mutter, die ihre Vergewaltigungserlebnisse nicht verwinden konnte, und mit seiner Schwester, die sich ‚in ein Kloster verrannt hatte', sehr schmerzhafte und in höchstem Maße selbstkritische Umwege vorgeschrieben waren. Der Pakt mit dem Teufel Oskar diente auch einer solchen sexuellen Befreiung. Gibt es so, wie es eine Verwandtschaft des Fonty'schen mit dem Fontane'schen Geheimnis gibt, auch eine solche zwischen dem Grass'schen und dem seines Nicht-Nachlebenden? Eine ‚Kontrastmittel'-Beziehung sozusagen, die im Nicht-Nachleben, in der Folgenlosigkeit des Erkannten, in den Wirkungen des Individuell-Ungelösten die Lösung, das ‚Herz' der *Blechtrommel*, deutlich werden ließ?

Im Gedicht „Sieben Sachen" aus „Fundsachen für Nichtleser" (vgl. S.30 f.) hat Grass hierfür ein sehr interessantes Bild gefunden. Zu seinen ‚Sieben Sachen', zu alledem, was ihm ‚naheliegt', wenn es gilt ‚seine sieben Sachen' zu packen, sich – der Reise halber – auf das Notwendigste zu beschränken, gehören eben: „Auch Papier und Tinte, / dieser mal fließende, mal tröpfelnde Tripper, / mit dem mich eine der Musen / in jungen Jahren geimpft hat." Die Tinte, das Medium seines Schreibens, wird ihm hier zum „Tripper", der ‚mal fließend, mal tröpfelnd' zu Papier kommt. Dieser Ausfluß einer ‚Geschlechtskrankheit', einer Krankheit seines Geschlechtes, des Geschlechtes der Männer sozusagen, wird zum Basisbild des Schreibens. Die Muse, die ihn in jungen Jahren damit ‚geimpft', also nicht infiziert, sondern immunisiert hat, wäre eben etwa die Mutter, die ihre Vergewaltigungserlebnisse nicht verwinden konnte, oder die ‚kranke Schwester', die deswegen ins Kloster wollte. Das, was ihn damals ‚krank' gemacht hatte, hat ihn

---

[24] Grass im Interview mit der ‚Bunten' in: Oskar Negt, Der Fall Fonty, S.456.

auch immun gemacht gegen jene ‚Geschlechtskrankheit', die eben doch als ‚Ausfluß' aufs Papier muß: Doch das wäre ein ‚impfender Ausfluß', wäre Gegengift im Gift.

Hier jedoch spräche der Nicht-Geimpfte, der Infizierte, der, an seiner Krankheit heimlich leidend, die Gegengift-Wirkung des ‚impfenden Tintentrippers' theoretisch beschreiben kann, der aber – was sein Leben angeht – anscheinend ‚nicht lesen' kann: Sozusagen die neueste aparte Variante des anfangs angesprochenen Nichtlesenkönnens.

8. „Novemberland" - oder „Der Schlaf der Vernunft erzeugt Ungeheuer": Mich etwa?

In „Novemberland" gibt es einige Sonette oder Sonett-Strophen, die ich auch in dieser auf mich bezogenen Form lese. So wäre etwa die folgende Strophe ein Nachtrag zu den oben genannten (vgl. S.203 dieser Arbeit) ‚Dornentunnel'-Überlegungen, an denen ich in der Nachbearbeitung meiner Dissertation arbeitete: „Auf alte Zeitung, die im Garten treibt, unstetig, / und sich an Dornen reißt, auf Suche nach Ästhetik, / schlägt wütig Gegenwart, ein rüder Hagelschauer; November spottet aller Schönschrift Dauer."[25]

Das zugrundeliegende Bild in einer allgemeinen Lesart wäre das einer alten Zeitung, die vom Wind in den Rosenbüschen im Garten herumgetrieben wird und in einen novemberlichen Hagelschauer gerät. Zu diesem Bilde will ja das Aktivische an diesem Prozeß zunächst nicht passen: ‚Die alte Zeitung' reißt sich ‚auf der Suche nach Ästhetik' ‚unstetig' an Dornen; und die „Gegenwart", der gegenwärtige „November" des „Novemberlandes" als ein solcher die Zeitung zerfetzender Hagelschauer, spottet „aller Schönschrift", also aller Kunst, „Dauer".

In einer Paraphrase zu meiner Lesart stünde eben dieses Aktivische im Vordergrund: Ich war, mit solch ‚alter Zeitung'[26], mit der Novelle „Katz und Maus", sozusagen schwanger gehend, jener ‚neunte Monat November', der sich ‚im Garten' etwa jener Dornentunnel-Szenerie ‚unstetig', also nicht kontinuierlich ‚herumtrieb' und der sich dabei, auf Suche nach Ästhetik, an Dornen riß, an denen des von Grass beschriebenen ‚Dornentunnels' etwa. Anhand dieser ‚alten Zeitung' – der Novelle „Katz und Maus" - machte ich mir Gedanken um ‚aller Schönschrift Dauer', um die in der „Rättin" zum Thema gewordene Fortwirkung von Kunst. Doch genausogut riß ich mich dabei an jenem ‚Dorn', an dem sich - auf Suche nach anderer ‚Ästhetik', etwa der eines geistigen Selbstmords - ein onanierender Mann ‚reißt'; genausogut war es eben diese ‚Gegenwart' im „November", die eben ‚aller Schönschrift Dauer' spottete.

---

[25] Grass: Novemberland, S.19.

[26] Grass in einem Interview mit Jochen Hieber, Frankfurter Allgemeine Zeitung: »Wann immer ich mich schreibend mit der unmittelbaren Gegenwart beschäftigt habe, (...) hat sich die Kritik besonders erregt. So geschieht es jetzt auch mit „Ein weites Feld". Wenn man jedoch die frühen Bücher, „Die Blechtrommel", „Katz und Maus" oder eben die „Hundejahre", heute wieder liest, dürfte man bemerken, daß die darin geschilderten Perioden der unmittelbaren Nachkriegszeit historisch geworden sind. Natürlich haben sich die Texte nicht verändert, aber sie bieten nicht mehr diese politischen Reizpunkte. Das wird auch mit „Ein weites Feld" geschehen.« In: Oskar Negt, Der Fall Fonty, S.453.

Diese Verbindungen des privaten mit dem öffentlichen Thema liegen mir ziemlich im Magen. Das Ergebnis einer Lektüre von „Katz und Maus" führte hier – fern davon, ‚frei', ‚unbeschwert', ‚fröhlich' oder sogar als ‚großes bildendes Erlebnis' bezeichnet werden zu können, - schlicht nur zu einer anderen Version jener permanenten ‚Selbstfeier des Sekundären', die ‚den Zeitgeist' nicht nur bestimme, sondern geradezu verkörpere: Selbstbefriedigung hier, in ihrer ‚aparten', banal-resignativen Form; Selbstbefriedigung dort in ihren sublimen Formen der permanenten, unter Wiederholungszwängen stehenden Selbstfeier des Sekundären...

Der Zyklus „Novemberland" ist im Vorfeld des ‚weiten Feldes' entstanden. Grass betonte sehr oft, daß seine Lyrik, obwohl sie eigenständig ist, häufig den Charakter komplexer Vorformen zu seinen Romanen hat. Auch in den Bilderbögen des Sonetts „Vorm ersten Advent" aus dem Zyklus „Novemberland" erscheint dieses Motiv:

„Was teuer wird: das Leben, der Kredit, Benzin! / Im kahlen Garten spärlich Hagebutten glühn. / Auf allgemeinem Grau ein Farbenklecks / erinnert uns an Ehestreit und sommerlichen Sex."

Die Hagebutte ist das, was von der Rose, dem Liebessymbol im ‚allgemeinen Grau' des Novemberland-Gartens übrigblieb; aus den ‚spärlich', aber immerhin in größerer Zahl glühenden Hagebutten wird ‚ein' Farbenklecks. Was im allgemeineren Bezug mit dem ‚sommerlichen Sex' gemeint ist, wird vielleicht in der nächsten Strophe deutlicher:

„So abgefackelt nach nur bißchen Lustgewinn / krümmt sich Novemberland, bekümmert vom Gebrüll: / kein Penis mehr, doch tausendmal ein Skin / steht für Gewalt und unversorgten Müll."

‚So abgefackelt' wie eine Rose, die ihre Blütenblätter verloren habend, zur Hagebutte geworden ist, ‚krümmt sich' das ‚Novemberland'. ‚Nach nur bißchen Lustgewinn' erscheint etwas in diesem Garten, das kein Penis mehr ist: Das Bild blendet also über; aus einem novemberlichen Rosenstrauch mit vielen Hagebutten wird das Bild eines gekrümmt stehenden Mannes: Eine Novemberland-Personifikation. Zunächst einmal sind die vielen Hagebutten am novemberlich kahlen Rosenstrauch, dem kahl gewordenen ‚Liebesbild', dann also Bilder für die Skinheads, auch die in den Nadelstreifen, die – in ihrem ‚abgefackelten' Glühen – für das stehen, was von der ‚Vater- oder Novemberlands''-Liebe der Vereinigungszeit übrigblieb: für Gewalt und unversorgten Müll noch aus den Zeiten der sogenannten Vergangenheitsbewältigung.

Dann aber, in meiner Lesart, die - leider - den Vorzug bietet, gegenüber diesen Versuchen zu einer allgemeinen Lesart sogar klarer zu sein, kippt dieses Bild: Aus den vielen Farbenklecksen, den vielen Hagebutten und Skins, wird der eine. Meine ‚Selbstfeiern' mit etwas, das ‚kein Penis' mehr ist, wohl aber ‚tausendmal' jener Skin, der sich beim Onanieren zeigt, verbirgt, zeigt usw., stehen – so gekrümmt - auch für ‚Gewalt', die sich vor allem gegen mich selbst richtet, und für unversorgten Müll – etwa dem aus meinem Kopf, der verhindert, daß ich mit mehr als diesem ‚bißchen Lustgewinn' dazu beigetragen hätte, den oben genannten ‚Vergangenheitsbewältigungs'-Müll etwa mit Grass-Interpretationen zu ‚versorgen'. All das steht nunmehr vor meinem ‚ersten Advent', meinem ersten Ankommen als eine Art literarischer Möchtegern-Erlöser, der –

solches planend – nur die Fronten wechselt, den ‚Selbstfeiern' eines Sekundärbereichs, der vor dem Primären steht, zufällt, in einer Art Leichenfledderei der Grass'schen Kunst gar Karriere macht?

In der letzten Strophe werden diese ‚Vereinigungsfeste', die ‚man' ‚sich ganz unverhofft bereitet', auf ein ganz anderes ‚Fest' bezogen:

„Der gilt als schlau, der rechnet in Prozenten / den fremden Anteil nach bei deutschen Renten, / als könnte jenen eine Rechnung dienen, / die schweigend grinsen hinter den Gardinen, / wenn draußen Mölln ist, unsre kleine Stadt, / die sich ganz unverhofft ein Fest bereitet hat."

Es gehörte zu meiner Lehrerrolle – ich arbeite als Lehrer für ‚ausbildungsbegleitende Hilfen' mit Lehrlingen –, mich mit einem wachsenden Rechtsradikalismus bei meinen Schülern auseinanderzusetzen, in dieser Form „als schlau" zu gelten. Mit solchen Schein-Rationalisierungsversuchen kommt man diesen Form eines ‚Fest'-Gefühls nicht bei; diese Rechnung kann zu einer ernsthaften Auseinandersetzung mit solchen Tendenzen nicht dienen: Draußen ist Mölln, ‚ein Fest' wie das vom 9. November 1938, wozu einige ‚schweigend hinter den Gardinen grinsten'. Was war drinnen? Hat sich da auch jemand ‚ein Fest' mit ‚nur bißchen Lustgewinn' bereitet? Hat etwa sogar auch dazu ein ganz anderer Irgendjemand – ‚wir vom Archiv', ein ‚Hoftaller', irgendein I.M. i.A. – schweigend hinter den Gardinen gegrinst?

Wie auch immer: Der Sonettzyklus „Novemberland" ist in diesem Zusammenhang der für mich härteste Text. Grass geht dort etwa ‚so nett' mit mir um, wie Goya mit seinen Zeitgenossen in jenem Bilderzyklus „Der Schlaf der Vernunft erzeugt Ungeheuer".

Das Hauptbild des Zyklus und seine Deutung steht im Zentrum der Grass-Rede „Der Traum der Vernunft" vom Juni 1984. Im Zusammenhang mit der ‚Rättin' habe ich dieses Bild angesprochen (vgl. S. 154 dieser Arbeit). Grass seinerseits hat seine Figur Oskar Matzerath als „eines der Ungeheuer, die entstehen, wenn die Vernunft schläft", bezeichnet[27]: Wie paßt dies etwa in die Interpretationszusammenhänge des ersten Aufsatzes dieser Sammlung, in dem Oskar als ein negatives Alter Ego zur Unvernunft des bei Kriegsende siebzehnjährigen und in der Folge harthörigen Möchtegern-Künstlers Grass verstanden wurde?

Daß die Emblematik von Goyas Grafik, die ja einem Bilder-Zyklus voransteht, im Zusammenhang etwa mit einer historischen Entwicklung der Aufklärung in Spanien sehr weitreichende „Spekulationen zuläßt" (vgl. IX, S.886), läßt sich etwa an Lion Feuchtwangers Roman „Goya" ablesen, der wie im Hinblick auf dieses Emblem und den ihm zugehörigen Bilderzyklus geschrieben ist. Feuchtwanger erklärt und betont die Beziehungen einer Wiedererkennbarkeit historischer Figuren in diesem Zyklus, die Grass in seiner Rede etwa völlig ausspart: Daß in jeder einzelnen der abgebildeten, erfundenen und trotzdem deutlich wiedererkennbaren Figuren, von der Herzogin von Alba bis zur Königin und dem König usw., jeweils die Vernunft schlief oder unvernünfti-

---

[27] Grass, Zimmermann: Vom Abenteuer der Aufklärung, S.48.

gen Träumen anhing, ließ sie erst zu dem jeweiligen Ungeheuer werden, als das sie sich nun wiedererkennen müssen. Feuchtwanger erklärt und betont den genialen Trick, mit dem Goya etwa die Veröffentlichung des Zyklus gegen die Widerstände der Inquisition und gegen die Gefahr für Leib und Leben erreichte, die mit dieser Veröffentlichung für ihn verbunden war. Der Hofmaler setzte seine Stellung nunmehr bewußt aufs Spiel; als Hofnarr, der erkannt hatte, in welcher Form seine Vernunft schlief oder wie er, inmitten einer solchen ‚Gespensterumgebung' seinerseits Unvernünftiges, den Traum vom ersten Maler etwa, geträumt hatte, war er zum Ungeheuer des Deckblattes, dem inmitten seines Nachtgetiers „über seinem Schreibwerkzeug schlafenden Mann" (vgl. IX, S.886) geworden. Goya spannte den Hof in die Veröffentlichung ein, ließ die hier abgebildeten Regierenden, allen voran die Königin, ihrer Geldgier folgend, die eigenen ‚Ungeheuer'-Porträts unters Volk bringen. Sehr wichtig für den Grass'schen Zusammenhang ist der bei Feuchtwanger betonte Gedanke, daß niemand außerhalb dieser im Emblem festgehaltenen Regelhaftigkeit steht: Ein jeder wird eben zu genau dem Ungeheuer, das er ist, das er – Unvernünftiges träumend und realisierend, oder die Vernunft zu einem unvernünftigen Tun schlafen lassend – als Akteur wie Betrachter aus sich macht oder machen läßt! Das Gesellschaftsbild Goyas, der Bilderzyklus, steht am Ende eines Gesellschaftsbildes Feuchtwangers, des Romans zur Biographie Goyas im Spanien des ausgehenden 18. Jahrhunderts.

In diesen sozusagen unbestellten Porträts nahm der Hofmaler sein bis dahin anderen Überlegungen folgendes Werk quasi zurück; zu jenen Porträts, die bis dato durchaus einer ‚Bildwahrheit' verpflichtet waren, dabei jedoch immer das Einverständnis der abgebildeten Auftraggeber voraussetzten, setzte er das abschließende Bild des jeweiligen Ungeheuers: Alles, was den Kerngedanken hätte beschönigen können, daß entweder das Realisieren unvernünftiger Träume oder das Schlafenlassen einer Vernunft dieses jeweils erkennbare Monster hat entstehen lassen, war nun weggelassen. Die Königin selbst brachte so ihr Porträt, das sie auf ihre „wüste, geile Häßlichkeit"[28] reduzierte, sie älter, geiler und häßlicher machte, als sie war, in Umlauf: Dieses Ungeheuer war der Kern ihres Lebens!

So reduziert, als Monstrum bei seiner Lieblingsbeschäftigung, sich ‚an Dornen reißend auf der Suche nach Ästhetik', als ‚gekrümmt' über etwas, was ‚kein Penis mehr, doch tausendmal ein Skin' ist und ‚für Gewalt und unversorgten Müll' steht, finde ich mich im Szenario der zeitgenössischen Monstren in „Novemberland" als Hauptfigur wieder, als Figur dessen, der da kommt – und doch ist er ‚schon da, multipliziert', als Figur, deren ‚Adventsgebrüll' unerträglich ist, dem man ‚den Knebel' sucht: In solchen Selbstporträtierungsnotwendigkeiten, bei denen „jeder Nachbar, ringsum alle Welt / als Unglück treiben sieht, was unsres Glückes Keim"[29], hat man diesen Knebel – und das nicht zu knapp – gefunden! Wieso muß ich das hier eigentlich veröffentlichen? Soll Grass sich doch selbst seinen Musterleser mimen, soll seinen Krempel selbst interpretie-

---

[28] Lion Feuchtwanger: Goya oder Der arge Weg der Erkenntnis, Berlin und Weimar, 1966, S.645.
[29] Grass: Novemberland. S.7

ren? Und für ein solches Vertreiben des eigenen Porträts gibt's nicht einmal die „1 500 000 Realen", die jene ohnehin überreiche geile Alte sich erwarten konnte!

So ist an dieser Stelle auch noch ein kleiner Nachtrag nötig zu jenem Denkmal-Besteige-Satz, daß „Hoftaller sein Objekt aus verehrender Zuneigung so prominent erhöht sehen wollte" (vgl. WF, S.598). Nachträglich könnte auch die ‚Tatsache', daß die Autoren-Gattin Photos machte, auf denen der ‚sich in Vergleich gebracht habende', sitzende Nachlebende in der Fiktion zu sehen sein müßte, während da realiter nur Luft war, eine Pointe haben, die einem »Wäre ridikül, mich als >heiter darüberstehend< zu porträtieren!« (WF, S.10) neues Futter gibt. In der Fiktion stellt sich die Frage: Wie hat Hoftaller es denn tatsächlich geschafft, den Nachlebenden auf dieses Denkmal, auf dem er sich – sitzend – in Vergleich zur sitzenden Bronze, die ja nach falschem Modell, dem Modell des Sohnes Theo, gearbeitet war, hinaufzubringen? Die wohl wahrscheinlichste Antwort bietet Fontys Sohn Theo; er hat ein wenig Dreck am Stecken:

> Bei Friedel, den der Vater uns gegenüber einen „Gesinnungstrampel und Wahrheitshuber" nannte, war, außer pietistischen Traktaten, nichts zu holen gewesen. Blieb, wenn man von Martha - „Diesem Pechmatz!" - und ihrer eher banalen Kaderakte absah, nur der mittlere Sohn Teddy übrig, der, weil doppelt belastbar, unter Verdacht stand und - nach Belieben herbeizitiert - vor dem Denkmal anwesend war: einerseits als Ministerialrat auf Informantenliste, andererseits als Intendanturrat, der, anstelle des Vaters, dem Bildhauer Wiese Modell gesessen hatte. (WF, S. 588 f.)

Sozusagen über ein Figurengemisch der realen Kinder, nicht der ‚Kinder seiner Laune', wird der Nicht-Nachlebende aufs Denkmal, wo man ihn nicht sieht, heraufbefohlen: Vor seinem ‚ersten Advent' als „Gesinnungstrampel und Wahrheitshuber" mit – mutatis mutandis – neu-pietistischen Traktaten, stünde erst einmal die weibliche Komponente, diese Martha, die für das Banale an dieser „Kaderakte", dieser Karikatur vom sich in Vergleich bringenden Selbstbefriediger, steht: Davon, von Mitleidsmomenten, muß man in diesem Zusammenhang, der auf das griffige Bild, auf das vom Schlaf der Vernunft erzeugte Ungeheuer hinauswill, leider ‚absehen'. Bliebe nur der mittlere Sohn Theo übrig: Theo heißt im Fontane-Fonty-Umfeld jeweils der Vater, Theo jeweils der Sohn. Die sitzende Bronze ist nach falschen Mustern konzipiert – und einem jeden Adventismus des auf Größe versessenen Nicht-Nachlebenden steht nun etwa jener Spruch des alten Stechlin im Wege, den er dort oben auch hätte sagen können oder sollen:

> „Jetzt hat man statt des wirklichen Menschen den sogenannten Übermenschen etabliert; eigentlich gibt es aber bloß noch Untermenschen, und mitunter sind es gerade die, die man durchaus zu einem >Über< machen will..." (WF, S.594)

Vor allem aber steht ihm beim allzu theoretisierenden Sich-in-Vergleich-Bringen zu den ja immer falschen Modellen ein vielleicht allzu reales Photo eines solch ‚etablierungssüchtigen Untermenschen' im Wege:

> Er mochte als Theo Wuttke an seinen Sohn, den Ministerialrat im Bonner Verteidigungsministerium, denken, an diesen Prinzipienreiter, der seinen Eltern seit Jahren weder Brief noch Gruß geschickt hatte und sich als amtlicher Geheimnisträger, wie Fonty befürchten mußte, in Schwierigkeiten gebracht hatte. Weil sein Tagundnachtschatten nichts sagte, sprach das Objekt: „Erinnert mich kolossal an Teddy, von dem wir, dank Friedels freundlicher Vermittlung, ein Photo in sitzender Haltung haben, das meine Emilie wie eine Reliquie hütet." (WF, S.583)

Theo Wuttke, der Sohn, der ‚amtliche Geheimnisträger', der etwa um das Geheimnis des Autors Grass wußte, hat - der Fiktion folgend - Hoftaller jenen Zwang auf Fonty ausüben lassen, der ihn zur Besteigung des Denkmals brachte. Könnte es sein, daß man nun, dank Friedels, des ‚Gesinnungstrampels und Wahrheitshubers' freundlicher Vermittlung – sozusagen auf den von mir oben erwähnten, brieflichen Vorschlag, bei den Grass-Forschern nach deren persönlichen Konsequenzen nachzuforschen oder nachforschen zu lassen, - ein ‚Photo in sitzender Haltung' besitzt, das ‚seine Emilie' - oder Ute - für alle Fälle, etwa für den Fall, daß ‚der da kommt', zu größenwahnsinnig wird, auch für einen posthumen, einen ‚Reliquienhandel' betreibenden Umgang mit dem Autor ‚hütet'?

Dieses ‚Photo' ist – seit „Novemberland" sozusagen - ohnehin schon als Goya'sche Karikatur, als Bildspender fürs ganze Novemberland in Umlauf. Doch was soll das hier werden? Will ich wirklich das Gegenbild dazu, das ‚Ungeheuer' von einem Autor entwerfen, der zu Stasi-Methoden griff, um mir, seinem vielleicht treuesten Leser, das beizudrücken? Man photographierte bekanntlich auch beim Denkmal jene Stelle, auf der jemand ‚in sitzender Haltung' in Vergleich gebracht hatte – und doch nicht da war. Oder war er doch da? Auf dem Photo nachträglich erkennbar? Im „Novemberland"-Sonett „Außer Plan", in dem sich jenes ‚Dornenreißen'-Motiv findet, gibt es auch „die blassen, stilgerechten Knaben, / die sich, auf Wunsch, der Stunde Null verschrieben haben. / Jetzt jammern sie, weil selbst auf Stasispitzel / Verlaß nicht ist, um Zeilenschwund und momentanen Kitzel." Soll auch ich – so bespitzelt – hier so jammern? Nun gut, Grass hatte seinen mittlerweile ‚enttarnten' ‚verdeckten Ermittler' in Dieter Stolz, einem Berliner Germanisten, der für ihn am Fontane-Archiv und bei der Treuhand recherchierte: Gab's da noch weitere, mit anderem Spezialwissen, die sich – und nicht einmal auf Stasi-Spitzel ist Verlaß – nun mir als blassem, stilgerechtem Knaben, der sich – etwa um 1990 in seinem neuen Beruf – ‚auf Wunsch' seiner ‚Stunde Null' verschrieben hatte, widmeten? Wäre der eine Leser, der diesen ‚argen Weg der Erkenntnis' – so untertitelt Feuchtwanger seinen Goya-Roman - hindurch muß, diesen Aufwand wirklich wert? Ich will hier raus... Kein Archiv ohne Lücke: Das ist doch alles nur erfunden – auch wenn's trifft! Der konnte sich doch ausrechnen, was ich – anstelle von – machte?

Im ‚weiten Feld', das auch in diesem Bereich ein solches bietet, gibt's immerhin als eine Art Rollenangebot eine Madeleine. Ob jenes Mädel in mir dann diese Magdalenen-Wandlung von der Hure zur Madonna, die mit dem dritten Wiederauftauchen des Seitenarm-Motivs verbunden ist, einigermaßen schaffen und wundersam zur fleißigen Studentin werden kann: Ich weiß es nicht... Denn dies schreibend sitze ich immer noch nur meinem Computer gegenüber, lasse es ‚klicken', entwerfe ein neues Bild, das herumzuzeigen wäre – auch wenn es mich kompromittiert.

> Dann hörten wir nichts mehr. Madeleine ruderte das Boot in jenen Seitenarm des Neuen Sees, der gleich einem toten Gewässer modrig roch und in dessen Uferbiege das zerrissene scharlachrote Kleid auf Steine gebreitet lag. Aber Fonty hat uns gegenüber später beteuert, irgend jemand müsse den mordverdächtigen Fetzen weggeräumt haben, nichts Schreckliches habe die Stimmung eintrüben können, und gar nicht unheimlich sei seiner Enkeltochter der dunkle Wasserarm gewesen. Ich kann das bestätigen: Kaum war das Boot wieder in Sichtweite, sahen wir La petite gefragt und ungefragt plaudern. (WF, 424)

Madeleine ist in dieser Situation ‚am Ruder': Sie läßt - im Gegensatz zu einem Fonty, der zusammen mit Hoftaller dorthin eben nicht ruderte - diesen Weg nicht aus. Was dort am Seitenarm geplaudert wurde, bleibt unbekannt: ‚Wir hörten nichts mehr' und müssen uns auf das verlassen, was Fonty später ‚beteuert'. Ob die beiden überhaupt über dieses Thema geredet haben, bleibt unklar: Der ‚mordverdächtige Fetzen' war ‚weggeräumt'; und es ist unwahrscheinlich, daß Fonty selbst ‚die Stimmung eintrüben' wollte. Dadurch jedoch kann das eigentlich Unheimliche an diesem dunklen Wasserarm der Enkelin gar nicht auffallen, diese Dunkelheit des Wasserarms wird plaudernd überwunden: Sie ‚plaudert gefragt und ungefragt'.

Dadurch jedoch ist Nathalies Eintritt in diese Geschichte ebenfalls mit einem blinden Fleck versehen und markiert. Es gibt etwas, von dem sie als Figur nichts weiß, nichts wissen kann - und in einem schweigenden Einverständnis all derer, die davon wissen, nichts wissen soll. Ganz gleich wer den „mordverdächtigen Fetzen weggeräumt" hat: Fonty und das Archiv, vielleicht auch Hoftaller, arbeiten hier zumindest in ihren gemeinsamen Verschwiegenheiten zusammen. Es gibt in dieser verschwiegenen Zusammenarbeit also eine ‚altväterliche' und eine scheinbar neutrale Form des Schutzes einer ‚reinen Seele' vor Wahrheiten, durch deren Kenntnis diese Figur Schaden nehmen könnte. Diese Unschuld aus französischen Landen bringt dadurch eine Art Erbsünde mit in diese Geschichte hinein, eine Schuld, für die sie nichts kann, die sich aber doch - zum Ende hin - auswachsen kann.

9. „Zart war ich, bitter war's"

Und an diesem Ende entsteht eine Situation, in der diese ‚Erbsünde' sich in einem sehr fragwürdigen Paradies aufhebt. Fonty, der Fontane-Vermittler, fehlt samt seiner als ‚zartbitter' gekennzeichneten Enkelin! Wo ist er? Ist dieses Ende etwa eine Idylle? Wenn ein Großvater ausgerechnet mit seiner Enkelin irgendwo - in der Einsamkeit der Cevennen etwa - die verratene Jugend-Liebe aus seiner eigenen ‚verkrachten Existenz' nachlebt, dann läßt das zumindest die altväterlichen Motive für den Schutz einer reinen Kinderseele wenigstens verdachtsweise kippen: Das ist - ganz gleich, vom wem diese Weltflucht ausgegangen sein mag und ganz gleich, mit wieviel ‚zartbittrem' Inzest-Verdacht man diese Beziehung zwischen Großvater und erwachsener Enkelin in Mißkredit bringen könnte - zuallererst eine falsche, eine völlig falsche Idylle! Und was diese Weltflucht in einem Bezug zu Fontane soll, ist mir einstweilen ein Rätsel.

Sicher: Da gehen mit dem Nachlebenden und der frischgebacken Magistra Artium zwei Fontane-Experten in eine Klausur; sie kehren beide zu ihren Wurzeln zurück. Ihre persönliche Geschichte ist angereichert mit jener Wunder-Geschichte eines direkten Herkommens aus der geheimnisvollen Archivlücke zu Fontane: Wäre von daher Neues, der ganz große Wurf zu Fontanes Romanen etwa zu erwarten?

Solche Erwartungen dämpft Hoftaller im Verein mit Fonty bereits im Vorfeld auf dem Riesenrad im ‚Freizeitpark', sozusagen dem Pendant zum Rad der Fortuna, des blind waltenden Geschicks. Hier wird die tatsächliche literaturwissenschaftliche Ausgangssituation, die die erwartbaren Wunder zur Lücke im Fontane-Archiv begrenzt, sozusagen wiederhergestellt:

Ach ja, ich hatte was mit, nen Stoß Papiere, olle Kamellen von anno Tobak, aber auch Dokumente, die die Familie Wuttke betrafen, besonders den Sohn Teddy, als Ministerialrat zuständig für das militärische Bekleidungswesen... Kein großer Fisch, aber immerhin... Haben uns nen Jux gemacht und Blatt für Blatt in Fetzen gerissen, immer kleiner, ritsch-ratsch. Ließen dann alles fliegen, wie Lametta, auf und davon in Richtung Spree. Ging ja ein Wind da oben. Sah lustig aus. Waren beide erleichtert, bißchen albern sogar. >Man muß<, habe ich zu unsrem Freund gesagt, >ne Sache zum Abschluß bringen, so oder so...<„

„Sind dabei etwa Gedichte zerschnipselt worden?"

„Und die Briefe, an Lena gerichtet? Die Spuren der Dresdner Zeit?"

„Etwa das Gedicht, in dem der Jungapotheker verkäuflichen Lebertran auf treibenden Elbkahn gereimt hat?"

„Alles futsch?"

Hoftaller ließ uns im Ungewissen: „Sagte bereits, verjährte Bestände, Restposten nur. Sie sollten sich endlich zufriedengeben: Kein Archiv ohne Lücke!" (WF, S.777)

Nach dieser Fiktion von einem ‚Ausmisten' der Gegenarchive, der geheimdienstlichen Archive sowohl zu Fontane als auch zu Fonty, ist und bleibt man im Fontane-Archiv immer noch auf der Suche nach Gründen für den Lebensumweg, für das ‚Verkrachen' des ‚Unsterblichen', die Kehrtwende vom 1848er Revolutionär zum Reaktionär im Dienste der „Kreuzzeitung" und der ‚Centralstelle'. Der Nachweis, daß es da ein geheimdienstliches Gegenarchiv zu Fontane gab, das per Erpressung zu diesem Umweg beitrug, wäre immer noch hochbrisant – auch wenn oder gerade weil letzten Endes das aus Scham- und Schuldgefühlen geborene Spätwerk ohne solche Umwege nicht zustande gekommen wäre. Hier jedoch ging wohl nur verloren, was ohnehin verloren es; die Frage nach seinem literarischen Wert ist dabei durchaus zwiespältig zu sehen: Daß hier ein Gedicht, in dem „Lebertran" auf „Elbkahn" gereimt wurde, verlorengegangen sein mag, ist eher Grass-Fiktion als literaturgeschichtliche Möglichkeit. Grass hat ein Fontane-Zitat aus „Von zwanzig bis dreißig" – „Freiheit konnte sein, Lebertran mußte sein" – seiner Fiktion von der Gärtnerstochter Magdalena Strehlenow untermischt: Fontane habe sie kennengelernt, als sie, wie andere Frauen, um Lebertran anstand, der ursprünglich für die skrofulösen Kinder gedacht, als Lampenöl benutzt wurde (vgl. WF, S.563, S.398, S.232 und S.105). Ob Fontane irgendwo sonst ein solches Gedicht erwähnt haben und ob diesem Gedicht insofern die Qualität einer mythen- oder legendenbildenden Archiv-Lücken-Existenz zugesprochen werden könnte, weiß ich nicht: Es steht jedoch nicht zu befürchten, daß hier ‚Unsterbliches' verloren ging; der ihm hier wohl nur nachgesagte Reim wäre nicht unbedingt einer seiner besten. Auch die Briefe an jene unbekannte Dresdner Geliebte und Mutter der ‚illegitimen' Fontane-Kinder sind literaturgeschichtlich von zwiespältigem Reiz: Das Erzählerkollektiv nennt diese Frau nun schon ganz selbstverständlich „Lena" und erhebt die Grass'sche, über Hoftaller und sein ominöses Geheimdienst-Archiv vermittelte Fiktion zu diesem Lebensabschnitt, in den Rang realer Geschichte. Andererseits ist das Verlusterlebnis und die Leiderfahrung, das Leiden an und in seiner Zeit, beinahe eine der Voraussetzungen für das Entstehen einer ‚großen' Literatur: Von diesem Gesichtspunkt her, den man bedauern mag, bliebe es geradezu zu befürchten, daß diese mutmaßlichen Briefe ohne den Druck, der – nach verdoppelter Mutmaßung – mit ihnen ausgeübt wurde, nur das letztlich belanglose biographische Unterfutter zu einer zwischen Revolutions-, Arbeiter- und Liebesromantik-Dichtung pendelnden ‚Jung- bis Alt-Apotheker'-Existenz hätten sein können. Der Literaturgeschichte wäre in einem Fontane, der – sozusagen - weiterhin Elbkahn auf Lebertran gereimt hätte, der viel größere Verlust widerfahren. Aus dem ‚kleinen Fisch' der 1848er Jahre, den ‚man' möglicherweise lange an seiner Angel zappeln ließ, wurde später der große Fisch, dem man mit solchem Gerät nicht mehr beikam.

Daß an dieser Stelle der gegenwärtige kleine „Fisch", der Fonty-Sohn Theo, das Pendant zum Fontane-Sohn Theo also, - wie es scheint - von der Angel gelassen wird – allein: Was ist mit diesem ‚wie eine Reliquie gehüteten Photo in sitzender Haltung', das so viele Möglichkeiten böte: Einrahmen, zum Poster vergrößern, per Fotomontage mit der sitzenden Bronze in Vergleich bringen? - unterstreicht diese fragwürdig literaturförderliche Wirkung des Geheimdienst-Archivs: Nach Fontys Theo und seinen Verfehlungen wird – sozusagen - trotz seiner literarisch vermittelten Vorbildfunktion für das Denkmal vom ‚unsterblichen Heimatdichter' ‚kein Hahn mehr krähen' – es sei denn, vormals hätte, am Stechlin-See, ein ‚das Große' ankündigender Hahn gekräht.

Unwiederbringliches, das bei genauem Hinsehen so unwiederbringlich nicht ist, ging also möglicherweise – denn Hoftaller schweigt weiterhin – verloren: ‚Wie Konfetti' – pardon: Hoftaller sagt: ‚Wie Lametta' – flog alles ‚auf und davon in Richtung Spree'. Ist das nur ein Versprecher, eine ungenaue Beobachtung, die man Grass ankreiden müßte? Denn die beiden haben das alte wie neue Belastungsmaterial zu immer kleineren Fetzen zerrissen und nicht zu langstreifigem Lametta-Fetzen, mit denen man Weihnachtsbäume schmücken könnte: Doch das hier verstreute Material taugt in der Tat eher dazu, weiterhin ‚Weihnachtsbäume' zu schmücken, uneigentliche Erlösungshoffnungen auf etwas, was da kommt, zu nähren.

a) Exkurs: Brecht und das Grass'sche Plebejerstück im ‚weiten Feld'

Denn bezeichnenderweise „ging ja ein Wind da oben". Hoftallers unscheinbare Bemerkung ist eine Anspielung auf das Motto von Brechts *Buckower Elegien*: Und da sind wir, auf Umwegen, wieder bei sehr großer Literatur, bei einer Literatur, deren Qualität als eine vom Autor bewußt gesetzte, also betonte ‚Archivlücke' vor allem im Zusammenhang mit dem Grass'schen Theaterstück *Die Plebejer proben den Aufstand* noch auf die eingehendere Untersuchung wartet.

Wie interpretiert ein Brecht-Kenner dieses Motto?

Ginge da ein Wind / Könnte ich ein Segel stellen. / Wäre da kein Segel / Machte ich eines aus Stekken und Plane.

Daß da kein Wind ist, bedeutete einen derart abrupten Motivwechsel in Brechts Dichtung wie sonst kaum vorher, und auf keinem anderen Gebiet. Weder in seinen theoretischen Schriften noch in seiner Dramatik, markierte er sich so deutlich. Immer ging Brecht davon aus, daß er den Wind im Rücken habe, der ihn zu neuen Küsten führt." [30]

So weit, mit dieser Interpretation eines grundsätzlichen Wechsels in der Brecht'schen Beurteilung der gesellschaftlichen Rahmenbedingungen seiner Arbeit, wäre ich einverstanden, wenn der Interpret und Biograph, der in der Brecht-Forschung nicht ganz unbe-

---

[30] Ich zitiere nach Werner Mittenzwei: Das Leben des Bertolt Brecht, Bd. 2, Frankfurt am Main, 1987, S.540 um den im Umkreis einer Brecht-Interpretation üblichen Umgang mit dieser ‚Archivlücke' verdeutlichen zu können.

kannte Werner Mittenzwei, nun die Qualität der Buckower Elegien als eines solchen ‚aus Segel und Plane' gezimmerten, im Zeitkontext des 17. Juni 1953 nicht veröffentlichungsfähigen Segels für den Fall untersucht hätte, daß da - erneut - ein vielleicht anderer ‚Wind ginge': Für die Brecht-Forschung ist es typisch, daß nicht untersucht wird, was dann hätte sein können, wenn Brecht diese ‚Segel' gesetzt, wenn er diese größtenteils unveröffentlichten Texte selbst veröffentlicht hätte. Es wird nur das untersucht, was in dieser Zeit, unter den Rahmenbedingungen einer Kippsituation in den Aufbau-Hoffnungen in der DDR, tatsächlich war. Mittenzwei fährt fort:

„Dieses neue Motiv, das den findigen Mann in aussichtsloser Lage zeigt, sollte jedoch in seiner Verallgemeinerung nicht überschätzt werden, eben weil es keine Wende in seinem lyrischen Werk zur Folge hatte. Es blieb dem Nachdenken dieses Sommers verhaftet, eingebunden in die lyrische und gesellschaftliche Sensibilität jener Wochen. Empfand doch Brecht den 17. Juni 1953 als die Misere eines Volkes beim Aufbau des Sozialismus, eines Volkes, das revolutionäre Aufgaben zu bewältigen hat, ohne die Revolution selbst gemacht zu haben."

Diese Interpretation enthält jenen Denkfehler, den ja auch die offizielle Umwertung der Ereignisse des 17. Juni enthält. Wenn die Arbeiter, wie am 17. Juni geschehen, wirklich versuchen, die ‚revolutionären Aufgaben', die ihnen – von wem auch immer – gestellt werden, als demokratische Aufgaben zu verstehen und zu bewältigen, wenn sie wirklich ihre Rechte einklagen wollen, offenbaren sie – oder das Volk - nicht mehr als ihre ‚Misere': Unterschwellig gibt es hier eben den Widerspruch zwischen dem Revolutionären und dem Demokratischen. Und auf dessen Basis könnte man eben Brecht gegen Brecht ausspielen, könnte in Anlehnung an jenes bis heute querliegende Gedicht „Die Lösung" unken: Wäre es da nicht besser, der Dichter setzte sein Volk ab – und wählte ein anderes? Dieses Gedicht macht – vor allem über seine denkwürdige Publikationsgeschichte - jene wenigstens potentielle ‚Wende im lyrischen Werk' Brechts überdeutlich. Diese ‚Lösung' ist – aus der schlichten Sicht jener Regierenden des 17. Juni, der Alleinvertreter des revolutionären Anspruchs – auch schlicht nur ‚konterrevolutionär'; und doch ist sie Brechts beinahe bekanntestes Gedicht, ist sozusagen das herausragendste literarische Zeugnis für ein solches ‚Segel', das sich der Autor für den Fall, das neuer Wind wehe', zurechtgezimmert hatte. Das Gedicht, das in seiner Pointe bekanntlich die Absetzung der Ulbricht-Regierung und Neuwahlen fordert, wurde allerdings erst 1964 veröffentlicht, als Brecht lange, seit 1956, tot war – und es stimmt natürlich, daß Brecht selbst es zurückgehalten hatte, weil er eben zum 17. Juni 1953 seine Verbundenheit mit der Ulbricht-Regierung ausgedrückt und später von den *Buckower Elegien* nur die vergleichsweise harmlosen Gedichte veröffentlicht hat: Er hoffte und setzte auf einen Wind des Aufbaus, sah aber auch den Fall vor, daß „Die Lösung" die Lösung zu sein hätte. Diese zum Datum ausgedrückte Verbundenheit mit der Regierung galt wohl auch bis zu seinem Tod; Brecht sah sich – im Rahmen einer Polarisierung zwischen dem kommunistischen und dem kapitalistischen Lager – wohl nach wie vor auf ‚der richtigen Seite' und einstweilen fern von einer Suche nach ‚dritten Wegen'. Doch es waren gravierende Zweifel entstanden, sodaß Brecht vor allem in diesem Gedicht den Widerruf seiner Verbundenheitsadressen wohl insgeheim, für den Fall der Fälle vorbereitet hatte. Nach weitergehenden Verlusten im Bereich des Demokratischen – kurz nach Brechts Tod etwa wurde Wolfgang Harich verhaftet – und unter Bedingungen, in denen ‚das Demokratische' zunehmend allgemein als ‚konterrevolutionär' zu gelten hatte, wurde dann aber im Jahre 1961 eben jene fatale Mauer errichtet, die einem jeden Glauben an den ‚Aufbau des Sozialismus' und an die Fähigkeiten dieser Regierenden zur Selbstkritik so sehr Hohn sprach: Dieser Bruch in Brechts Leben wäre – wenn man dieses Leben nur um Weniges verlängert – ‚vorprogrammiert' gewesen. Doch bezeichnenderweise folgt Mittenzwei – ich setze immer noch das Zitat nur fort – dem in diesem Zusammenhang fatalen Gedanken, daß auch der Dichter sich hier in der Tat nur ‚das andere Volk' gewählt habe, das ihm besser paßt:

„Als er aus dem Exil in seine Heimat zurückgekehrt war, war seine Bewunderung für die chinesische Revolution größer als für die Umwälzungen in dem einen Teil Deutschlands. Im Sommer 1953 kam ihm dann schmerzlich zu Bewußtsein, was seinen Entwürfen einer neuen Gesellschaft an Voraussetzungen alles fehlte." (ebda., S.540)

Auch diese Wahl, wenn Brecht sie denn wirklich in dieser Form getroffen hatte, war ja schlicht falsch oder zumindest sehr blauäugig - wie die Geschichte späterhin unübersehbar zeigte. Hier wird eine Denkschwelle, ein Tabubereich des Denkens, deutlich; doch diese Schwelle betrifft eher Brechts Gefolge als Brecht selbst. Denn ein Gedanke, der auch mit dem anderen, dem angeblich besseren Volk nun unübersehbar verknüpft ist, durfte ihm nicht ‚schmerzlich zu Bewußtsein kommen': Daß das Revolutionsmuster, das als Erlösungsmuster einem Volke sozusagen literarisch wie politisch verordnet wird, ein Muster der Verschlimmerung historischer Probleme ist; daß ein demokratischer ‚Revisionismus', wie er sich in der ‚Lösung' eben ausspricht, der bessere, der dritte Weg sein könne. Eben diese so selbstzweiflerischen wie ideologiekritischen Fragen stellte sich Brecht in den Buckower Elegien, sozusagen unter der Segel- oder ‚Vorläufigkeits'- Prämisse, wobei er wohl eine für ihn nicht absehbare Entwicklung im angeblich ‚real existierenden Sozialismus' der DDR abwarten wollte. Sein zu früher Tod verhinderte die hier im Keim ‚vollzogene Wende'! Doch ein Brecht in der ‚eingemauerten DDR' ist beinahe undenkbar – und wird doch als stillschweigende Verlängerung zu dieser ‚Archivlücke' weitergedacht!

Nun, da - sozusagen - das ‚Riesenrad' der Fortuna im ‚Freizeitpark' des vereinigten Deutschlands sich weitergedreht und die ehemals Regierenden ins Bodenlose gefallen sind, ‚geht da oben ein Wind': Auf die, die sich der ‚Freizeitbeschäftigung' Lesen qua Beruf oder Neigung verschrieben haben, wartet Arbeit, die solche Spuren rekonstruieren sollte, die sich gegen Spurenvernichtungsabsichten, die auch in diesem Bereich denkbar sind, richten sollte. Grass ließ ‚seinen Chef', für den eben Brecht in sehr hohem Maße das Modell abgab, damals schon, in jenem von der Brecht-Forschung so angefeindeten Stück „Die Plebejer proben den Aufstand" in einem Gedicht sagen: „Es atmete der Heilige Geist / Ich hielt's für Zugluft, / rief: Wer stört" (VIII, S.465) – Schon da ‚ging ein Wind'[31]! Schon damals, Mitte der sechziger Jahre, als „Die Lösung" – recht stillschweigend – publiziert wurde, und Grass kurz darauf sein Theaterstück vorstellte, wurde dieser ‚Wind' – wie die ‚Archivlücke', in der er bereits gesehen wurde, die Lücke, die auch hier, im Theaterstück, zu Reflektionen ‚über die gesellschaftliche Stellung beschatteter

---

[31] Ich hatte ursprünglich die Absicht, dieser Aufsatzsammlung auch eine Untersuchung des ‚Plebejer'-Dramas hinzuzufügen; doch dieser Aufsatz wuchs sich, weil sehr viele Voraussetzungen einzuholen waren, unter der Hand zu einer eigenständigen Publikation aus, die ich demnächst zu veröffentlichen gedenke.

Schriftsteller' einlud - deutlich! Das ‚Sekundäre zu Brecht' hat sich – bis heutzutage – vor dieses Primäre geschoben!

Bliebe nur noch ein wenig Lametta zu diesem Weihnachtsbaum: Wer bin ich denn, daß ich einem Brecht hier vielleicht zuviel List, ein zeitbedingtes und nur so kurzes, nur drei Jahre währendes Verfehlen seiner Möglichkeiten vorwerfen dürfte? Wer bin ich, daß ich einer Brecht-Forschung, die – weniger weit blickend, aber dennoch jeweils strebend bemühte, so ‚unheiter weit drunterstehend' ihre Versäumnisse – und es sind Versäumnisse – vorwerfen dürfte? Meine Versäumnisse sind ungleich größer! Und nicht einmal die Klage über eine Zeit, in der das Wahrnehmen des Splitters im Auge der Anderen beinahe unweigerlich zum Balken im eigenen Auge führt, ist hier möglich: Ich stehe zu weit darunter...

b) *Welcher Wind weht heute? Was könnte ein französischer Schriftsteller zum ‚weiten Feld' sagen?*

Für die Fontane-Forschung indes gilt, daß hier nur erneut verloren ging, was ohnehin wohl verloren ist; der große Wurf, der sich hier ergäbe, wenn Fonty und seine Enkelin in Klausur gehen, ist wohl nur uneigentlich gemeint. Ich bin hier sozusagen ein Pendant zu jenem Fonty-Sohn Theo, den man von der Angel läßt: Nur in einer sehr uneigentlichen Form kann ich ach so heilfroh sein, daß dieser Hoftaller dann in einer Alias-Grass-Beziehung sein Archiv möglicherweise von jenem Mist befreit, den ich ihm zugeschickt habe oder den er von mir möglicherweise hat recherchieren lassen - denn nach wie vor sind diese Lücken als Lücken gekennzeichnet, nach wie vor hätte ich, was hier zu „Lametta" wurde, an ‚Weihnachtsbäume' zu hängen, damit das ‚Adventsgebrüll', soweit es mich betrifft, seinen ‚Knebel' findet, an ‚Weihnachtsbäume', die etwa in der Tradition jener ‚Weihnacht' stehen, ‚auf die' sich Grass die ‚Rättin' wünschte.

Ich tue also recht gut daran, die mehr als ‚zartbittren' Momente in dem, was „Mit ein wenig Glück" am Ende dieses Buches sich andeutet, zu beachten. In dieser Wunderbeziehung zwischen Großvater und Enkelin gibt es zwar so etwas wie das konzentrierte Fontane-Expertentum, das den großen Wurf erwarten läßt, andererseits jedoch beherrscht der Altersunterschied und die Familienbeziehung diese heimliche Mesalliance, die sich im letzten Kapitel nach dem Willen des Autors allzu frisch verliebt auf Rummelplätzen und der Achterbahn austobt: Für eine Großvater-Enkelin-Beziehung, die diesem Schauplatz angemessen wäre, dem das Kanzlerwort vom Freizeitpark-Deutschland die Vorlage gegeben haben mag, ist die Enkelin zu alt; andererseits ist den Beziehungsveränderungen des Schlusses eine ‚Chemie' des ‚Wahlverwandtschaften'-Musters in sehr grobschlächtiger Form untermischt. Fonty gibt die Beziehung zu seiner Frau Emmi und seiner Tochter Martha auf; beide Frauen finden danach wie jene zwei chemische Elemente, die nun den besseren ‚Partner' gefunden haben, in ein völlig anderes Leben: Martha oder Mete etwa stürzt sich nicht vom Balkon, sondern, unterstützt von ihrer Mutter, ins ost-westliche Geschäftsleben. Doch dabei hat nur ein Austausch im Personal der Ausbeutung stattgefunden, denn Frau Grundmann setzt nur fort, was ihr Mann, der Wessi Grundmann, begonnen hatte. Der frei gewordene Großvater indes verbindet sich mit der Enkelin, die Züge einer Ottilie trägt: In „Effi Briest" bestand der Keim der Mesalliance zwischen Effi und Instetten darin, daß Effi den Wünschen ihrer Mutter entsprechend, jenen Mann heiratete, der eigentlich ihr Vater hätte werden sollen; hier ist dieser Keim einer Mesalliance insofern noch verstärkt.

Denn gerade in diesem „Zartbitter"-Attribut läßt die oben genannte falsche Idylle grüßen. „Zart war ich, bitter war's": Unter diesem Titel veröffentliche Ursula Enders ein vielbeachtetes „Handbuch gegen sexuelle Gewalt an Mädchen und Jungen"[32], ein Handbuch also über sexuellen Mißbrauch und Inzest, das – nebenbei – eine Art Pflichtlektüre in meinem jetzigen Berufsfeld ist. Die Verbindung zwischen dem „Zartbitter"-Motiv und diesem Buchtitel scheint offensichtlich; doch sie gelingt nur darüber, daß dieser nicht so ganz realistischen Großvater-Enkeltochter-Harmonie der Schlußpassagen eine erschreckende Bild-Basis unterlegt wird: Die des Kindesmißbrauchs! Die Frage, wer hier wen auch ‚mißbraucht', um am Ende welche Formen von ‚Harmonie' herzustellen und dabei die eigenen ‚Geheimnisse' - das schmuddelige gemeinsame ‚Geheimnis' ist ja immer eines der Mittel, mit denen die mißbrauchten Kinder unter Druck gesetzt werden - zu verbergen, stellt sich auf allen Ebenen. (Vielleicht auch mir gegenüber: Denn so ‚erfunden' und / oder ‚vorgefunden' zu werden, ist wohl auch ein ‚Mißbrauch' dessen, was an ‚Zartem' noch vorhanden sein sollte!) Muß dieser ‚Riegel' geöffnet werden? Habe ich einen Schlüssel?

Diese Enkelin Fontys heißt eigentlich Nathalie Aubron (WF, S.418). Nathalie heißt von der Namenbedeutung her „die zu Weihnachten Geborene"; ist sie, das Geschenk an Fonty, deshalb auch eine Figur, die in der Form eines Eigenzitates mit der „Rättin" zusammenhängt, die ‚auf Weihnachten' gewünscht und - als eine schöne Bescherung - dann auch geschenkt wurde? Das Französische „auberon" heißt, bei gleicher Lautung wie der Name „Aubron", Riegelkrampe, Schließhaken. Gibt es hier also einen Riegel, der geöffnet werden muß, damit sich zum Beispiel diese „Rättin"-Beziehung erschließt?

Damals, im Bezug auf „Die Rättin", war ich eben in jenem oben genannten kleinen Aufsatz, den ich 1987 zu diesem Roman publiziert habe, einigermaßen ‚im Zeitplan'. Wenn es gerade für mich als den einen Muster-Leser oder -Interpreten bei dem Versuch, dem Schreiben eines Schriftsteller-'Zeitgenossen gegen die verstreichende Zeit' hinterherzuhinken, nachweislich einen solchen ‚Zeitplan' gäbe - wobei nachweislich soviel bedeutet wie: aus den buchinternen Vorgaben der „Rättin" entwickelbar - , dann hätte das zum ‚weiten Feld' angesetzte Schlüsselroman-Experiment gerade im Bezug auf dieses andere Grass-Buch, das sich nicht mehr Roman nennt, eine gewichtige Grundlage.

Nathalie nennt sich Madeleine, nach der Großmutter: Wir befinden uns hier im sexuellen Unterfutter zu einer zwar reizenden, aber seltsam sexualitätsfernen jungen Frauenfigur, die am Ende in der Großvater-Enkelin-Idylle völlig auf Sexualität zu verzichten scheint. Daß sie eine Magdalenenfigur, die ‚Hure' im männlich geprägten Frauenbild, aus der der andere Pol, die Madonna wird, zu sein hätte, ist also in meiner Lesart durchaus nachvollziehbar.

---

[32] Ursula Enders: *Zart war ich, bitter war's*.

Sollen Großvater und Enkelin also hier sozusagen in Personalunion in Klausur gehen, zu den Wurzeln zurückkehren, damit dem ‚weiten Feld' ein Ende abgesehen werden kann? Grass hat zu diesem Ende seines Romans einen Vorschlag gemacht, der an den Haaren herbeigezogen scheint:

> Stolz: Aber Herr Grass, Sie bieten Ihren Lesern in der Regel doch mindestens drei mögliche Schlußpunkte an...
> Grass ... und immer offene Schlüsse, fast immer. Ich bin gespannt, ob jemand auf die Idee kommt, vielleicht ein französischer Autor, diese Geschichte aus seiner Perspektive fortzusetzen, »Fonty und Madeleine in den Cevennen«, das würde mich interessieren...[33]

Grass hat jedem französischen Autor, der sich versucht fühlen könnte, diese Geschichte fortzusetzen, zuallererst doch eine ‚schöne Bescherung' hinterlassen. Diese Rückzugs- oder Flucht-Geschichte beendet eine rätselhaft unakademische, kindliche oder kindische Rummelplatz-Seligkeit von Großvater und Enkelin, die sich nun ausgetobt zu haben scheint. Sie beendet auch eine rätselhaft konspirative Nischensuche im Großstadt-Bereich: Der Kapitelüberschrift „Mit ein wenig Glück" wiederum in rätselhafter Form verbunden, hätten Fonty und Nathalie auch hierin

> (...) Glück gehabt. Das Kämmerlein wurde uns von einer einfachen Hausfrau angeboten, deren Mann arbeitslos ist und die sich von Großpapas Vortrag begeistert zeigte. So haben wir Unterschlupf gefunden. (WF, S.777)

Doch auch dieses interimistische Glück ist sehr fragwürdig: Diese ‚einfache Hausfrau' scheint – zumal ihr ‚Kämmerlein' ein „jardin des plantes" ist, in dem es zu viele Topfpflanzen und sogar den von Fonty vorher vermißten, streng riechenden „Heliotrop" hat (vgl. WF, S.777) – eben jene Helma Frühauf zu sein, die zusammen mit ihrem arbeitslosen Mann im Verdachtsumfeld zu dem Mord am Chef der Treuhand gesucht wurde. Rätselhafterweise geht Hoftaller dieser Spur jedoch nicht mehr nach: Er nimmt Abschied.

Ein Leser, der – weil das wohl der Sinn dieser verschachtelten Geschichten ist – die Zeiten vergleichen will, muß vor allem in der Gegenwart sehr viele Rätsel lösen, die er zunächst einmal eher für untergeordnet halten dürfte. Hoftaller schleppte Fonty vorher ja buchstäblich ab, schleppte ihn huckepack vom Flugplatz, um ihn einstweilen von seinen Abtauchplänen abzuhalten. Warum? Das Verbindungsglied zu Fontane, der verkrachte Student August Wuttke, ist dort – zumal es nur eine von mehreren Versionen ist, wie Hoftaller Fonty zum Bleiben bewegte – nur By-Product, nur der Köder, der Fonty ‚zurückkehren' läßt: Warum ist das so wichtig? Er soll noch einen Vortrag halten, bei dem wieder sehr viel Rätselhaftes, beinahe so etwas wie eine Revolution, geschieht: Doch wenn man's genau nimmt: Ein Vortrag wurde gehalten; ein alter Aufzug in der Treuhand-Anstalt brannte ab und wurde danach ersetzt. Es geschah nichts, was nicht jeden Tag in einer Lokalzeitung stehen könnte: Nur ein literarische Geheimnisse suchender oder krämender Geist kann dem Symbolisches oder gar Weltbewegendes abgewinnen.

---

[33] Claus-Ulrich Bielefeld, Günter Grass, Dieter Stolz: Der Autor und sein verdeckter Ermittler. In: Sprache im technischen Zeitalter, 139, September 1996, S.313 f. Vgl. hierzu auch: Grass, Zimmermann: Vom Abenteuer der Aufklärung, S.251 f.

Ein Leser, der sich hier von der auf die Vordergrundhandlung orientierten Frage „Wann passiert denn jetzt etwas?" vorantreiben, ziehen läßt, wird jeweils zurückgeworfen auf eine heimliche, an der Zeit orientierte Frage: Ist dieses Wenige, das vor weltenbewegendem Hintergrund geschieht[34], nicht vergleichbar mit der eigenen Lebenserfahrung gerade in dieser Zeit? Die rätselhaft revolutionsträchtigen Geschichten rund um Fontys Vortrag im Kesselhaus der Berliner Kulturbrauerei stammen ja vom Ende des Romans; erst dort hat es im Umfeld Fontys und in seiner Familie jene Dynamik der Gleichzeitigkeiten, die so charakteristisch für diesen Zeitraum ist. Dort scheint die Dynamik des abgefahrenen Zuges den Vordergrund, die Welt des kleinen Mannes, erreicht zu haben. Im ‚Telegrammstil' wird die kleine Welt des Aktenboten, der zum Fontane'schen Götterboten hochfiktionalisiert wird, völlig umgekrempelt.

Diese Rätselchen gerade im Bereich der vordergründig handlungsarmen erzählten Gegenwart fallen durch diese Verschachtelungen besonders auf. Grass verstand in verschiedenen Äußerungen sein Verhältnis etwa zur Literaturkritik als das eines Arbeitgebers[35] zu seinen Arbeitnehmern: Gerade in diesem Bereich versteckt er sozusagen jeweils seine größten ‚Arbeitsaufträge'. Er baut jene Häkchen ein, die sich gerade in einer an Handlungserwartungen orientierten Lesespannung sehr leicht - und etwa in den Erstlektüren beinhahe zwangsläufig - ‚überlesen' lassen, an denen der aufmerksame Leser und ‚Arbeitnehmer' jedoch hängenbleiben muß. Soll hier vor allem ein ganz bestimmter Leser ‚das Grass wachsen' hören?

Vom revolutionären Feuerwerk, das in den letzten Kapiteln nach dem Muster eines unerhörten Aufwandes um ein Nichts an Wirkung abgebrannt wird, bleibt – sozusagen – eine viel- bis nichtssagende Briefmarke übrig: Auf letzte Postkarten aus Frankreich klebt man halt „eine karminrote Marianne", die Symbolfigur der französischen Revolution, bei der niemand sich mehr groß ‚revolutionäre Gedanken' macht. Es bleibt ein rätselhafter Schlußsatz Fontys: „Übrigens täuschte sich Briest; ich jedenfalls sehe dem Feld ein Ende ab..." (WF, S.781) Was soll jener ominöse französische Schriftsteller, den Grass sich als Co-Autor hier wünschte, damit anfangen?

Ein Ende in diesem literarischen Gemeinschaftsprojekt war absehbar; ein Datum ist verstrichen, ohne daß man in Frankreich auch nur annähernd wahrgenommen hätte, daß einem solchen Projekt auch heimlich Fristen mitgegeben sind. Bisher hat kein französischer Schriftsteller sich bemüßigt gefühlt, dieses Ende fortzusetzen: Denn genau genommen ist diese Geschichte für einen unbeteiligten Leser beinahe schon so tot, wie es jener Fonty, der, seiner Lebenspflicht oder Lebensneigung folgend wiederholt, was sein

---

[34] Die (Eher-Nicht-)Handlungsführung des Romans widerspricht gängigen Erzähl-Erwartungen; dergleichen störte auch wohlwollende Leser - wie etwa Christa Wolf. Grass spielt fiktionsironisch mit solchen Erwartungen. So fragt sein Fonty, zitatsicher, im Umfeld der „Quitt"-Geschichte - und im Nebenbei einer Klammer im Text: „(Was ist Handlung? Oft ist es nur das leichte Verrücken von Stühlen, mehr nicht.)" (536)
Und in einer so ‚definierten' Handlung läßt sich dann ‚das Äußerste' an Erwartbarkeit zu einer Wende per Signal markieren: ein Stuhl fällt um, als Martha Wuttke das Telegramm vom Tod ihres Mannes erhält! „Und gleichfalls reagierte Fonty nicht, als aus der Küche Lärm in seine Studierstube drang: Türenschlagen, Rufe, ein Stuhl fiel um. Etwas war zu Ende, Neues begann.." (707)
[35] Vgl. Günter Grass: „Über das Sekundäre aus primärer Sicht". In: LXX, S.279 f.

‚Einundalles' ihm um einhundert Jahre versetzt vorlebte, mittlerweile sein müßte. Den Erzähllinien des ‚weiten Feldes' folgend wäre er am 28. September des Jahres 1998 gestorben. Allein: Auch ein Tallhover ‚war einmal' – und zwar seit ‚Sonntag, dem dreizehnten Februar Neunzehnhundertfünfundfünfzig'[36] – schon fast tot, bevor ein Co-Autor befand, daß er nicht sterben dürfe. Nein: Auch Fonty darf nicht sterben, auch seine Geschichte ist – wenn auch ganz anders, als es hier den Anschein hat – in der Geschichte eines ‚Nachlebenden', der nicht nachlebte, fortzuschreiben, der eben nicht den ‚Hugenotten' abgab: Das französische Wort geht auf eine lautmalerische Aneignung des schweizerischen Wortes vom ‚Eidgenossen' zurück - und mit diesem Nebensinn zur hugenottischen Herkunft Fontanes mag Grass jenen ‚irgendwie französischen' Schriftsteller meinen, der bisher – als nur heimlicher Eidgenosse - ein tönend gegebenes Wort nicht eingehalten hatte. Und schon wieder muß er – am ‚zartbittren' Ende dieses Romans – etwas zugeben, muß etwas interpretieren, was – ihn und seine großsprecherische Blindheit beschämend – weiland seinem ‚Einundalles' auf Umwegen an Post ins Haus geflattert sein könnte.

> Dazu kamen finanzielle Sorgen, die damals das Archiv bedrückten. Wie überall, so mußte bei uns mit weniger Personal mehr geleistet werden. Mir wurde nur noch eine Halbtagsstelle zugestanden. Schon bewarb ich mich vergeblich in Marbach und anderswo, schon sah es so aus, als bliebe mir allenfalls übrig, mich spät ins sogenannte Eheglück zu flüchten - ach ja: „Ehe ist Ordnung!" -, da traf gegen Mitte Oktober - die Kastanien fielen - eine, wie wir nun wissen, letzte Postkarte ein. (WF, S.780)

> Auch ‚mein Archiv' – sozusagen das Pendant zu meinem Arbeitszimmer, in dem ich privatim hortete, was veröffentlicht werden sollte – war seit Beginn der neunziger Jahre von ‚finanziellen Sorgen' bedrückt und hätte gleichzeitig ‚mit weniger Personal' – ich hatte ja nun die ganz andere, die nicht-literarische Arbeit – mehr leisten müssen. Und natürlich habe auch ich mich beworben, jeweils vergeblich; doch neben meinen ‚anderswo'-Bewerbungen gab es da auch eine Bewerbung in „Marbach", bei der ich mich in der Rolle des ein wenig größenwahnsinnigen Aktenboten versuchte: Eine meiner ersten Aufgaben im angestrebten neuen Job könne der Versuch sein, den Grass'schen Nachlaß eben dorthin, nach Marbach, ans Deutsche Literaturarchiv zu lotsen... Falls man dann, von Marbacher Seite her, im ‚Büro Grass' nachgefragt haben sollte, sah der Bescheid wohl so oder ähnlich aus: Man kenne den Herrn, der solches vorhabe, nicht näher... Den Aufsatz, mit dem er sich als seiner bislang einzigen Publikation ausgewiesen zu haben glaube, habe man – und an dieser Stelle wird man wohl nicht auf nie stattgefunden habende Begegnungen am Fontane-Denkmal hingewiesen haben – bisher nicht wahrgenommen... So jedenfalls stelle ich mir das vor: Und der über eine mutmaßlich weibliche Figur im Erzählerkollektiv vermittelte Hinweis aufs ‚späte', „sogenannte Eheglück – ach ja: »Ehe ist Ordnung!« -" will, je nachdem, wie weit eine heimliche Recherche-Situation zu den ‚Seitenarm'-Themen und dem onanierenden Mann denn gediehen war, auch irgendwie ironisch erscheinen... Vor allem jedoch hatte jener größenwahnsinnige Aktenbote, der an Wunder zu glauben schien, in dieser Zeit, in der ein Wunderglaube Konjunktur hatte, ein Pendant, das Grass ziemlich im Magen lag.

---

[36] Vgl. Hans Joachim Schädlich: Tallhover. Reinbek bei Hamburg, 1992, S.283.

10. Regierende Massen und Schabowski als der Aktenbote der deutschen Einheit

Gerade für diesen Zeitraum, in dem das (wundergläubige?) Nichtstun der ‚kleinen Leute', der ‚regierten Masse' im Vordergrund, mit den Überstürzungen einer ‚regierenden Masse' im Hintergrund kontrastiert, trifft diese Konstruktion einer betonten Handlungsarmut als Signum der verpaßten Chancen, als das Fehlen eines demokratischen, eines ‚von unten kommenden' Gestaltungswillens alle die, die sich einen ähnlichen Lebensrhythmus in dieser Zeit eingestehen müssen. Mich etwa trifft - neben all dem, was direkter trifft - gerade auch dieser Teil der Konstruktion! Das Wort von der ‚regierenden Masse' meint Schlimmeres als etwa die Körperfülle des ‚Kanzlers der deutschen Einheit': Eine Kritik am Kohl'schen Appetit ist das letzte, um das es hier geht. Dieses Wort sollte weniger Helmut Kohl als eine Opposition, etwa die SPD, stören; die weitergehende Ableitung auf der Gegenseite, die Ableitung hin zur ‚regierten Masse', die so gerne an Wunder glaubt - wen stört die?

Denn zur Wahl dieser Bezeichnung einer ‚regierenden Masse', zur ‚Aktenboten'- Beschäftigung des Fontane-Götterboten oder ‚Hermeneutikers' Fonty und zum Komplex der ‚Wunder', die - an den Haaren herbeigezogen - an Schaltstellen des ‚weiten Feldes' gesetzt wurden, kam es auch aus anderen Gründen. Die entdeckt, wer ein anderes, ebenfalls scheinbar blindes Motiv, das diesmal jedoch aus dem politisch-historischen Umfeld stammt, aufgreift:

> Ein lang zurückgehaltenes, nun bis zum Überfluß gespeichertes Kichern schüttelte ihn. Und Fonty, der ins Ohr dem Flüsternden zuneigen mußte, hörte: „Eigentlich komisch. Typischer Fall von Machtermüdung. Nichts greift mehr. Aber wissen möchte man schon, wer den Riegel aufgesperrt hat. Na, wer hat dem Genossen Schabowski den Spickzettel untergeschoben? Wer hat ihm erlaubt, ne Durchsage zu machen? Satz auf Satz rausposaunt... >Ab heute ist...< Na, Fonty, wem wird das Sprüchlein >Sesam, öffne dich< eingefallen sein? Wem schon? Kein Wunder, daß der Westen wie vom Schlag gerührt war, als ab 9. November Zehntausende, was sag ich, Hunderttausende rüberkamen, zu Fuß und mit ihren Trabis. Waren richtig perplex... haben Wahnsinn geschrien... Wahnsinn! Aber so ist das, wenn man jahrelang jammert: >Die Mauer muß weg...< Na, Wuttke, wer hat >Bitteschön, schluckt uns< gesagt? Fällt der Groschen?" (WF, 16)

Es fallen einige strukturelle Ähnlichkeiten mit den bisher betonten Fiktionsmerkmalen auf. Das Wunder hatte hier seinen historischen Ort: Auf ein ungläubig staunendes ‚Gibt's doch gar nicht' antwortete hier ein wie aus den Trivialfiktionen stammendes ‚Doch, das gibt es!' Doch abseits jener beinahe selbstverständlichen Fraglosigkeit, mit der diesem ‚Wunder' der Maueröffnung in der Folgezeit begegnet wurde, wird hier doch gerade die Frage gestellt, ob es sich dabei nicht auch um ein ‚erfundenes', ein ‚geplantes Wunder' handeln könnte. Daß Schabowski in diesem Roman blindes Motiv bleibt, daß er nur einmal genannt wird, hat seinen zeitgeschichtlichen Grund: So ungefähr wird seine Rolle bei diesem Ereignis eben auch wahrgenommen! Er war - alles in allem - nur der ‚Aktenbote', der dieses Wunder auslöste: Ihm war es hier erlaubt, mit ‚untergeschobenem Spickzettel', wie einem Schüler, der den Inhalt dessen, was er da reproduzieren soll, nicht so recht begriffen hat, ‚ne Durchsage' zu machen. Er war, als Vorsitzender der Ostberliner SED, ein sehr kleines Licht, eher ein Kommunalpolitiker in einer DDR-Hierarchie; erst in der Folge dieser Ereignisse und etwa in seinem Involviertsein in die

Erschießungen von DDR-Flüchtlingen wurde er bekannter. Eine ‚Durchsage'[37] machte er; trat ungefähr so in Erscheinung, wie jene Lautsprecherstimme am Bahnhof, die ‚einen Zug abfahren' läßt: Und danach war ‚der Zug abgefahren', war ein ‚dritter Weg' - was auch immer er hätte beinhalten können[38] - von vorneherein so gut wie ausgeschlossen.

Diese Nebenwirkungen einer ‚wundersamen Heilung' der deutschen Teilung waren - so die Sicht Hoftallers - ebenfalls geplant. Im Kapitel „Platzwechsel" führt Hoftaller dieses Geschehen in einer noch eindeutigeren Form auf den ‚Wunder'-Gestaltungswillen eines geheimdienstlichen ‚Wir' zurück:

> „Mantel der Geschichte! Zugreifen! Gab da kein Zögern... Mußte schnell, damit nix dazwischen... War unser Plan lange schon... Wollten aber nix davon hören, diese Greise in Wandlitz, ha... Ab fünfundachtzig Eingabe über Eingabe... Alles umsonst... Und bald auf die Russen kein Verlaß mehr... Nur noch Glasnost und Perestroika... Doch ohne Sowjetmacht im Rücken... Kam nur Blabla noch... Wer zu spät... den bestraft... Ist im Prinzip ja richtig. War aber bald kein Halten mehr. Nur noch Geschrei: Wir sind das Volk! Stimmt, ne Furzidee nur, aber gefährlich... Haben handeln müssen, na, weil das mit dem Dritten Weg noch gefährlicher... Gibt's nirgendwo: Dritter Weg! Bei uns nicht, im Kapitalismus nicht. Die im Westen sahen das auch so. Also haben wir aufgemacht, na, die Mauer... Simsalabim! Und auf war sie. Jadoch! Wir waren das. Wollten ne neue Lage schaffen. Waren nun angeschmiert, die mit dem Dritten Weg. Konnten sie glatt vergessen. (WF, 409)

Doch das Hauptargument für diese Unterstellungen, für diese Verschwörungstheorie, die dem ‚Wunder' der Maueröffnung eine sehr destruktive Gestaltungsabsicht unterlegt, wird hier einstweilen noch verschwiegen. Dieses ‚blinde Motiv' aus der Zeitgeschichte müßte mit einem anderen ‚Zufall' verbunden werden! Wenn es einen solch destruktiven Gestaltungswillen gab, so hätte man sich kaum ein ‚besseres' Datum für dieses ‚Wunder' ausdenken können: Der neunte November kann nunmehr, obwohl er de facto das Datum der ‚deutschen Einheit' ist, als ‚Tag der deutschen Einheit' nicht gefeiert werden, da er eben seine sehr belastete Vorgeschichte hat. Diese Vorgeschichte einer neuen ‚Reichsgründung' betrifft eben die ‚Feste zu den Reichsgründungen' oder zu den ‚verfehlten Reichsgründungen'; sie reicht vom 9. November 1918, dem Datum der Gründung der Weimarer Demokratie, über den 9. November 1923, Hitlers Marsch auf die Feldherrnhalle, die diese Gründung erst einmal rückgängig machen sollte, zu jenem

---

[37] Vgl. hierzu: „Als der Weisheit letzter Schluß wurde eine Bahnhofsdurchsage wiedergekäut: »Der Zug ist abgefahren!«" (Günter Grass: Ein Schnäppchen namens DDR, München, 1993, S.40) und den Artikel „Der Zug ist abgefahren - Aber wohin?" (ebda, S.15 ff.)

[38] Es ist ein weitverbreiteter Trugschluß in der zeitgenössischen Aufnahme der Grass-Vorschläge zur Gestaltung der neugewonnenen Einigungsmöglichkeiten gewesen, daß die Kernthesen seiner Vorschläge, die der Rückbesinnung auf eine Kulturnation nach Herderschen Mustern oder die Einrichtung einer Konföderation der beiden deutschen Staaten ebenso wie der Rückbezug auf Auschwitz, der die ‚großstaatliche' Lösung geradezu verbiete, sozusagen momentane Eingebungen des Geschehens nach 1989 gewesen seien: Auf der Basis dieses Trugschlusses ließen sich diese Thesen nach dem Muster, daß nun auch der Schriftsteller gestalten auf einen ‚Geschichtszug' aufspringen wolle und ihm dazu nur Exotisches, ‚ausgefallene Lösungen' einfielen, am leichtesten zurückweisen. Doch diese Kernthesen lassen sich etwa schon 1984 nachweisen, innerhalb eines Gesprächs mit Stefan Heym im Rahmen einer deutsch-deutschen Schriftstellerverständigung, aus der sich Grass die Einrichtung etwa einer ‚Deutschen Kulturstiftung' erhofft hatte. Vgl. „Nachdenken über Deutschland" in Stefan Heym: Einmischung. Frankfurt am Main, 1992, S. 45 - 78). Daraus vor allem zum abgelehnten Begriff der „Wiedervereinigung" und zum Gegenbegriff der Föderation die Seiten 73 bis 75, zum Begriff der „Kulturnation" die Seiten 52 f. All dies sind Dauerthemen des politisch engagierten Bürgers Grass, deren Geschichte bis in die sechziger Jahre zurückreicht!

‚Fest' der Deutschen, der sogenannten Reichskristallnacht, in der eben - aus nationalsozialistisch-deutscher Sicht - die tatsächlich gelungene ‚Korrektur' der Geschichte durch die nationalsozialistischen Ideen und ihre Verwirklichungsformen in einem ein ganzes Volk erfassenden Pogrom ‚gefeiert' wurde: Diese Art von Idealismus ‚war einmal' deutsch - auch wenn sie nur noch nach dem märchenhaften „Es war einmal" klingt. Ist Deutschland das „Novemberland"?

Das „Grundübel unseres Vaterlandes" - so betonte Grass, Gustav Heinemann zitierend, in einem offenen Brief, in dem er die Ziele darlegte, die er mit der Danziger Trilogie verfolgt hatte (vgl. IX, 392 ff.) - sei die durch nichts zu unterbrechende Fortsetzung eines ‚deutschen Idealismus': Er kritisierte die Aufnahme nationalsozialistischer Theorien im deutschen Volk eben unter dieser Sichtweise. Auch der Nationalsozialismus war eine ‚Fortsetzung des deutschen Idealismus'; die dann in der sogenannten ‚Vergangenheitsbewältigung' einsetzende Dämonisierung ist nur die Kehrseite davon: An eben diese ‚Ideale' will man nicht mehr erinnert werden. Die Abstriche an der mit Sicherheit problematischen These, daß der Idealismus der sogenannten ‚Kristallnacht' ein ‚ganzes Volk' erfaßte, sind mutatis mutandis die gleichen, die etwa bei der These, daß die Maueröffnung am 9. November 1989 ein ‚ganzes Volk' in einem gefeierten ‚Wunder' ‚erfaßte', zu machen wären: Es gab mehr oder weniger ergriffene Aktanten, ergriffene Zuschauer, Zuschauer mit kritischen Befürchtungen usw.: Alles in allem jedoch war der 9. November 1989 ein ‚nationales Fest' - das eben wegen des anderen ‚nationalen Festes' nicht mehr gefeiert werden kann.

Natürlich ist die These, daß die Maueröffnung in ihrer historischen Faktizität das Resultat eines geheimdienstlich-destruktiven Gestaltungswillens gewesen sei, sehr gewagt; andererseits wird man weder Schabowski, noch Grenz, noch jenen offiziellen Darstellungen, die sich einfach auf das Muster vom sehr glücklichen Zufall - als dem, das die geringsten Probleme macht - geeinigt haben, in toto glauben können. Denn es bleibt sich, wenn man die historische Faktizität der Geschehnisse dieses Datums etwa in Fallunterscheidungen zwischen solchen Mustern von Zufall, Schicksal oder ‚Fügung' mit einer eher ‚dämonisch' Gott spielenden Gestaltungsabsicht irgendwelcher Personenkreise auflöst, beinahe gleich, was denn in diesem Wust von ‚Geschichte machenden' Aktivitäten wie motiviert nachzuweisen ist. Das Datum der ‚deutschen Einheit' ist und bleibt vorbelastet. Dieser Tatbestand bleibt bestehen, wenn man etwa Schabowski unterstellt, daß er, der ‚Aktenbote' in einem ihn beflügelnden Größenwahn aus sich heraus den ‚Götterboten' mimte, daß Schabowski selbst auf die hüben und drüben so laut wie mit Vergeblichkeit rechnend vorgetragenen, bierseligen Forderungen nach der Maueröffnung mit einem großmannssüchtigen Amen - „So sei es!" - reagiert habe. Dieser Tatbestand bleibt auch bestehen, wenn man hier annimmt, daß irgendjemand mit Schabowski zusammen ein Maueröffnungs-Theater inszenierte. Das bleibt sich auch dann gleich, wenn es jemanden im Hintergrund gab, der wußte oder damit rechnete, daß Schabowski mit diesem eben sehr kargen ‚Spickzettel' überfordert sein würde: Mit seinem ‚Black out'[39] konnte man rechnen. Und nach all diesen Verdachtsmomenten bleibt es sich auch gleich, wenn man hier das tatsächliche ‚Wunder', den Zufall, die ‚göttliche Fügung' etwa, annimmt: Auch ein in die Geschichte eingreifender Gott oder seine atheistischen Surrogate hätten es nicht schlechter treffen können!

Kurz vor diesem Datum, an einem anderen Schlüsseldatum des ‚weiten Feldes', dem 4. November 1989, soll ein anderer ‚Aktenbote', Fonty eben, auf dem historischen Alexanderplatz, vom Volk gefordert, gesprochen haben: Auch diese Konstruktion ist an den Haaren herbeigezogen - und eben dies wird in den unterschiedlichen Versionen zu diesem Geschehen betont. Das ist hinzuerfunden: Doch es folgt einer Gestaltungsabsicht, die eben diesen Wunsch, ein anderer ‚Aktenbote' hätte - in diesem ‚Vorfest' zu einem ‚Fest' - seine „notwendigerweise skeptisch eingetrübte Rede gehalten". „Trug und Blendwerk!" wurde all das, was dort, am vierten November, gesprochen wurde. Und „daß Parolen wie >Wir sind das Volk!< wetterwendisch sind", (vgl. WF, 54) hätte man dort schon ahnen können.

Denn der 9. November mit diesem Auftritt eines recht ‚ridikülen', wie an den Haaren herbeigezogenen ‚Akten'- oder ‚Götterboten' der ‚deutschen Einheit', setzte frei, was es nun in einer recht kühnen Metapher zum Bundeskanzler der ‚deutschen Einheit', die manchen Rezipienten ‚an den Haaren herbeigezogen' klang, im Buche gibt: Von da an gab es die ‚regierende Masse' mit einem sehr diffusen Gestaltungswillen, der sehr schnell - wie nur noch auf den ‚Austausch eines Wortes', den Austausch von „Wir sind das Volk!" gegen „Wir sind ein Volk" fixiert! (vgl. WF, 409) - den ‚Zug' für jeden anderen Gestaltungswillen ‚abfahren' ließ. Helmut Kohl, der diesem, so chaotischen wie linear nur noch auf das wiedervereinigt ‚Nationale' ausgerichteten Prozeß als ‚Kanzler der deutschen Einheit' Größe abgewinnen wollte, der diesen Prozeß mit althergebrachten Vorstellungen des ‚großen Einzelnen', der in ‚die Geschichte' eingreift, überlagerte, findet hier, im ‚Aktenboten Schabowski', einen ‚wahlverwandten' kleinen Bruder. Der Grass'sche Vorwurf an den Kanzler, der sich in dieser Metapher von der ‚regierenden Masse' versteckt und weniger die Körperfülle als die politisch-historische Konzeptlosigkeit hinter dem so unilinear auf ‚eiserne Schienen' geschriebenen Einigungskonzept meint, ist also der, daß er vor allem nur eine Personifikation dieser chaotisch-linear regierenden Massen war: Das Zehn-Punkte-Programm des Kanzlers, das für eine Übergangszeit eine Konföderation tatsächlich vorsah, war adhoc nur noch Makulatur. Auf dieser, bei aller Gegensätzlichkeit der beiden ‚Kontrahenten' gemeinsamen Basis hätte sich der Schriftsteller mit dem Politiker möglicherweise durchaus verständigen können - wenn man einmal davon absieht, daß der eine jene Macht verkörpert, die von vorneherein schon immer ‚das Wissen' für sich gepachtet haben will, und der andere für jenes ‚andere Wissen' steht, dem die relative Machtlosigkeit, wie überzeitlich und ‚unsterblich' vorgegeben, ins ‚Berufsbild' eingeschrieben sein könnte. Und daß diese Metapher von der ‚regierenden Masse' dann weitere Kreise zieht, eine fehlende Opposi-

---

[39] Diesen Terminus verwendet - immer noch zu eindeutig - Peter Glotz in seiner Rezension des Romans: „Eine böse Pointe von Grass: die Dienste waren natürlich *für* die Vereinigung, auch hinter Schabowskis maueröffnendem Black out stand die Stasi" (Vgl. Der Fall Fonty, S. 157).

tion auf der politischen genauso wie auf der intellektuellen Ebene mitmeint, ist auch mit Bedacht so gesetzt.

11. Ich als der Grass'sche Aktenbote: Meine Maueröffnung.

Doch auch andere ‚Wahlverwandtschaften' werden hier mitbedacht: Ich, mit etwas überdimensioniertem (781-Seiten)-Spickzettel ausgestattet, darf nun ebenfalls ein anderweits vorstrukturiertes oder ‚zufälliges' ‚Wunder' verkünden, darf ‚ne Durchsage machen', darf - größenwahnsinnig, überfordert - Mauern öffnen, die es in meinem - und doch eben nicht nur in meinem - Kopf gibt, darf miteinberechnete Black-outs des Überforderten miteinbeziehen, darf mutmaßen, Fälle unterscheiden. Ist diese ‚Verwandtschaft' etwa einfach nur ‚durch Zufall', durch den Gott, der die Literatur schickt, die eben in hohem Maß zu ihrer Zeit paßt, entstanden? So ‚verwandt' mit dem nicht eben zum Persönlichkeitsvorbild taugenden ‚Aktenboten-Schabowski' - ausgerechnet der gesteht, als wolle auch das Unberechenbare in einer ‚Erfindung' nachträglich dann immer besser passen, wenigstens ansatzweise auch eine persönliche Schuld an den Mauer-Morden mit ein - darf ich meine ‚Schlüsselroman'-Lesart verkünden: Oh, Sesam des Grass-Nichtverstehens, öffne Dich! „Simsalabim" darf ich rufen, darf ‚ein Wunder' einleiten, dessen Dimensionen mir einmal Angst machen, ein andermal jedoch - bleibende Harthörigkeiten der von Eisenbahngeräuschen betäubten ‚regierten Masse' vorausgesetzt - beinahe Vertrauen in ein banales ‚Na ja, wird wohl nicht wahrgenommen werden!' einflößen.

12. Die Maueröffnung: ein geschlagener Keil

Und bei alledem gibt's eben auch meine Schuld, den onanierenden Mann am Seitenarm, der mir - als gäbe es die ‚Schienen' einer Resignation in einem Leben - als Kloß im Hals das ‚Wunder-' und ‚Wahnsinn'-Geschrei mittelprächtig vergällt. Der Autor kann sich, wie jeder andere Leser auch, zudem - gerade was die für mich nicht auslotbaren Tiefen einer Recherche angeht - nicht nur in diesem Bereich auf die ‚einfachstmögliche', die - den Lese-Schienen folgend – ‚naheliegendste' Lesart ‚zurückziehen': Rein zufällig getroffene Hunde bellen bisweilen eben auch in Formen, die Betroffenheiten übers gedachte Maß hinaus signalisieren. Doch wie gesagt: Auch diese Anspielungen sind an so zentralen Stellen plaziert und zudem als so häufig anzutreffende ‚nur mögliche' Lesart für den ohnehin immer auf Doppeldeutigkeiten versessenen ‚Musterleser', daß ich hier nicht einmal die – ‚meinen Unsterblichen' ja durchaus ‚belastende' Annahme - daß es auch da eine ‚Überwachung' gegeben haben könnte, wenigstens für mich und meinen sich möglicherweise nur vergalloppierenden Verfolgungswahn nicht ausschließen möchte: Oh, heilige Fallunterscheidung...

Ist's denn auch hier nötig, wieder zu dieser ‚platten Konstruktion' mit dem ‚Mann am Seitenarm' zurückzukehren? Eins meiner Hauptprobleme mit diesem Buch ist, daß dies eben sehr oft nötig ist. Der gelernte Literaturwissenschaftler in mir ist halt so konditioniert, daß ihm die scheinbar selbstverständlichen Begleiterscheinungen einer Kommunikation, die Einbettung einer fiktionalen Rede in eine bestimmte, vom Autor festgelegte Situation auffallen muß. Die Einbettung dessen, was Grass hier zur Maueröffnung und zur Vorgeschichte der Maueröffnung seinen Hauptfiguren in den Mund legt, ist wieder im Sinne der oben angesprochenen ‚Häkchen', an denen der Leser hängenbleiben könnte, sehr rätselhaft.

Neben den inhaltlichen Häkchen fällt vor allem die ‚bildorientierte', wie einem Drehbuch entnommene Erzähltechnik für diese Passage auf. ‚An jenem Wintertag' „kamen auch sie zielstrebig (...) ins Bild", der „Umriß der Hüte und Mäntel (...) verschmolz zu einer immer größer werdenden Einheit." Es sah aus, „als bewegten sich leicht zapplige Schattenrißbildchen". „Der Stummfilm lief in Richtung Potsdamer Platz": Solche Eindrücke (vgl. WF, 12 f.) ließen sich bestenfalls durch filmische Mittel erzeugen; in einer Erzählung fallen sie - zumal zunächst nicht klar wird, warum so erzählt wird - eben besonders auf.

Doch so, wie die Erzählung eben auf die politischen Äußerungen um die Maueröffnung durch Schabowski, sei es als den ‚Aktenboten', sei es als den Mitarbeiter der Dienste, hinausläuft, läuft die im Doppelsinne des Wortes ‚bildorientierte' Drehbuch-Technik auf ein bestimmtes Bild, eine andere ‚Maueröffnung' mit einer Figuren-Einheit, einem ähnlich ‚vereinten' Figuren-Gespann, hinaus. Es geht gar um ein ‚erkennungsdienstliches Photo', das in der Einleitung zu diesen Äußerungen genannt wird:

> Wäre aus östlichem Bedürfnis nach Sicherheit ein Grenzsoldat wachsam gewesen, hätte er von beiden ein erkennungsdienstliches Photo schießen können. (WF, 15)

Doch die Frage, ob hier jemand ‚wachsam' war, um ein solches ‚der Erkennung dienliches Photo' schießen zu können, ist - über jenes leichte Dauerknirschen in der Basisfiktion zur Erzählperspektive, das den ganzen Roman über anhält - vorweg beantwortet. Der Text selbst beschreibt das ‚erkennungsdienstliches Photo': Entweder also hat jemand im Erzählerkollektiv, der sich nicht zu erkennen gibt, dieses ‚Photo' tatsächlich geschossen und den vorherigen Beobachtungsfilm tatsächlich gedreht und nutzt nun beides als Basis einer an Belegen, an Film- und Photo-Material orientierten Erzählung, oder er oder sie hat beides, den Film und das ‚Standbild' daraus, erfunden. Bis ins Detail ‚wissen', rekonstruieren oder konstruieren „wir vom Archiv", was wo und wann gesprochen wurde, bis ins Detail können Einzelheiten - entweder ‚erfundener' oder eben insgeheim recherchierter Natur - hier wiedergegeben werden. Der Konjunktiv im obigen Zitat entspricht dieser erzählperspektivischen Vermischung des Auktorialen mit dem Dokumentarischen. Man weiß nicht, ob nicht tatsächlich ein Grenzsoldat ‚wachsam war' und ob er dieses Photo geschossen hat; dafür aber hat ein Erzähler - so oder so, erfindend oder dokumentierend - eben dieses ‚erkennungsdienstliche Photo' hier beschrieben. War auch er oder sie hier ‚Grenzen und Personen überwachend' wachsam und folgte mit einem tatsächlichen Photo einem ‚östlichen Bedürfnis nach Sicherheit', das Grenzen sprengte? Beide im Sinne der Basisfiktion real existierenden[40] Hauptfiguren werden über die Erzählperspektive ‚überwacht'; im einen Fall dadurch, daß ‚wir

---

[40] Auch an diesem Befund gibt es grundsätzliche Zweifel in jeweils zumindest einer Lesart zu verschiedenen Stellen: Fonty war ja platterdings nicht auf dem historischen Alexanderplatz; und wenn zum Beispiel das Autorenpaar Günter und Ute Grass das Fontane-Denkmal besichtigt und den dort oben ‚befindlichen' Fonty ignoriert, so kann das - zumindest in einer Lesart - auch daran liegen, daß er schlicht nicht existiert, daß er und Hoftaller eine Erfindung dieses Erzählerkollektivs sind.

vom Archiv' die Faktensituationen wie in einer auktorialen Perspektive erfinden, im anderen Falle dadurch, daß ‚wir' die beiden heimlich beobachtet haben.

Als sie an eine Stelle der enggefügten und durch einen Wulst überhöhten Betonplatten kamen, die nach Osten Ausblick bot, weil dem abgrenzenden Bauwerk kürzlich von oben weg eine weit klaffende Lücke geschlagen worden war, blieben sie stehen und schauten durch den offenen Keil, aus dessen gezackten Rändern teils verbogene, teils abgesägte Moniereisen ragten. Sie sahen den Sicherheitsgürtel, die Hundelaufanlage, das weite Schußfeld, sahen über den Todesstreifen hinweg, sahen die Wachtürme. (WF, 15)

Und dann: Auch an Moniereisen, die in diesen Ort des Geschehens hineinragen, könnte man - sozusagen im übertragenen, die Sorge um die Mäntel der Protagonisten ‚transzendierenden' Sinne ‚hängenbleiben' - und vor allem unser aller Musterleser wird hier bestimmt wieder einmal ‚das Grass wachsen' hören!

Die Einbettung des hier zur Geschichte Ausgesagten, das ja einigen Zündstoff in sich birgt, in diese Frage zur kommunikativen Situation, in diese Frage, ‚wer, wann und wo' etwas sagt, birgt eben wiederum jenen ‚besonderen Zündstoff' für mich. Meine ‚Berufung' zum anders ‚wahlverwandten' ‚Akten'- wie ‚Götterboten' hat ihren ‚locus amoenus', ihren bedeutungs- und alles andere als ‚Schönheit' transportierenden Ort eben dort, wo einem ‚Bauwerk' ‚von oben weg' ‚eine Lücke' geschlagen wurde, die dann, mit ‚ragenden Moniereisen' - Monieren: Mahnen, Sichern, Festigen - aussieht wie ein offener Hosenschlitz mit dem zum ‚Lückenschlagen' vorgesehenen Reißverschluß. Ist das - Verfolgungswahn verlaß mich nicht - die ‚platte Konstruktion' zur ‚klaffenden und zum Bekenntnis zwingenden Plattenkonstruktion' (WF, 17), die - ‚gottserbärmlich' oder zum ‚Erbarmen' jener irgendwie aufs Gottspielen versessenen Schriftsteller-Götter - ‚von oben weg in die Mauern oder ‚platten Konstruktionen' hineinhaut, die zu den Mauern in den Köpfen führen?

‚Wer' spricht denn dann? Die beiden Figuren bilden eine Einheit, das wird betont - überbetont. Dem Bilde vom ‚offenen Hosenlatz' oder ‚Reißverschluß'-Riß in der Mauer folgend wäre es eine Art ‚phallische Einheit'[41]. Es ist ein Brustbild - „Von drüben her gesehen, schaute Fonty ab Brusthöhe durch den erweiterten Spalt. Neben ihm war Hof-

---

[41] Diese Interpretation der Figuren-Einheit im Sinne eines sprechenden Phallus ist zugegebenermaßen kühn; sie ergibt sich hier - ‚folgerichtig' - aus diesem Maueröffnungsbild. Doch wer hier - mit Brecht - mutmaßt, daß ‚nichts an dieser Folge' tatsächlich richtig sei, sollte diese Stelle auch in Beziehung zu den bereits genannten Parallelen in „Novemberland" und etwa zu der folgenden Stelle in „Ein weites Feld" setzen, in der es - zumindest in einer Lesart - um eine Art singenden Phallus geht: „Entfesselt und chorisch gestimmt, begann der Schwellkörper deutscher Sangeslust zu tönen." (WF, 471) Auch dort ist das kühne Bild fortgesetzt: Zu solch einer Suche nach sexuellen Nebenbedeutungen paßt dann auch die Formulierung zu den Reflektionen Hoftallers zum Schlußchor der Neunten, die an dieser Stelle als sein ‚alles wegspülender Erguß' (vgl. WF, 472) bezeichnet werden.

Reflexe dieser Schlüsselroman-Lesart finde ich - einmal angestoßen - auch in nur andeutungsweise ausgeführten Überlegungen der politischen Texte. Im Kontext von Überlegungen zum ‚weltweit wachsenden Haß' und im unmittelbaren Kontext einer Konjunktur der Rechtsradikalen im vereinigten Deutschland stehen etwa folgende Überlegungen: „Und da sich Haß nur in Einzelfällen (die literarisch ergiebig sein mögen) als Selbsthaß verzehrt, wird er Ziele außerhalb seines eigenen völkischen Dunstkreises suchen: Westlich der Oder ist Polenhaß bereits alltägliche Gegebenheit." (Günter Grass: „Ein Schnäppchen namens DDR", S.46 f.) Literarisch ergiebig als ein solcher Einzelfall, in dem sich ‚Haß als Selbsthaß verzehrt': Das wäre ich eben mit jenem Sport als Pendant zu Fonty dann wohl gewesen. Aus dieser Sicht werden solch kühne Verbindungen, die ja auch für sich genommen in hohem Maße erklärungsbedürftig sind, wenn auch auf meine Kosten vielleicht motivierter.

taller von den Schultern aufwärts im Bild: zwei Männer mit Hüten". (WF, 15) - und dennoch kommt das, was dort gesprochen wird, wie von unterhalb einer imaginären Gürtellinie.

Dann liest es sich auch wie eine Art Vorhersage zu meinen Arbeits- oder Erinnerungszeiten, wenn sich unmittelbar an dieses ‚erkennungsdienstliche Photo' der folgende Satz anschließt:

> Längere Zeit schwiegen sie durch den geschlagenen Keil, doch hielt jeder anders laufende Erinnerung zurück. (WF, 15)

In einer allgemeinen Paraphrase wäre dies so zu verstehen, daß beide ‚durch einen Keil hindurch', nach vorne gerichtet ‚schweigen'; in der Lesart, die sich auf mich bezieht, wäre das kausal zu verstehen: Durch einen Keil, ‚weil' über solche Onaniebilder ‚ein Keil' in die Mauern in meinem Kopfe, vielleicht auch in die Leser-Autor-Beziehung, geschlagen wurde, schwiegen beide ‚längere Zeit' - und jeder hält dabei anders laufende Erinnerung zurück. Erst hier findet ein solches Schweigen sein Ende; erst hier kommt ‚ein jeder zu seinem Souvenir' (vgl. WF, S.11): Ich komme zu ‚meiner Erinnerung', finde zu ihr zurück; Grass kommt zu einem Buch, das ‚als Souvenir' vielleicht ein wenig besser ist, als was man ihm sonst schenkte... Ob er gar ‚Nachlebende' findet oder ob es doch nur bei ‚Nichtlesern' bleibt: Wer kann das wissen?

13. Die etwas andere Rückmeldung
zum Geheimnis des Autors Grass

In diesem Themenbereich der wechselseitigen ‚Geheimnisse' habe ich das ‚Wunder' im Wahlverwandtschaften-Thema, das jeweils in kleinen Schritten im Roman bekanntgemacht wird und sich dadurch als Handlungsstruktur durch den ganzen Roman zieht, auf die Interpretation dessen bezogen, was ich ‚das Herz' der *Blechtrommel* nannte. Ich hatte gefolgert, da es so, wie es Parallelen zwischen Fontanes und Fontys dunkler Geschichte gab, Parallelen zwischen einer dunklen Geschichte des Autors Grass und einer solchen bei mir geben müßte. Weiterhin hatte ich einen Berührungspunkt angenommen, in dem etwas geschah, was diesem Wendepunkt im Romangeschehen ähnelt, was dieser in Marlitt- oder Courths-Mahler-Manier über den Studenten August Wuttke an den Haaren herbeigezogenen tatsächlichen Verwandtschaft gleichkäme. Es mußte also zumindest ein Detail, ein blindes Motiv sozusagen, in meinen Interpretationen existieren, in dem eine vom Interpreten gewählte Beziehung zu seinem Autor zwar nicht die tatsächliche Verwandtschaft, aber deutlich mehr als ein übliches Verhältnis zwischen Autor und Interpret wird. Ich nahm an, daß es jene Fußnote war, die sich im Aufsatz zur Metaphorik (vgl. S. 107 dieser Arbeit) befand, den ich vormals an Grass geschickt hatte. Ich baute sie aus, ging ihren Leerstellen hinterher – und schickte Grass, schon um anzufragen, ob ich dies so veröffentlichen könnte, ein vorläufiges Ergebnis dazu: Seine Sekretärin gab mir irgendeine Antwort, an die ich mich nicht mehr erinnere.

In den „Fundsachen für Nichtleser" befindet sich nun das folgende Bild-Gedicht, das mir gestattet, dieses ‚weite Feld', das so, in diesen Skizzen, natürlich nicht einmal annähernd als ausgemessen gelten kann, dem ich nur den ganz anderen Aspekt, die ganz andere Sichtweise beigesteuert habe, in einer für mich ein wenig schmeichelhafteren Form verlassen kann:

Dank Kontrastmittel

> Sah ich mein Herz und dessen Kranzgefäße,
> sah, daß sich Kalk darin gelagert hatte,
> sah die Arterie und in ihr den Schlauch,
> mit dem Professor Katus summend fingerte,
> sah einen Punkt befördert, der –
> kaum aufgeblasen – Wunder tat,
> und sah, wie sich mein aufgeräumtes Herz
> nach kinderleichtem Spiel erfreute.

Grass hatte eine solche Herzoperation hinter sich. Das beschriebene schöne Erlebnis ist ein privates: Schön für ihn! Doch wie ist es mit der Frage nach den im Titel beschworenen Nicht-Lesern? Wer wird das lesen? Ist dieses Gedicht nicht wirklich nur privat?

Ich beziehe dieses Gedicht als eine von seiner Situation ablösbare Einheit auf ‚das Herz der Blechtrommel', sehe darin eine Bestätigung meines Ansatzes. Die Rolle des Professor Katus, des Spezialisten, der in Grass' Herz mit dem Schlauch ‚summend fingerte', entspräche meiner Spezialistenrolle für jenes - heiter summende (?) ‚Fingern' im literarischen Herzen dieses Autors. Auch dort war nur ‚ein kleiner Punkt' zu befördern, eine Fußnote auszuweiten und ein kleines Geschichtchen zu interpretieren, damit dies ‚Wunder' tun und damit ein ‚aufgeräumtes Herz', das Herz der *Blechtrommel*, seinen Träger wie auch uns, seine Leser, erfreuen könnte. Doch hierzu, zu einem ‚Aufräumen' im Herzen, war neben einem Spezialisten-Können und dem zugehörigen Handwerkszeug auch das „Kontrastmittel" nötig, das das Herz überhaupt erst sichtbar machte: Ich beziehe dies eben auf mein im Kontrast zum Grass'schen stehendes ‚Seitenarm'-Thema, mein Befangenbleiben in dem, wovon sich Grass in diesem Herzen der Blechtrommel befreite. Jenem Teil von einer Kraft, die das Böse wollte, und doch wenigstens ein wenig Gutes geschaffen hat, wird hier gedankt, auch wenn das Ziel, daß da einer, ‚dank Kontrastmittel' auf einem ‚Öffentlichkeits'-Bildschirm sehen kann, wie sein „aufgeräumtes Herz" sich und ihn „nach kinderleichtem Spiel erfreute", erst erreicht ist, wenn diese Texte ihre Öffentlichkeit finden.

Literaturverzeichnis

A. Primärliteratur

1. Bibliographien zu Grass

G. A. Everett: A selected bibliography of Günter Grass (From 1956-1973). New York 1974
P. O. Neill: Günter Grass. A Bibliography 1955-75. Toronto and Buffalo 1976.

2. Werke

Grass, Günter: Werkausgabe in zehn Bänden. Hg. v. Volker Neuhaus. Darmstadt, Neuwied 1987.

- *Band I* Gedichte und Kurzprosa. Hg. v. Anita Overwien-Neuhaus und Volker Neuhaus.
- *Band II:* Die Blechtrommel. Hg. v. Volker Neuhaus.
- *Band III.* Katz und Maus; Hundejahre. Hg. v. Volker Neubaus.
- *Band IV.* örtlich betäubt; Aus dem Tagebuch einer Schnecke. Hg. v. Volker Neuhaus.
- *Band V.* Der Butt. Hg. v. Claudia Mayer.
- *Band VI.* Das Treffen in Telgte; Kopfgeburten oder die Deutschen sterben aus. Hg. v. Christoph Sieger.
- *Band VII.* Die Rättin. Hg. v. Angelika Hille-Sandvoß.
- *Band VIII.* Theaterspiele. Hg. v. Angelika Hille-Sandvoß.
- *Band IX.* Essays Reden Briefe Kommentare. Hg. v. Daniela Hermes.
- *Band X.* Gespräche mit Günter Grass. Hg. v. Klaus Stallbaum.

3. Literarische Grass-Werke außerhalb der Werkausgahe

- Zunge zeigen. Ein Tagebuch in Zeichnungen, Prosa und einem Gedicht. Darmstadt 1988.
- Totes Holz. Ein Nachruf. Göttingen 1990.
- Vier Jahrzehnte. Ein Werkstattbericht. Hg. v. G. Fritze Margull. Göttingen 1991.
- Unkenrufe. Erzählung. Göttingen 1992.
- Ein weites Feld. Göttingen, 1995
- Fundsachen für Nichtleser, Göttingen, 1997

4. Politische Schriften und Schriften zur Literatur

- Günter Grass - Dokumente zur politischen Wirkung. H. L. Arnold und F.J. Görtz (Hg.). Edition Text + Kritik. 1971.
- Deutschland, einig Vaterland? Streitgespräch mit Rudolf Augstein. Göttingen 1990.
- Deutscher Lastenausgleich. Wider das dumpfe Einheitsgebot. Reden und Gespräche. Frankfürt a.M. 1990.
- Ein Schnäppchen namens DDR. Letzte Reden vorm Glockengeläut. Frankfurt a.M. 1990.
- Gegen die verstreichende Zeit. Reden, Aufsätze und Gespräche 1989-1991. Darmstadt, Neuwied 1991

- Nachdenken über Deutschland. In Stefan Heym: Einmischung. Frankfurt am Main, 1992, S. 45 - 78).
- Rede vom Verlust. Über den Niedergang der politischen Kultur im geeinten Deutschland. Göttingen 1992.
- Angestiftet, Partei zu ergreifen. (Hg. Daniela Hermes). Göttingen 1994.
- Die Deutschen und ihre Dichter (Hg. Daniela Hermes). Göttingen 1995.
- Der Schriftsteller als Zeitgenosse (Hg. Daniela Hermes). Göttingen 1996.
- Standorttheater. In: Daniela Dahn / Dieter Lattmann / Norman Paech / Eckart Spoo (Hg.): Eigentum verpflichtet. Die Erfurter Erklärung. Heilbronn 1997, S.17 – 24.
- Günter Grass, Reinhard Höppner, Hans Jochen Tschiche: Rotgrüne Reden. Göttingen 1998.
- Günter Grass: Der lernende Lehrer. In: Die Zeit, Nr. 21, 20. Mai 1999, S.41 - 43

5. Graphisches und zeichnerisches Werk

- Zeichnungen und Texte 1954-1977. Zeichnen und Schreiben (Hg. Anselm Dreher). Darmstadt, Neuwied 1982.
- Radierungen und Texte 1972-1982. Zeichnen und Schreiben (Hg. von Anselm Dreher). Darmstadt, Neuwied 1984.
- In Kupfer, auf Stein. Die Radierungen und Lithographien 1972-1986. Göttingen 1986.
- Mit Sophie in die Pilze gegangen. Gedichte und Lithographien. Göttingen 1987.
- Skizzenbuch. Göttingen 1989.

6. Interviews außerhalb von Band 10 der Werkausgabe

H. L. Arnold: Gespräche mit Günter Grass. (In: H. L. Arnold (Hg.): Günter Grass. Text + Kritik. H. 1/1 a. 5. Auflage. 1978, 1-39.)

Nicole Casanova: Günter Grass, Atelier des métamorphoses. Entretiens avec Nicole Casanova, traduits de l'allemand et annotés. Paris 1979

Günter Grass, Dieter Stolz, Claus-Ulrich Bielefeld: Der Autor und sein verdeckter Ermittler. In: Sprache im technischen Zeitalter, September 1996, S.289 – 314.

Günter Grass / Harro Zimmermann: Vom Abenteuer der Aufklärung. Göttingen 1999.

B. Sekundärliteratur

1. Sammelbände

Heinz Ludwig Arnold (Hg.): Günter Grass. Text + Kritik. H. 1/1 a. 5. Auflage. 1978.

Heinz Ludwig Arnold (Hg.): Günter Grass. Text + Kritik. H. 1/1a. 6. Auflage: Neufassung. 1988.

Manfred Durzak (Hg.): Zu Günter Grass. Geschichte auf dem poetischen Prüfstand. Stuttgart 1985.

Rolf Geißler (Hg.): Günter Grass. Ein Materialienbuch. Darmstadt, Neuwied 1976.

Gerd Labroisse, D. v. Stekelenburg (Hg.): Günter Grass: Ein europäischer Autor? Amsterdamer Beiträge zur neueren Germanistik. Bd. 35. Amsterdam, Atlanta 1992.

Gerd Loschütz (Hg.): Von Buch zu Buch. Günter Grass in der Kritik. Eine Dokumentation. Neuwied, Berlin 1968.

Volker Neuhaus, Daniela Hermes (Hg.): Die »Danziger Trilogie« von Günter Grass. Texte, Daten, Bilder. Frankfurt a. M. 1991.

2. Einzeluntersuchungen

Heinz-Ludwig Arnold: Literaturkritik: Hinrichtungs- oder Erkenntnisinstrument, in L 80, 39 (1986), 115-126

Timm Boßmann: Der Dichter im Schußfeld. Geschichte und Versagen der Literaturkritik am Beispiel Günter Grass. Marburg 1997.

Lore Ferguson: »Die Blechtrommel« von Günter Grass. Versuch einer Interpretation. Bern 1976.

André Fischer: Inszenierte Naivität. Zur ästhetischen Simulation von Geschichte bei Günter Grass, Albert Drach und Walter Kempowski. München 1992.

Werner Frizen: Blechmusik: Oskar Matzeraths Erzählkunst. In: Études germaniques. Bd. 42.1987, S.25-46.

Werner Frizen: »Die Blechtrommel« - ein schwarzer Roman: Grass und die Literatur des Absurden. In: arcadia. Bd. 21. 1986, S.166-189.

Werner Frizen: Matzeraths Wohnung. Raum und Weltraum in Günter Grass' »Die Blechtrommel«. In: Text & Kontext. Bd. 15.1987, S.145-174

Angelika Hille-Sandvoss: Überlegungen zur Bildlichkeit im Werk von Günter Grass. Stuttgart 1987.

Heinz Ide: Dialektisches Denken im Werk von Günter Grass. In: Studium Generale. 1968, S.608-622.

Silke Jendrowiak: Günter Grass und die »Hybris« des Kleinbürgers. »Die Blechtrommel« - Bruch mit der Tradition einer irrationalistischen Kunst- und Wirklichkeitsinterpretation. Heidelberg 1979.

Manfred Jurgensen: Über Günter Grass. Untersuchungen zur sprachlichen Rollenfunktion. Bern 1974.

Georg Just: Darstellung und Appell in der »Blechtrommel« von Günter Grass. Darstellungsästhetik versus Wirkungsästhetik. Frankfurt a.M. 1972.

G. Kaiser: Günter Grass. »Katz und Maus«. München 1971.

Thomas W. Kniesche: Die Genealogie der Post-Apokalypse - Günter Grass' »Die Rättin«. Wien 1991.

Peter Michelsen: Oskar oder Das Monstrum. Reflexionen über »Die Blechtrommel« von Günter Grass. In: Neue Rundschau 83.1972, S.722-740.

Oskar Negt (Hg.): Der Fall Fonty. »Ein weites Feld« von Günter Grass im Spiegel der Kritik. Göttingen 1996.

Volker Neuhaus: Belle Tulla sans merci. In: arcadia 5, 1970, H.3, S.278-295.

Volker Neuhaus: Die Blechtrommel. 3. Aufl. München 1992.

Volker Neuhaus: Günter Grass. Erste Auflage, Stuttgart 1979.

Volker Neuhaus: Günter Grass. Zweite Auflage, Stuttgart 1992.

Elisabeth Pflanz: Sexualität und Sexualideologie des Ich-Erzählers in Günter Grass' Roman »Die Blechtrommel«. München 1975.

John Reddick: The »Danzig Trilogy« of Günter Grass. London 1975

Marcel Reich-Ranicki: Günter Grass. Zürich 1992.

Frank Richter: Die zerschlagene Wirklichkeit. Überlegungen zur Form der Danzig-Trilogie von Günter Grass. Bonn 1977.
Rainer Scherf: Günter Grass: »Die Rättin« und der Tod der Literatur. In: Wirkendes Wort. 1987, H. 6, S.382-398.
Rainer Scherf: »Katz und Maus« von Günter Grass. Literarische Ironie nach Auschwitz und der unausgesprochene Appell zu politischem Engagement. Marburg 1995.
Walter Schönau: Zur Wirkung der »Blechtrommel« von Günter Grass. In: Psyche 28.1974, S.573-599.
Seiler, Bernd: Theodor Fontanes uneheliche Kinder und ihre Spuren in seinem Werk. In: Wirkendes Wort 2/ 98, S.215 – 233.
Klaus Stallbaum: Kunst und Künstlerexistenz im Frühwerk von Günter Grass. Köln 1989.
Dieter Stolz: »Deutschland - ein literarischer Begriff«. Günter Grass and the German Question. In: A. Williams, S. Parkes, R. Smith (Hg.): German Literature at a Time of Change 1989-1991: German Unity and German Identity in Literary Perspective. Frankfurt a.M., Bern, New York, Paris 1991, S.207-224.
Dieter Stolz: „Nomen est omen. »Ein weites Feld« von Günter Grass. In: Zeitschrift für Germanistik, VII - 2/1997, S.321 - 335:
Dieter Stolz: Vom privaten Motivkomplex zum poetischen Weltentwurf Konstanten und Entwicklungen im literarischen Werk von Günter Grass (1956-1986). Würzburg 1994.
Heinrich Vormweg: Günter Grass. Hamburg 1986.

C. Andere Primärliteratur

(soweit daraus zitiert oder darauf verwiesen wurde)

Ursula Enders (Hg.): Zart war ich, bitter war's. Handbuch gegen sexuelle Gewalt an Mädchen und Jungen. Überarbeitete und erweiterete Neuauflage, Köln, 1995.
Lion Feuchtwanger: Goya oder Der arge Weg der Erkenntnis, Berlin und Weimar, 1966.
Theodor Fontane: Der Stechlin. Frankfurt / M – Berlin 1991.
Johann Wolfgang Goethe: Von deutscher Baukunst. In: Hamburger Ausgabe in 14 Bänden, Bd.12, Schriften zur Kunst, München 1981.
Gotthold Ephraim Lessing: Die Erziehung des Menschengeschlechtes. In: Gotthold Ephraim Lessing: Die Höhepunkte seines Schaffens. Wien, 1978.
Thomas Mann: Joseph und seine Brüder. Frankfurt am Main 1983, Bd 1.
Hans Joachim Schädlich: Tallhover. Reinbek bei Hamburg, 1992.

D. Andere Sekundärliteratur

(soweit daraus zitiert oder darauf verwiesen wurde)

- Karl Eibl: Die Entstehung der Poesie. Franfurt am Main und Leipzig 1995.
- Karl Eibl: Lauter Bilder und Gleichnisse. Lessings religionsphilosophische Begründung der Poesie. In: DVJS, 59, 1985, S. 224-252.
- Anke-Marie Lohmeier: Geschichtsdeutung und Selbstverständnis der westdeutschen Intelligenz in den frühen Nachkriegsjahren. Konsensbildung in den politisch-kulturellen Zeitschriften 1945 – 1949. In: Germanistentreffen Bundesrepublik – Polen 1993 (Regensburg, DAAD), Redaktion Werner Roggausch, Bonn 1994. S.203 – 217.
- Werner Mittenzwei: Das Leben des Bertolt Brecht, Bd. 2, Frankfurt am Main, 1987

www.ingramcontent.com/pod-product-compliance
Lightning Source LLC
Chambersburg PA
CBHW062132300426
44115CB00012BA/1898